KB000803

101가지 흑역사로 읽는
세계사

101 Stumbles in the March of History
by Bill Fawcett

This Korean edition published by arrangement with Berkeley, an imprint of Penguin Publishing Group, a division of Penguin Random House LLC. through Milkwood Agency.

이 책의 한국어판 저작권은 밀크우드 에이전시를 통해
Berkeley와 독점 계약한 ㈜다산북스에 있습니다.

101가지 흑역사로 읽는 세계사

101 Stumbles in the March of History

고대~근대 편

빌 포셋 외 지음
김정혜 옮김

마라톤전투에서
마피아의 전성시대까지

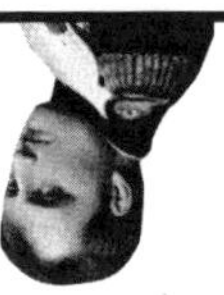

다산초당

인류 역사는 술 취한 이의 갈지자걸음보다 어지럽고 오락가락한다. 가장 현명하고 강력하기로 둘째가라면 서러울 리더들이 아무리 신중하게 계획해도 역사는 아랑곳하지 않고 제 갈 길을 가는 관성이 있다. 가령 러시아는 공산주의 시대가 막을 내리고 서구 사회의 뜨거운 응원을 받으며 민주주의를 향해 힘찬 발걸음을 내디뎠고 잘 가나 싶었더니 푸틴이라는 복병을 마주했다. 이라크의 역사도 갈팡질팡 행보를 이어 갔다. 미국이 주도하는 연합군이 이라크를 침공해 바그다드의 턱밑까지 진격한 다음 함락을 눈앞에 두고 포성을 멈추었지만, 또다시 전쟁을 재개하고 모든 게 잘된 듯해서 종전 선언으로 숙제를 마무리 지었다. 이후 미군이 이라크에서 철수했지만 내전이 발생했고, 혼란스러운 틈을 타서 이라크 시리아 이슬람 국가(ISIS, The Islamic State of Iraq and Syria)가 그곳을 장악했다. 이처럼 인류 역사 전반에 일관된 현상이 하나 있다면, 아무것도 계획대로 되지 않는다는 것일지도 모르겠다. 여러 이유가 있겠지만 그중 하나는 인간들이 역사를 만들고 앞서거니 뒤서거니 실수를 저지르기 때문이다. 때로는 계산을 잘못하고 때로는 오판하고 때로는 중요한 무언가를 누락하는 그런 실수들은 역사가 나아가는 길에 돌부리가 되어 박힌다. 그리하여 역사는 돌부리에 발을 채여 비틀거리고 갑자기 방향을 바꿔 미지의 영역으로 휘청거리며 나아가게 된다.

96개의 글로 이뤄진 이 책은 인류의 흑역사를 되짚어 본다. 고대 페르시아부터 오늘날 워싱턴 D.C.에 이르기까지 각기 다른 시간과 공간에서 인간 군상이 만들어 낸 101가지 실수가 고스란히 담겨 있다. 101가지 흑역사는 각각의 상황에서 역사의 물줄기를 바꾸는 요술을 부렸다. 어떤 실수들은 재앙을 야기했고 어떤 실수들은 우리가 생각하거나 인식하는 방식을 몰라보게 바꿔 놓았다. 그러나 실수라고 전부 나쁜 것은 아니다. 인류에 커다란 혜택을 돌려준 실수도 더러 있었다. 이 책을 통해 우리는 역사의 흐름을 바꿔 놓은 흑역사의 세상으로 시간과 공간 여행을 떠날 것이다. 그리고 각 여행의 말미에서 그런 흑역사가 없었더라면 오늘날 우리 삶이 어떤 모습일지를 생각해 보는 시간을 갖는다. 우리의 모든 여행이 끝날 즈음이면 세상을 변화시킨 흑역사를 바라보는 눈이 많이 달라져 있을 것이다.

고대~근대 편 차례

현대 편 차례

101 Stumbles in the March of History

고대~근대 편

마라톤전투에서
마피아의 전성시대까지

흑역사 001

아테네와 페르시아 간에 오해가 불러온 참극 : 기원전 490년

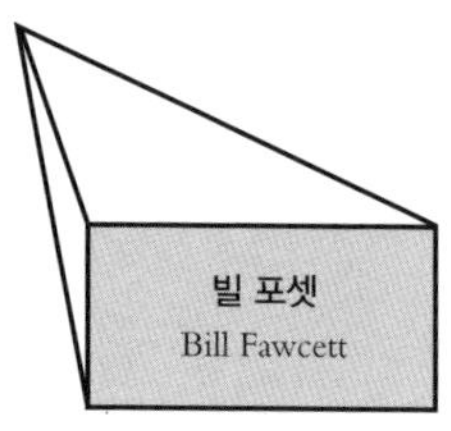

"지금의 문제는 정확한 의사소통이 이뤄지지 않는 것이다"

이 책은 세상을 바꾼 전쟁을 일으킨 어떤 정치인에 얽힌 이야기로 시작한다. 그리고 그와 다른 시대를 살았던 닮은꼴 정치인의 이야기로 끝난다. 세상을 바꾼 전쟁이라는 점 말고도 두 사례에는 공통점이 있다. 민주주의의 확산과 관련 있다는 것이다.

기원전 5세기 그리스는 독자적 자치권을 가진 수십 개의 도시국가로 이뤄져 있었다. 그들 중 두 패권국이 일촉즉발의 전쟁 위기에 직면했다. 앙숙이었던 아테네와 스파르타였다. 스파르타는 아테네보다 훨씬 호전적이었다. 그래서 스파르타에 패할까 봐 두려웠던 아테네는 스파르타의 공격 의지를 꺾어 줄 동맹을 찾기 시작했다. 선택의 폭은 넓지 않았다. 아테네는 강력한 군대를 거느린

스파르타조차 주저할 수밖에 없을 강성한 국가는 하나뿐임을 이내 깨달았다. 다리우스Darius가 통치하던 페르시아제국이었다.

그런데 문제가 있었다. 당시 아테네는 페르시아 제국과 껄끄러운 관계였던 것이다. 수십 년 전 아테네의 식민지 하나가 페르시아제국의 속주(사트라피)로 흡수되었다. 그런데 그 속주가 10년 전 반란을 일으켰고, 아테네는 반란을 지원하기 위해 군대를 파병했다. 결과적으로 반란 자체는 실패로 돌아갔다. 하지만 다른 두 도시국가와 아테네로 구성된 연합군은 그 속주의 수도인 사르디스를 함락 직전까지 밀어붙였다. 페르시아 본토에서 대규모 지원군이 당도할 즈음, 연합군은 페르시아 군대가 점령해 결사 항전하던 중앙 요새를 제외하고 사르디스의 모든 곳을 어렵사리 손에 넣었다. 아테네 군대는 서둘러 철수하는 와중에 사르디스를 불태워 잿더미로 만들었다. 이는 사르디스를 통치하던 총독이 다리우스의 형제였기에, 페르시아에게는 큰 모욕으로 다가왔다.

그런 악연이 있었으니 10년 후 아테네가 보호 동맹을 요청했을 때 페르시아가 순순히 손을 잡아 줄 리 없었다. 페르시아는 아테네에 다리우스와 페르시아에 '흙과 물'을 바쳐야만 보호해 주겠다는 조건을 달았다. 페르시아의 지원이 다급했던 아테네는 그 조건이 무슨 뜻인지 정확히 따져 보지 않은 듯하다. 그리스 본토에서도 동맹을 맺을 때 신 앞에 맹세하는 다양한 축하 의식이 있었다. 그래서 흙과 물을 상징적 공물로 제공하는 것도 그런 의식과 비슷하다고 쉽게 생각했는지 아테네는 그런 식의 조공에 함축된 의미를 이해하지 못한 듯싶다. 여기에는 국가로서의 아테네와 모든 시민이 페르시아에 영원한 충성과 복종을 맹세한다는 뜻이 함축되어 있었다. 페르시아 사람들은 아테네 사람들과 생각이 달랐다. 아테네가 흙과 물을 바친다는 것은 페르시아 제국에 귀속되고 다리우스를 황제로 인정하는 행위라고 여겼다. 아니, 어쩌면 아테네 사절단이 절박한 마음에 페르시아가 내건 조건이 무슨 뜻인지 알면서도 받아들였거나 그 의미를 일부러 무시했을 수도 있다. 내막이야 몰라도 어쨌건 결과는 같았다. 아테네는 사절단을 통해 흙과 물을 바쳐 다리우스에 대한 충성을 맹세했다. 이제까지 다리우스에게 아테네는 골치 아픈 많은 문제를 안겨 준 눈엣가시 같았다. 고로 그가 자신의 도움에 대해 큰 대가를 요구하는 것은 자연스러웠다.

그런데 아테네 사절단이 귀국하고 얼마 지나지 않아 스파르타가 서둘러 공격해 온 바람에 아테네는 페르시아가 약속한 지원을 받을 새도 없었다. 아테네와 스파르타는 둘 다 예상치도 못하게 아테네 외곽에서 맞붙었다. 승리의 여신은 아테네 편이었다. 이로써 전쟁의 위협이 일소되었다. 그러자 아테네는 페르시아에, 더는 도움이 필요하지 않으므로 동맹 거래는 없던 일이 된 셈이라고 일방적으로 통보했다. 그러나 아테네의 입장과는 달리, 이는 페르시아 황제에 대한 충성을 맹세했다가 곧바로 철회하는 단순한 해프닝이 아니었다. 게다가 제국보다 수백 배 작은 조무래기 도시국가라면 감히 해서는 안 되는 처사임이 분명했다. 이미 황제에게 미운털이 단단히 박힌 처지이기에 더욱 그랬다. 페르시아의 기준에서는 천인공노할 모욕이었다. 요컨대 페르시아의 눈에는 아테네가 제국의 속주가 되기로 동의했다가 잉크가 마르기도 전에 반란을 일으킨 것으로 비쳤다.

이 오해가 빌미가 되어 100년 넘게 지속될 전쟁이 발발했다. 그때까지 그리스 도시들은 사실상 페르시아의 안중에도 없었다. 하지만 이제는 상황이 달라졌다. 그리스 도시를 무너뜨리고 제국의 속주로 편입시키는 것이 페르시아의 우선순위가 되었다. 그리하여 페르시아가 일으킨 전쟁으로 그리스의 모든 도시국가는 운명의 소용돌이에 휘말렸다. 기원전 490년 페르시아는 이미 속주라고 여겼던 아테네를 굴복시키기 위해 군대를 파병했다. 마라톤 평원에서 결판이 났다고 하여 마라톤Marathon전투라 불리는 1차 전쟁에서는 페르시아가 무릎을 꿇었다. 그리고 다리우스가 죽은 후 그의 아들인 크세르크세스Xerxes가 배턴을 이어받아 설욕전에 나섰다. 크세르크세스는 페르시아에 대한 아테네의 모욕과 배신을 응징한다는 명분으로 대규모 군대와 함대를 이끌고 그리스 본토를 다시 침공했다. 페르시아는 2차 전쟁 역시도 살라미스Salamis해전에서 패하고 말았다. 비록 그리스가 승리했지만, 살라미스로 피신한 아테네 시민들을 구하기에는 늦은, 빛바랜 승리였다. 페르시아가 살라미스를 불태웠던 것이다. 이는 아테네가 사르디스를 잿더미로 만든 데 대한 직접적인 복수라고 봐도 무방하다. 이후에도 페르시아와 그리스 도시국가들과의 충돌은 100년간이나 이어졌다. 그러다가 마케도니아 알렉산드로스대왕Alexander the Great이 주축이 된 그리스 연합군이 전세를 180도 역전하고 페르시아를 정복했을 때에야 마침내 끈질긴 전쟁이 막을 내렸다.

만약 절박했던 아테네 사절단이 자신들이 무엇에 동의하는지 정확히 따져 보았더라면 어땠을까? 페르시아와 그리스의 전쟁이 미뤄졌을 가능성이 높다. 아니, 어쩌면 전쟁이 아예 발발하지 않았을 수도 있다. 반복된 전쟁과 침략으로 말미암아 소크라테스와 플라톤의 아테네는 훨씬 크게 발전하고 번창할 기회를 빼앗겼다. 만약 그리스가 페르시아와 100년 동안 전쟁이 아니라 평화를 유지했더라면 고대 그리스 사상가들의 사색적 사유와 과학과 예술이 얼마나 발전했을지 생각해 보라. 당연히 도시들 간의 충돌은 있었을 것이다. 그러나 페르시아가 개입하지 않았더라면 아테네와 스파르타 간의 잔인했던 펠로폰네소스Peloponnesos 전쟁조차도 27년이나 계속되지 않았을 것이고 피해도 훨씬 적었을 것이다. 또한 과학이 크게 진보하고 민주주의가 널리 확산될 수도 있었다. 그뿐만 아니라 로마같이 멀리 떨어진 그리스 식민지들의 독립성이 약화되었을 가능성도 있다. 심지어 그리스 문화의 황금기가 오늘날의 삶까지 크게 바꿔 놓아서 지금과는 천양지차의 삶을 살게 되었을지 누가 알겠는가. 한편 그리스가 하나의 국가로 통일될 시간이 허락되었더라면 로마제국은 역사에 등장하지 못했을지도 모르겠다. 오늘날 이탈리아, 프랑스 등등 남부 유럽은 (로마의 라틴어에서 파생된) 로망스계 언어가 아니라 그리스어에서 유래한 언어를 사용할 수도 있다. 게다가 왕과 황제가 아니라 어떤 형태든 민주주의의 아래 2,000년이 흘러왔을 가능성도 배제할 수 없다. 이런 모든 사건의 발단은 아테네가 페르시아의 원조를 요청하던 때로 거슬러 올라간다. 아테네 사절단이 페르시아가 요구한 지나치게 높은 대가를 이해하지 못한, 아니 어쩌면 거절하지 못한 그때로 말이다. 만약 그들이 페르시아가 제시한 조건의 의미를 이해했거나 거절했더라면 오늘날 세상은 크게 달라졌을 것이다. 또한 우리는 나은 세상에 살고 있을 수도 있다. 심지어 이 책에서 소개하는 인류의 모든 흑역사도 생기지 않았을 것이다. 물론 인류가 십중팔구 다른 실수들을 저질러 새로운 흑역사를 썼을 테지만 말이다.

흑역사 002~003

조국에 등을 돌린 알키비아데스와 니키아스의 우유부단함 : 기원전 414년

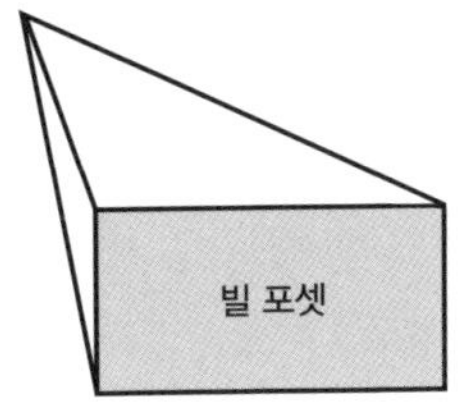

"아테네의 '승리 병'이 불필요한 전쟁을 일으키다"

인류의 첫 번째 민주주의를 붕괴시킨 두 개의 실수가 있었다. 어느 모로 보나 고전적인 실수들이었다. 역사를 돌이켜 보면, 미신이 징조와 예언이라는 옷을 입고 전쟁에 영향을 미쳤던 때가 더러 있다. 펠로폰네소스전쟁에서 아테네가 눈앞의 승리를 놓치는 빌미를 제공한 불길한 징조가 대표적이다. 아테네는 스파르타가 주축이 된 펠로폰네소스 동맹과의 끈질긴 전쟁에서 우세를 이어 갔다. 누가 봐도 스파르타의 패배가 임박한 듯했다. 딱 한 번의 결정적인 공격이면 아테네가 주도하는 델로스 동맹이 최종적인 승리를 안을 거라고 거의 모두가 예상했다. 본래 군사행동에는 돈이 많이 든다. 더군다나 아테네는 예로부터 사공과 선원들을 고용해 왔다. 이 관습

은 동전의 양면 같았다. 아테네는 의욕에 불타는 최고의 선원들을 보유했으되, 그들의 몸값은 지나치게 비쌌다. 비록 승기를 잡았어도 전쟁이 아직 끝나지 않았는데, 아테네 내부에서 또 다른 전쟁을 요구하는 목소리가 나왔다. 그 주인공은 아테네에서 둘도 없을 야심가에다 논란을 몰고 다니는 인물이었던 알키비아데스Alcibiades였다. 그는 시켈리아(시칠리아)를 침략해서 시라쿠사를 함락해야 한다고 아테네와 델로스 동맹을 압박하기 시작했다. 시켈리아에서 가장 부유하고 강력한 도시국가인 시라쿠사의 풍부한 자원을 군자금으로 사용해 펠로폰네소스전쟁을 끝내자는 주장이었다.

이것은 아테네가 동시에 두 개의 전쟁, 즉 양면 전쟁을 치러야 한다는 뜻이었다. 한쪽에서는 펠로폰네소스 동맹과, 또 한쪽에서는 그리스 본토에서 멀리 떨어진 섬에 위치한 민주적인 도시국가와 말이다. 그런데도 아테네에서는 가장 보수적인 사람들 말고는 아무도 그런 사실에 신경 쓰지 않았다. 강력한 군대를 자랑하는 스파르타를 상대로도 이기고 있는 판국에 시라쿠사 정도야 한 주먹거리 아니겠는가? 모두들 펠로폰네소스전쟁으로 타격을 입은 스파르타가 반격을 해 오기 훨씬 전에 속히 승리할 거라고 기대했다. 아테네는 델로스 동맹의 맹주라는 지위를 이용해 펠로폰네소스전쟁 중에 부유하고 강력한 또 다른 적을 상대로 두 번째 전쟁을 밀어붙였다. 이것은 아주 고전적인 실수였다. 심지어 당시에도 지난 1,000년의 역사를 돌이켜 보면 '양면 전쟁' 전략이 성공할 수 없는 이유를 보여 주는 사례들이 넘쳐 났다. 설상가상 그 실수를 더욱 뼈아프게 만들 조치가 뒤따랐다. 시켈리아 원정군의 규모를 처음 계획보다 두 배로 늘리기로 결정한 것이다. 이는 육군과 해군의 상당수를 사지로 몰아넣는다는 뜻이었다. 물론 그만한 대군을 동원해서 승리했다면 좋은 결정이었으리라. 그랬더라도 아테네가 그런 위험을 굳이 감수할 필요가 없었다는 사실은 변하지 않는다. 결론적으로 말해, 세상을 바꾼 또 다른 군사적 재앙은 충분히 피할 수 있는 것이었다. 그러나 아테네 사람들은 낙관론에 도취해 머리가 마비되고 눈이 머는 '승리 병victory disease' 바이러스에 집단으로 감염된 듯했다. 시켈리아 원정이 실패할 경우, 그런 무모함의 끝이 어떨지 아무도 생각하지 않았다. 결국 전쟁을 시작했고, 이로써 인류 최초의 민주주의를 붕괴시키는 첫 번째 실수가 완성되었다.

시켈리아 원정은 시작부터 삐걱댔다. 지휘관들을 선택하는 문제가 시발점이었다. 처음에는 아테네가 군사 작전에서 흔하디흔한 실수를 저지를 것처럼 보였다. 지휘 체계를 분할하는 것이었다. 애초 전쟁을 제안한 충동적인 알키비아데스와 아테네에서 가장 존경받는 귀족이면서 원정을 반대한 온건파 니키아스Nicias가 원정대의 지휘관을 맡게 되었다. 이른바 '매파'와 '비둘기파'의 우두머리를 공동 지휘관으로 임명한 이유는 쉽게 짐작이 된다. 서로를 견제하며 균형이 잡히리라는 판단이었지 싶다. 그런데 일이 엉뚱하게 흘러갔다. 원정대가 출항하기 직전에 신성시되던 헤르메스 조각상들이 다수 파괴되는 사건이 벌어졌다. 알키비아데스는 그 사건과 관련된 정치적 스캔들에 연루되어 시켈리아에 도착한 직후 본국으로 송환되었다. 알키비아데스는 조각상 파괴 혐의로 재판을 받으면 유죄판결을 받을 것이 빤했다. 그는 아테네로 돌아가던 길에 뱃머리를 돌려 스파르타로 향했고 조국에서 등을 돌렸다.

알키비아데스가 망명하자 결국 니키아스가 단독으로 시켈리아 원정대를 이끌게 되었다. 니키아스는 애초 원정을 반대했었고, 그랬으니 전투에도 미온적이었다. 무슨 운명의 장난인지 아테네 원정대의 운명이 그런 니키아스의 손에 맡겨졌다. 처음 몇 달 동안 아테네 군대가 시라쿠사를 쉽게 정복할 기회가 두 번 있었다. 그들이 예상보다 빠르게 공격하는 바람에 시라쿠사가 미처 방어 준비를 갖추지 못했던 때가 첫 번째 기회였다. 다른 한 번은 시라쿠사 군대가 시켈리아 섬의 한쪽 구석으로 퇴각했고, 그리하여 시라쿠사가 사실상 무방비 상태가 되었을 때였다. 그러나 니키아스는 두 번의 기회 모두에서 우유부단한 태도를 보였다. 첫 번째는 최적의 공격 시점을 기다리느라, 두 번째는 우회로로 진군하느라, 속전속결로 승리할 수 있었던 두 번의 기회 모두를 놓쳐 버렸다.

이후 2년간 아테네와 시라쿠사는 전쟁의 승패를 가를 결정적인 공격을 못한 채 대치했다. 아테네가 시라쿠사를 봉쇄하기 위해 건설한 공성 보루와 시라쿠사의 대응 성벽을 사이에 두고 양측은 전투를 벌였다. 그리고 시라쿠사의 작은 항구에서도 해전이 벌어졌다. 마침내 육지전과 해상전 모두에서 시라쿠사가 반격에 성공하며 승리의 추가 시라쿠사 쪽으로 기울었다. 다급해진 니키아스는 본국에 지원군을 요청했고, 아테네는 데모스테네스Demosthenes를 지휘관으로 5,000명의 중장 보병과 65척의 전함을 파병했다. 시라쿠사가 조만간 승리를 확신하며 안도의 한숨을 내쉴 즈음 아테네의 지원군이 도착했고, 전세가 일순 역전되었다. 아테네 군대의 사기는 치솟았던 반면 시라쿠사 군대의 사기는 땅으로 떨어졌다. 신속한 승리에 목말랐던 데모스테네스는 곧바로 시라쿠사의 동맹 도시 에피폴라이를 야간에 기습적으로 공격했다. 처음에는 야습 작전이 성공적이었다. 그러나 에피폴라이도 속수무책으로 당하지만은 않았다. 이들이 반격해 오자 야간 전투 특유의 혼전 양상이 커졌고, 결국 아테네 군대는 아비규환 속에 퇴각할 수밖에 없었다. 그러자 한껏 기세가 올랐던 아테네 군대의 사기가 또다시 추락했고, 이번에는 회복하지 못했다.

이후 전투는 기습전 형태로 이어졌다. 결국 아테네 군대는 해전에서 또다시 패한 후에 철수하기로 결정했다. 시켈리아에 첫발을 들이고 2년이 흐른 뒤였다. 인명 피해가 컸음에도 아직 4만 명의 중장 보병과 선원들이 남아 있었고, 본국으로 데려다줄 선박도 충분했다. 그런데 아테네 군대가 퇴각 준비를 하던 중에 일식이 나타났다. 데모스테네스와 함께 군대를 지휘하던 니키아스는 출항하기 전에 일식이 어떤 징조인지 해석할 필요가 있다고 공표했다. 본래 미신을 신봉하던 그는 일식이 불길한 징조라는 신관神官의 말에 무작정 숙소에서 칩거에 들어갔다. 무려 '9일씩 세 차례가 지나는 동안' 두문불출했다. 마침내 27일간의 칩거를 끝낸 니키아스는 이제 출항할 때가 되었다고 선언했다. 그러나 이미 늦었다. 상황은 그야말로 절망적이었다. 식량은 바닥을 드러냈고, 그사이에 배를 더 잃었으며, 군대는 포위되다시피 했다. 데모스테네스와 니키아스는 각각 2만 명의 병사들을 이끌고 시켈리아 섬을 관통해 육로로 탈출을 시도했다. 먼저 데모스테네스의 군대가 시라쿠사의 공격을 받아 항복했다. 그는 협상을 시도했지만 성공하지 못했고, 그저 병사들을 즉시 처형하지 않겠다는 약속만 받아 냈다. 2만 명이었던 데모스테네스의 병사들 중 생존자가 겨우 6,000명 남짓이었다. 데모스테네스에 이어 니키아스의 병사들도 시켈리아의 모든 도시가 합심하여 구성한 강력한 군대에 포위당했고, 치열한 전투를 벌인 끝에 역시 항복했다. 니키아스 병사들의 피해는 데모스테네스 군대보다 컸다. 정확히는 몰라도, 출발 당시 2만이었던 병력 중 잔여 병사가 채 5,000명도 되지 않았을 것이다. 그나마 목숨을 건진 병사들도 잔혹한 운명을 맞았다. 전원이 노예로 팔려 가거나 시켈리아의 채석장에서 죽을 때까지 노역에 시달렸다. 그리고 두 지휘관인 데모스테네스와 니키아스는 처형되었다.

장군 한 사람이 생사가 오가는 전투에서 어떤 징조에 대한 사적인 미신과 두려움에 근거해서 장장 27일간 이어지는 군사적 결정을 한 것은 두 번째 실수였다. 아니 더 엄밀히 말해, 군사적 결정을 하지 않은 것이 두 번째 실수였다. 첫 번째 실수와 두 번째 실수 사이에서 델로스 동맹과 아테네는 다 잡은 물고기를 놓쳐 버렸다. 승리가 확실시되던 때에 시작한 시켈리아 원정이 실패로 끝나고 10년 후 아테네는 펠로폰네소스전쟁에서 최종적으로 패배했다. 아테네는 안간힘을 다해 버텼고 가능할 때마다 함대를 증강했다. 그러나 델로스 동맹은 무모함에 대한 대가를 톡톡히 치렀다. 불필요한 전쟁을 하느라 수만에 이르는 병사와 시민과 선원들은 물론이고 함대 대다수를 잃었으니 말이다. 아테네와 델로스 동맹은 엉뚱한 데에 힘을 쏟았고, 말 그대로 그리고 금전적으로 처참히 무너졌다. 결국 스파르타와 동맹 도시국가들은 아테네에 반기를 들며 델로스 동맹에서 이탈한 도시국가들의 도움으로 펠로폰네소스전쟁에서 승리했다. 그때부터 아테네는 멸망의 내리막길을 걷기 시작했고 델로스 동맹은 와해되었다. 아테네는 두 가지 뼈아픈 실수 때문에 다시는 그리스의, 그리스 문화의 중심이 되지 못했다. 양면 전쟁을 치렀던 실수와 미신을 군사적 필요보다 우선시했던 실수였다.

펠로폰네소스전쟁에서 델로스 동맹이 승리했더라면, 지금 우리는 다른 삶을 살 것이다. 그리고 참담한 패배로 막을 내린 시켈리아 원정을 애초에 시작하지 않았더라면, 델로스 동맹이 펠로폰네소스전쟁에서 승리했을 것은 거의 확실하다. 정말 그랬더라면 그리스는 하나의 국가로 통일되었을지도 모르겠다. 또 그랬다면, 제아무리 마케도니아라도 통일된 그리스의 적수가 되지 못했지 싶다. 그뿐만 아니라 통일된 그리스가 버티고 있었다면, 페르시아도 많은 침략 전쟁을 선뜻 개시하지 못했을 가능성이 크다. 아니, 어쩌면 알렉산드로스대왕이 그리스와 손잡고 페르시아를 침공해서 세상을 바꾸었을지 누가 알겠는가. 또 어쩌면 마케도니아의 필리포스 2세Philippos II와 그의 아들 알렉산드로스대왕은 델로스 동맹이 페르시아를 패배시킨 이야기들에서 주석에 모호하게 언급되는 정도의 신세가 되었을지도 모르겠다. 혹은 반대로, 역사는 페르시아가 그리스를 무너뜨렸다고 기록했을지도 모를 일이다. 마지막 가정 하나 더, 아테네가 수세기에 걸쳐 그리스를 지배했더라면 어땠을까? 이후 2,500년 동안 어떤 방식이든 민주주의가 독특한 정부 형태가 아니라 보편적인 정부 형태가 되지 않았을까? 그랬다면 분명 모든 게 달라졌을 것이다.

흑역사 004

왜 다리우스 황제는 25만의 군사를 두고 도망쳤을까? : 기원전 387년

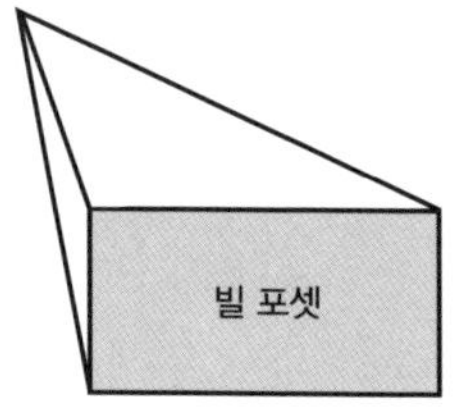

"절대 통치자의 개인적인 결점들이
완전한 재앙을 가져올 수 있다"

알렉산드로스가 유사 이래 가장 위대한 정복자 알렉산드로스대왕이 되기 위해 거쳐야 했던 관문이 있다. 당시 '알려진 세상'(알렉산드로스 시절의 '알려진 세상'은 마케도니아, 그리스, 동방 페르시아의 동쪽 끝 부분까지가 전부였다. - 옮긴이)에 존재했던 국가 중 가장 강력하고 큰 제국을 무너뜨리는 것이었다. 바로 페르시아제국이었다. 제국의 영토가 얼마나 광활했던지 400년이 더 지나 로마제국이 등장할 때까지 필적할 상대가 없을 정도였다. 페르시아제국은 가히 독보적이었다. 어떤 이웃 국가보다도, 아니 이전의 어떤 국가보다도 훨씬 컸고 훨씬 부유했으며 훨씬 강력했다. 어떤 제국도 감히 페르시아제국을 침략할 엄두를 내지 못했다. 겉보기에는 전혀 위협적인 존

재가 아니었는데도 페르시아는 그리스를 가만두지 않았다. 끊임없이 사사건건 간섭했고 자신들의 막강한 부와 힘을 사용해 그리스의 도시국가들이 서로 대립하게 만들었다. 특히 파멸적인 펠로폰네소스전쟁이 그토록 잔인했고 오래 지속된 데는 분명 페르시아의 책임이 있었다고 본다. 페르시아가 델로스든 펠로폰네소스든 가리지 않고 수세에 몰리는 동맹을 번갈아 지원했기 때문이다. 이런 사람이 있다면 여기 붙었다 저기 붙었다 하는 박쥐라고 불릴 것이다.

페르시아 문화와 그리스 문화는 근본적으로 달랐다. 그리스와 이웃 국가들은 개인주의와 용기 그리고 성취를 높이 평가했다. 이렇게 보면 그리스의 맹주였던 아테네에서 민주주의가 가장 먼저 등장한 것이 단순한 우연은 아닐 수도 있다. 반면 페르시아제국이 우선시했던 핵심 가치들은 중앙 권력에 복종하고, 모두가 자신의 사회적 신분을 받아들이며, 대개의 경우 아주 커다란 기계에서 유익한 부품의 역할을 수행하는 것이었다.

기원전 336년 다리우스 3세가 페르시아의 아케메네스 왕조의 왕위를 계승했다. 그가 왕위를 쉽게 차지한 것은 아니었다. 다리우스는 기껏해야 두 선왕인 아르타크세르크세스 3세Artaxerxes III와 그의 아들 아르세스Arses의 먼 친척이었다. 황제가 되기 전에 코도만누스Codomannus라고 불렸던 다리우스 3세는 장군으로의 능력은 익히 입증했지만, 처음에는 허수아비 왕에 불과했다. 그를 왕위에 올린 사람은 아케메네스 왕조의 환관 바고아스Bagoas였다. 일개 궁정 관리에 불과했던 바고아스가 사실상 아케메네스 왕국을 마음대로 주물렀고, 아르타크세르크세스 3세와 아르세스가 본인 뜻대로 통제되지 않자 이들을 독살했다. 비록 바고아스에 의해 왕으로 추대되었음에도 다리우스 역시 고집이 세서 왕위에 오르고 나서는 바고아스의 심기를 크게 건드렸다. 그러나 다리우스는 궁정 정치에 있어서 선왕들보다 훨씬 뛰어났다. 바고아스가 '배은망덕'한 다리우스를 죽이려고 독배를 들고 나타났을 때 다리우스는 그 계책을 꿰뚫고 바고아스 자신이 독배를 마시게 만들었다.

다리우스 3세는 입지가 상당히 불안했다. 비록 왕가의 피가 흘렀으나 직계 혈통과는 거리가 아주 먼 왕이었다. 더군다나 그런 자신을 왕위에 올려 준 사람을 제 손으로 처치해야만 했다. 이후 몇 년간 다리우스 3세는 노련한 처세로 자기 앞가림을 했고 그것은 꽤나 성공적이었다. 그리고 몇 차례의 반란도 신속히 진압했다. 그러던 중 그리스가 페르시아제국의 먼 변방에 위치한 사트라피(속국에 가까운 속주였다) 하나를 침략했다는 소식이 들려왔다. 이에 다리우스 3세는 지원군을 보내는 대신에 그 일을 대수롭지 않게 여기며 속주더러 알아서 대처하라며 방관했다. 그에게는 불행한 일이었지만 이것은 그의 생각만큼 평범한 그리스의 침략이 아니었다. 이는 마케도니아의 알렉산드로스 대왕에 의한 침략 전쟁의 서막이었다.

그 사트라피의 총독은 그리스 용병들을 앞세워 맞섰지만 어차피 알렉산드로스의 적수가 되지 못했다. 그러자 다리우스가 직접 행동에 나섰다. 모든 서부 사트라피들에서 군대를 모아 마케도니아 군대를 향해 친정했다. 마침내 두 군대가 대치했다. 다리우스는 용케도 병사들을 적군의 후방에 배치했고 이로써 적군의 모든 퇴각로를 차단했다. 수적으로는 다리우스 군대가 월등히 우세했다. 알렉산드로스 군대보다 무려 두 배나 큰 규모였다. 이는 일단 마케도니아 군대가 어떤 식으로든 패하면 군대 전체가 완전히 섬멸될 거라는 뜻이었다. 이수스 강을 사이에 두고 벌어진 공방전에서 알렉산드로스는 측면을 공격했고, 수적 불리를 딛고 페르시아의 대군을 무찔렀다. 전투에서 패한 다리우스는 후일을 도모하며 일단은 멀리 떨어진 수도로 퇴각했다. 그러고는 와신상담하며 서부 사트라피만이 아니라 제국의 모든 지역에서 병사들을 동원하여 더 큰 군대를 일으키기 시작했다.

알렉산드로스 군대는 더욱 기세를 올렸다. 이번에는 칼 한번 휘두르지 않고 강력한 페르시아의 지중해 함대를 무력화했다. 방법은 단순했다. 자국의 군대가 주둔할 수 있는 모든 항구를 정복한 것이다. 아니, 그곳 도시들이 순순히 항복했다. 이렇게 해서 이집트까지 이어지는 지중해 해안 지대 전부가 알렉산드로스의 손에 들어왔다. 그리고 이집트 사람들은 알렉산드로스를 신이라 부르며 환영했다. 알렉산드로스는 거침이 없었다. 내친김에 바빌론의 수도를 향해 진군했다. 이즈음 다리우스 3세는 모든 것을 책에 나와 있는 대로… 아니, 명판에 적힌 대로 정확히 처리했다. 그냥 원칙대로 했다는 말이다. 페르시아는 언제나 본진의 야영지 근처에 보급부대를 주둔시켰고, 병사들은 실전에 유용한 전투 기술과 협업하는 기술을 훈련받았으며, 전투 코끼리와 낫을 단 전차 같은 특별 병기들을 추가했다. 다리우스 3세는 가우가멜라Gaugamela 평원에서 끝장을 보리라 단단히 결심했다. 그러면 적군보다 숫자가 훨씬 많은 기병들이 효율적으로 싸울 수 있는 판을 깔아 줄 필요가 있었다. 그래서 평원의 땅을 평평하게 다지고 잡목이며 풀 등등 기동에 방해가 될 수 있는 아주 작은 장애물까지 말끔히 정리했다.

기원전 331년 9월 마지막 날, 알렉산드로스와 그의 군대는 다리우스 3세가 잘 준비해 둔 싸움터 가우가멜라 평원에 당도했다. 평원 건너편에서는 페르시아 군대가 그들을 기다리고 있었고, 이번에도 페르시아가 수적으로 훨씬 우세했다. 알렉산드로스 군대보다 최소 다섯 배는 군사가 더 많았다. 그러나 알렉산드로스는 다리우스의 페르시아 군대가 먼저 공격을 개시하지 않을 거라는 사실을 아주 잘 알았다. 그래서 행군하느라 피곤이 누적된 병사들에게 일단 휴식을 명령했다. 반면에 다리우스는 야간에 급습당할까 두려워 병사들이 무장한 채로 서서 밤을 새우도록 했다. 이튿날 날이 밝자 간밤의 충분한 휴식으로 기력을 회복한 마케도니아 군대가 수적으로 크게 우세한 페르시아 군대를 향해 진군했다.

처음에는 다리우스가 낫을 단 전차 부대와 코끼리 부대를 전투에 내보냈지만 별다른 전과를 올리지 못했다. 그런 다음 진검승부가 시작되었다. 얼마 지나지 않아 마케도니아 군대의 좌측 날개가 페르시아의 기병과 보병들의 공격을 받았다. 이번 첫 번째 교전에서는 수적으로 크게 밀렸던 그리스 군대가 조금 물러났다. 그러나 알렉산드로스는 좌익이 수세에 몰리는데도 아무런 대응을 하지 않았다. 대신에 페르시아의 본진 바로 맞은편에서 최정예 기병대들을 맨 앞에서 이끌며 군대의 우익으로 이동했다. 그 바람에 마케도니아 군대의 중앙에 구멍이 생겼다. 그러자 페르시아 기병 일부가 그 틈을 놓치지 않고 공략해 마케도니아 군대를 돌파했고 후방의 보급 막사를 습격했다. 하지만 이번에도 알렉산드로스는 반격을 가하지 않았다. 오히려 마케도니아의 왕은 페르시아의 군대 맞은편에서 계속 움직였다. 결국 알렉산드로스의 움직임에 대응하느라 페르시아 전선의 중앙이 얇아졌다. 드디어 알렉산드로스의 전술이 먹혀들었다. 알렉산드로스는 방향을 틀어 보병 대열이 약해진 그 부분을 공략했다. 삼각 대형을 이룬 기병대의 최선두에서 알렉산드로스는 다리우스 3세를 향해 곧장 돌진했다. 그리고 기병대 뒤에는 창으로 무장한 수천의 보병이 따랐다.

알렉산드로스가 이 공격을 이끌던 그때의 전반적인 상황을 한번 짚어 보자. 결론적으로 말하면 마케도니아 군대에 결코 유리하지 않았다. 먼저 좌익부터 살펴보자. 왼쪽 날개에서 마케도니아의 최정예 보병대가 엄청난 수의 페르시아 기병대의 공격으로 밀렸고, 측면이 뚫려 붕괴될 위험에 처했다. 마케도니아 전선의 중앙도 상황이 좋지 않았다. 중앙은 둘로 갈라져 구멍이 생겼고, 페르시아의 경기병들이 그 구멍을 돌파해 후방의 보급 막사를 약탈했다. 한편 오른쪽 날개는 아직 전투를 개시하지 않았지만, 조만간 좌익보다 훨씬 더 심각한 수적 열세에 놓일 게 뻔했다. 다리우스의 관점에서 이런 모든 상황을 종합해 보면 전세가 계획대로 흘러가고 있었다. 알렉산드로스가 자신을 향해 돌진해 오기 전까지는 말이다. 페르시아의 월등한 수적 우위는 현재 교전 중인 한쪽 날개에서 전과를 내고 있었다. 그리고 한층 얇아진 마케도니아의 전선을 공격해 이미 성공적으로 돌파했다. 게다가 25만에 달하는 병사 대부분은 아직 전투에 투입되지 않았고, 전투태세를 갖춘 채 명령을 기다리며 대기 중이었다. 반면 알렉산드로스는 가우가멜라 평원에서 유일하게 교전이 벌어지는 부분에서 멀찍이 떨어져 기병대를 이끌고 움직였다. 그가 어떤 공격을 노리는지는 몰라도 현실적으로 볼 때 수적으로 월등한 페르시아 군대를 우회해서 공격하거나 측면을 치고 들어갈 가능성은 전혀 없어 보였다.

그런데 몇 분 후 모든 것이 달라졌다. 전장의 다른 곳에서 무슨 일이 벌어지는지는 중요하지 않았다. 중기병들로 구축한 쐐기 대형의 꼭짓점에서 달리던 알렉산드로스가 페르시아 왕의 바로 앞에 있던 보병대를 뚫고 돌격했다. 당시 다리우스는 페르시아 제국의 친위대이자 최강 부대인 임모탈Immortal의 호위를 받고 있었다.

하지만 불멸대라는 명성이 무색하게도 그들은 알렉산드로스의 공격에 맥을 추지 못했다. 어떤 사람들은 신의 아들이라고 칭송하는 알렉산드로스의 지휘 아래 수천의 마케도니아 병사들이 지축을 울리며 대대적으로 공격하는 목표가 누구인지에는 의문의 여지가 없었다. 마차를 타고 있던 다리우스였다. 그런데 바로 그 순간에 다리우스가 실수를 저질렀다. 당시에도 페르시아 군대는 여전히 수적으로 알렉산드로스 군대를 크게 앞질렀다. 게다가 다리우스에게는 아직도 전투에 투입되지 않아 추가로 동원할 예비 병력이 있었다. 더욱이 페르시아 병사들은 교전이 이뤄지던 한쪽 날개에서 승기를 잡아 가고 있었다. 알렉산드로스가 맹렬히 돌진해 오자 위기에 처한 다리우스는 어떻게 대응했을까? 크게 세 가지 선택지가 있었다. 일단 한쪽으로 빠져 눈앞의 위기를 모면하는 것이었다. 그리고 더 많은 병사들이 보호해 줄 곳으로 이동하는 것, 모든 병사들에게 총공격을 명령하는 것이 나머지 두 선택지였다. 과연 그는 어떤 선택을 했을까? 어이없게도 도망쳤다. 다리우스 3세는 화려하게 치장된 의자에서 뛰어내려 전차에 올라타 자신의 어마어마한 군대를 내버려둔 채 혼자 살겠다고 삼십육계 줄행랑을 쳤다. 그리하여 페르시아 병사들은 지휘관이 없는, 끈 떨어진 연 신세가 되었다. 다리우스 3세는 전쟁의 승리보다 일신에 닥친 당장의 안전을 훨씬 중요하게 생각하는 실수를 저질렀다. 이 실수의 대가는 뼈아팠다. 결국 그는 자신의 목숨까지 포함해 모든 것을 잃었다.

다리우스를 위시해 최고위 지휘관들이 앞다퉈 도망쳤을 때 페르시아 군대는 아직도 우세를 이어 가던 중이었다. 마케도니아의 혈기왕성한 젊은 왕은 다리우스를 끝까지 뒤쫓고 싶었지만, 수만의 페르시아 병사들이 강하게 밀어붙이던 좌측 날개가 붕괴 직전이라는 사실을 깨달았다. 이에 알렉산드로스는 다리우스를 추격하기를 포기하고, 대신에 모든 병력을 좌익의 밀집 장창 보병대인 팔랑크스(고대 그리스 군대의 전형적인 부대 형태다. – 옮긴이)를 지원하기 위해 돌진시켜 페르시아 군대의 후미를 쳤다. 이런 긴박한 작전 변경은 가우가멜라 전투가 얼마나 큰 대접전이었는지를 단적으로 보여 준다. 어쨌든 그 전술이 페르시아 군대의 공격을 일시에 무력화했다. 그리고 다리우스 3세가 도망쳤다는 소식이 알려지자 거대한 페르시아 군대의 나머지 병사들도 급속도로 무너졌다.

다리우스가 개인적인 용기를 어느 정도만 보여 주었더라도 세상의 모든 역사가 바뀔 수도 있었다. 다리우스는 알렉산드로스에게 붙잡힐 위기에 처하자 비겁하게 도망치는 실수를 저질렀고, 그 실수 하나가 불러온 나비효과로 제국을 잃었다. 그리하여 고대 역사에서 가장 강력했던 남자는 역사서의 주석에나 이름을 올리는 서글픈 신세가 되었고, 마케도니아의 알렉산드로스는 위대한 정복자 알렉산드로스대왕이 되었다. 페르시아의 왕이 위기에서 줄행랑치는 비겁한 실수를 저지르지 않았더라면 어땠을까? 십중팔구는 페르시아 문화가 유럽 대륙 전체로 무섭게 파고들어 마침내 유럽을 지배했을 것이다. 그러나 누군가의 단 한 번 잘못된 선택으로 그 모든 가능성이 날아갔다. 대신에 그리스의 가치들이 알렉산드로스 제국 전반에 퍼졌다. 이제 페르시아제국이 붕괴함으로써 그리스와 유럽이 자신들의 독특한 문화를 토대로 발전하는 것을 가로막는 장애물이 제거되었다. 위협 앞에서 비겁하게 도망치지 않았더라면, 다리우스가 알렉산드로스를 무너뜨렸거나 양국의 군대가 서로를 파괴했을 가능성도 배제할 수 없다. 어쩌면 오늘날 우리는 그를 다리우스 대왕이라고 부를 수도 있고, 그의 후손들이 유럽 전역으로 페르시아의 세력을 확장하며 휘젓고 다녔을지도 모를 일이다. 그리하여 오늘날 우리는 추구해야 하는 유일한 가치가 성공이나 성취가 아니라 권위에 대한 복종과 집단 사고라고 생각할 수도 있다. 또한 어쩌면 민주주의가 이 세상에 뿌리내리지 못했고 권리장전도 마그나카르타Magna Carta, 다른 말로 대헌장도 작성되지 않았을 것이다. 그뿐만 아니라 과학도 독창적 사고도 억압되었을 가능성이 높다. 다른 한편으로는 수백 년 후에 새로 등장한 위대한 서구 제국인 로마제국 아래 태평성대 같은 오랜 평화가 찾아왔을지 누가 알겠는가. 그러나 결국 승자는 권위주의적인 페르시아 문화가 아니라 개인주의를 강조하던 그리스 문화였다. 그리하여 그리스 문화가 유럽과 미국의 삶의 방식과 오늘날 우리 생활 방식의 토대가 되었다. 이 모든 것이 다리우스 3세의 비겁한 도망에 따른 결과물이다.

흑역사 005

후계자를 남기지 않은 알렉산드로스의 선택 : 기원전 323년

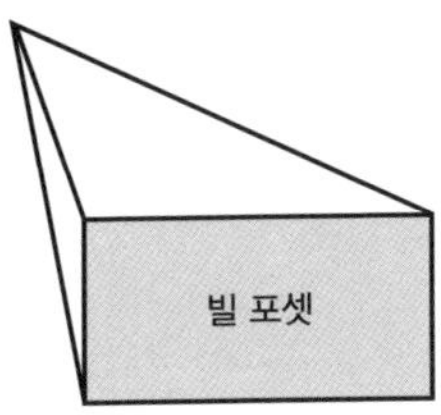

"가장 위대한 사람의 태산 같은 업적도
실수 하나로 물거품이 될 수 있다"

역사의 물줄기에 영향을 미쳤던 실수들은 아주 많다. 왕과 대통령과 기업 리더들이 그런 흑역사의 주범들이다. 그들의 개인적인 흑역사가 우리가 어떻게 살고 어떻게 돈을 벌고 어떻게 생각하는지를 결정했다. 문제는 이런 흑역사 대부분이 꼭 일어날 필요가 없었다는 것이다. 불가피한 실수가 아니었다는 이야기다. 하긴 그래서 그런 일을 실수라고 부르는 것이다. 만약 무언가가 약간만 달랐다면, 특정한 사실을 미리 알아서 고려했더라면, 피하지 않고 직언했더라면, 그래서 한층 나은 결정을 했더라면 어땠을까? 오늘날 우리의 세상은 그리고 우리의 삶은 어떤 모습일까? 세상을 바꾼 실수들은 최근에 만들어져 역사가 짧은 것도 있고, 머나먼 과거로부터 현

재까지 영향을 미치는 것도 있다. 지금부터 소개할 이야기도 역사가 아주 긴 실수 가운데 하나다. 무려 2,400년 전의 실수다. 그렇지만 오늘날 우리가 살아가고 생각하는 방식이 아직도 그 실수의 영향에서 벗어나지 못했다. 그 주인공은 뜻밖에도 역사상 가장 위대한 군사 지도자로 일컬어지는 알렉산드로스대왕이다.

정복왕 알렉산드로스는 자신이 '평생' 일군 놀라운 경력의 마침표를 찍으면서 무언가를 빠뜨리는 실수를 저질렀다. 직무 유기랄까 직무 태만이랄까, 어쨌든 그의 실수는 인류 역사 전반에서 단골로 소환된다. 알렉산드로스는 다리우스 3세를 멸망시킨 후에 페르시아의 수도를 점령했고 새로운 제국의 통치자가 되었다. 아마도 새로운 제국의 일부 영토는 존재하는지조차 몰랐을 수도 있었다. 또한 페르시아를 정복하자 말 그대로 수천 킬로그램에 달하는 황금과 귀중한 보석을 포함해 막대한 전리품이 따라왔다. 이제 그는 그리스와 페르시아의 '한집 살림'에 많은 노력을 기울였다. 특히 그리스인들에게는 페르시아 문화를 받아들이고 페르시아 여인들과 결혼하도록 장려했고 옛 페르시아제국에는 그리스의 가치들을 널리 퍼뜨리는 데에 주력했다. 그뿐만 아니라 그는 관용과 무역과 교육도 강조했다. 요컨대 잘하면 이것은 아우구스투스Augustus가 통치하던 로마제국 시절에 시작된 팍스 로마나Pax Romana의 황금기와 비슷한 태평성대의 출발이었을 '수'도 있었다.

알렉산드로스는 수도에서 현안들을 마무리한 후에 군대를 이끌고 북방 정벌에 나섰다. 오늘날 아프가니스탄에 해당하는 지역이었다. 그런 다음 인도를 향해 동진했다. 알렉산드로스는 이번 정복 전쟁 중에 수많은 전투와 포위 작전을 진두지휘했고, 그 바람에 30번도 넘게 부상을 당했다. 잦은 부상에 장사 없듯 결국에는 위대한 정복자도 잦은 부상과 고열로 쇠약해지기 시작했다. 알렉산드로스는 정복 전쟁을 마치고 왕궁으로 돌아왔다. 하지만 중병을 얻은 뒤였다. 그때가 페르시아를 침략하고 고작 6년이 흐른 뒤였고, 그의 나이 36세였다.

알렉산드로스의 병세가 갈수록 깊어지자 장군들은 그가 없는 미래를 생각하기 시작했다. 전해지는 이야기에 따르면, 장군들은 후계자 문제를 매듭짓기 위해 병석에 누운 황제를 수차례 알현했다고 한다. 알렉산드로스는 자식이 아들 한 명뿐이었는데, 후궁과의 사이에서 태어난 서자는 채 열 살도 되지 않았다. 그리고 당시 왕비는 첫 아이를 임신 중이었다. 어떤 장군들은 알렉산드로스에게 어린 왕자의 후견인이 되겠다고 자청했다. 또 어떤 장군들은 알렉산드로스대왕이 세운 제국을 통치하고 보존하겠다고 제안했다. 심지어 얼마 후 왕위를 계승할 능력이 있음을 증명한 장군도 일부 있었지만, 알렉산드로스는 특정한 후계자를 지목하지 않았다.

알렉산드로스가 왕위를 이어받아 제국을 통치할 후계자를 지목하지 않은 이유를 정확히 아는 사람은 없다. 어쩌면 자신이 깊은 병에 걸려 죽어 간다는 사실을 인정하고 싶지 않은 마음이었을 수도 있다. 또는 평소 자신이 "제우스의 아들"이라고 주장했다는 사실을 미루어 보면, 자신조차 그 주장을 정말로 믿었고 스스로를 신이자 불멸의 존재라고 생각했는지도 모르겠다. 어쨌든 그가 세상을 떠나기 전날에도 한 명을 후계자로 선택해 달라는 장군들의 간청을 묵살했다는 이야기가 오늘날까지 전해진다. 어딘가 미심쩍지만 좀 더 자세히 말하면, 알렉산드로스는 특정인을 후계자로 지목하는 대신에 자신을 둘러싼 장군들을 훑어보면서 왕위를 "가장 강인한 자"에게 물려주겠노라 말했다고 한다.

이유는 몰라도 한 가지는 확실하다. 알렉산드로스가 후계자를 지명하지 않고 사망했다는 점이다. 그러자 내로라하는 권력자들은 각자 자신이 적법한 후계자라고 생각했고, 결국 알렉산드로스 사후에 제국은 사분오열되어 12명 넘는 통치자들이 나눠 가졌다. 당연한 말이지만 이는 자칭 "후계자들" 사이에 끊임없는 내전으로 이어졌고, 최종적으로 세 개 후계국만 남았다. (그리스를 포함하는) 마케도니아, (아시아 대부분을 포함하는) 셀레우코스 제국, (이집트를 200년 이상 지배했던) 프톨레마이오스 제국 등이었다. 프톨레마이오스 왕조의 19대이자 마지막 파라오인 프톨레마이오스 14세Ptolemy XIV의 누이가 바로 카이사르Gaius Julius Caesar의 연인이자 안토니우스Marcus Antonius의 두 번째 부인이었던 클레오파트라Cleopatra다. 알렉산드로스가 한때 통일한 제국의 영토는 후계자를 둘러싼 참혹한 전쟁터로 전락했고, 그 전쟁은 수십 년이나 이어졌다.

알렉산드로스가 후계자를 지명했고 그래서 그 지명자가 평화롭고 원만한 승계 과정으로 왕권을 차지했더라면, 60여 년에 걸친 후계자 전쟁이 벌어지지 않았을 것이다. 그리스는 제 살 깎아 먹기 식의 내전이 아니라 번영을 맞이할 수도 있었다. 또한 이후 수세대에 걸쳐 그리스는 과학과 예술을 발전시키고 평화와 안정을 기반으로 나머지 세상을 정복했을 가능성이 크다. 그뿐만 아니라 그리스와 페르시아의 두 문화가 점진적으로 통합되는 황금기가 찾아왔을 수도 있다. 심지어 모든 사람이 존중받아야 한다는 알렉산드로스의 관점이 사회적 가치로 깊이 뿌리내렸을지도 모를 일이다. 수십만 명이 잔인하게 목숨을 잃지 않고, 오히려 그들이 과학적 진보와 번영의 시대를 여는 데에 유익한 밑거름이 되었을지 누가 알겠는가. 후계자 전쟁이라는 미명 아래 수세기 동안 전쟁이 벌어지지 않았더라면, 오늘날 우리는 지금보다 300년이나 진보된 세상에 살고 있을 수도 있다. 한 발 더 나아가, 페르시아제국을 멸망시킨 알렉산드로스 제국이 팍스 로마나 같이 200년간 비교적 안정적인 상태를 유지했더라면, 지금 이 책을 화성에 있는 집이나 하늘을 나는 자동차 안에서 읽는다고 해도 결코 과장이 아닐 수 있다. 아니 최소한, 지금의 세상보다 편협하지 않고 더 포용적이며 평화로운 세상에서 이 책을 읽고 있을 것이다. 헛된 희망에서든 자만심에서든 혹은 자신이 신이라는 착각에서든, 알렉산드로스가 후계자를 지명하지 않은 실수가 우리의 세상을 영원히 바꿔 놓았다.

원로원은 왜 독재관 카이사르를 한 달 만에 암살했을까? : 기원전 44년

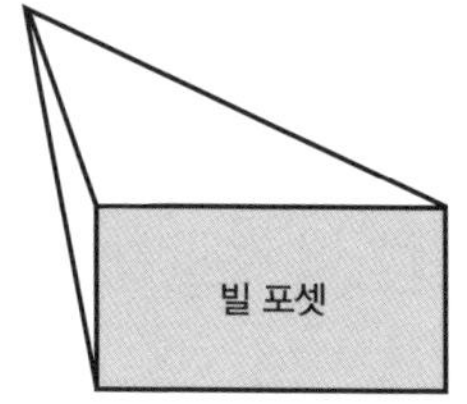

"올바른 이유로 잘못된 일을 하다."

로마의 역사에 여러 변곡점이 있었다. 그중 하나는 로마 원로원이 율리우스 카이사르를 10년 임기의 딕타토르, 즉 독재관으로 선출한 일이었다. 그리고 후일담이지만 그는 훗날 임기 제한이 없는 종신 독재관이 된다. 앞선 통치자들로부터 호된 경험을 했음에도 로마에는 아직 정신을 못 차린 사람들이 있었다. 그들은 유명한 장군이 로마제국의 '왕'이 되기를 바랐다. 로마는 타르퀴니우스Tarquin 가문의 왕들을 가까스로 축출한 후에 왕이라는 직위를 영원히 폐지했다. 타르퀴니우스 왕들이 얼마나 잔인했는지 스탈린의 편집증적인 통치도 친절해 보일 정도다. 로마에서 독재관은 상설직이 아닌 임시직이었고, 보통은 제국이나 로마가 위험에 처했을 때에만 선임되었다. 그리고 독재관은 해당 위기가 지속하는 동안 직책을 유지했다. 그렇더라도 공화정 체제에서 독재관의 임기는 해당 위기가 끝났건 말건 1년을 넘길 수 없었다.

아무리 실수가 될지언정 로마가 독재관을 꼭 선임해야 했다면 율리우스 카이사르가 최고의 선택지였다. 그는 남다른 설득력과 강렬한 카리스마를 겸비한데다 인기까지 높았다. 오죽했으면 로마 원로원이 사실상 본인들의 손으로 자신들을 '뒷방 늙은이' 조직으로 만드는 투표를 하게 되었을까. 카이사르의 부친은 로마의 속주 갈리아 나르보넨시스의 총독이었다. 그곳은 마르세유를 포함해 오늘날 프랑스 남부 해안에 접한 속주로, 크기는 작은 편이었어도 번창하는 교역 중심지였다. 덕분에 게르만족 약탈자들이 끊임없이 침략하는 목표물이기도 했다. 오늘날 프랑스와 독일에 해당하는 나머지 지역은 명실상부 갈리아 지역으로, 여전히 수많은 부족들이 난립해 통치하고 있었다. '가난한' 귀족 가문의 후손으로서 카이사르는 정계에 진출해 서서히 계급의 사다리를 올라가 운이 따라 준다면 부친처럼 작은 속주 하나를 다스릴 수 있으리라 여겨졌다.

카이사르 16세 때에 부친인 가이우스 카이사르Gaius Caesar가 세상을 떠났다. 그때부터 청년 카이사르는 끝모르는 야망을 숨기지 않고 드러냈다. 가장 먼저, 자신의 집안보다 정치적으로 훨씬 영향력이 크고 부유한 가문에 장가를 들었다. 그런 다음에는 다양한 파벌을 아우르는 권력 기반을 구축하기 시작했다. 그에게는 불행한 일이지만, 하필이면 카이사르의 고모부이자 권력에서 쫓겨난 가이우스 마리우스Gaius Marius를 지지하는 잔당들도 그런 파벌의 하나였다. 마리우스는 로마에서 사실상 소작농들의 반란이랄 수 있는 개혁 운동을 주도했고, 귀족 계급을 전복할 만큼 성공을 거두었다. 그러자 귀족들은 루키우스 술라Lucius Sulla에게 반란 진압을 맡겼고, 그는 마리우스의 지지자들과 그들의 동맹 모두를 끝까지 추적해 소탕했다. 술라의 살생부 명단에는 젊은 율리우스 카이사르의 이름도 올라 있었다. 이에 카이사르는 술라의 칼날을 피해 군에 입대해 가능한 한 서둘러 로마를 떠났다.

율리우스 카이사르는 탄탄한 인맥과 상당한 부를 등에 업고 처음부터 군대 최고위자와 가까운 자리에서 군 생활을 시작했다. 속주 총독의 군사 보좌관이 된 것이다. 그런 다음 킬리키아 속주에서 벌어진 전투에 참전했고 무용을 과시했다. 이후 카이사르는 이탈리아로 돌아왔고, 아마도 노예 검투사였던 스파르타쿠스Spartacus가 일으킨 반反로마 노예 반란을 진압하는 군사작전에 힘을 보탰을 것으로 보인다. 하지만 아직도 로마는 술라의 손아귀에 있었고, 이는 카이사르가 여전히 위험하다는 뜻이었다. 그래서 대체로 정치를 멀리했고, 대신에 설득과 논증으로 사람들의 마음을 움직이는 기술인 수사학을 소일거리로 삼으며 지냈다. 그러나 수사학이 단순한 취미는 아니었던 듯싶다. 그는 수사학을 제대로 익혔고 또한 재능을 어느 정도 타고난 것이 분명했다. 훗날 로마에서 가장 위대한 웅변가로 꼽히는 키케로Cicero조차 그의 웅변을 직접 듣고는 높이 평가했으니 말이다.

"비록 웅변술을 익히는 데에 많은 공을 들인 것은 사실이나, 그래도 카이사르를 능가할 웅변가가 있을까?"

카이사르는 수사학도 완성할 겸 그해 겨울을 좀 더 따뜻한 로도스 섬에서 지내려고 이탈리아에서 출발했다. 하지만 그는 로도스에 도착하지 못했다. 로도스로 가던 길에 해적들에게 납치되어 몇 달간 인질로 있다가 상당한 몸값을 내고서야 풀려난 것이었다. 훗날 카이사르는 인질로 잡혀 있을 당시 자신이 해적들에게 반드시 돌아와서 그들을 모조리 잡아들여 십자가형에 처하겠다고 끊임없이 협박한 일을 상세히 기술했다. 그것도 미소까지 지으며 거만하게 으름장을 놓았다고 했다. 아무리 허세를 부려도 당시 카이사르는 아직 앳된 청년이었고, 해적들은 그의 공언을 농담으로 받아들였다. 하지만 결코 허언이 아니었다. 카이사르는 몸값을 내고 풀려난 후 곧바로 소규모 함대를 조직해서 자신이 인질로 잡혀 있던 곳으로 돌아갔다. 그러고는 해안선을 샅샅이 뒤져 인질범들을 몽땅 색출해 자신이 공언한 대로 모두를 십자가형에 처했다. 그는 해적들을 일망타진하여 피비린내 나는 복수를 끝냈다. 그 과정에서 어부지리가 있었다. 지중해 전역에서 활동하던 상당수 해적들을 소탕하는 부수적인 소득까지 얻은 것이다. 이 성공을 발판으로 카이사르는 오늘날 터키의 해안을 방어하는 데 필요했던 군대와 함대를 조직하고 지휘하는 직책을 맡게 되었다. 청년 귀족은 기대를 저버리지 않았다. 새로운 이번 임무 역시도 훌륭히 해냈으며, 덕분에 그의 명성이 한층 더 높아졌다.

달이 차면 기우는 법, 영원한 권력은 없다. 술라의 당파도 마찬가지였다. 하늘을 나는 새도 떨어뜨릴 만큼 대단한 권세를 누리던 술라의 일당이 마침내 권력을 잃었고, 이제 카이사르는 일곱 언덕의 도시 로마Seven Hills of Rome로 안심하고 돌아갈 수 있게 되었다. 로마에서 카이사르는 최근 거둔 일련의 성공과 화려한 인맥 덕분에 오늘날 스페인에 해당하는 히스파니아 속주에서 재무관이라는 최고위직에 선출되었다. 26세 로마 청년이 히스파니아에 처음 도착했을 때와 관련해 지금까지도 회자되는 아주 유명한 일화가 있다. 카이사르는 그곳에 있던 알렉산드로스대왕의 석상 앞에 서서, 대왕의 업적에 비해 자신이 이제까지 이룬 것이 없다고 한탄하며 눈물을 흘렸다고 한다. 알렉산드로스는 30세 때 이미 당시 알려진 세상 전부를 통치하는 왕이 되었다. 이후 로마로 돌아온 다음 카이사르는 뇌물과 회유 전략을 써서 일련의 직책을 따내며 점점 더 높은 자리로 올라갔다. 그는 조영관造營官이라고도 하는 안찰관에 선출되어 공공건물과 축제들을 관장하게 되었다. 그러자 그는 막대한 사채를 끌어다가 사치스러운 축제를 여는 데 돈을 물처럼 써댔고 많은 건물들을 보수하는 일까지도 꽤 잘해 냈다. 호사다마라는 말이 있듯, 이런 일련의 일들로 카이사르의 입김이 세지고 입지가 넓어지자 그를 위협으로 생각하고 경계하는 사람들이 생겨났다. 여기서도 카이사르의 영특함이 빛났다. 그는 공석이 된 로마의 최고 사제직 폰티펙스 막시무스 선거에 출마해 많은 사람들의 예상을 깨고 당선되었다. 이 자리는 그에게 명예를 가져다주었을 뿐 아니라 많은 정적과 채권자들로부터 보호막이 돼 주었다.

폰티펙스의 임기가 끝났을 때 어느덧 41세 중년이 된 카이사르는 아직도 많은 빚에 허덕였고 여전히 정적들의 목표물이었다. "될 사람은 뭘 해도 된다"라는 시쳇말처럼 때마침 히스파니아에서 부족들 간에 다툼이 발생했다. 그러자 율리우스 카이사르는 내전을 평정하겠다며 자신을 군사 지휘관인 법무관으로 임명해 히스파니아로 다시 보내 달라고 원로원을 설득했다. 사람들은 군 복무 외에 별다른 군대 경험이 없던 카이사르가 법무관으로서 잘해 낼지를 의심했다. 실패할 거라고 예상한 사람들도 있었다. 그러나 막상 뚜껑을 열어 보니 이는 기우였다. 그는 군사 지도자로서 뛰어난 재능을 내보였다. 그의 정적들만이 아니라 카이사르 본인에게도 놀라운 재발견이었다. 게다가 카이사르는 군사 작전의 전리품으로 상당한 부를 챙겨 빚도 청산했다. 또한 대단한 명성까지 덤으로 얻었다. 그의 명성이 얼마나 높았던지 정적 대다수가 제국에서 가장 중요한 계급을 한 계단씩 올라가는 그의 모습을 좌절감 속에서 지켜볼 뿐이었다. 이윽고 그는 삼방향의 정치적 제휴 관계를 구축했는데, 이것이 그 유명한 삼두정 체제다. 셋 중에서 연장자이며 정치적 영향력이 가장 컸던 장군 그나이우스 폼페이우스 마그누스Gnaeus Pompeius Magnus와 로마의 최고 부자 마르쿠스 리키니우스 크라수스Marcus Licinius Crassus였다. 폼페이우스와 크라수스는 수석 집정관들이었고, 율리우스 카이사르는 (공식적으로) 두 차석 집정관 중 한 명이 되었다. 그러나 다른 차석 집정관은 힘의 역학 관계를 곧바로 알아차렸고 자기에게 가장 이로운 길을 선택했다. 요즘 말로 '재택근무', 그저 집에서 가족과 많은 시간을 보내며 바짝 몸을 낮추었던 것이다. 그리하여 카이사르가 차석 집정관의 행정 업무와 힘을 독식하게 되었다. 그들 삼두정은 많은 개혁을 성사했고, 이런 조치가 원로원 귀족들로부터 반발을 샀지만 평민과 상인들로부터는 지지를 얻었다. 한편 카이사르는 외동딸을 폼페이우스와 결혼시켰고, 이로써 장인과 사위가 된 그들 연합은 더욱 공고해졌다.

마침내 로마는 이탈리아와 로마의 동맹국인 갈리아에서 북쪽으로 멀리 떨어진 변방을 길들일 필요가 있다고 결정했다. 이를 위해 로마는 제국 역사상 최대 군대 중 하나를 조직해야 했고, 카이사르에게 그 책임을 맡겼다. 그런데 군대가 완전히 조직되기 전에 야만족인 헬베티 족이 다른 부족들에게 밀려 남하하다가 이탈리아 북부의 로마 속주인 갈리아 트란살피나로 침입했다. 율리우스 카이사르는 급한 대로 이제까지 조직된 '미완'의 군대를 이끌고 북부로 진군했다. 몇 달 후 그는 헬베티 족을 완전히 궤멸했고, 이로써 북부 야만족의 위협이 일단 봉합되는 듯했다. 하지만 평화는 채 몇 달도 지속되지 않았다. 이번에는 두 게르만 부족(슈바벤이라고도 불리는 스와비아 족과 수에비 족)이 카이사르의 부친이 총독을 지냈던 속주에 침입했다. 이때까지도 카이사르의 군대는 완벽히 정비되지 않은 상태였다. 하지만 그는 또다시 미완의 군대를 이끌고 그들 부족과 전투를 벌였으며 이번 역시도 결정적인 승리를 거뒀다.

이처럼 이민족의 침입이 잇따르자 로마의 주의가 분산되고 군대는 전쟁을 치르느라 바빠졌다. 이것이 어떤 사람들에게는 호재였다. 로마를 공격할 기회를 호시탐탐 노리던 일부 이웃 부족들은 지금이 공격의 적기라고 판단했다. 가장 먼저, 벨가이 족이 로마의 영토를 침략할 준비를 했다. 몇 차례에 걸쳐 벨가이의 매복 공격에 급습당한 카이사르는 마침내 벨가이의 핵심 부족과 마주했다. 네르비 족이었다. 카이사르는 엎치락뒤치락 대접전을 벌인 끝에 네르비 족을 격파했다. 최대 부족이 무너지자 벨가이의 나머지 부족들을 평정하는 데는 채 몇 주도 걸리지 않았다.

갈리아 지방 대부분을 정복한 율리우스 카이사르는 거대하고 부유한 그 속주를 다스리기 위해 잔류했다. 이후 그는 게르만 족의 또 한 차례 침입을 물리쳤고, 게르마니아로 진군했다. 그런 다음 작년에 별 소득 없이 돌아왔던 브리타니아로 다시 건너갔다. 이번에는 그곳에서 꽤 많은 성과를 거두었고 더욱 힘을 키워 세력가로 입지를 공고히 다졌다. 기원전 54년 벨가이 족이 한 차례 더 반란을 일으켰고, 모든 저항을 완벽히 진압하는 데 꼬박 1년이 걸렸다. 그렇게 2년쯤 지났을 무렵 카리스마를 지닌 베르킨게토릭스 Vercingetorix의 지휘 아래 갈리아 전체가 똘똘 뭉쳐 로마에 대항해 일어났다. 갈리아 지방에는 30개가 훨씬 넘는 부족들이 있었는데, 그들 가운데 세 개 부족을 뺀 모두가 그 반란에 가담했다. 언제나 그랬듯 수적인 열세를 딛고 카이사르는 연전연승을 거두었다. 마침내 그는 총 9년이라는 시간을 바쳐 갈리아를 정복하고 안정화했다. 이는 그가 강산이 바뀌는 그 오랜 시간 동안 로마에서 멀리 떨어져 있었다는 뜻이었다.

이즈음 로마제국의 상황이 심상찮아졌다. 카이사르가 타지에서 승승장구하자 크라수스는 조바심이 났다. 삼두정의 한 축인 자신도 폼페이우스나 카이사르만큼 훌륭한 장군이라는 사실을 증명하고 싶었다. 이에 그는 파르티아 원정에 나섰고, 그의 시도는 사막에서 벌어진 카레Carrhae 전투에서 막을 내렸다. 그가 이끌던 두 개 군단이 대패했고 그는 목숨을 잃었다. 한편 카이사르의 외동딸이자 폼페이우스의 아내였던 율리아Julia가 출산 중에 죽음을 맞이했다. 그러자 대단한 야심가였던 두 로마인을 묶어 준 가느다란 끈마저 뚝 끊어졌다. 이후 그들 장군을 따르는 추종자들 사이에서 경쟁이 치열해졌고 가끔은 폭력으로 불거지기도 했다. 로마 시와 로마제국도 지속적인 사회 혼란으로 몸살을 앓았다. 무엇보다 로마의 실업률이 50퍼센트까지 치솟았다. 로마의 지배계급은 대규모의 개인 농장에서 노예의 노동력을 이용해 농산물을 대량생산했다. 그 바람에 농산물 가격이 떨어졌고, 이는 다시 소규모 자영농들을 무더기로 빈곤층으로 전락시키는 결과를 낳았다. 지배계급은 한술 더 떠서 토지에 대한 세금도 인상했다. 그러자 토지를 포기하는 자영농이 속출했고, 지배계급은 그런 토지를 편취해 배를 불렸다. 한때 제국의 군대와 유권자 계층의 주축이었던 자영농들이 이제는 불행한 실업자 신세가 되어 로마로 몰려들었다. 로마에서 폭동은 일상이 되다시피 했고, 정치적 파벌 간 갈등은 갈수록 폭력적으로 변했다.

카이사르가 로마를 비운 사이에 폼페이우스는 변절했고 고위 귀족들로 구성된 벌족파閥族派 옵티마테스Optimates('좋은' 또는 '최상의'를 뜻하는 라틴어 옵티머스optimus에서 이름을 딴 정치파 중 하나로 원로원의 명예를 중시한다고 하여 '원로파'라고도 불린다. 평민파 파풀라레스Populares의 상대어다.-옮긴이)에 합류했다. 카이사르는 여전히 시민들의 존경을 받았지만, 로마에서 멀리 떨어진 갈리아에 발목이 잡혀 있었다. 한동안 그는 로마의 정치판에서 물러나 갈리아에서 머물렀다. 그럼에도 정적들에게는 그의 존재 자체가 여전한 위협이었다. 폼페이우스가 카이사르를 총독에서 해임하려 했을 때, 말 그대로 그는 카이사르가 다시는 재기할 수 없도록 완전히 밟아 줄 작정이었다. 카이사르에게는 다른 선택의 여지가 없었다. 몇 달 후 그는 군대를 모아서 루비콘 강을 건너 로마를 향해 진군했다.

카이사르의 뒤에는 로마 시민들의 지지가 있었다. 수적으로 열세인데다가 더는 로마를 장악할 수 없음을 깨달은 폼페이우스는 군대와 지지자들을 데리고 로마를 빠져나와 도망쳤고 나중에 그리스에서 카이사르 군대에 대패했다. 이후에도 그들은 북부 아프리카의 이집트에서 그리고 몇 년 후에는 히스파니아에서 저항을 이어나갔다. 하지만 결국 옵티마테스 당파는 싹쓸이되었고 율리우스 카이사르의 지지자들에게 반기를 들 사람은 한 명도 남지 않았다.

공화정은 수백 년간 로마의 정치를 주도했다. 그러나 많은 원로들은 지금이 제국의 위기 상황이고 강력한 통치자가 필요하다는 데 뜻을 모았다. 한때 질투심에 사로잡혔던 원로원은 이제는 카이사르에 대한 시민들과 군대의 지지에 잔뜩 겁을 먹었고, 폼페이우스 때처럼 카이사르를 단독 집정관으로 선출했다. 로마의 권력을 장악한 카이사르는 모든 정무관(판사)을 직접 임명했고 정부의 모든 부문을 통제했다. 또한 시민들의 지지를 유지하기 위해 전쟁으로 챙긴 전리품을 아낌없이 쏟아부었다. 그러다가 기원전 44년 원로원이 마지막 실수를 저질렀다. 카이사르를 딕타토르 페르페투우스, 즉 종신 독재관으로 선출한 것이다. 이로써 그는 자신이 그토록 오랫동안 증오했던 타르퀴니우스 왕들에게 있던 절대적 권력을, 모든 로마인들을 대표하는 원로원이 자신에게 갖다 바치게 만들었다. 원로원은 로마인들의 끈질긴 요구에 더는 버티지 못하고 자타공인 유능하고 카리스마 넘치는 한 남자에게 모든 권력을 넘겨주기로 했다. 그러나 당시 원로들이 미처 생각하지 못한 것이 있었다. 일단 권력을 넘겨주고 나면 되찾기가 불가능하다는 사실이었다. 카이사르는 사실상 견제 세력이 없는 절대 권력의 독재자가 되었다. 그에게는 1년이 아니라 10년의 임기가 부여되었는데, 이는 누구도 그의 결정을 뒤집을 수 없다는 뜻이었다. 이로써 명실상부 카이사르는 많은 로마인들이 두려워하던 존재가 되었다. 누구에게도 어떤 책무도 지지 않는 실질적인 왕 말이다. 곧바로 카이사르는 이 상황을 유리하게 이용했고, 자신에게 주어진 무소불위의 지위를 앞세워 사리사욕을 채웠다. 로마인들과 카이사르의 압박을 못 이겨 치러진 원로원의 투표 한 번으로 수백 년간 이어지던 공화정 시대는 막을 내렸고 간접적으로 로마제국은 멸망의 길로 들어섰다. 그렇다면 원로들은 로마의 미래를 예견했을까? 영원히 1인 독재자의 통치를 받게 될 것을 알았을까? 아니라는 데 한 표를 던진다.

원로들은 자신들의 손으로 카이사르를 종신 독재관에 선출했으면서도, 카이사르가 정말로 종신 독재관이 될까 봐 내심 두려워했다. 한 달 후 카이사르는 종신 독재관에 임명된 바로 그 원로원 계단에서 원로들의 손에 암살당했다. 암살 동기가 무엇이든 원로들은 카이사르를 암살함으로써 저들의 용기를 증명했다. 만약 그 용기를 계속 지녔더라면, 그래서 원로원의 힘을 되찾았더라면 어땠을까? 다른 건 몰라도, 미래의 카이사르들을 견제할 대항 세력으로 존재했을 수도 있었다. 그러나 원로원은 군중과 강력한 장군의 힘에 압도돼 굴복할 수 있음을 몸소 보임으로써 스스로의 힘을 파괴하며 자멸했다. 카이사르가 죽은 후 양자로 입적되어 후계자가 된 아우구스투스Augustus는 암살자들에게 복수한 후에 공화정으로 복귀하는 대신에 '수석 집정관' 직책에 올랐다. 말이 수석 집정관이지 사실은 양아버지가 선출되었던 독재관과 전혀 다르지 않았다. 아우구스투스의 통치 아래 수십 년간 로마는 번영을 누렸다. 그러나 다른 한편으로는, 원로원이 무능하거나 정직하지 못한 행정관들을 해임할 권한이 없어지자 황제에 대한 견제 세력이 없어졌다. 또한 황제가(또는 훗날 황제 근위병들이) 지위를 남용하지 못하도록 막아 줄 제도적 장치도 영원히 사라졌다. 그리하여 가끔은 너무나도 끔찍한 천하의 미치광이들이 황제가 되어 악행을 저질렀다. 로마는 스스로를 보호할 능력도 힘도 잃었고, 제국은 동서로 쪼개졌다. 로마제국의 마지막 황제로 선포된 사람은 심지어 로마인도 아니었고 말 그대로 야만인 부족의 족장이었다.

어쩌면 이 모든 것은 오늘날에도 우리가 배워야 하는 유익한 교훈일 수 있다. 당장의 걱정거리와 문제 때문에 대중이 독재자와 선동가들에게 의지하도록 만들지 마라. 그런 인물들은 대중의 자유나 삶의 방식을 파괴할 것이다. 원로원이 어떻게든 독재 체제를 요구하는 군중의 목소리에 저항했더라면, 카이사르도 권력을 무제한적으로 행사하지 못했을지도 모른다. 오히려 어느 정도의 자제력을 발휘했을 가능성이 크다. 하지만 더 중요한 사실은 따로 있다. 그저 카이사르의 혈통을 물려받은 후손이어서가 아니라, 각자의 능력에 따라서 제국의 통치자를 선출하는 체제가 구축되었을 가능성도 있었다는 것이다. 그랬더라면 미치광이 황제들이 로마제국을 통치하는 것도, 제국이 내부로부터 파괴되어 자멸하는 데에 일조하는 것도 막을 수 있었을지 모를 일이다. 로마제국은 어떻게든 스스로의 위대함을 회복하고, 아우구스투스의 통치 아래 시작된 태평성대, 즉 팍스 로마나는 200년이 아니라 더 오래 지속되었을지도 모른다. 야만족들의 침입을 막아 냄으로써 어떤 암흑기도, 정치권력화된 교회의 통치와 종교전쟁의 시대도, 심지어는 민족주의도 역사에 등장하지 못했을 수도 있다. 선출된 정부라는 개념이 1,000년이 넘는 유구한 세월 동안 지구상에서 사라지는 아픈 역사도 피할 수 있지 않았을까. 원로원은 율리우스 카이사르에게 종신 독재관이라는 절대 권력을 쥐여 주고 나서 겨우 한 달 후에 암살했다. 애초에 원로원이 카이사르에게 굴복하지 않고 예전의 용기를 소환해서 풍전등화의 공화정을 구할 수 있었더라면 어땠을까? 오늘날 우리는 지금과는 확연히 다른 삶을, 그것도 아마 훨씬 좋은 삶을 살고 있으리라 조심스레 짐작해 본다.

흑역사 007

로마제국 최대의 패배를 이끌어 낸 게르만인 아르미니우스 : 기원후 9년

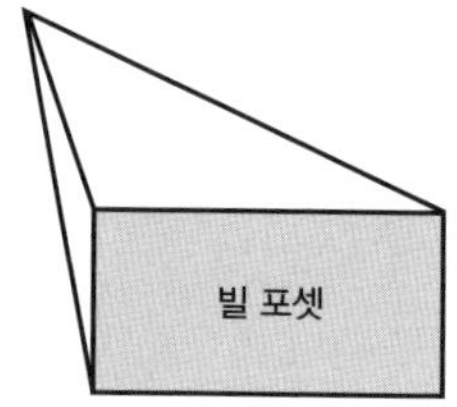

"잘못된 사람을 믿는 것은 치명적인 실수일 수 있다"

기원후 9년, 아우구스투스 카이사르가 기원전 27년에 로마의 초대 황제로 즉위하고 30년이 훌쩍 지났을 즈음이었다. 아우구스투스는 로마제국에 새로 편입된 속주 게르마니아를 다스릴 총독이 필요했다. 그 속주 총독이란 분명 어려운 자리가 될 터였다. 어쨌든 그는 그 자리에 어울리는 적임자를 찾았다는 생각에 한시름 놓았다. 대부분의 로마인들은 게르만 족이 평정되었다고 생각했다. 반란을 일으켰던 게르만 부족들은 하나같이 궤멸되었고, 게르만 족은 로마제국으로 신속하게 흡수되는 것처럼 보였다. 이제 게르만 족 전사들은 용병으로 고용되어 로마제국 전역의 군대에서 복무했다. 개중에는 혁혁한 무공을 세워 로마 군단의 정식 군인이 되고, 심지

어 로마 시민권까지 얻은 용병들도 있었다. 이렇게 되자 아우구스투스는 게르마니아를 '돈 먹는 하마' 같은 군사 점령지에서 수익성 좋은 '황금 알' 속주로 전환해야 할 때가 무르익었다고 판단했다. 그러기 위해서는 무엇보다 유능한 총독이 있어야 했다. 대다수 정부가 그렇듯, 로마제국도 언제나 곳간을 채울 돈이 더 많이 필요했다.

아우구스투스는 제국의 지방 총독 중에서 한 사람을 점찍었다. 푸블리우스 퀸틸리우스 바루스Publius Quinctilius Varus였다. 바루스는 시리아의 총독을 지냈는데, 시리아에는 이스라엘을 비롯해 혼란스럽고 불안한 지역들이 다수 포함되었다. 바루스는 수많은 반란을 성공적으로 진압했을 뿐 아니라 세금을 걷는 데도 탁월한 능력을 선보였다. 다른 무엇보다도 로마제국 자체는 물론이고 세금을 제국 통치 자금으로 사용했던 지배계급의 입장에서는 세금 징수 능력이 좋은 총독을 가늠하는 척도였다. 게다가 바루스는 아우구스투스와 인척 관계였고, 동서고금을 막론하고 최고 권력자란 언제나 든든한 뒷배였다. 그리하여 행정 관료였던 바루스는 다른 속주들에 비해 상대적으로 평화롭고 발달된 시리아를 떠나, 울창한 숲으로 뒤덮인 척박한 게르마니아의 총독으로 부임했다. 처음에는 모든 것이 술술 잘 풀리는 것 같았다. 그도 그럴 것이 세 개 군단 1만 5,000명의 최정예 병사들을 거느린 그에게 감히 누가 도전할 수 있었을까. 하지만 그런 모습은 겉치레에 불과했다. 태풍 전야의 고요처럼 물밑에서는 소용돌이가 치고 있었다. 로마는 그리스나 이집트, 갈리아처럼 상대적으로 부유한 땅을 정복하는 데 익숙했다. 게르마니아의 울창한 숲속에 살던 많은 부족들은 비교적 가난한 편이었고 황금이나 주화 따위는 구경조차 못했다. 이런 형편이었으니 게르만 족에게는 바루스가 부과한 세금이 커다란 부담이었다. 비단 세금만이 아니라 로마인들의 오만과 대부분의 거래에서 불리한 '을'의 입장일 수밖에 없는 상황에 대한 불만이 갈수록 커졌다. 가령 갈리아는 수십 년 전 로마에 정복되었을 때 이미 무역과 산업의 토대가 충분히 닦여 있어 로마제국에 편입됨으로써 이득을 얻을 수 있었다. 그러나 게르마니아는 무엇이 됐건 로마로부터 많은 이득을 얻어 낼 수 있는 상황이 아니었다. 게르만 부족들 사이에 로마의 통치에 대한 불만과 반감이 갈수록 높아졌다. 그런데도 바루스는 고요한 수면 아래서 소용돌이치는 게르만 족의 민심을 헤아릴 능력이 없었던 것 같다. 오히려 그는 로마제국이 게르마니아를 속주화하는 것을 게르만 족들이 환영할 거라고 속 편히 생각했다. 사실 게르마니아는 오래전에 로마의 속주로 편입된 시리아와 상황이 아주 달랐다. 그런데도 그는 게르마니아의 독특한 상황은 무시한 채, 시리아의 총독이었을 때와 똑같은 방식으로 게르마니아를 다스렸다. 그리고 똑같은 결과를 기대했다. 정말이지 치명적인 착각이었다.

자신이 다스리는 지역의 사정에 어두운 것도 총독으로서는 커다란 오점이었지만, 아마도 바루스가 저지른 진짜 실수는 누군가를 철석같이 믿은 것이다. 그 누군가는 게르만 족 사이에서 입김이 셌던 체루스키 부족의 족장 아들로 이름은 아르미니우스Arminius였다. 아르미니우스는 로마의 군대에서 복무할 당시 뛰어난 전공을 세웠는데, 그 공로를 인정받아 로마의 시민권을 획득했고 기사 작위도 받았다. 또한 로마 사회에서 무게감 있는 자리를 꿰찰 것으로 기대되었고 심지어 바루스의 부관이자 개인적인 조언가 역할까지 수행했다. 총독의 개인 조언가는 명예로우면서도 때로는 속된 말로 돈깨나 만질 수 있는 직책이었다. 그러나 아르미니우스는 그런 '사소한' 것 따위에는 전혀 관심이 없었다. 그는 마음속으로 원대한 야망을 키웠고 때를 기다리며 칼을 갈았다.

그렇다면 그 게르만 전사의 본심은 무엇이었을까? 우선 자기 부족의 족장에 오르는 것이 일차적인 목표였다. 그런 다음에는 아마도 모든 게르만 부족들을 통일해서 게르만 전체의 통치자가 되는 것을 꿈꾸었으리라. 이런 자신의 야망을 달성하기 위해서는 로마인들이 아니라 게르만 전사들에게 극적인 방식으로 깊은 인상을 주어야 했다. 어떻게 해야 했을까? 마침 바루스가 그 길을 열어 주었다. 이미 바루스를 구워삶아 자신을 철석같이 믿도록 만들었기 때문에 크게 어려운 일도 없었다. 결과적으로 말해 그가 찾은 방법은 고대 카르타고의 군사 지도자 한니발Hannibal 이후 로마에게 최악의 패배를 안기게 된다.

바루스에게 아르미니우스에 대해 경고해 준 사람이 없는 것은 아니었다. 체루스키 족의 족장 중 한 명으로 친로마파이자 아르미니우스의 부친과 계급 서열이 같았던 세게스테스Segestes가 바루스에게 아르미니우스를 믿지 말라며 경고했다. 그러나 아르미니우스에 대한 신임이 두터웠던 바루스는 그 경고를 묵살했다. 그러던 중 계절이 바뀌었고 이제는 베저 강 유역에 있던 여름 숙영지에서 남부 게르마니아의 겨울 숙영지로 이동할 때가 되었다. 게르마니아에 주둔하던 세 개 군단과 그들의 보조 병사들 그리고 수천의 종군자들까지 대규모 인원이 이동을 시작했다. 바루스는 아르미니우스에게 보조 기병대의 지휘를 맡겼다. 그들은 로마가 게르마니아에서 고용한 용병들로 선두에서 이동로를 안내하는 임무를 띠었다. 아울러 자칫 행군 속도를 떨어뜨릴 만한 소규모 반란을 진압하는 것도 그들의 임무였다. 이것은 아르미니우스가 본심을 숨긴 채

속으로 칼을 갈며 기다리던 바로 그 기회였다. 아르미니우스는 바루스의 명령을 따르지 않았다. 그는 보조 기병대의 지휘관이 되자마자 인근의 게르만 부족들로 하여금 반란을 선동하기 시작했다. 그래 놓고는 바루스에게 소규모 반란이 발생했는데, 자기 휘하의 보조 기병들만으로 진압하기가 벅차다고 허위 보고를 했다. 아르미니우스는 군단 본진이 반란군들을 우회해서 이동해 후방을 공격하면 반란을 쉽게 진압할 수 있다고 바루스를 안심시켰다. 우회로로 이동해도 이틀만 지체될 뿐이고 그렇게 하면 전면전을 치르지 않고도 반란을 진압할 수 있다고 쐐기를 박았다. 바루스는 이미 아르미니우스가 팥으로 메주를 쑨대도 믿을 만큼 깊이 신뢰했고, 그래서 계획된 이동로를 벗어나 빽빽한 숲과 늪지대로 들어섰다. 그곳 토이토부르크 숲Teutoburger Wald이 자신과 병사들의 무덤이 될 줄은 꿈에도 모른 채 말이다.

바루스의 군대는 배신자 아르미니우스의 안내를 받으며 종대로 길게 늘어서서 습지가 가득한 좁은 길을 따라 행군했다. 하필 폭풍까지 불어 닥치는 바람에 로마 군단의 행군 속도는 느려졌고 대열도 더 흩어졌다. 워낙 좁은 길을 가느라 대열은 십수 킬로미터에 걸쳐 늘어졌다. 게다가 움직임이 둔한 소들이 끄는 보급 마차들과 비무장 시민들이 군단병들과 뒤엉켰다. 게르만 반란군이 이때를 노려 공격해 왔다. 처음에는 그저 창을 던진 다음 도망쳤다. 그리고 로마 군단은 연이은 전투에서 그들을 단호히 물리쳤다. 하지만 로마군의 여건이 악화되자 게르만 전사들은 대담해졌다. 이내 많은 게르만 전사들이 길게 늘어선 로마군의 대열 곳곳을 좌우에서 동시에 공격했다. 공격이 뜻대로 풀리지 않으면 게르만 반란군은 잽싸게 숲으로 도주했다. 이른바 치고 빠지는 전술이었다. 이슬비에 옷 젖듯이, 게르만 반란군이 시도 때도 없이 매복 기습 공격을 해 오는 통에 로마군의 피해가 갈수록 불어났다.

로마 군대의 강점은 전투 대형으로 싸우는 것이었다. 이제까지 상대가 어떤 부족이든, 탁 트인 평지에서 벌어진 전투에서는 바루스의 군대가 백전백승이었다. 심지어 사상자도 거의 없이 적을 궤멸한 경우가 더러 있었다. 하지만 울창한 숲과 늪지대를 통과하는 좁은 길에서는 로마군이 자신들의 강점인 전투 대형을 갖출 방도가 없었다. 오히려 육탄전이 벌어졌다. 이 모든 것이 게르만 족에게 유리했다. 게르만 반란군의 첫 번째 공격이 성공하자, 그 소문이 삽시간에 퍼졌고 친로마파였던 부족들까지 반란군에 합세했다. 대大습지라고 불리던 그 지역에서 길은 딱 하나였다. 폭 15미터가 약간 넘는 길로, 양옆은 늪이나 울창한 숲이었다. 한 줄로 길게 늘어서고 더욱이 비무장 시민들까지 뒤섞여 서로를 지원해 줄 수 없던 로마군의 백인대百人隊(약 100명의 병사들로 구성된 로마의 부대다. - 옮긴이)가 하나씩 섬멸되었다. 수일에 걸쳐 장기전이 벌어졌지만, 결과는 보나 마나였다. 군대가 전멸했다는 사실이 분명해졌을 때 바루스와 고위 장교들은 자결했다. 말 그대로 각자 자신의 칼로 자살했다. 마침내 세 개의 최정예 군단 중에서 겨우 목숨을 건진 극소수 생존병들은 지휘관도 없이 적들에 포위당한 채 뿔뿔이 흩어졌다. 대열의 맨 앞을 책임졌던 기병대와 할테른Haltern에 주둔한 로마군과의 거리는 채 100킬로미터도 되지 않았다. 그렇지만 그 숲을 탈출해 바루스 군대의 전멸 소식을 전한 패잔병들의 수는 손으로 꼽을 정도였다.

로마와 아우구스투스는 바루스 군대의 참패 소식에 그야말로 공황 상태가 되었다. 로마제국 전체를 통틀어 군단은 28개가 전부였고, 그중 가장 노련하고 최정예 병사들로 이뤄진 군단 세 개가 전멸하는 날벼락을 맞았으니 어찌 제정신일 수 있었을까. 설상가상 천하무적이라는 로마군의 위상마저 추풍낙엽처럼 추락했다. 로마는 보복 조치로 게르만 출신의 모든 자유인을 로마에서 추방했다. 그리고 이탈리아 전체는 게르만 전사들이 기세를 몰아 본토를 공격하리라 예상해 팽팽한 긴장 속에 그들의 공격을 기다렸다. 그러나 게르만의 공격은 없었다. 결과적으로 로마는 복수 차원에서 형식적이나마 몇 차례 원정대를 파견했지만 이후에는 게르마니아 점령 시도를 더는 하지 않았다. 라인 강이 영구적인 국경이 되었다. 그렇게 200년이 흐른 후 고트 족을 시작으로 게르만 족의 지파인 튜튼 족이 아시아에서 넘어온 훈 족에 밀려 갈리아를 침입했다. 뒤이어 훈 족까지 로마제국을 침범했을 즈음, 로마 시를 중심으로 한 일대는 이미 옛 모습이 온데간데없고 빈껍데기만 남아 있었다.

미국의 역사학자 허버트 W. 베나리오Herbert W. Benario는 어느 저서에서 만약 바루스가 아르미니우스를 그토록 깊이 신임하지 않았다면 역사가 어떻게 달라졌을지 나름대로 유추했다.

"오늘날 체코 공화국의 상당 부분은 물론이고 현대 독일의 거의 모든 지역이 로마의 통치를 받았을 것이다. 그리고 엘베 강 서쪽의 유럽 전역은 로마 가톨릭을 믿게 되었을 가능성이 높다. 또한 독일은 로망스계 언어를 사용하고 30년전쟁도 벌어지지 않았으리라 예상된다. 그뿐만 아니라 수세기에 걸친 프랑스와 독일 사이의 질기고 첨예한 갈등이 아예 시작되지 않았을지 모르겠다."

"수세기 전에 게르마니아가 로마의 속주로 연착륙해서 둘이 하나의 완전한 국가로 통일되었더라면, 인류 역사에는 두 차례에 걸친 세계대전도 나치도 홀로코스트도 없었을 것이다."

베나리오의 가정적 시나리오에 중요한 가정 하나를 덧붙여 보자. 로마제국의 영향 아래서 게르마니아가 통일되었다는 가정이다. 그랬더라면 통일된 게르마니아는 훗날 고트 족과 훈 족 그리고 여타 야만족들의 침입에 맞서는 로마의 강력한 완충제 역할을 했을 것이다. 또한 어쩌면 서로마는 몰락하지 않았을지도 모르겠다. 그뿐만 아니라 로마제국의 중심인 이탈리아와 갈리아가 야만족들의 침입을 받지 않았을 테고, 로마제국의 사회적·경제적 강점의 상당 부분이 고스란히 보존되었을지 모른다. 심지어 유럽 사회가 붕괴하지 않았을 수도 있었고, 잉글랜드의 군대가 대패하는 일도 없었을 것이다. 좀 더 확대해서 생각하면 인류는 어떤 암흑기도, 혼란과 문맹과 폐허로 얼룩진 500년도 피했을 가능성이 크다. 심지어 빠르면 15세기 사람들이 오늘날 우리가 즐기는 과학적 삶을 누리고, 지금 우리는 오직 공상과학소설에서나 봄 직한 최첨단의 진보된 세상에 살고 있을지 누가 알겠는가. 이 모든 게 한 사람, 게르마니아의 총독이었던 그 남자 바루스가 잘못된 사람을 믿은 대가로 벌어진 흑역사다. 만약 그가 아르미니우스를 믿지 않았더라면 인류가 형언할 수 없는 슬픔을 겪는 일도, 문명의 행진이 주춤하는 일도 없었을 것이다.

흑역사 008

작은 전투에 뛰어들어 죽음을 자초한 황제 율리아누스 : 354년

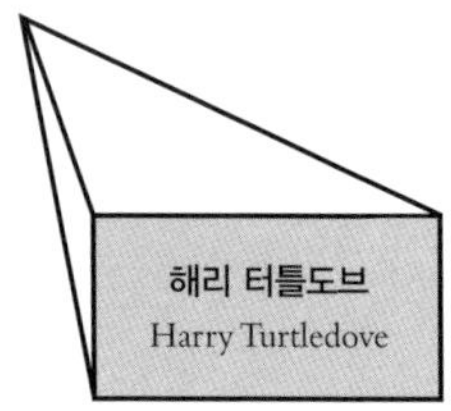

"무릇 황제는 작은 물에서 놀면 안 된다"

기독교를 거부했다는 이유로 배교자라 종종 불리는 율리아누스Julian the Apostate는 360년부터 363년까지 로마를 다스린 아우구스투스, 즉 황제였고, 그의 정적이자 사촌이었던 콘스탄티우스 2세Constantius II(재위 기간 337~361년)가 죽은 후에는 유일한 황제였다. 콘스탄티우스는 콘스탄티누스 대제Constantine the Great라고도 불리는 콘스탄티누스 1세Constantius I(재위 기간 306년~337년)의 네 아들 중 살아 있는 유일한 아들이었다(콘스탄티누스 1세는 두 명의 왕비를 통해 네 명의 아들을 낳았다. - 옮긴이). 콘스탄티누스 대제는 로마제국 역사상 최초로 기독교를 정식 종교로 공인했고 기독교가 제국의 지배적인 종교로 발돋움할 기틀을 놓았다. 또한 325년 그는 아리우스파(이집트 알렉산드리아 출신의 아리우스Arius가 주창한 기독교 신학으로, 성자인 그리스도는 창조된 피조물이며 성부에게 종속적인 개념이라고 주장했다. – 옮긴이)를 이단으로 규정한 니케아 공의회Council of Nicaea에 참석했고, 이로써 교회의 문제들에 황제가 간섭하는 기나긴 전통이 시작됐다.

그때 그리스도를 창조된 피조물로 생각하는 '이교' 아리우스파의 세력이 비록 약해졌긴 했지만 완전히 사라진 것은 아니었다. 콘스탄티우스 2세는 아리우스주의를 신봉했고 아리우스주의의 반대자들을 박해했다. 위대한 부친과 뛰어난 사촌 사이에서 어정쩡하게 낀 샌드위치 신세였던 콘스탄티우스 2세는 오늘날 역사에서 찬밥 대접을 받는다. 하지만 그는 정치 백단의 유능한 통치자이자 뛰어난 행정관이었으며 특히 권력을 둘러싼 내전에서 남다른 재능을 보였다. 그는 동생인 콘스탄스Constans를 죽인 반란자 마그넨티우스Magnentius를 쉽게 제압하여 자살하게 만들었다. 콘스탄티우스 2세가 병에 걸려 44세의 비교적 젊은 나이에 요절하지 않았다면 율리아누스까지 없앴을 가능성이 크다.

율리아누스는 콘스탄티누스 1세의 이복동생의 아들로 콘스탄티우스 2세와는 사촌지간이었다. 그는 백부인 콘스탄티누스 1세가 죽고 그의 아들들 간에 벌어진 권력 다툼을 피해 처음 몇 년간 사촌형 콘스탄티우스 2세의 눈에 띄지 않으려 가능한 한 조용히 지냈다. 콘스탄티우스 2세의 주목을 지나치게 끈다면 명을 재촉하는 치명적인 결과를 야기할 수도 있었다. 율리아누스는 오늘날로 치면 대학 교육을 받기 위해 아테네로 갔다. 그곳의 많은 철학자(교수)들은 이교도로 규정된 아리우스주의를 여전히 신봉했다. 율리아누스는 아테네에 머무는 동안 그동안 기독교에 갖고 있던 애증 섞인 애착을 말끔히 끊어 버린 듯하다. 물론 당시에 이를 '커밍아웃' 했다가는 목숨을 보전하지 못했을 것이다.

콘스탄티우스 2세는 공동 황제였던 형과 동생이 죽자 신임할 수 있는 관료들이 필요했다.(293년 디오클레티아누스Diocletianus가 제국을 동서로 양분하여 두 명의 정제(正帝, Augustus)가 하나씩 맡고 각 정제는 부제(副帝, Caesar)를 두는 통치 방식인 사두 정치 체제를 출범시켰다. - 옮긴이) 그리하여 351년 율리아누스의 이복형인 갈루스 카이사르Gallus Caesar를 부제 삼아 동부로 보내 그곳을 다스리게 했고, 자신은 제국 서부에서 마그넨티우스와의 싸움에 집중했다. 결과적으로 갈루스는 콘스탄티우스의 신임에 보답하기는커녕 오히려 본색을 드러냈다. 이에 콘스탄티우스 2세는 갈루스의 힘을 차츰 줄여 나갔고 마침내 354년 그를 반역죄 명목으로 체포해 처형했다.

그러나 문제는 계속 발생했다. 샤푸르 2세Shapur II(309~379)가 다스리던 사산왕조의 페르시아제국이 로마의 동쪽 영토를 침략했고, 엎친 데 덮친 격으로 게르만 부족 중 하나인 알레만니 족이 라인 강을 건너 갈리아를 침입하기 시작했다. 355년 다급해진 콘스탄티우스 2세는 게르만 침입 문제는 갈루스 대신에 부제로 앉힌 율리아누스에게 맡기고, 정제인 자신은 직접 페르시아를 상대했다. 비록 철학을 공부했지만 율리아누스는 장군으로서도 뛰어난 능력을 발휘했다. 그는 알레만니 족을 무찔러 라인 강 너머로 몰아냈다.

360년 페르시아가 로마의 중요한 전략적 요새였던 니시비스를 함락했다. 콘스탄티우스 2세는 율리아누스에게 휘하의 많은 병사들을 차출해 동부 전선으로 보내라고 명령했다. 그러나 율리아누스의 군대는 콘스탄티우스의 명령을 거부했고, 항명의 의미로 율리아누스를 아우구스투스로 추대했다. 하늘에 태양이 두 개일 수 없듯, 이제 두 황제인 콘스탄티우스 2세와 율리아누스 사이에 내전은 불가피했다. 그런데 대결은 싱겁게 끝났다. 아니, 대결이 성사되지도 않았다. 콘스탄티우스 2세는 사촌과 '맞짱'을 뜨기 위해 서부 전선으로 가던 중에 사망했다. 그리고 자신이 죽은 후 더 이상의 충돌을 막고자 임종 전에 율리아누스를 유일한 후계자로 지명했다.

율리아누스는 단독 황제에 오르자마자 기독교의 기득권을 박탈했다. 그런 다음 기독교에 대한 국고 지원을 중단했고, 대신에 기독교보다 역사가 오랜 '민족' 종교들에 보조금을 지급하기 시작했다. 또한 그는 그들 종교의 사제직도 기독교의 성직자 체계처럼 계층적으로 조직화하려고 노력했다. 그뿐 아니라 유대인들의 오랜 소망을 들어주어 예루살렘에 성전 재건을 허락했다. 하지만 여기에는 단순한 관용 이상의 속내가 있었다. 성전이 무너질 거라는 기독교의 예언이 틀렸다는 것을 가시적으로 보여 주는 동시에 기독교에 대항하는 강력한 종교적 경쟁자를 세우기 위함이었다.(결과적으로 말해 예루살렘 성전 재건은 실패했는데, 기독교인들은 기적이라 부르고 외부인들의 눈에는 의심스러운 방화처럼 보이는 사건 때문이었다)

한편 율리아누스는 콘스탄티우스 2세가 끝내 이루지 못한 사산왕조페르시아와의 전쟁을 이어 갔다. 그는 페르시아를 공격해 수도 크테시폰(오늘날의 바그다드 인근) 턱밑까지 밀고 들어갔다. 그러나 페르시아의 초토화 작전에 직면해 로마군은 퇴각할 수밖에 없었다. 퇴각로를 고심하던 중에 어떤 페르시아 사람이 식량 등 물자 보급을 용이하고 안전하게 퇴각할 수 있는 육로를 안다고 말했다. 율리아누스는 그 사람의 말을 철석같이 믿었고 병사들에게 다른 선택의 여지를 주지 않으려고 로마군의 배들을 전부 불태워 버렸다. 말하자면 배수의 진을 친 셈이었다. 그러나 이는 치명적인 실수였다.

그 페르시아 사람은 첩자였다. 로마군도 이내 그 사실을 알게 되었다. 로마군은 북서쪽으로 행군하면서 뜨거운 태양과 배고픔과 목마름에 시달렸다. 또한 율리아누스는 그만 분별력을 잃고 양국의 기병대 사이에 벌어진 소규모 전투에 몸소 뛰어들었다가 적의 창에 복부를 깊이 찔리는 큰 부상을 입었다. 그를 찌른 사람은 (확실하지는 않지만) 페르시아를 돕던 사라센 부족의 기병이라 추정된다. 그리고 오래지 않아 젊은 황제 율리아누스는 창상에서 회복하지 못하고 끝내 숨을 거뒀다. 이교도 부흥에 대한 모든 희망도 그와 함께 스러졌다. 율리아누스에 이어 로마군의 장교였던 요비아누스Jovianus가 새로운 황제 자리에 올랐다. 그는 오도 가도 못하는 신세가 된 로마군의 안전한 퇴각을 보장해 주는 대가로 사산왕조 페르시아와 굴욕적인 평화조약을 체결할 수밖에 없었다.

율리아누스가 로마제국으로 무사히 돌아왔더라면 어땠을까? 두 선왕처럼 그도 25~30년 동안 제국을 통치했더라면 어땠을까? 그랬더라면 세상은 어떻게 달라졌을까?

먼저 종교적인 면부터 살펴보자. 그가 반反기독교적인 정책을 폈어도 기독교를 완전히 말살하지 않았을 거라는 점은 분명하다. 그러기에는 당시 로마제국 내에서 기독교의 입지가 너무 탄탄했다. 그도 그럴 것이, 기독교는 밀라노 칙령Edict of Milano 이후 로마제국에서 반세기 동안 공인 종교의 지위를 누렸다. 하지만 율리아누스는 기독교가 로마제국의 국교가 되는 일을 어떻게든 막았을 것이다. 그리고 당연한 말이지만 국정에 대한 기독교의 간섭을 줄

이는 것이, 다른 말로 황제교황주의caesaropapism(세속의 권위를 나타내는 황제의 'Caesar'와 교회의 권위를 상징하는 교황 'Papa'를 합쳐 만든 용어로, 세속의 황제 또는 국가 원수가 기독교의 수장보다 높은 권위를 가지는 것, 보통은 교회에 대해 초월적인 지배권을 행사하는 세속 권력자의 통치 체제를 가리킨다. – 옮긴이)가 유익하다는 사실이 증명되었을 수도 있다. 또한 예루살렘 성전은 파괴된 지 300년 만에 재건되어 유대교에 헤아릴 수 없을 만큼 막대한 영향을 주었을 걸로 보인다.

콘스탄티누스 2세가 313년에 선포한 밀라노 칙령은 기독교를 포함해 모든 종교가 동등한 조건으로 자유로운 예배 활동을 할 수 있도록 보장했다. 이후 시간이 흐름에 따라 기독교는 점진적으로 용인되었을 뿐 아니라 주요 종교로 부상했다. 율리아누스의 우산 아래서 모든 종교의 본질적인 평등성이 어느 정도 회복되었더라면 그리고 그것이 최소 30년 정도 지속되었더라면, 세상은 인류가 실제 경험한 것보다 훨씬 관용적인 곳이 되었을지도 모를 일이다.

정치적 군사의 측면에서 율리아누스는 이미 갈리아에서 게르만 침입자들과 싸운 경험이 있었다. 그런 점에서 볼 때, 만약 그가 고트 족이 발칸 지역을 침입하던 370년대까지 살았더라면, 당시 권력자들보다 고트 족의 침입을 훨씬 효과적으로 물리쳤을 가능성이 매우 높다. 아니, 솔직히 그들보다 무능하기가 힘들었을 것이다. 378년 고트 족은 아드리아노플Adrianople 전투에서 로마군을 궤멸했고 황제였던 플라비우스 율리우스 발렌스Flavius Julius Valens를 죽였으니 말이다. 고트 족이 로마제국 전역을 휘젓고 다니는 바람에 제국의 지배력은 크게 약화되었다. 마침내 서西고트 족이 410년 로마 시를 약탈한 후에 히스파니아와 남부 갈리아까지 손에 넣었다. 그리고 서고트 족이 이탈리아를 떠난 후에 동東고트 족이 밀고 들어와 이탈리아를 집어삼켰다.

고트 족이 패했거나 로마제국에 평화롭게 흡수되었더라면, 4세기 말과 5세기 초 격동의 로마제국은 부담이 크게 줄어들 수도 있었다. 심지어 로마제국은 대서양에서 메소포타미아에 이르는 광활한 지역에서 정치적, 문화적으로 통일된 단일 국가로 존재했을지도 모르겠다.

그랬더라면, 모르긴 몰라도 당시 그 지역에 거주했던 대부분 사람들은 실제로 그랬던 것보다 로마제국을 우호적으로 생각했을 것이다. 그렇다면 오늘날 세상은 어떨까? 더 좋은 곳일 수도 더 나쁜 곳일 수도 있다. 1,700년간의 변화가 세상을 어떻게 바꿔 놓았을지 누가 무슨 재주로 알겠는가. 다만 한 가지, 지금의 세상과는 다를 거라는 점은 확실하다. 하지만 율리아누스는 백해무익한 소규모 전투에 뛰어들었고, 오늘날 우리는 지금의 세상에 살게 됐다.

고트 족을 적으로 만든 로마의 탐관오리들 : 378년

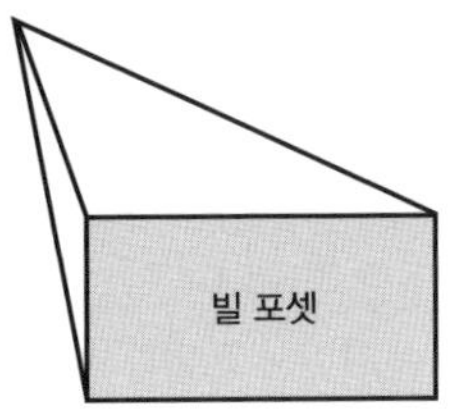

"잠재적 동맹을 적으로 만드는 실수는
역사의 단골 메뉴다"

아드리아노플 전투는 로마를 중심으로 하는 서로마제국을 멸망의 길로 이끌었고, 콘스탄티노플을 수도로 정한 동로마제국에 막대한 타격을 입혔다. 그 전투와 관련해 고통스러운 사실은, 로마인들의 입장에서는 고트 족을 굳이 적으로 만들어 싸울 필요가 전혀 없었다는 점이다. 오히려 잘하면 고트 족은 귀중한 동맹이 될 수도 있었다.

고트 족은 동로마제국, 다른 말로 비잔틴제국의 북방에 살았고, 로마인들은 그들을 야만족으로 생각했다. 그 이미지가 인류 역사 전반에 얼마나 강하게 각인되었던지 오늘날 머리부터 발끝까지 검은색으로 치장한 반항적인 젊은이들이 스스로를 "고트 족"이라고 부르게 되었다. 그러나 실제 고트 족은 그런 이미지와는 사뭇 달랐다. 훈 족에게 쫓겨나기 전 고트 족은 생산적이고 상대적으로 문명화된 사회를 이뤘다. 비록 문화적으로는 로마와 접점이 없었지만, 고트 족이 상업과 예술 그리고 언어를 상당한 수준까지 발전시킨 것은 분명했다. 한 가지 예를 들면, 번창했던 서고트 족은 서로마보다 글을 깨친 사람들의 비중, 즉 식자율이 더 높았다. 다른 말로 문맹률이 더 낮았다. 동시에 그들의 문화는 군사 지향적이었고, 무엇보다 중무장한 기마 전사가 지배계급의 전형적인 모습이었다. 고트 족은 강인하고 자긍심이 높았으며 대체로 풍족한 편이었다. 심지어 거의 100년이 흐른 후 서로마제국을 완전히 정복하고 로마시를 약탈했을 때보다 당시의 고트 족이 더 강인하고 더 자긍심이 높았으며 더 풍족했다.

고트 부족들이 처음부터 침입자로서 로마와 싸움을 시작한 것은 아니었다. 처음에는 콘스탄티노플의 통치를 둘러싼 왕조의 내전에서 한쪽 편을 들면서 로마와 척을 지게 되었다. 고트 족 중 하나인 테르빙기 부족은 왕위 찬탈을 위해 반란을 일으킨 프로코피우스Procopius의 편에 섰다. 자신이 황제가 되어야 한다는 그의 주장은 상당한 호응을 얻었고 당시 황제였던 플라비우스 율리우스 발렌스의 많은 병사들조차 그에게 설득당해 망명할 정도였다. 결과적으로 말해 프로코피우스의 반란은 평정되었다. 몇 년 후인 369년 자신의 지배력을 강화하려는 노력의 일환으로 발렌스는 반란군에 가세했던 테르빙기 부족과 또 다른 고트 족이었던 그레우퉁기 부족을 색출해 일망타진했다.

그런 다음 발렌스는 동쪽 국경으로 향했다. 다시 세력을 키운 페르시아로부터 예전에 빼앗긴 영토를 되찾고, 내친김에 그 지역에서 발생한 많은 반란을 진압하기 위해서였다. 375년 발렌스가 페르시아 원정에 나섰을 때, 또 다른 '야만' 부족이 고트 족을 서쪽으로 밀어붙여 급기야 땅에서 쫓아내기 시작했다. 그들은 명실상부한 야만족으로, 100년 후 동로마와 서로마 모두에서 약탈과 파괴를 감행하게 될 바로 그 악명 높은 훈 족이었다. 무려 20만 명에 달하는 서고트 족이 훈 족에 밀려 자신들의 땅에서 쫓겨나 로마제국의 국경까지 다다랐다. 그들의 지도자인 프리티게른Fritigern은 영구 정착지가 필요하다는 사실을 잘 알았지만, 한쪽에서는 훈 족과, 다른 한쪽에서는 로마와 싸우고 싶지 않았다. 아무리 절박해도 동시에 두 전선에서 전쟁하는 것은 나쁜 선택이 될 터였다. 그래서 그는 발렌스에게 손을 내밀었다. 다키아에 정착지를 내주고 부족민들이 농사를 지어 수확할 때까지 버틸 충분한 식량을 지원해 주는 대가로 동맹을 요청한 것이었다. 한편 발렌스는 그들을 병사로 충원할 수 있겠다는 생각에 프리티게른의 제안을 받아들였다.

그런데 로마의 관리들이 문제였다. 그들이 대승적인 관점에서 고트 족이 제국의 일부가 될 때의 이득을 고려했더라면 얼마나 좋았을까. 그러는 대신에 로마 관리들은 사리사욕을 채울 기회만을 생각했다. 당시 발렌스는 동부 국경에서 페르시아 원정에 온 힘을 쏟고 있었다. 그러는 사이 서부 지역의 두 총독이었던 루피니쿠스Lupinicus와 막시무스Maximus가 서고트 족을 환영하기는커녕 그들을 착취하기 시작했다. 이는 결국 부메랑으로 돌아와 로마제국이 예전의 영광과 힘을 되찾을 최고의 기회를 날려 버렸다. 부패한 총독들은 서고트 족이 요구한 이주지 제공을 차일피일 미루었을 뿐 아니라 약속한 식량도 제공하지 않았다. 심지어 발렌스가 제공한 원조 식량에도 막대한 가격을 매겨 폭리를 취했다. 종합해 볼 때 그들은 고트 족의 삶을 가능한 한 비참하고 고달프게 만들었다. 얼마 지나지 않아 그들 총독은 본색을 더욱 공공연히 드러냈다. 사실 그들의 목표는 서고트 족을 단순히 괴롭히는 것이 아니었다. 서고트 족을 약화하고 (최종적으로는) 아예 씨를 말리는 것이 그들의 진짜 목표였다. 다시 말해, 막다른 궁지에 몰려 식솔들이 굶는 것을 보느니 차라리 제 발로 노예가 될 때까지 그들을 핍박하려 했다. 그런 다음 그들을 죄다 노예로 팔아 넘길 속셈이었다.

하지만 서고트 족도 당하지만은 않았다. 서고트 족은 그 로마인들이 무슨 일을 획책하는지 이내 깨달았다. 로마인들은 모든 무기와 군마들을 그대로 보유하고 있었기에 예상에 조금도 어긋나지 않게 반응했다. 먼저 서고트 족이 무리 지어 식량을 훔쳤고 그에 따라 소규모 전투들이 산발적으로 벌어졌다. 서고트 족은 로마군을 밀어붙이며 식량과 여타 생필품을 손에 넣으려 점차 로마제국을 침범했다. 한편 당시 훈 족에게 시달림을 당하는 또 다른 부족이 있었다. 서고트 족과 인구가 얼추 비슷한 동고트 족이었다. 동고트 족은 앞서 로마제국을 침범한 서고트 족을 따라서 로마제국으로 들어왔다. 어쨌든 로마군은 서고트 족의 침입에 격렬히 저항했지만, 377년 치열한 전투 끝에 처참히 패배했다. 마침내 동부 국경에서 페르시아와의 전쟁에 집중하던 발렌스도 서쪽 국경 지대의 실상을 접했고, 속주 총독들이 자초한 위협을 직접 처리하기 위해 대군을 이끌고 서쪽으로 향했다.

마지막 전투는 아드리아노플 인근에서 벌어졌다. 그곳은 오늘날 불가리아에 해당한다. 평소 명민한 지휘관이었던 발렌스가 여기에서는 어쩐 일인지 실수가 잦았다. 프리티게른은 이번에도 부족민들에 대한 적절한 처우와 평화 유지에 관해 논의하기로 동의했다. 그는 로마와의 전쟁보다는 부족민들의 거주지가 우선이었다. 그러나 막상 두 군대가 대치하자 발렌스는 공격 쪽으로 마음을 바꾼 듯하다. 그간의 공격과 전투로 말미암아 양측 모두 서로에 대한 증오가 쌓였고, 현명한 두 통치자도 극복할 수 없을 만큼 증오의 골이 깊어졌지 싶다. 전해지는 이야기들을 보면, 어느 쪽이 선공했는지에 대한 해석이 엇갈린다. 발렌스가 파견한 사절단이 서고트 족이 둥글게 원을 그리며 세워 놓은 마차 벽에 접근했을 때 화살을 쏘았다는 이야기도 있고, 반대로 서고트 족으로부터 화살이 먼저 날아왔다는 주장도 있다. 어느 쪽의 말이 맞든, 두 가지는 확실했다. 첫째, 그 마차들에 (수천 보병들을 포함해) 서고트 족의 아녀자들이 타고 있었다. 둘째, 무슨 일인가가 아드리아노플 전투를 촉발하는 방아쇠를 당겼다. 예상치 못한 그 사건에 양측 모두가 놀란 듯했다. 특히 발렌스에게는 시기가 나빴다. 2만 이상의 지원군이 오고 있었지만, 그들이 당도하려면 아직 며칠이나 더 기다려야 했다. 발렌스는 지원군을 기다리지 않고 즉각적인 공격을 감행하기로 결정했다.

로마 황제가 서둘러 공격을 결정한 데는, 서고트 병사들의 절반이 어딘가를 급습하기 위해 야영지를 비웠다고 생각한 것도 크게 작용했다. 하지만 그의 판단이 틀렸다. 발렌스의 애초 생각대로라면, 당장은 로마군이 수적으로 우세했고, 게다가 현재 서고트 족의 야영지에는 기병이 하나도 없었다. 분명 승산이 있어 보였다. 발렌스는 기병대에게 마차 벽을 공격하라고 명령했다. 황제의 명을 받은 기병들이 맹렬히 공격했지만, 서고트 족이 세운 둥근 마차 벽을 돌파하지 못했다. 그런 다음 서고트 족의 기병들이 돌아왔다. 어딘가를 급습하고 있을 거라던 발렌스의 생각과는 달리, 그들은 말을 타고 몇 시간 거리의 신선한 목초지에서 말들에게 풀을 먹이려 나가 있을 뿐이었다. 로마가 또다시 배신했고 더군다나 자신들이 없는 틈을 노려 가족들을 공격했다는 사실에, 당연한 말이지만 서고트 족의 분노가 하늘을 찔렀다. 서고트의 중무장한 기병들이 합세함으로써 수적 우세가 단박에 뒤집혔다. 서고트 족이 두 배나 더 많았다. 그러자 로마 기병들이 앞다투어 도망쳤고, 보병들이 오롯이 적군을 상대할 수밖에 없는 처지가 되었다. 카이사르 시대의 로마군이었다면 그런 전투에 단호히 맞서고 심지어 승리를 챙길 수도 있었을 것이다. 그러나 발렌스 시대의 로마군들은 훈련도 부족했고 무장도 제대로 갖추지 못했다. 서고트의 기병들이 사방에서 공격해 오고 그들에 맞먹는 숫자의 보병들이 앞을 가로막아 독 안의 쥐 신세가 된 로마 보병들은 순식간에 진영이 흩어지고 속절없이 무너졌다. 그런 다음 서고트 족의 대학살이 자행되었고, 4만 명의 로마 보병이 학살되거나 노예로 전락했다. 아드리아노플 전투의 처참한 패배가 로마제국에게는 사형선고나 다름없었다. 로마제국은 군사적으로 영원히 일어나지 못했다.

로마제국의 비호 아래 둥지를 틀고 제국에 동화될 가능성이 있었음에도 몇 사람의 잘못으로 고트 족은 로마의 적이 되었다. 그것도 서로마제국의 전역을 휘젓고 다니며 약탈하는 사나운 적이 되었다. 심지어 서고트의 어떤 족장은 자신이 로마제국의 황제라고 선언했다.

발렌스는 잦은 실수로 말미암아 아드리아노플 전투에서 패배했다. 그러나 발렌스의 잇따른 실수가 로마제국을 멸망의 길로 이끈 직접적인 원인은 아니었다. 루피니쿠스와 막시무스를 비롯해 서고트 족을 오직 사리사욕을 채울 수단으로만 생각했던 일부 탐관오리들이 저지른 실수가 제국의 운명을 가른 셈이었다. 그들은 서고트 족을 착취하고 배신했을 뿐 아니라, 그들 부족이 전혀 원하지 않았는데도 콘스탄티노플과 동로마제국을 상대로 칼을 뽑게 만드는 실수를 저질렀다. 이 실수가 결국에는 역사의 물줄기를 바꿔 놓았다. 그것도 나쁜 방향으로 말이다. 그저 그들이 약속을 지키는 명예로운 사람들이었다면, 또는 서고트 족을 적으로 돌리면 얼마나 위협적일지 진즉에 알아보았더라면, 오늘날 우리는 더 좋은 세상에서 살고 있을지도 모른다. 한편 서고트 족과의 합의를 성실히 이행하고 동서 고트 족과 굳건한 동맹을 맺었더라면, 로마제국의 앞날이 무한한 가능성으로 가득 찼을 수도 있다. 이는 역사가 지금과는 다른 얼굴을 지녔을 거라는 뜻이다. 게다가 서고트 족을 동맹으로 삼았더라면 동서로 쪼개진 로마제국을 수호하는 병력이 거의 두 배로 늘어났으리라는 뜻이 된다. 글을 깨친 식자율이 더 높았고 비교적 부유했던 고트 족 특유의 역동적이고 강인한 특성이 로마 고유의 가치들을 부활시킬 뿐 아니라, 로마는 새로운 부와 조세의 원천을 확보할 수도 있었다. 마지막으로, 인류의 어떤 잣대로 보나 명백히 진정한 야만족인 훈 족이 침입했을 때 로마는 무기력하게 무너지는 대신에, 서고트 족과 합심해 훈 족의 침입을 성공적으로 막아 냈을지도 모를 일이다. 그런데 로마는 어떻게 했는가. 서고트 족의 손을 뿌리침으로써 암담한 현실을 자초했다. 예외적인 경우로, 서고트 족과 서로마가 공동의 적에 맞서 손을 잡은 적이 있다. 451년 서고트-서로마 연합군이 훈 족과 그들의 지도자 아틸라Attila를 무찔러 훈 족의 서진西進을 성공적으로 막아 냈다. 그것이 바로, 오늘날의 프랑스 샬롱Chalons 부근에서 전투가 벌어졌기 때문에 샬롱 전투라고도 부르는 카탈라우눔Catalaunum 전투였다.

그러나 이는 일시적인 동맹에 지나지 않았다. 이후 100년간 전쟁과 배신으로 얼룩진 세월이 흐르고 나자, 서고트 족과 로마가 윈윈하며 문명을 보존하는 동맹 관계를 맺는 것이 더는 불가능해졌다.

고대 로마가 제공했던 안정과 문화가 보존되었다는 것을 전제로 하는 모든 시나리오에서처럼, 로마가 서고트 족을 적으로 만들지 않았더라면 우리가 아는 암흑기는 없었을지도 모르겠다. 아니, 절대로 없었을 것이다. 대신에 사회, 과학, 의학, 무역 등이 발전에 발전을 거듭할 뿐 아니라 암흑기로 점철된 수세기가 계몽주의 시대와 비슷한 모습이었을 가능성도 배제할 수 없다. 만약 로마의 장군들이 명예롭게 약속을 지키고 서고트 족과 동맹을 맺었더라면, 문명의 행진이 후퇴하는 일은 없었을 것이다. 그랬더라면 서고트 족이 로마를 약탈하고 파괴하는 일도 당연히 없었을 테고 오히려 로마를 보존하는 데에 도움을 주었을지 누가 알겠는가. 그리고 오늘날 누군가를 고트 족이라고 부르는 것은 지금과는 아주 다른 의미를 띠었을 것이다.

앵글로색슨 왕조를 무너뜨린 해럴드 왕의 조급증 : 1066년

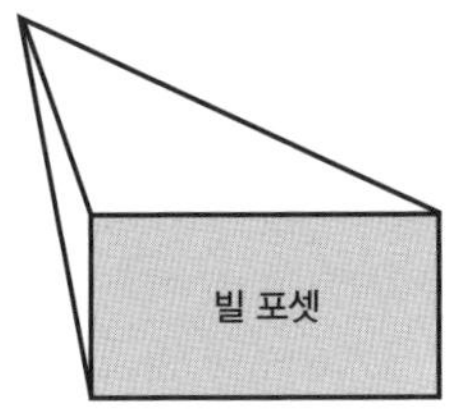

"결정 하나로 승리가 패배로 뒤집힐 수 있다"

참회왕 에드워드Edward of Confessor는 신앙심이 아주 깊은 사람으로 유명했다. 오죽했으면 부인과 잠자리를 거부한 채 금욕적인 '성자'의 삶을 살았겠는가. 그러니 당연히 후사가 없었다. 물론 그가 한낱 필부라면 무슨 문제가 되었겠냐마는, 영국 앵글로색슨 왕조의 왕이었던 그에게 후사가 없는 것은 심각한 문제가 됐다. 심지어 460여 년 후 잉글랜드 왕 헨리 8세Henry VIII는 후계자로 삼을 왕자를 낳고자 하는 욕심이 지나쳐서 잉글랜드 전역을 그리고 마침내는 유럽 전역을 혼란에 빠뜨리지 않았는가. 그만큼 왕가의 후계자 문제는 중요했다. 에드워드가 왕위를 계승할 아들도 남기지 않고 죽었을 때 잉글랜드는 당장 왕이 필요했다. 당시 잉글랜드는 공격을 받고 있었고(노르웨이의 바이킹 침략자들을 생각해 보라) 강력한 지도자가 절실했다. 차기 왕을 찾는 임무는 위탄witan(7~11세기 앵글로색슨 왕조의 정치 기구로서 왕에게 자문을 하는 것이 주요 업무였던 위탄 회의 또는 그 회의의 구성원을 말한다. 말 그대로 현명한 사람wise man, 즉 현인이라는 뜻이다. – 옮긴이)의 소관이었다. 그러나 평소 왕의 자문 역할을 했던 위탄에게는 왕이 후계자 없이 서거할 경우 차기 왕을 결정하는 데에 준거 기준이 될 만한 실질적인 선례나 권한이 없었다. 당연한 말이지만 대부분의 왕은 누군가에게 왕을 지명할 권한을 허용하는 전통을 절대 만들지 않았다. 여차하면 신발 바꾸듯 왕을 아주 쉽게 갈아치울 수 있어지기 때문이다.

당시는 종교가 지배하던 시절이었고 왕들은 신권으로 통치했다. 이른바 신수神授 왕권의 시대였다. 신권의 주인공은 거의 언제나 누가 왕가의 혈통을 이어받았는가를 결정함으로써 정해졌다. 그런데 참회왕 에드워드가 죽은 후에는 그의 혈통을 이어받아 왕위를 계승할 수 있는 적통의 후계자가 없었다. 이는 자긍심과 독립성으로 유명한 잉글랜드의 많은 귀족들이 누가 왕에 오르든 적통성에 의문을 제기할 여지가 남는다는 뜻이었다. 그래서 위탄은 누구를 차기 왕으로 선택했을까? 주인공은 해럴드 고드윈슨Harold Godwinson이었다. 해럴드의 가문은 잉글랜드 왕국에서 가장 강력한 귀족 가운데 하나였고, 해럴드는 선왕인 에드워드의 처남이었다. 달리 말해, 그는 왕가와는 피 한 방울 섞이지 않았다. 그럼에도 그가 위탄의 선택을 받았다. 잉글랜드의 귀족 대부분은 해럴드를 마지못해 왕으로 받아들였다. 신수 왕권의 근거가 미약했던 해럴드로서는 자신에게 왕이 될 자격이 있다는 사실을 스스로 입증해야 하는 처지가 되었다.

해럴드에 대항하는 어떤 내부적인 반란이 발생할 새도 없이, 잉글랜드는 외세의 침략을 받았다. 두 개의 세력이 에드워드의 죽음을 이용하려 호시탐탐 노리고 있었다. 그리고 양측 모두 잉글랜드를 침략할 준비에 박차를 가했다. 당시 잉글랜드의 해군 병력은 보잘것없었고, 따라서 잉글랜드의 새 왕이 할 수 있는 것은 기다리는 일이 전부였다. 하랄 하르드라다Harald Hardrada가 이끌던 노르웨이의 바이킹 족이 먼저 행동을 개시했다. 약 5,000명의 전사들이 300여 척 배에 나눠 타고 잉글랜드를 침략했다. 하르드라다는 자신의 무력 행동을 정당화하기 위해 해럴드 고드윈슨의 동생인 토스티그Tostig와 동맹을 맺었다는 명분을 내세웠다. 토스티그는 자신도 형과 마찬가지로 왕가의 피가 한 방울도 섞이지 않았으면서도 자신이 왕위를 계승해야 한다고 생각했다. 당연히 하르드라다가 내세운 명분은 별로 설득력이 없었다. 그러나 어차피 하르드라다의 바이킹에게도 그것은 허울뿐인 명분이었고 자신들의 주장을 사람들이 어떻게 받아들이건 조금도 괘념치 않았다. 그리하여 해럴드가 집권하고 몇 달이 지났을 때 바이킹 군대가 요크 인근에 상륙했다.

해럴드는 어떻게든 잉글랜드를 지켜 내야 했다. 그러지 못하면 왕위를 빼앗길 처지였다. 다행히도 해럴드에게는 믿을 구석이 있었다. 바로 황제의 친위대였던 허스칼huscarl이었다. 허스칼은 고도로 훈련된 3,000명 남짓한 직업 군인들로 도끼와 창으로 중무장한 보병 부대였고 사실상 섬나라 잉글랜드에서 유일한 상비군이었다. 허스칼은 전문적인 기병은 아니었지만 행군 시에는 말을 타고 이동하곤 했다. 당연한 말이지만 도끼는 말을 타고 싸우기에 좋은 무기가 아니었다. 따라서 싸움터에 도착하면 그들은 말에서 내려

육탄전으로 싸웠다. 해럴드는 허스칼의 선봉에 서서 북쪽으로 내달렸다. 그리고 부랴부랴 진군하는 와중에도 그는 귀족은 물론이고 퓌르드fyrd, 즉 자영농 징집 보병들을 닥치는 대로 모았다. 덕분에 바이킹 군대에 근접했을 때 해럴드의 군대는 수적으로 적과 비슷해졌다. 그러나 일대일로 보면, 농민 출신의 징집 보병들은 용맹하기로 유명한 바이킹 전사들의 적수가 되지 못했다.

하르드라다는 시간이 문제였을 뿐 어차피 해럴드가 자신과 한판 붙으러 오리라는 사실을 잘 알았다. 그러나 그는 잉글랜드의 새 왕을 크게 얕잡아봤다. 당시 바이킹 군대의 야영지는 런던에서 약 320킬로미터 떨어져 있었는데, 그는 해럴드의 군대가 그 먼 거리를 그렇게 신속하게 달려올 줄 꿈에도 몰랐던 것이다. 해럴드는 놀랍게도 단 5일 만에 그 거리를 주파했다. 그렇게 강행군을 계속한 덕분에 해럴드는 하르드라다 군대를 급습할 수 있었다. 해럴드는 하르드라다 군대가 스탬퍼드 브리지Stamford Bridge를 건너느라 갈라진 틈을 타서 그들을 쳤다. 이후 벌어진 전투는 그 다리의 이름을 따서 스탬퍼드 브리지 전투라고 불린다. 하르드라다 군대의 절반이 좁은 다리 양쪽에 위치했다가 해럴드 군대의 공격을 받았고, 나머지 절반의 병사들은 아주 멀리 있어서 그들의 지원을 받을 수 있는 상황도 아니었다. 한편 해럴드가 얼마나 기습적으로 공격했는지를 엿볼 수 있는 여러 이야기들이 전해진다. 해럴드 군대가 전혀 예상치 못한 순간에 급습하는 바람에 많은 바이킹 병사들은 미처 갑옷을 입을 새도 없었다고 한다. 심지어 일부 병사들은 해안에서 수 킬로미터 떨어진 바다에 정박한 배에 갑옷을 두고 내린 상태였다. 이는 하르드라다의 바이킹 군대를 아주 불리한 상황으로 몰아넣었다. 스탬퍼드 브리지에서는 치열한 격전이 벌어졌고 결국 승리의 여신은 해럴드 편이었다. 바이킹 군대는 스탬퍼드 브리지 전투에서 그야말로 참패했다. 이를 단적으로 보여 주는 기록들이 있다. 바이킹 군대는 퇴각하면서 수십 척의 배를 그대로 두고 갔다고 한다. 배의 노를 저을 병사들이 없었던 것이다. 그러나 해럴드 측의 피해도 컸다. 허스칼 세 명 중 한 명꼴로 전사하거나 부상을 당했고, 많은 징집 보병들도 목숨을 잃었다. 이런 엄청난 인명 피해가 있었음에도 스탬퍼드 브리지 전투는 해럴드의 위대한 승리였다. 그뿐만 아니라 만약 그해에 다른 아무 일도 일어나지 않았더라면, 해럴드 고드윈슨은 두고두고 영국인들의 마음속에 불세출의 왕 중 한 명으로 기억되었을지도 모른다.

그러나 해럴드 앞에 놓인 현실은 냉혹했다. 그에게는 동생과 하르드라다를 상대로 거둔 승리를 음미할 시간조차 허락되지 않았다. 용맹하기로 이름난 바이킹 군대를 성공적으로 막아 냈으니 런던으로 돌아가면 귀족들에게 큰소리칠 수도 있었을 것이다. 자신은 자격이 충분한 왕이라고 말이다. 그런데 숨 돌릴 새도 없이 또 다른 침입자가 등장했다. 스탬퍼드 브리지 전투를 치르고 며칠이 지나기도 전에 노르망디의 윌리엄William of Normandy이 헤이스팅스 인근에 상륙했다는 소식이 들려왔다. 아직 확실히 자리를 잡지 못한 잉글랜드 새 왕에게는 '윌리엄'과 '헤이스팅스'라는 두 단어가 합해진 이번 침입이 특히나 위협적으로 다가왔다.

두 번째 침략을 이끌었던 사람은 노르망디 공작 윌리엄이었다.(윌리엄은 프랑스 국왕의 사생아였던 까닭에 서자 왕 윌리엄William the Bastard이라고도 불린다. 그러나 꼭 사생아였기 때문에 잉글랜드의 왕위를 물려받지 못한 것은 아니었다) 솔직히 윌리엄은 참회왕 에드워드의 먼 친척뻘로 앵글로색슨 왕가의 혈통을 물려받았고, 에드워드의 후계자가 될 법적 권리도 있었다. 그간 막대한 헌금으로 환심을 사 두었던 로마의 교황도 자신이 정당한 왕위 계승자라는 윌리엄의 주장을 받쳐 주었다. 교황의 지지는 윌리엄이 왕위 찬탈을 위해 군대를 일으키는 정당성에 실질적인 도움이 되었음은 물론이고 전쟁 자금을 빌리는 데도 일종의 보증서가 되었다. 아마 윌리엄에게는 후자가 더 중요했지 싶다. 그뿐만 아니라 윌리엄은 헤이스팅스 인근에서 매우 전략적인, 아니 최소한 아주 민감한 장소를 골라 상륙했다. 해럴드 고드윈슨의 개인 영지가 그 지역에 있었던 것이다. 해럴드가 자신의 영지조차 지키지 못한다면 왕으로서의 면목도 서지 않고 평판도 추락할 터였다. 이것은 신수 왕권은 고사하고 아무런 통치권조차 없어서 그저 다른 사람들의 손으로 왕위에 오른 해럴드에게는 감당할 수 없는 일이었다. 더욱이 행여 자신의 영지가 노르만 군대에 파괴된다면 해럴드는 상당한 개인 수입도 잃게 될 터였다. 이런 두 가지 속사정 중 하나 또는 둘 다가 해럴드가 어째서 영국을 영원히 바꾸어 버리는 실수를 저질렀는지 설명해 준다.

윌리엄 군대의 상륙 소식을 들었을 때 해럴드와 친위대인 허스칼은 아직도 요크 인근에 머물고 있었다. 스탬퍼드 브리지 전투에서 3,000명의 허스칼 중 3분의 1이 죽거나 다쳤지만, 아직 말을 탈 수 있고 전투도 할 수 있는 허스칼이 2,000명 정도 남아 있었다. 게다가 영국 전역에 흩어진 징집 보병들과 귀족들 그리고 귀족들이 거느린 무장한 사병들도 있었다. 그들 증원 병력을 전부 합치면 수천은 족히 되었다. 그들이 아무리 신생 왕이라도 외세의 침입에 맞서서 해럴드를 지원할 거라는 데는 의문의 여지가 없었다. 실제로도 대부분이 집결하기 시작했다. 해럴드 고드윈슨이 시간을 갖고 기다리기만 했어도 윌리엄 군대보다 수적으로 훨씬 우세한 대군을 모을 수 있었다. 하지만 시간이 문제였다. 그렇게 하자면 줄잡아도 수 주는 걸릴 터였다. 해럴드는 앞선 전투에서 하르드라다를 기습 공격했고 재미를 톡톡히 보았다. 그런데 이게 독이 될 줄이야. 해럴드는 윌리엄을 상대로도 똑같은 전술이 통할 거라고 생각한 듯싶다. 지금 우리로서는 그의 진짜 이유가 무엇인지 알 길이 없다. 다만 우리가 확실히 아는 것은, 해럴드가 하르드라다를 향해 북진할 때와 맞먹는 속도전으로 헤이스팅스를 향해 남진하기로 선택했다는 사실이다. 이는 사실상 '차 떼고 포 떼는' 선택이었다. 첫째, 앞선 전투로 말미암아 이미 피로도가 쌓이거나 부상을 당한 일부 허스칼과 귀족들이 군대에서 빠져야 했다. 둘째, 빠른 속도로 이동한다는 것은 장차 그의 군대에 합류할 수 있는 많은 징집 보병들이 전투 전에 합류할 수 없다는 뜻이었다.

어쨌든 강행군으로 남하한 덕분에 해럴드는 얼마 지나지 않아 윌리엄의 진지에서 엎어지면 코 닿을 데까지 도착했다. 윌리엄의 군대는 기사 기병대와 용병들이 버티고 있었다. 이번 전투도 숫자로만 보면 양측은 병력이 얼추 비슷했다. 그리고 앞서 말했듯 균형의 추가 해럴드 쪽으로 기울어질 수도 있었다. 그러나 해럴드는 더 많은 징집 보병들이 도착할 때까지 기다리지 않음으로써 수적으로 우세해질 기회를 스스로 포기했다. 대부분이 색슨 족 후예였던 해럴드의 군대는 오늘날 배틀 힐이라고 불리는 곳에 집결해 대형을 구축했고 윌리엄을 자극하며 공격을 유도했다. 노르만 군대에는 선택의 여지가 없었다. 적군이 대형을 이뤄 가까이 포진해 있는 상태에서는 이동하는 것도, 식량을 구하는 것도 불가능했다.

해럴드의 군대는 허스칼을 중심으로 배틀 힐 정상을 가로질러 전선을 형성했다. 윌리엄 병사들이 언덕 아래서 화살을 비처럼 쏘았지만 해럴드 병사들에게 별다른 피해를 주지 못했다. 노르만 보병들과 기병대가 언덕을 오르며 색슨 군대를 밀어내려고 공격을 반복했지만, 이 역시도 번번이 실패했다. 하지만 해럴드의 병사들은 불과 얼마 전에 전투를 치르고 휴식을 취할 틈도 없이 수백 킬로미터의 먼 거리를 달려오느라 피로도가 상당했다. 그런 상황에서 노르만 군대가 계속해서 공격을 해 오자 차츰 지쳐 갔다. 그럼에도 노르만 군대가 몇 시간에 걸쳐 끊임없이 공격했지만 잉글랜드 군대의 전선은 흩어지지 않았다. 마침내 해럴드 군대의 오른쪽을 공격하던 노르만 군대가 후퇴하기 시작했다. 이는 해럴드 군대를 끌어내기 위한 위장 퇴각이었다. 아니나 다를까, 해럴드의 군대가 노르만의 노림수에 넘어갔다. 상대의 속셈도 모른 채, 색슨 전사들은 퇴각하는 노르만 병사들을 추격했고 그 바람에 대열이 무너졌다. 잉글랜드 군대가 일단 언덕 위에 형성했던 대열을 벗어나 언덕 아래의 평지로 내려오자, 노르만의 무장한 기병들이 그들을 닥치는 대로 학살했다. 이 추격전으로 해럴드 군대는 막심한 인명 피해를 입었고, 한순간에 전세가 역전되었다. 약해진 전선을 보강할 증원 병력이 없었던 잉글랜드 군대는 노르만 군대에 밀리기 시작했다. 게다가 평소 생업에 종사하다가 징집된 보병들은 훈련이 부족한 데다가 수적 열세에까지 몰리자 노르만 군대에게 속절없이 죽임을 당하거나 달아났다. 허스칼이 친위대라는 본분대로 대형을 짜서 해럴드를 지켰다. 노르만 군대는 도끼를 휘두르는 허스칼의 색슨 병사들을 포위한 채 화살을 비 오듯 날리며 사방에서 공격했다. 허스칼은 죽을힘을 다해 싸웠지만, 해럴드 고드윈슨이 화살에 맞아 전사하고 말았다. 이제 치열했던 전투는 끝났고, 노르망디 공작 윌리엄이 정복왕 윌리엄이 되었다.

만약 해럴드가 잉글랜드의 모든 병력이 집결할 때까지 기다렸더라면 어땠을까? 헤이스팅스에서 전투가 아무리 격렬해져도 끝까지 수적 우위를 지키지 않았을까? 최소한 미끼를 덥석 물어 위장으로 후퇴하는 적을 추격하다가 많은 병사를 잃었어도 해럴드가 적들에게 무방비로 노출되는 위태로운 상황을 피할 수 있지 않았을까? 해럴드가 대군을 모아 막아 냈더라면, 윌리엄은 병사들과 함께 잉글랜드의 척박한 해안 지대에 발이 묶이고 결국에는 도버 해협을 건너 노르망디로 퇴각할 수밖에 없었을 것이다. 한편 잉글랜드에서 약탈할 전리품, 돈 등등의 보상 약속을 받고 입대한 윌리엄의 병사들은 빈털터리가 되었을 수도 있었다. 그랬더라면 색슨 족 통치 아래의 잉글랜드가 노르만 족이 지배하는 잉글랜드가 되지 않았을 것이고, 오늘날의 세상도 몰라보게 달라졌을 것이다. 지난 1,000년간 영국은 인류 역사에서 커다란 역할을 했고 굵직한 족적을 남겼다. 만약 윌리엄이 패했다면, 역사 속에는 다른 영국이 등장했을 가능성이 아주 높다.

색슨 족의 국가 체계는 처음부터 다른 왕조에 비해 권력의 중앙 집중화가 약한 편이었다. 마을들은 각 지역의 공회가 다스렸고, 왕은 그들의 의견을 반영해 국가를 통치했다. 귀족과 교회도 국가 정책에 실질적인 영향을 미쳤다. 귀족과 고위 성직자들로 구성된 위탄 회의는 수백 년간 국정 회의 기구로 활동했고, 참회왕 에드워드가 죽자 군사 지도자들로 구성된 제2의 협의체가 점차 영향력을 키웠다. 반면에 노르만 왕조의 잉글랜드는 과두제寡頭制 국가가 되었고, 그 체제 아래서는 귀족과 상인을 제외한 모두가 토지에 예속된 농노였다. 농노는 신분상 평민이었지만 사실상 귀족들이 마음대로 부리는 노예나 다름없었다. 색슨 족의 국가 모델은 농민의 자유로운 이동을 금지했다. 하지만 농민들이 수확물의 일정량을 가질 수 있도록 허용했고 가족이 농사를 지을 수 있을 때까지 땅을 소유하도록 보장했다. 또한 색슨 왕가의 왕은 법의 지배를 받았다. 즉 왕 위에 법이 있었다. 그리고 색슨의 법률은 (귀족이 아닌) 일반인들에게 실질적인 권리들을 부여했다. 반면 노르만 족이 다스리던 잉글랜드는 과두 체제였고 극소수 사람들이 모든 권력을 차지했으며 그중 대부분의 권력은 왕에게 집중되었다. 법치는 사라졌고, 귀족의 말이 곧 법이었다.

이렇듯 색슨 왕가의 잉글랜드와 노르만이 지배하던 잉글랜드는 마치 다른 국가 같았다. 굳이 비교하자면 전자는 오늘날의 영국이나 미국과 더 흡사했다. 색슨의 잉글랜드가 유지되었더라면, 실제보다 훨씬 빨리 어떤 형태든 대의적 정부representative government로 발전했을 가능성이 크다. 아마도 오늘날의 의회와 비슷한 체제였지 싶다. 그렇다고 색슨의 잉글랜드가 반드시 산업 대국이나 '해가 지지 않는' 세계적인 제국이 되었을 거라는 뜻은 아니다. 또한 반드시 세계 바다의 제해권을 거머쥐는 왕립 해군을 창설했을 거라는 말도 아니다. 하지만 미국 식민지 시대와 프랑스혁명이 발생하기 훨씬 전에, 자유와 개인의 권리라는 양대 아이디어를 발전시켰을 수도 있었다. 그랬더라면 인류의 역사는 전혀 다르게 전개되었을 것이다. 개인의 권리와 법치라는 개념들은 지난 수백 년간 우리가 목격한 것처럼 사회에 깊은 영향을 미쳤고 유럽 전체로 확산될 수도 있었다. 이 모든 가능성이 해럴드의 조급함 때문에 실현되지 못했다. 해럴드가 헤이스팅스를 급습하는 실수를 저지르지 않았더라면, 민주주의와 인권이 수백 년 전에 시작되었을지 누가 알겠는가.

흑역사 011

비잔틴제국의 운명을 결정한 하룻밤의 전투 : 1071년

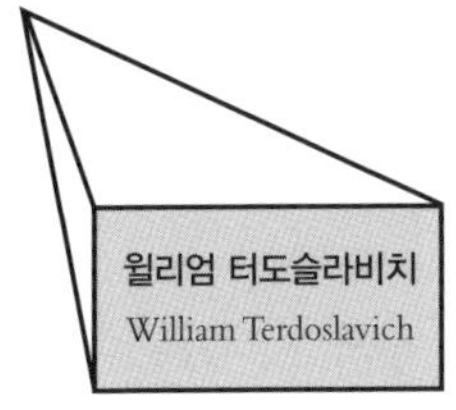
윌리엄 터도슬라비치
William Terdoslavich

"절대 등을 보여 주어서는
안 되는 사람들이 더러 있다"

인류의 역사는 수많은 제국의 몰락을 목격했다. 그런데 왜 사람들이 몰락을 막지 못했냐고? 몰락에 재미있는 특성이 하나 있기 때문이다. 몰락의 내리막길을 갈 때는 그 사실을 절대 알 수 없다는 점이다. 1071년 비잔틴제국, 즉 동로마제국이 어떤 전투에서 패배했을 때가 딱 그런 형국이었다.

그 전투는 만지케르트Manzikert에서 벌어졌다. 잘 알려지지 않은 국경 요새인 만지케르트는 반 호수의 남쪽에 위치했고 오늘날 터키, 이란, 이라크 3개국의 접경 지역에서 멀지 않다. 그러나 1,000년 전 그곳은 하루도 바람 잘 날 없는 분쟁 지역이었다. 비잔틴제국과 셀주크제국의 튀르크 족이 국경을 사이에 두고 일련의 소전투와 포위 공격을 벌이며 힘겨루기를 하는 동안 국경이 계속 바뀌었다. 기독교인들과 무슬림들이 오랫동안 공방전을 벌여 왔으니 만지케르트 전투도 그중 하나에 불과했다. 그런데도 한 번의 전투에서 졌다고 700년 역사를 가진 비잔틴제국이 거의 400년간 이어지는 멸망의 길을 걷게 된 이유는 무엇이었을까?

정치계에 입문한 신참 황제 로마누스 4세

제국이 아무리 위대해도 통치자의 수준을 능가할 수는 없다. 잘해야 딱 통치자 수준까지다. 전성기 시절의 비잔틴제국과 바실리우스 2세Basil II의 관계가 가장 대표적이다. 바실리우스 2세는 호시탐탐 싸움을 걸어 오는 불가르 족을 평정해서 "불가르 족의 학살자"라는 별명을 얻었고, 이로써 동로마제국은 상시적 위협에서 완전히 벗어났다. 1025년 바실리우스 2세는 강력한 제국을 유산으로 남기고 세상을 떠났다.

그러나 바실리우스 사후 50년간 비잔틴제국은 그가 물려준 유산을 날려 버렸다. 수도였던 콘스탄티노플은 파벌 정치가 판치는 뱀의 소굴이 되었다. 나약한 황제들, 고집불통의 주교들, 교활한 관료들이 끊임없이 '의자 뺏기' 경쟁을 벌였고, 자기 파벌 사람들을 다양한 공직에 앉히고 개혁자들을 처단했다. 전략과 외교가 국정의 중심이 놓이기는커녕 횡령과 뇌물의 소용돌이 속에 매몰되어 그 흔적도 찾을 수 없었다.

이런 혼란 속에서 로마누스 4세Romanus IV가 즉위했다. 황제에 오르기 전 로마누스 디오예니스Romanus Diogenes라고 불렸던 그는 동유럽에 주둔하던 장군이었다. 그러다가 선왕인 콘스탄티누스 10세 두카스Constantine X Doukas에 대한 음모를 주동한 혐의로 장군직을 박탈당했고 사형선고를 받았다. 그런데 콘스탄티누스 10세가 세상을 떠나는 바람에 로마누스에게 내려진 사형선고도 철회되었다. 이렇게 그의 정치 생명이 '소생'했다. 콘스탄티누스 10세의 황후였던 에우도키아Eudocia가 어린 아들을 대신해 섭정했지만 국민과 귀족 모두는 강력한 군사 정권을 원했다. 그래서 1068년 황후는 로마누스와 재혼했고, 그는 로마누스 4세가 되었다.

로마누스는 즉위 초기에는 유능한 황제였다. 그는 제국의 동쪽 소아시아에서 날로 기세를 더해 가던 셀주크제국이 위협적인 존재임을 정확히 간파했고 군대를 증강하기 시작했다. 반면 당시 셀주크를 통치하던 술탄 알프 아르슬란Alp Arslan은 제국의 서방에 도사린 비잔틴의 위협을 알아차리지 못했다. 안전한 바그다드에서 유유자적하던 아르슬란의 관심은 이교도 시아 파의 한 갈래인 이스마일 파에 집중되었다. 수니 파인 셀주크에게는 이집트, 팔레스타인, 시리아 등을 지배하던 이스마일이야말로 진정한 위협이었고 그들과의 싸움이 진정한 전쟁이었다. 반면 비잔틴제국과는 지금처럼 평화를 유지하는 것이 최선이었다.

1071년 로마누스 4세가 약 4만의 대군을 이끌고 셀주크를 분쇄하기 위해 친정했다. 알프 아르슬란은 시리아의 알레포를 한창 포위 공격하던 중에 로마누스의 출정 소식을 들었다. 이에 아르슬란은 포위 공격을 중단하고 부랴부랴 회군하다가 유프라테스 강 상류에 이르렀다. 그런데 하필 봄 홍수철이었고, 불어난 강을 건너느라 병사의 절반 가까이가 목숨을 잃었다. 그렇지만 절반이라도 목숨을 부지한 게 어딘가. 어차피 비잔틴제국과의 싸움이 불가피하다면 얼마간의 병사들이라도 있는 편이 나았다.

전진할 것인가, 후퇴할 것인가?

로마누스는 오늘날 터키 북서부에 해당하는 아르메니아 지역의 반 호수에 가까워지자 군대를 거의 절반씩 둘로 나누었다. 약 2만으로 구성된 원정대에게 남쪽으로 약 50킬로미터 떨어진 반 호수 서쪽 연안의 아흘라트에 주둔하던 셀주크 군대를 포위하라고 명령했다. 그리고 자신이 나머지 절반의 군사를 이끌고 만지케르트로 진군했다.

정확한 기록이 없어서, 비잔틴 군대가 아흘라트 외곽의 전투에서 패했는지 아니면 지휘관이 로마누스를 곤경에 빠뜨리기 위한 정치적인 방해 공작으로 일부러 군대를 철수했는지는 확실하지 않다. 다만 분명한 것은, 아흘라트 원정대가 로마누스의 다급한 지원 요청에 화답하지 않았다는 사실이다.

알프 아르슬란은 비잔틴 군대가 만지케르트를 함락했다는 소식을 들었다. 이에 그는 진군을 계속해 8월 말경 비잔틴 군대와 다소 거리를 두고 진지를 구축했다. 군대의 행군 속도로는 하루 정도 걸리는 거리였다. 로마누스의 군대와 아르슬란의 군대는 숫자만 놓고 보면 얼추 비슷했다. 그러나 병력 구성을 들여다보면 확연한 차이가 드러났다. 셀주크 군대는 경기병에 의존했던 반면, 비잔틴의 군대는 보병과 중기병이 혼합되어 있었다.

이쯤에서 장군 출신의 로마누스가 초짜 같은 실수를 저질렀다. 기병들을 정찰대로 파견해서 아르슬란의 본대가 어디에 있는

지 확인해야 함에도 그러지 않은 것이다. 그렇게 적의 정확한 위치도 모르는 상태에서 보급품을 조달하기 위해 징발대를 파견했고, 징발대는 셀주크 기병들의 공격을 받았다. 그제야 적이 가까이 있음을 알게 된 로마누스는 징발대를 지원하기 위해 소규모 부대를 급하게 보냈다. 이 또한 악수였다. 셀주크 기병들과의 전투가 확대되는 결과만 낳고 말았다. 그러자 로마누스는 징발대와 지원 부대를 구하기 위해 자신이 직접 더 많은 병사들을 이끌고 달려갔다.

로마누스는 셀주크의 튀르크 병사들과 소규모의 접전을 벌이면서 그들을 구릉지로 몰았다. 비잔틴의 본대가 있는 진지에서 꽤 멀리 떨어진 곳이었다. 어느덧 해가 저물기 시작했고 로마누스는 결정을 해야 했다. 구릉지로 후퇴한 튀르크 군대를 계속 추격해 야간 전투를 벌일 것인가, 아니면 아직 해가 완전히 지기 전에 본진으로 퇴각할 것인가? 로마누스는 현명했다. 그는 추격을 포기하고 본진으로 돌아갔다.

로마누스, 황제직을 박탈당하다

전투 전날 밤, 알프 아르슬란은 전쟁의 위험을 무릅쓰느니보다 평화로운 해결을 원했고 로마누스와 담판을 짓기 위해 사절단을 보냈다. 그러나 로마누스는 셀주크의 화평 제의를 받아들이지 않았다. 그는 이 정도의 병력이면 충분히 붙어 볼 만하다고, 아니 지금이 결정적인 승리를 거둘 적기라고 생각했다. 빈손으로 콘스탄티노플로 돌아가는 것은 로마누스에게는 일고의 가치도 없는 일이었다. 그랬다가는 사자 우리에 던져진 고깃덩어리처럼 정적들에게 물어뜯길 터였다.

8월 말 어느 금요일 아침, 로마누스는 병사들을 전투 대형으로 편성했다. 기병대를 좌익과 우익에 포진했고, 로마누스의 지휘 아래 보병들은 전선 중앙에 놓였다. 그리고 후방에는 예비군을 배치했다. 한편 셀주크 군대는 양측 날개가 비잔틴 군대를 감싸는 형식의 초승달 대형으로 전열을 갖추었다. 그러나 돌격하는 대신에 처음에는 안전한 거리를 두고 물러나 있었다. 먼저 셀주크의 궁기병들이 사거리 내로 근접해 비잔틴의 기병대를 향해 화살을 날리며 뒤로 몰아붙였다. 이는 그들 기병대를 본대에서 멀찍이 떨어뜨려 미리 병사들을 매복시켜 놓은 지역으로 유인하기 위한 작전이었다. 로마누스는 적의 유인 작전을 까마득히 모른 채 진격했고 셀주크 군대에 결정적인 타격을 입히지 못했다. 그러던 중 또다시 땅거미가 내렸고 그는 전날과 같은 딜레마에 봉착했다. 진격을 계속해서 야간 전투를 무릅쓸 것인가, 아니면 더 어두워지기 전에 본대로 귀환할 것인가?

로마누스는 기수에게 돌아서라고 명령했다. 그러자 비잔틴 군대는 진지로 퇴각하라는 신호를 보고 약간 대열이 흩어진 상태에서 뒤로 돌아섰다. 즉 적에게 등을 보였다. 이때였다. 알프 아르슬란이 기병대에 돌격 명령을 내렸다. 비잔틴의 용병 부대들은 튀르크 군대가 공격하는데도 돌아선 왕기王旗를 보고는 도주했다. 그들은 로마누스가 전사했다고 생각했다. 후방에 배치했던 비잔틴의 예비군도 임무대로 셀주크의 공격으로 흩어진 전선을 보강하기는커녕 도망치기 바빴다. 이것 역시 겁에 질린 행동이었는지 아니면 무능의 소치 내지 배신 행위였는지에 대해 역사학자들도 정확히 알지 못한다. 로마누스는 친위대와 잔존 병사들과 함께 끝까지 버티며 중앙을 지켰다. 그러나 나머지 전열이 완전히 붕괴했고 병사들은 삼십육계 줄행랑쳤다.

급기야 로마누스는 포로로 붙잡혔고 알프 아르슬란 앞에 세워졌다. 그런데 아르슬란은 포로로 잡힌 비잔틴 황제를 살려 주었을 뿐 아니라 본국으로 돌려보냈다. 이제 국경 지대는 셀주크의 손에 온전히 들어왔다. 로마누스는 간신히 군대를 다시 규합했지만, 이번에는 적을 공격하기 위해서가 아니라 수도로 귀환하기 위해서였다. 그의 조국 비잔틴은 사지에서 돌아온 그를 반겨 주지 않았다. 엄밀히 말하면 비잔틴은 한 번도 그의 손을 잡아 준 적이 없었다. 결국 그는 비잔틴제국으로부터 두 번이나 버림받았다. 1072년 로마누스는 황제직을 박탈당했고 두 눈이 먼 상태로 프로타 섬으로 추방당해 그곳에서 삶을 마감했다.

종이호랑이로 전락한 비잔틴제국

로마누스에 이어 콘스탄티누스 10세의 아들 미하일 7세 두카스Michael VII Ducas가 비잔틴제국의 황위에 올랐지만, 새 황제는 전략적 역량이 부족했다. 미하일은 군대를 일으켜 셀주크에게 빼앗긴 국경 지대를 탈환하기 위해 친정에 나섰다. 하지만 궁중의 암투와 이탈리아에서 작은 문제들이 끊임없이 벌어지는 바람에, 어리석은 미하일은 진짜 위협에 집중하지 못했다. 채 10년이 흐르기도 전에 비잔틴제국은 셀주크제국에 아무런 위협이 되지 못하는 종이호랑이로 전락했다. 거칠 것이 없었던 셀주크 군대는 아나톨리아의 심장부를 습격해서 점령했고, 이로써 비잔틴제국에서 가장 부유한 지역 하나를 손에 넣었다. 그때부터 비잔틴제국의 몰락은 걷잡을 수 없게 되었다.

바실리우스 2세 이후 비잔틴제국의 황제들은 물론이고 그들의 정적과 동지들이 개인적인 이기심보다 훨씬 중요한 의무감으로 똘똘 뭉쳤더라면 비잔틴제국의 운명이 달라졌을지도 모른다. 그랬더라면 그리스-기독교로 단결한 비잔틴제국은 물밀듯이 들어오는 셀주크의 튀르크-무슬림에 꿋꿋이 대항할 힘을 가질 수도 있었다.

그뿐 아니라 비잔틴제국이 아나톨리아를 계속 지배했더라면 역사의 또 다른 물줄기를 바꿔 놓았을 가능성이 크다. 무엇보다 역사 속에 오스만제국이라는 이름은 등장하지 못했을 것이다. 셀주크제국을 무너뜨리고 오스만제국을 건국한 오스만 1세Osman I는 1200년대 아나톨리아의 중북부 지역에서 태어났다. 그의 부족이 몽골제국의 정복 전쟁에 밀려 동쪽으로 이동하다가 뿌리를 내린 그곳은 새로운 제국의 씨앗이 싹트기에 안성맞춤인 장소였다. 성스러운 그곳에서 발원하지 않았더라면, 오스만제국은 역사에 굵직한 발자취를 남기지 못했을지도 모른다. 오스만제국은 날로 세력을 키우다가 급기야 1453년 콘스탄티노플을 함락했고 동로마제국은 역사의 뒤안길로 사라졌다. 오스만제국이 없었더라면, 이슬람제국의 국경은 발칸 지역이 아니라 오늘날 터키 남부 지중해 연안에 동서로 뻗은 타우루스 산맥을 따라 그어졌을 공산이 크다.

세상에 미래를 알 수 있는 사람은 없다. 통치자도 마찬가지다. 후대들이 적들을 상대로 국가를 얼마나 잘 지켜 낼지 알기란 불가능하다. 그것은 얼토당토않은 기대다. 그러나 무릇 통치자라면 후계자를 위해 충분히 해 줄 수 있는 일이 있다. 후계자가 국가를 더욱 발전시키는 발판으로 삼도록 강력한 토대를 물려주는 것이다. 로마누스 4세는 몰락하는 제국을 물려받았고, 몰락의 길을 가던 제국의 운명을 되돌릴 수 없었다. 비단 로마누스 4세만이 아니라 그의 뒤를 이은 황제들도 그럴 힘이 없었다. 하지만 그들이 운명을 되돌릴 수만 있었더라면 얼마나 좋았을지 한번 생각해 보라.

리처드 왕이 적지에 요란을 떨면서 잠입한 대가 : 1192년

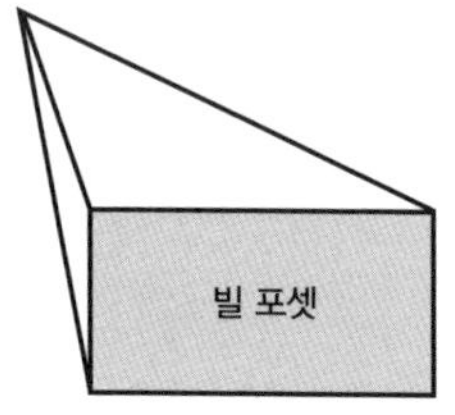

"사자의 심장은 지녔으되
영혼은 지니지 못했다"

중세 시대에서 왕이 된다는 것은 왕답게 처신해야 한다는 뜻이었다. 역사를 돌아보면 온순하고 소심한 왕이 사촌에게 왕위를 빼앗기는 일이 더러 있었다. 가끔은 고상하고 품위를 유지하려는 것이 되레 말썽을 일으킨다. 특히 일국의 왕이 자신에게 적대적인 유럽 대륙에 몰래 숨어들려고 할 때 이런 행동은 더욱 문제가 된다.

노르망디 공작이자 사자의 심장을 가졌다고 해서 사자왕으로 불리던 잉글랜드의 리처드 1세Richard I the Lion Heart가 3차 십자군을 이끌고 원정에 나섰다. 이집트 아이유브 왕조의 시조인 살라딘Saladin이 십자군 원정대를 맞아 강공을 펼쳤지만 그들을 완전히 궤멸하지는 못했다. 1192년 살라딘은 십자군을 지중해 연안 지역까

지 몰아냈고, 십자군은 기독교인들이 살던 다수의 성을 탈환했다. 이제 양측 군대 모두 지친 상태인 데다 군자금도 바닥이었다. 그러자 양 통치자인 리처드와 살라딘은 서로의 체면을 살리기 위해 휴전협정을 맺었다. 양측 모두가 각자 현 상황 그대로를 유지하는 선에서 합의했다. 리처드는 십자군 원정의 목표였던 예루살렘을 끝내 수복하지 못했다. 따라서 실질적인 승자는 살라딘이었다. 그러나 리처드도 영 빈손은 아니었다. 기독교 순례자들이 예루살렘까지 자유롭고 안전하게 여행할 수 있다고 보장받은 것이다. 이로써 리처드는 십자군 전쟁에서 승리했다고, 십자군 맹세를 이행했다고 주장할 그럴듯한 명분을 손에 쥐었다.

리처드가 성지 예루살렘을 수복하기 위해 십자군 원정을 떠나 있던 몇 년간, 잉글랜드의 국내 상황이 통제 불능 상태로 치달았다. 게다가 프랑스 왕 필리프 2세Philip II는 노르망디 지역에서 리처드 소유의 성과 도시들을 하나씩 빼앗았다. 설상가상으로 잉글랜드 본토에서는 그의 동생 존John이 리처드가 임명한 거의 모든 관리들을 내쫓고 자기 사람들을 앉혔다. 얼마 지나지 않아 존의 권력은 리처드의 권력을 위협할 만큼 커지게 되었다. 더는 타향에서 떠돌 때가 아니었다. 이제 리처드는 잉글랜드로 돌아가야 했다.

그러나 사자왕의 귀국길은 가시밭길이 예고됐다. 잉글랜드로 돌아가려면 유럽을 관통해야 했는데, 그것이 문제였다. 리처드는 고집이 세고 독선적이며 비판적인데다 요구도 많은 아주 까칠한 인물이었다. 아랫사람들이라면 왕이 그런 성정을 가졌어도 눈감아줄 수 있었다. 하지만 일국을 다스리는 통치자들이라면 이야기가 다르다. 십자군 전쟁을 치르는 동안 리처드는 특유의 독불장군 같은 성격으로 유럽의 여러 왕들에게 미운털이 단단히 박힌 듯했다.

가령 프랑스 국왕 필리프 2세와는 예전에 사이가 좋았지만 결국 우정이 틀어졌고, 오스트리아의 레오폴트 공작Duke Leopold을 공공연히 모욕해 원수지간이 되었다. 또한 게르만의 속주 대부분을 통치하던 신성로마제국의 황제 하인리히 6세Henry VI와도 척을 졌는데, 하인리히에게 반기를 든 시칠리아의 왕을 지지했기 때문이다.

리처드가 '집'으로 돌아갈 방법은 해로와 육로 두 가지였다. 우선, 배를 이용하는 것은 너무 위험했다. 훗날 바르바리 해안이라고 알려지는 북아프리카 지중해 연안을 거점으로 활동하던 해적들은 악명이 자자했다. 심지어 스페인 남부는 여전히 이슬람 세력의 통치를 받았을 뿐 아니라 지브롤터 해협으로 흘러가는 조류를 거스르는 험준한 바닷길을 시도했다가는 먹잇감이 되기 십상이었다. 육로는 유럽을 관통하는 것이었다. 그런데 하필이면 그 길목에 있는 국가들의 왕 대부분이 그의 적이었다. 해로와 육로 모두 위험하기는 매한가지였지만, 결국 리처드는 육로를 선택했다. 그리고 전해지는 일부 이야기에 따르면 리처드는 평범한 템플 기사단원으로 변장했다고 한다.

먼저 리처드는 왕비를 배편으로 로마의 교황에게 보냈다. 그런 다음 자신도 배를 타고 그리스를 향해 출발했고 아드리아 해 입구에 도달했다. 그곳에서부터는 새로 건조된 세 척의 갤리선을 이용해 이동했다. 일설에 따르면, 그리스 서해안의 코르푸 섬에서 그 갤리선들을 얻었다고 한다.(아마도 움직임을 더욱 효과적으로 숨기거나, 아니면 그런 상황에서도 사치를 부리고 싶은 욕심 때문이었을 것이다) 그리고 마침내 오늘날 크로아티아 북부 지역인 슬라보니아의 자라에 상륙했다. 이제 육로로 몇백 킬로미터 더 가면 그에게 우호적인 통치자인 사보이 공작Duke of Savoy의 보호를 받을 수 있을 터였다. 여기서 수수께끼 하나를 낼 테니 답을 잘 생각해 보라. 유럽 대륙에 잠입하고 싶은데 왕이라는 사실을 들키고 싶지 않다. 어떻게 해야 할까? 방법이야 아주 많지만, 분명 리처드의 방법은 특별나지 싶다. 사실 리처드의 잠입 시도가 실패한 이유 하나는 고급 요리를 요구했기 때문이라고 해도 틀리지 않다. 세상에 어떤 평범한 템플 기사단원이 고급 요리를 요구한단 말인가. 더군다나 당시에는 이국적인 요리였던 구운 닭고기까지 요구했다고 한다. 물론 그의 잠입이 실패한 다른 이유가 있을 수도 있었다. 예컨대 몇 안 되던 수행원들이 그를 계속 "폐하"라고 부르는 통에 위장이 탄로 났을 가능성도 있다. 그렇다면 역사에는 어떻게 기록되어 있을까? 리처드에게 공개적으로 모욕당한 것에 앙심을 품고 복수의 칼을 벼리던 오스트리아 레오폴트 공작의 부하들이 빈 인근에서 리처드를 붙잡았다. 심지어 붙잡힐 당시 그가 사창가에 있었다는 이야기도 있다.

십자군에 서약한 국가들은 십자군 원정대를 보호해 줄 의무가 있었다. 그래서 교황은 리처드를 붙잡아 감금한 레오폴트와 하인리히 6세를 파면했다. 그렇지만 솔직히 파면 조치는 유명무실했다. 적절히 처신하면 그리고 교회에 상당한 헌금을 내면 파면이 철회될 수 있었기 때문이다. 오스트리아의 레오폴트는 리처드를 신성로마제국의 하인리히 6세에게 팔아넘겼다. 이렇게 잉글랜드의 국왕 리처드는 게르만 민족의 엄격한 감시를 받는 포로로 참담한 수모를 당했다. 게다가 그를 감금한 사람들은 이 사실을 전혀 숨기지 않았고, 마침내는 잉글랜드가 국왕을 석방하기 위해 두 명의 수도원장을 파견해서 그의 몸값을 협상했다. 붉은 수염이라는 별명이 붙은 하인리히는 그를 풀어 주는 대가로 무려 15만 마르크의 몸값을 요구했다. 잉글랜드의 1년 총수입보다 훨씬 큰 액수였다. 그뿐만 아니라 그를 대신할 다른 인질들도 요구했다. 행여 있을지도 모르는 잉글랜드의 보복에 대한 예방 조치였다. 워낙 거금이다 보니 잉글랜드가 15만 마르크를 모으는 데 아주 오랜 시간이 걸렸고, 리처드는 1194년이 되어서야 2년간의 포로 생활을 끝낼 수 있었다. 백성들의 고혈을 짜내 리처드의 몸값을 지불하는 바람에 가뜩이나 어려웠던 잉글랜드의 살림은 파탄 날 지경이었다. 그런데도 리처드는 석방 후 거의 모든 시간을 노르망디에서 보냈다. 결국 잉글랜드에 국왕이 돌아왔어도 국왕이 '출타 중'임은 여전했다.

리처드는 포로에서 풀려나고 5년 후 세상을 떠날 때까지, 잉글랜드의 내부 문제를 해결하기보다는 필리프 2세에게 빼앗긴 자신의 노르망디 재산을 되찾는 데 대부분의 시간을 쏟아부었다. 리처드에게는 후계자가 없었다. 정확한 이유는 알려지지 않았지만, 개인적인 여러 사정이 얽혀서 후사를 보지 못한 것으로 보인다. 리처드가 죽자 잉글랜드 왕위는 그의 동생인 존에게 넘어갔다. 왕위에 대한 욕심을 조금도 숨기지 않던 존이 드디어 소원을 성취했던 것이다.

리처드가 포로로 잡힌 것은 그의 자만에서 비롯했다고 봐도 무방하다. 만약 그가 고상한 티를 내는 대신에 좀 더 상식적으로 행동해서 잉글랜드로 무사히 돌아왔더라면 어땠을까? 이를 즉각적인 결과와 장기적인 효과로 나눠 생각해 보자. 리처드의 무사 귀환에 따른 즉각적인 결과는, 잉글랜드가 왕의 몸값을 지불하느라 재정 파탄의 구렁텅이에 빠지는 일이 없었으리라는 점이다. 그러나 불행하게도 잉글랜드는 왕 때문에 더욱 극심한 재정난에 허덕이게 되었다. 그리고 장기적으로는 이것이 차기 왕들에 커다란 부담으로 작용했고 결국 잉글랜드의 국력을 약화하는 결과를 낳았다. 잉글랜드가 리처드의 몸값을 지불할 필요가 없었더라면 나라 살림이 거덜 나지 않고 노르망디를 계속 지배했을 가능성이 매우 크다. 그렇게 잉글랜드가 프랑스의 절반을 통치했더라면, 오늘날의 유럽은 몰라보게 달라졌을 것이다. 한편 리처드가 무사히 귀환했더라면 앞날에 암운이 드리워졌을 사람도 있었다. 존은 잉글랜드의 왕이 절대로 될 수 없었을지도 모르겠다. 그랬더라면 귀족들을 포함해 잉글랜드 백성들에게는 오히려 다행이었을 수도 있다. 그러나 리처드가 포로로 잡힌 대가는 오롯이 잉글랜드의 몫이었다. 그것도 아주 오랫동안 잉글랜드는 고통을 받았다. 그의 몸값을 치르느라 나라의 곳간이 비었고, 결국 존 왕은 곳간을 채우기 위해 더욱 강압적으로 통치하면서 더 많은 세금을 거둬들일 수밖에 없게 됐다. 그럼에도 존은 형보다 힘이 없었다. 돈이 없는 왕이 사병들을 거느린 부유한 귀족들의 역모를 두려워하여 그들에게 더욱 엄격해지는 것은 인지상정이다. 그렇다면 백성들은 존을 좋아했을까? 카리스마 강했던 리처드보다 인기가 훨씬 낮았다. 마지막으로, 만약 리처드가 잉글랜드로 무탈하게 돌아왔더라면 마그나카르타, 즉 대헌장이 만들어지지 않았을 가능성이 크다.(존 왕은 귀족들의 강요를 못 이겨, 마그나카르타에 억지로 서명했다. – 옮긴이)

근대 민주주의, 법치, 개인의 권리 등이 성장하는 토대가 되어 준 마그나카르타가 작성되지 않았더라면 오늘날 세상은 어떻게 달라졌을까? 지금보다 나아졌을까? 다른 것은 몰라도 한 가지는 확실하다. 마그나카르타로 촉발된 개인의 자유와 권리 운동이 없었더라면, 더 좋은 세상은 될 수 없었다. 그렇다면 우리는 아직도 왕과 신권의 시대에 살게 되었을까? 가능성이 아예 없지는 않다. 그렇지만 반대가 되었을 수도 있다. 리처드의 통치 아래 한층 강력해진 잉글랜드가 권리의 아이디어를 더 일찍, 더 멀리 전파했을지도 모른다.

흑역사 013

만약 여몽 연합군이 일본을 정복했다면? : 1274년

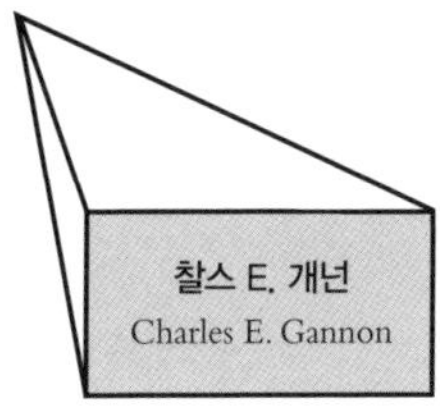

아래의 이야기는 중국과 한국의 역사에 지대한 영향을 미쳤던 어떤 흑역사가 만들어진 과정을 사실들에 기초해 재구성한 가상의 시나리오다.

1274년 11월 20일, 일본 규슈 하카다 만

원나라 대장군 홍다구洪茶丘(고려 말기 원종과 충렬왕 때의 부원 세력으로 원나라에 귀화하여 고려를 공격하는 데 가담하였고 1, 2차 원나라의 일본 원정대에 참여했다. – 옮긴이)가 고개를 끄덕였다. 갑판에는 대부분이 고려인으로 구성된 상륙 부대의 함장들이 엎드린 부복 자세로 있다가 몸을 일으켰다. 홍다구가 말했다.

"보고하라."

그들 중에 가장 키가 큰 함장이 앞으로 나왔다.

"존경하는 홍다구 대장군, 고려 동정우부도원수東征右副都元帥…"

홍다구가 손짓으로 말을 잘랐다.

"바다 쪽 하늘이 새까매지고 있다. 직함을 부르고 의례를 따질 시간이 없다. 해변에서의 전투는 어찌 되었는가?"

함장이 마른침을 삼켰다.

"대장군, 우리가 이겼습니다. 사무라이들이 용맹하게 싸웠지만, 그들은 군인이라기보다는 개인 무사처럼 싸웠습니다. 그런 개인 전법이 그들의 독특한 전투 방식이라는 말을 들었습니다. 또한 가끔 그들은 각자 한 명이나 여러 명을 상대해서 각개전투로 싸운다고 합니다."

"미개한 야만인들 같으니라고."

홍다구의 부관이자 어릴 적 동무였던 조아가 경멸적으로 내뱉었다.

"그렇게 멍청하니 쿠빌라이 칸이 자신을 그들의 황제로 인정하여 원나라에 복종하고 조공을 바치라며 요구를 할 때마다 반응을 보이는 거라고요. 강력한 쇼군들의 사무라이들이 결사항전으로 주군을 지키겠다고 여기 하카다 만에서 목숨을 담보로 헛수고를 하는 게지요. 다 자업자득입니다."

홍다구가 어깨를 으쓱했다.

"그들을 탓할 수만은 없다. 그들은 무사답게 죽는 게지."

조아가 목소리를 낮춰 말했다.

"그들을 그렇게까지 높이 평가합니까?"

"그들을 높이 평가하느냐고?"

홍다구가 눈을 치켜떴다.

"보아하니 그들은 자신들이 해야 한다고 생각하는 일이면 앞뒤 재지 않고 용맹하게 달려들더군. 그리한다고 그들이 멍청한 것은 아니지. 절대로. 또한 그리한다고 그들이 버러지라는 뜻도 아닐세. 함장, 자네는 그렇게 생각하지 않는가?"

홍다구의 물음을 받은 장신의 고려인이 곧바로 차려 자세를 취했다.

"대장군, 그들은 버러지가 맞습니다. 다만 아주 끈질기죠. 그들은 우리의 화살 공격으로 엄청난 인명 피해를 입었습니다. 제 생각에는 그들이 불화살이나 화약 화살을 본 것은 이번이 처음이지 싶습니다. 게다가 그들은 화기 공격을 받으며 가까스로 진격한 다음에도 우리의 방패 벽을 뚫을 조직적인 전술이 전혀 없었습니다. 하지만 그토록 많은 병사들이 죽어 나가면 주저할 법도 한데 그런 기색이 조금도 없었습니다."

"자네 군사에도 인명 피해가 컸는가?"

함장의 눈빛이 흔들렸다.

"그들만큼은 아닙니다."

"음, 알겠네. 그런데 내일 적들이 오늘보다 다섯 배나 많이 몰려온다면 어쩔 텐가?"

함장의 얼굴에 핏기가 가셨다. 그는 골똘히 생각하다가 한참만에 대답했다. 단어를 신중하게 고른 티가 역력했다.

"위대한 홍다구 대장군님이 지휘하는 한 당연히 우리는 승리할 것입니다. 그렇지만 그들의 요상하게 생긴 장검과 그들의… 그러니까 그들이 하도 끈질겨서 우리도 오늘보다 많은 사상자가 나올 것 같아 걱정입니다."

홍다구가 미간을 찌푸렸다.

"알겠네. 당연히 그럴 테지. 자네 정찰병들은 뭐라고 하던가? 적군들이 해안의 언덕과 숲 너머의 내륙에 집결했다던가?"

함장은 입술을 핥았다.

"처음에 파견한 두 정찰병이 아직 돌아오지 않았습니다. 그래서 정찰병 둘을 추가로 보냈습니다. 지금은 그들이 돌아오기를 기다리는 중입니다."

홍다구가 도끼눈으로 쏘아보자 함장은 약간 움츠러들었다.

"정찰병을 더 보내겠습니다."

그는 자신 없는 목소리로 말했다.

홍다구는 못마땅하다는 듯 얼굴을 찡그리며 고개를 돌렸다.

"됐네. 그렇잖아도 우리는 일본인들은 물론이고 그들의 방식, 언어, 해안 지역 등에 정통한 병사들이 가뜩이나 부족하네. 병사들을 아무 일에나 투입할 여유가 없네. 게다가 두 번째로 보낸 정찰병들이 아직 돌아오지 않았다는 사실이 무슨 뜻인지 아는가? 우리의 현재 상황이 아주 불확실하다는 것일세. 해변을 차지한다고 해서 과연 해안 지역 전체를 장악하는 거라고 볼 수 있을지 모르겠네. 만약 일본군이 내륙 먼 곳에 무엇이 있는지 우리가 알 수 없도록 정찰병들을 죽였다면 그 이유는 분명하네. 우리에게 군대를 들키고 싶지 않은 게지. 그리고 당연히 우리는 우리가 볼 수 있는 것만 통제할 수 있겠지. 따라서 우리가 해변에 진지를 꾸린다면 필시 낮보다 훨씬 많은 적들이 야간 역습을 해 올 걸세. 그러면 우리는 독 안의 쥐 신세야…"

홍다구는 갑자기 말을 멈추었다. 그러더니 자세를 바로 하고 위엄 있게 말했다.

"조아, 가서 내 말을 전하라. 상륙 수송선들에게 뭍에 있는 병사들을 함선으로 귀선시킬 준비를 하라고 전하라."

"준기야, 그게 현명한 선택일까?"

조아는 어릴 적 함께 뛰놀던 시절 사용하던 다구의 본명을 부르며 낮게 속삭였다.

홍다구가 조아에게로 몸을 바짝 기울이며 자신도 소리를 낮췄다.

"너도 알겠지만 지금 거센 폭풍이 시시각각 다가오고 있어. 그런데 다른 폭풍도 있어. 하카다 만 해안선의 산등성이 바로 너머에 일본군이라는 커다란 폭풍이 우리를 기다리고 있을 가능성이 커. 우리는 둘 중 하나를 선택할 수 있어. 퇴각하거나 머무는 것이야. 내륙에 일본군이 없다면 해변에 진지를 세우는 도박에 운을 걸어 볼 수도 있겠지. 그런다고 하더라도 함대는 이곳에 계속 정박해야 해. 뭍에 내린 병사들을 지원하고 보급품을 공급해야 할 테니 말이야. 그런데 함장들은 피해를 막을 최선의 방법이 폭풍이 육지에 상륙하기 전에 이 만을 빠져나가는 거라고 하더군. 행여 저기 언덕 너머에 우리를 노리는 일본군이 없더라도 여기에 계속 머문다면 우리 함대는 파괴될지도 몰라."

조아는 정중하게 머리를 조아리며 다른 의견을 제시했다.

"함장들의 의견은 반반인 것 같아. 퇴각하자는 함장들만큼이나 저기 곶 뒤에 가능한 가까이 붙어서 폭풍이 지나가기를 기다리는 것이 최선이라고 말하는 함장들도 많아. 폭풍의 전진 속도가 너무 빨라서 안전하게 피할 수 없을 거라고 말이야."

"만일 우리가 이곳의 주변 환경과 지형에 대해 잘 안다면, 그리고 만일 저 능선 너머에 일본군이 없다고 확신할 수만 있다면 나도 그러고 싶은 마음이 굴뚝같아."

홍다구가 선실의 열린 창문 너머로 보이는 해변과 그 너머의 산등성이를 손가락으로 가리키며 대답했다. 해변에는 오늘 전투로 전사한 시체들이 즐비했다.

"정찰병 중 누구라도 능선 너머 평지에 일본군이 없다는 사실을 확인해 준다면, 병사들을 뭍에 상륙시키고 함대는 이곳에서 온 힘을 다해 폭풍을 버텨 볼 텐데. 그러나 정찰병에게서 아무 소식이 없으면 나는 바다와 육지에서 두 개의 위협이 한꺼번에 우리를 향해 다가온다고 생각할 수밖에 없어. 실제로 그렇게 된다면 우리 군대는 내일 동이 트기도 전에 파도에 휩쓸려 물귀신이 될지도 몰라. 그런 위험을 무릅쓸 수는 없어. 병사들을 함대에 귀환시켜 바다를 잘 아는 함장들의 말에 귀를 기울이는 게 상책이야. 이 함대를 구하고 우리 군대를 구하기 위해 가능한 서둘러 하카다 만을 빠져나가야 해."

조아가 어깨를 으쓱했다.

"그렇다면 정찰병 하나라도 무사히 돌아오기를 기다려 보자고."

홍다구가 다시 창문 너머로 시선을 돌렸다.

"신이 무심하시지 않다면 그럴 테지."

관은 익숙하지 않은 관목 사이를 기어갔다. 하카다 만의 해안가 능선 사이에 나 있는 좁은 오솔길은 관목으로 뒤덮여 있었다. 그는 앞서 파견된 두 명의 정찰병 중 한 명을 이미 발견했다. 등에 화살을 정통으로 맞은 채로 덤불 속에 고꾸라져 있었다. 그는 그 병사를 발견한 것이 자신에게 곧 닥칠 운명의 전조가 아니길 간절히 바랐다.

무심코 잔가지를 밟는 바람에 뚝 하고 부러지는 소리가 나자 그는 움찔 놀라며 몸을 잔뜩 웅크렸다. 그리고 소리를 내지 않으려 윗니로 아랫입술을 꽉 깨물었다. 작은 소리라도 냈다간 목숨을 잃을 수도 있었다. 아까 그 정찰병을 죽인 일본군 궁사가 아직 숨을 죽인 채 가까이 있을 수도 있었다.

관의 눈에 군화 한 짝의 모서리가 들어왔다. 군화 한 짝이 오솔길 너머 덤불 아래에 밑창을 드러낸 채 뒤집혀 있었다. 그는 이파리 사이에 몸을 더욱 낮추고 자세히 살펴보았다. 그러자 누군지 알아볼 수 있었다. 함께 정찰 나왔던 병사였다. 몽골 병사로 이름은 투구르였다. 그는 수풀 아래에 큰 대자로 엎어져 있었는데 그의 왼쪽 관자놀이를 관통한 화살의 부러진 화살대가 확연히 보였다.

관은 '내가 신들의 노여움을 산 게 분명해'라고 생각했고, 자신에게 노한 신들에게 다급히 기도했다. 부디 자신의 기도를 듣고 신들이 노여움을 풀어 자신의 목숨을 구해 주길 간곡히 바랐다. 신들이 안심하라는 작은 신호라도 보내 주면 좋으련만.

관은 왼쪽에서 무언가가 움직이는 낌새가 느껴지자 고개를 확 돌렸다. 처음에는 일본군 궁사의 화살에 달린 깃털인 줄 알았다. 그런데 알고 보니 근처 나뭇가지에 앉아 있던 나비인지 나방인지의 날개였다.

'네가 날아다닐 철은 이미 끝난 것 같은데. 너도 최소한 나만큼 곤경에 빠졌구나.'

보통은 여름에 볼 수 있는데 11월인 지금까지 날아다니는 것이 신기해서 관은 충동적으로 더 가까이 다가가 곤충을 자세히 살펴보았다.

평소 관은 행동하기 전에 신중하게 생각하는 성격이었다. 따라서 다른 곳, 다른 상황이었다면 곤충에게 다가가다 소리를 낼까 봐 걱정되어 도중에 발걸음을 멈추었을지도 모르겠다. 그리고 자칫 한눈을 팔다가 매복해 있던 일본군 궁사의 눈에 띄어 화살에 맞아 죽을 수도 있으니 호기심을 접고 가던 길을 그냥 갔을 것이다. 그러나 이번에는 머리보다 몸이 빨리 반응했다. 깊이 생각해 보기도 전에 이미 그는 나비를 좀 더 자세히 보려고 덤불 깊숙이 들어갔다. 한 발짝 거리까지 다가갔을 때 그의 인기척에 놀란 나비는 날아가 버렸다.

단순한 무늬의 하얀 두 날개가 눈앞에서 날아가자 실망한 관은 고개를 치켜들고 눈으로 나비를 좇다가 시선을 내렸다.

순간 그는 소스라치게 놀랐다. 그의 위치에서 하카다 만을 에워싼 능선 너머에 펼쳐진 평지가 한눈에 내려다보인 것이다. 정찰 장소로 이보다 완벽한 곳은 없었다. 그는 앞을 막던 가지를 치우고 발걸음을 천천히 뗐다.

평원은 텅 비어 있었다. 아무도 없었다. 일본 군대는 고사하고 정찰병 야영지도 초계병도 없었다. 아니, 개미 한 마리 얼씬거리지 않았다. 내륙으로 그리고 규슈의 행정 수도 다자이후로 이어지는 길은 텅 비어 있었다.

이제 관에게는 신들이 자신에 대한 노여움을 거두었다는 자신이 생겼다. 관은 몸을 돌려 신중하고 조용히 왔던 길을 되돌아오기 시작했다. 본대로 살아 돌아가 자신이 발견한 사실을 보고할 수 있다는 확신이 생겼다.

1853년 8월 18일, 전쟁부, 미국 워싱턴 D.C.

해군부 장관 제임스 코크런 도빈James Cochran Dobbin이 요새 평가 보고서를 훑어보던 중에 빌링스Billings 중위가 헐레벌떡 뛰어왔다.

"장관님, 오늘 도착한 우편입니다. 전함 서스쿼해나에서 온 편지입니다."

도빈은 한 손을 뻗었다. 행동은 절도 있고 힘이 넘치되 움직임에 품위가 넘쳤다.

"드디어 왔군."

거대한 책상의 맨 위 서랍에 휘어진 칼 모양의 편지 칼이 들어 있었다. 그러나 마음이 급했던 도빈은 단단히 봉인된 봉투 날개 부분을 손으로 뜯어 접힌 편지지를 펼쳐 읽기 시작했다.

보내는 사람: 제독 매튜 C. 페리Matthew C. Perry

받는 사람: 해군부 장관, 제임스 C. 도빈

미합중국 증기 구축함 서스쿼해나

일본 에도 만, 1853년 7월 14일

장관님께

마침내 일본 열도를 개항하는 임무를 시작했다는 반가운 소식을 전해 드리게 되어 기쁘기 한량없습니다. 중국은 일본을 얕잡아보며 자신들의 동쪽에 있는 바다라는 의미로 '동양東洋'이라고 부릅니다. 저희 함대는 7월 8일 에도 항에 입항했습니다. 지볼트Philipp Franz Balthasar von Siebold(독일의 의사이자 생물학자로 일본에 서양 의학을 처음 가르쳐 준 유럽인으로 알려져 있다. – 옮긴이)의 보고서를 보고 예상했듯, 여기 섬나라의 지배계급이 중국인이나 조선인의 이름들에 영향을 주는 건 확실합니다. 그런데 일본의 행정관과 관료 대다수는, 그들의 성과 이름이 1274년 규슈 지방을 침략한 원나라 원정군에서 기인했을 가능성에 대해서는 신경 쓰지 않는 눈치입니다. 그때 1차 원정으로 교두보를 확보한 덕분에 원나라는 이듬해 6월 2차 원정에서 훨씬 많은 병사들을 성공적으로 상륙시킬 수 있었습니다.

지볼트의 보고서를 토대로 우리는 우리의 개항 요구가 처음에는 당연히 거부되리라고 생각했습니다. 의외로 중국 청나라 공사관 관리들이 조심스럽고 신중했는데, 어쨌든 관심을 보이며 맞아 주었습니다. 게다가 그들과 비슷한 숫자의 일본 유력 인사들로부터도 환대를 받았습니다. 생활 방식, 의복, 직함 등을 비교해 보면 청나라 관리들은 호화롭고 화려한 반면 일본 유력 인사들은 소박하고 검소한 편입니다. 이처럼 양국은 권위와 계급에서 극명한 대조를 보입니다. 심지어 우리가 함대에 필요한 식량과 보급품을 싣기 위해 항구에 처음 내렸을 때도 그런 커다란 차이를 반복해서 볼 수 있었습니다. 한편 중국 관리들은 우리가 보급품을 싣는 내내 눈에 불을 켜고 엄격히 감독했습니다.

대다수 일본인들의 생활 방식은 아직도 외세의 식민 지배로 억압받는 국가를 연상시킵니다. 물론 지금은 중국 군사들이 눈에 많이 띄지는 않습니다. 그렇지만 청나라의 관리들과 관료들은 어딜 가나 보입니다. 게다가 정치적인 것이든 경제적인 것이든, 거의 모든 수입 거래는 매의 눈으로 감시하는 그들의 사정거리를 벗어날 수 없습니다. 우리는 이런 독재적 권력이 어떻게 유지되는지 궁금했는데, 이내 알 수 있었습니다. 고문과 처형을 가리지 않는 가혹한 처벌을 통해서입니다. 이곳에서는 아무리 가벼운 위반 행위도 처벌을 피해 가지 못합니다. 일본인들에게 일상이 된 끊임없는 공포만큼 강력한 것은 딱 하나입니다. 외세를 향한 억눌린 증오입니다.

쇄국정책으로 유명한 이곳 섬나라가 우리의 존재에 대해서는 별다른 저항감 없이 왜 그토록 쉽게 경계를 허문 것인지 선뜻 이해가 되지 않았습니다. 그런데 이곳 지방 정부의 재무상이 우리를 사저로 초대해 호젓한 정원에서 가벼운 점심 식사를 대접해 주었을 때 그 이유를 분명히 깨달았습니다. 중국 본토에서 벌어진 아편전쟁으로 말미암은 혼란이 갈수록 커지고 있습니다. 중국의 속국들을 통틀어 하나의 친척 관계라고 치면 일본은 가난한 친척입니다. 요직이든 명예직이든 조상 대대로 물려받은 관직을 차지한 일본 관리들은 자신들이 계속해서 지배력을 유지하려면 가혹한 조치가 필수적이라는 사실을 너무 잘 압니다. 그러나 중국이 아편전쟁의 패배로 무너져 버린 권위를 복구하고 태평천국의 난을 진압하는 데에 돈을 아낌없이 쏟아부음에 따라 이제 일본 관리들도 현실을 직시하게 되었습니다. 줄어든 나라 재정으로는 자국을 보호하고 국가 존립을 보장하기 위한 비용을 감당하기에 역부족이라는 사실을 뼈저리게 느끼는 것입니다. 우리를 초대했던 재무상은 아주 완곡하고 간접적인 암시를 주었습니다. 만약 우리 함대가 내항한 목적이 일본과 아편 무역을 시작하기 위해서라면 불가능한 일은 아니라는 식으로 말했습니다. 단, 은밀하게 진행되어야 하고 또한 지역의 일본 관리들이 은근슬쩍 눈감아 주는 데 적절한 보상이 따라야 한다는 뜻을 넌지시 밝혔습니다.

장관님께서 혹시 께름칙하게 여기실까 봐 말씀드립니다. 일본인들은 우리의 약속, 제복, 깃발 등이 아편을 밀거래하고자 의도와 이익

착취의 야심을 숨긴 위장물에 지나지 않는다고 생각하는 게 분명했습니다. 사람들의 몸과 정신을 병들게 하는 유해하고 사악한 아편은 이곳에서 교역 금지품입니다. 그러나 다행히도 그날 모임에 참석한 우리 일행 중 누구도 그들의 생각에 전혀 반감을 표현하지 않았습니다.(아마도 우리 중에 가장 나이 어린 사람은 신중해서라기보다는 충격을 받아서 입을 다물고 있던 거라고 생각합니다)

또한 이런 초기의 만남들을 통해 우리는 다양한 일본인들과 접촉할 수 있었습니다. 그들은 중국의 속국이라는 일본의 슬픈 현실이 우리가 생각하는 것보다 훨씬 나쁘다는 사실을 보여 주었습니다. 우리는 중국이 일본의 쇄국정책을 존중하는 이유가 섬나라의 자원과 뛰어난 장인들을 계속 독점하고 싶어서라고(다른 한편으로는 아편의 폐해에서 일본인들을 보호하기 위해서라고) 생각했었습니다. 그런데 알고 보니 그것은 순전히 착각이었습니다. 우리 생각과는 천양지차인 진짜 이유가 있었습니다.

일본이 중국에(아니, 정확히 말하면 몽여 연합군에) 점령된 후 600년 가까이 최북단 섬에서부터 최남단 야쿠시마 섬에 걸쳐 최소 다섯 차례의 반란이 발생했습니다. 모르긴 몰라도, 그런 반란과 비슷한 규모의 반란들이 더 있었을 게 틀림없습니다. 일본 스스로 역사를 기록하는 것이 금지된 탓에(중국 관료들이 역사 기록을 전담하고, 행여 그들의 기록에 반하는 내용을 따로 기록하거나 그렇게 만들어진 문서를 보유하다가는 사형에 처해집니다) 대규모 반란의 발생 건수에 대해 믿을 수 있는 확실한 자료가 없습니다. 하긴 어차피 사료를 보나 사람들의 최근 기억을 들어 보나 피의 복수에 관한 내용이 전부입니다. 가문이든 마을이든 티끌만 한 의심만 받아도 전체가 죽임을 당했습니다. 이런 복수극의 참상이 얼마나 끔찍한지 입에 담기도 힘들 정도입니다. 인류 역사상 가장 야만적이고 극단적인 보복에서나 볼 수 있을 만큼 참혹합니다. 그리고 이런 주장들의 진실성을 의심하기는 힘들지 싶습니다. 각계각층의 일본인들로부터 다양한 이야기를 들어 봤는데, 피를 피로 갚는 이런 잔혹성에 대해서는 거의 발언이 일치했습니다. 그리하여 우리는 한 가지 결론에 이르렀습니다. 일본인들 중에, 수백 년 전 중국이 일본을 침략하기 이전의 시대에서 자신들의 전통과 힘의 근원을 찾으려는 사람들이 아주 많다는 것입니다. 비록 땅과 관직 직함들은 빼앗겼을지언정, 일본인들은 쇼군과 사무라이의 후예들에게 자기들끼리만 통하는 애칭을 붙이고 그들을 기억하며 그들에게 (비록 은밀하게나마) 커다란 경의와 존경을 보냅니다. 비슷한 맥락에서 지난 500년간 일본의 불교가 (문화적인 비타협성과 오만의 도피처로 간주되는 한) 시종일관 핍박받았지만 지금도 승려들은 위장한 채로 일본 각지를 돌아다닙니다. 심지어는 순회 치유사, 필경사, 작가 등으로 일하는 승려들도 있습니다. 중국의 앞잡이들이 오늘날 비밀 집단이 된 두 사회의 '불순분자'들을 색출하기 위해 눈에 불을 켜고 다닙니다. 그리고 정황상 눈곱만큼만 의심스러워도 수시로 사람들을 잡아들여 고문하고 학살합니다.

일본 사회에 폭넓게 확산된 비밀 결사대의 지도자급들이 사람들을 보내 나와 우리 장교 몇몇에게 은밀히 접근해 왔습니다. 행여 억압자들의 강압적인 손아귀에서 해방되기 위해 노력하는 그들의 신분이 노출돼 위험에 처할까 그들의 이름이나 만났던 장소에 대해서는 알려 드릴 수 없는 점 이해 바랍니다.(솔직히 이 편지가 미국까지 안전하게 도착할지도 잘 모르겠습니다) 그들의 이야기를 간단히 요약해서 말씀드리겠습니다. 우리가 일본을 개항하려는 이유가 그들을 은밀하게 돕기 위해서인지 단도직입적으로 물었습니다. 만약 그렇다면

500년 넘는 속박과 억압의 족쇄에서 해방되는 날, 그들은 우리 미국에 감사하는 마음을 영원히 기억하겠다고 약속했습니다. 저는 즉답을 달라는 그들의 요청을 거절했지만, 우리 국무부와 행정부가 그들의 요청을 시간을 들여 심사숙고해 보기를 강력히 요청드리고 싶습니다.

마지막으로, 한 말씀만 더 드리겠습니다. 근면과 예의로는 따를 민족이 없고 오랫동안 중국의 억압을 받았던 일본인들의 요청으로, 공은 이제 우리 손에 넘어왔다고 생각합니다. 물론 저는 우리 미국의 장기적인 국정 운영이나 암묵적인 도덕적 책임과 관련하여 가타부타할 만큼 오만하지 않습니다. 그럴 만한 능력이 있다고도 생각하지 않습니다. 다만 저는 그들이 제안하는 관계를 받아들일 때의 군사적 실익에 대해서는 어느 정도 자신 있게 말씀드릴 수 있습니다.

좀 더 자세히 말씀드리겠습니다. 지금은 증기기관의 시대입니다. 지금 이 순간 그리고 가까운 미래의 결정적인 해군 혁신은 증기기관을 어떻게 활용하느냐에 달려 있다고 봅니다. 이런 현실을 고려할 때 역사래야 75년이 전부인 신생국 미합중국이 전 세계로 뻗어 가는 국가들과 전략적으로 동등한 위치에 서려면 무엇이 필요할까요? 저는 우리 미국에 충직한 사람들이 사는 안전한 항구들과 원활한 석탄 공급처들이 반드시 필요하다고 생각합니다. 중국 해안으로의 접근이 용이하고 잘 발달된 수많은 항구들을 보유한 지리적 이점만으로도 일본은 우리 목적에 더없이 완벽히 들어맞습니다. 게다가 일본인들의 영원한 감사도 덤으로 받게 될 것입니다. 반대로 일본인들은 우리가 군사적으로 우려해야 하는 아시아의 유일무이한 초강대국인 중국을 영원히 증오할 거라고 확신합니다. 일본의 주철 공장들과 철강 제품들은 거의 모든 면에서 중국의 제품보다 월등히 뛰어납니다.

또한 세부적인 부분과 혁신에 쏟는 일본인들의 깊은 관심으로 보건대 그들은 분명히 산업화 원칙들을 두 팔 벌려 환영할 것입니다.

새로운 지역에 진출할 때 먼저 그곳에서 안정적인 동맹을 확보하지 않으면 무력으로 목적을 달성할 수 없다는 말이 있습니다. 저는 우리 미국이 그 동맹을 방금 찾았다고 감히 말씀드립니다.

진심 어린 존경을 담아,

태평양 함대 사령관, 제독 매튜 C. 페리

빌링스는 도빈 장관이 페리의 편지를 찬찬히 읽어 내려가는 동안 그의 안색을 살피며 까치발로 불안하게 서 있었다.

"장관님, 어떤 내용입니까? 제독님이 임무를 달성하셨다고 합니까?"

도빈 장관이 미소를 지었다. 그러나 완전히 기분 좋은 표정은 아니었다. 그런 다음 조심해서 편지를 접었다.

"그렇다고 하는군, 빌링스. 페리 제독이 임무를 완수했다는군. 편지 내용에 관해서는… 아마도 자네라면 이렇게 요약할 것 같군. '이제 상황이 달라질 것이다.'"

콜럼버스가 1마일을 헷갈린 결과 : 1492년

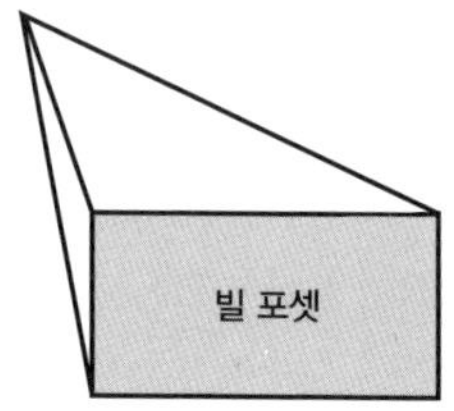

"1, 2 마일이 큰 차이가 있겠어?"

당신은 크리스토퍼 콜럼버스Christopher Columbus가 스페인 이사벨라Isabella 여왕의 지지를 어떻게 얻었다고 알고 있는가? 지구가 둥글다는 것을 증명했다고? 보통 사람들은 그렇게 알고 있다. 그러나 이는 설득력이 떨어진다. 이미 200년 전쯤부터 유럽 학자들 사이에서 지구가 둥글다는 것은 기정사실이었기 때문이다. 당시 상황과 관련해서는 오히려 콜럼버스에 반대했던 스페인 왕실의 학자들과 여타 탐험가들의 주장이 더 정확했다. 그들은 콜럼버스의 계산이 틀렸다고 했다. 그리고 결과적으로 그들이 옳았다.

무어인들이 지구의 둘레를 계산해 놓은 문헌이 다수 있었다. 콜럼버스는 그런 문헌을 '정확히' 해석했다. 문제는 그가 지구 둘레의 단위를 자신에게 익숙한 유럽식 마일로 해석했다는 것이다. 그러나 그 문헌들에 나오는 거리는 무어인들의 마일로 계산된 것으로, 유럽식 마일보다 더 길다. 무어인들의 1마일은 스페인에서 사용되던 마일의 1.6배에 해당했다. 이런 차이를 간과함으로써 콜럼버스는 적도상의 지구 둘레가 1만 5,000마일(2만 4,000킬로미터)에 불과하다고 결론 내렸다. 그러나 이것을 무어식 마일로 변환하면 2만 4,000마일(3만 8,400킬로미터)이 된다. 그래서 학자들은 기본적인 가정에서 지극히 단순하며 입증할 수 있는 명백한 오류를 범했으니 그를 믿어서는 안 된다고 조언한 것이다. 이를 고려하면 콜럼버스가 이사벨라 여왕을 어떻게 설득했기에 여왕이 그의 첫 항해에 세 척의 배를 쾌척하게 만들었는지 궁금해진다.

그리고 모두가 다 아는 이야기지만, 결과적으로 말해 그가 인도라고 생각했던 땅은 인도가 아니었다. 무려 그가 발견한 신대륙과 인도는 1만 마일(1만 6,000킬로미터) 가까이나 떨어져 있었다. 이런 말 못 할 속사정이 있었기에 콜럼버스는 항해에 나섰을 때 선원들에게 그 거리를 정확히 알려 주지 않았다. 그는 세 척의 소형 선박이 실제 항해 거리보다 훨씬 짧은 거리를 항해했다고 속이려 거짓 항해 일지를 별도로 작성했다.

물론 이런 실수들은 모두 아주 나쁜 것이다. 그러나 콜럼버스의 가장 중차대한 실수는 자신이 틀렸다는 사실을 끝내 인정하지 않았다는 것이다. 심지어 몇 년이 흐른 후 해군 제독이 되었을 때도 자신이 발견한 땅은 분명 인도의 일부라고 주장했으니 고집이 아주 대단했다. 죽을 때까지 그는 자신이 새로운 대륙을 발견했다는 사실을 인정하지 않았다. 엄밀히 말하면 대륙은 한 개가 아니라 두 개였다. 이러한 연유로 미국 원주민들이 인디언이라고 불리게 되었다. 콜럼버스가 진실을 인정하려는 의지가 컸더라면, 오늘날 북아메리카와 남아메리카는 북콜럼비아와 남콜럼비아로 불렸을지도 모를 일이다. 그가 죽을 때까지 고집을 꺾지 않은 바람에 신대륙은 그가 아니라 다른 탐험가의 이름을 따서 아메리카로 불리게 되었다. 이탈리아 출신 탐험가 아메리고 베스푸치Amerigo Vespucci는 콜럼버스와는 달리 자신이 발견한 곳이 어디인지 정확히 알았다. 덕분에 신대륙의 이름은 아메리고 베스푸치의 이름을 따서 지어지게 되었다.

만약 누군가가 콜럼버스에게 그의 실수를 명백히 증명해 주고, 또한 콜럼버스가 그 말을 믿었더라면 어땠을까? 다른 건 몰라도 거의 확실한 한 가지는, 그가 '동방행行'의 지름길로 서쪽 항로 개척에 나서지 않았을 거라는 점이다. 콜럼버스가 동방 탐험을 시작한 것은 미지의 세계에 대한 순수한 탐구심에서가 아니었다. 개인적인 욕심이 가장 큰 이유였다. '인도'에 도착했을 때 자신의 손에 들어올 부가 그를 움직이게 만들었다. 콜럼버스는 비단 인도만이 아니라 중국과 일본을 포함하는 동아시아와의 교역으로 부를 축적하고자 했다. 그리고 만약 콜럼버스가 항해를 시작하지 않았더라면, 유럽이 아메리카 대륙을 '발견'하기까지 족히 100년 이상이 더 걸렸을 수도 있었다. 그리고 이에 따른 가장 큰 영향으로 스페인이 직격탄을 맞았을 것으로 보인다. 스페인은 본래 잘사는 부자 나라가 아니었다. 따라서 200년 동안 아메리카 대륙을 약탈할 수 없었더라면, 스페인의 살림은 피폐해졌을 테고 영원히 이등 국가를 벗어나지 못했을 것이다. 음지가 있으면 양지도 있는 법, 나약한 스페인이 유럽에게는 오히려 축복이었을지 모르겠다. 유럽이 훨씬 더 평화로운 곳이 되지 않았을까? 독실한 가톨릭 국가인 스페인의 힘이 약했더라면, 17세기를 얼룩지게 만든 종교전쟁들이 발발하지 않았거나 발발했더라도 훨씬 덜 파괴적이었을 것 같다. 숱하게 약탈자의 제물이 되거나 여러 세력의 각축장이 되었던 독일 공국들의 백성들은 커다란 슬픔을 겪지 않을 수도 있었다. 이는 다시, 덜 파괴된 독일이 더 일찍 통일될 수도 있었으리라는 결론으로 이어진다.

이미 자국 탐험가들이 브라질 땅을 밟았을 수도 있는 포르투갈의 운명도 달라졌을 것이다. 대서양 연안 국가인 포르투갈에서 남서쪽으로 아주 조금만 항해하면 브라질에 닿을 수 있었으니, 이는 터무니없는 가정이 아니다. 그랬더라면 포르투갈이 아메리카 대륙에 식민지를 건설하거나 정복하는 측면에서 주도권을 잡았을 것이다. 한편 아메리카 대륙의 부를 기반으로 포르투갈은 훗날의 덴마크와 같은 나라가 되었을지도 모른다. 작되 아주 부유하고 강력한 해군을 거느리며 해외에 대한 관심이 아주 높은 나라가 되었을 수도 있다는 말이다. 따라서 콜럼버스가 서쪽 항로 개척을 시작하지 않았더라면, 그래서 신대륙을 발견하지 못했더라면, 그리하여 신대륙에 대한 유럽의 경쟁적인 관심이 촉발되지 않았더라면, 십중팔구 유럽인의 최초 정착지는 남아메리카에 건설되었을 것이다. 탐욕스러운 종교적 광신주의 집단이었던 스페인이 아니라 무역 지향적인 포르투갈 사람들이 아즈텍 부족을 가장 먼저 만났더라면 어땠을까? 아메리카의 토착민 아즈텍 부족은 어느 정도의 독립을 유지하면서, 심지어 건강한 상태를 유지하면서 아주 오랫동안 생존했을 수도 있다. 아니 어쩌면 그럴 수 없었을지도 모르겠다. 문명 수준이 높았던 아즈텍을 포함해 아메리카 대륙의 부족 대부분은 혁신을 장려하는 문화가 아니었다. 그렇더라도 만에 하나 포르투갈이 유럽인들의 아메리카 대륙 침략의 속도를 대폭 늦출 수 있었더라면, 아즈텍의 운명이 달라지지 않았을까? 어쩌면 충분한 기술을 획득하고, 나아가 자신들이 직면한 상황을 정확히 이해하여 유럽의 침입에 효과적으로 적응하고 적절히 대응했을 수 있지 않았을까? 다르게 생각해 볼 여지도 있다. 사실 포르투갈은 일본과의 무역 항로를 수십 년간이나 비밀에 부쳤다. 그런 포르투갈이었으니 아메리카 대륙과의 교역로에 대해서도 똑같이 하지 않았을 거라는 보장이 없다. 그렇게 해서 유럽인들의 신대륙 열풍이 늦추어졌다면, 아메리카 대륙의 부족들에게는 더 큰 재앙이 닥쳤을 수도 있다. 어차피 유럽이 아메리카 대륙으로 몰려드는 것은 시간문제였다. 그런데 동시대 유럽에서는 과학과 기술이 크게 발전한 데 비해 아메리카 원주민들의 문화는 대부분이 상당히 정체되고 크게 뒤처져 있었다. 따라서 콜럼버스 시대보다 '훨씬 늦게' 백인들이 아메리카 대륙에 상륙했다면, 문화의 차이와 지식의 격차가 훨씬 더 벌어진 상태이기 때문에 훨씬 더 가혹한 약탈이 가해졌을 수 있다.

단언하건대 유럽인들이 아메리카 대륙을 좀 더 늦게 발견했다면 산업혁명도 미뤄졌을 것이다. 아메리카 식민지들로부터 들어오는 부와 원자재 공급이 늦춰졌을 것이기 때문이다. 또한 북유럽 국가들이 독자적으로 북아메리카를 발견했을 가능성도 배제할 수 없다. 영국을 비롯해 다른 여러 국가의 어부들이 콜럼버스가 출항하고 얼마 지나지 않아 캐나다 연안 인근에서 활동했다는 증거들이 다소 있다. 스페인이 아니라 영국이 아즈텍의 부를 약탈했더라면 어땠을까? 그런 부를 등에 업고 영국이 프랑스 내 자국 영토에 대한 소유권을 강력히 요구했더라면 오늘날 유럽의 지도는 어떤 모습일까? 또는 영국이 처음부터 대서양을 지배할 수 있더라면 어

됐을까? 영어가 아메리카 대륙 전체의 공식 언어가 되었을까?

크리스토퍼 콜럼버스가 지구 둘레를 정확히 계산했더라면 세상은 어떻게 변했을까? 무엇보다도 유럽이 아메리카 대륙에 정착하는 과정이 몰라보게 달라졌을 것이다. 그리고 아메리카 대륙의 식민지들로부터 유입되는 부가 더 적어서 유럽의 산업화 속도가 늦춰졌을 수도 있었다. 한편 아메리카 원주민들은 스페인의 종교적 광신주의가 야기한 공포를 피할 수 있었을지도 모르겠다. 그뿐만 아니라 유럽인들이 좀 더 점진적으로 이주해 옴으로써 북아메리카의 원주민 부족들이 이득을 얻었을 가능성도 있다. 아니, 어쩌면 유럽의 이주 자체가 한동안 미뤄졌을지도 모른다. 어차피 시간 문제일 뿐이었겠지만 말이다. 또한 북아메리카 원주민들의 언어와 문화가 지금보다 훨씬 강력한 영향을 미쳤을지도 모르겠다.(나는 일리노이 주 시카고에 산다. 일리노이와 시카고 모두 북아메리카 원주민 말에서 나온 지명이다) 심지어 자연에 대한 감사의 마음이 더 크고 생태계에 대한 관심과 우려가 훨씬 일찍 싹텄을 가능성도 점쳐진다. 마지막으로 아메리카 원주민들이 영토를 전부 빼앗기거나 정복당하지 않았을 것이고, 그래서 오늘날 아메리카 대륙의 지도에는 아메리카 원주민들의 영토가 포함될 수도 있었을 것이다. 하지만 비록 한두 세기가 더 주어졌더라도 유럽 사회 전체가 어느 날 갑자기 지혜롭고 슬기로워지거나 타인을 진심으로 염려하는 마음을 갖게 되었을 거라고 생각할 근거는 전혀 없다. 실제로도 그러지 않았고 말이다. 그리하여 실제 역사와 크게 다르지 않은 피비린내 나는 역사가 전개되었을지도 모르겠다. 그럼에도 오늘날 우리는 다른 날짜들을 기억할 수도 있다. 일례로 "1951년 드레이크Francis Drake가 아메리카 대륙을 발견했다"라고 배울지 누가 알겠는가?(프랜시스 드레이크는 영국의 해적이자 군인이며 탐험가로, 영국인 최초로 세계 일주를 달성했으며 1581년 기사 작위를 받고 해군 제독에 임명된 인물이다. - 옮긴이)

스페인과의 전쟁 호기를 날려 버린 아즈텍의 황제 : 1519년

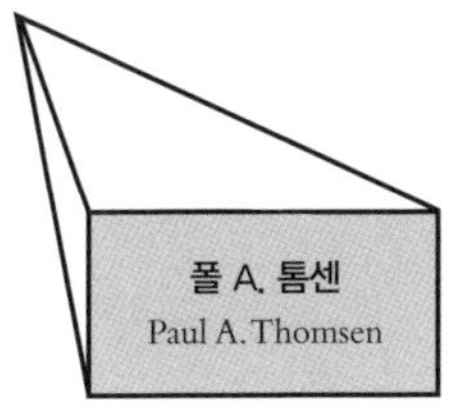

"레이, 누가 신이냐고 묻거든 그렇다고 해"

– 이곤 스펭글러Egon Spengler, 영화 '고스터버스터즈Ghostbusters' 중에서

지도자들은 가끔 정보가 부족한 상태에서 생사를 가를 중대한 결정을 해야 하는 상황에 놓인다. 1519년 아스테카왕국의 몬테수마 2세가 그런 상황에 직면했다. 그는 정찰병들로부터 한 무리의 낯선 사람들이 제국의 해안에 상륙했다는 보고를 받았다. 신의 전령들이 예언대로 아즈텍을 지배하러 돌아온 것일까? 아니면 바다 멀리에서 온 사악한 외국인들에 관한 소문이 돌더니, 그들일까? 정찰병들은 그들의 정체를 몰랐다. 두 가지 가능성이 있었고 둘 다 위험하기는 마찬가지였다. 이에 아즈텍 황제는 나쁜 선택을 했고, 그 선택의 결과가 아메리카 대륙을 고통 속으로 몰아넣었다.

아스테카왕국은 스페인 제국이 중앙아메리카로 세력을 확장

중이라는 소식을 익히 들었고 매우 우려했다. 무역상들이 먼 외국에서 온 것이 분명하고 창백한 피부에 이상하게 생긴 동물을 타고 다니는 사람들에 관한 이야기를 들려주었다. 동시에 또 다른 무서운 이야기도 있었다. 싸움터에 피가 흥건하고 시체가 즐비하며 그들로서는 듣도 보도 못한 무기들로 나라 전체를 무장했다는 이야기였다. 드디어 올 것이 왔다. 몬테수마는 소문으로만 듣던 그 사람들이 제국의 해안에 막 상륙했고 황제를 만나고 싶어 한다는 보고를 받았다.

몬테수마 2세는 1517년 4월 이방인들을 따뜻하게 맞아 줄 환영 사절단을 보냈다. 하지만 아즈텍 황제에게 돌아온 건 불안감뿐이었다. 스페인 정복자 에르난 코르테스Hernán Cortés 일행은 스페인 동료들이 병에 걸렸는데 유일한 치료약이 황금이라고 말했다. 게다가 그들이 지닌 칼은 아즈텍 전사들의 유명한 흑요석 칼보다 훨씬 날카로웠다. 설상가상으로 아즈텍 전사들의 칼은 스페인 병사들의 갑옷에 부딪히면 산산조각 났다. 시간이 흐름에 따라 몬테수마의 부족민들은 코르테스 일행의 실상을 깨달았다. 그들은 술독에 빠진데다가 아즈텍의 여자들을 좋아했던 것이다. 코르테스 일행에 대한 아즈텍 사람들의 평가는 크게 두 부류로 갈렸다. 일부는 그들이 그저 뛰어난 전사들이라고만 여겼다. 다른 부류는 코르테스가 오래전에 배를 타고 동방으로 떠났다가 돌아온 고대 아즈텍의 '비의 신' 퀘찰코와틀(깃털 달린 뱀이라는 뜻이다. - 옮긴이)일 수도 있다고 생각했다.

몬테수마를 불안하게 만드는 다른 요인들도 있었다. 무엇보다 코르테스와 그의 병사들이 아즈텍과 가장 관계가 나빴던 종속 부족들을 별로 힘들이지 않고 자기들 편으로 끌어들인 것이다. 이방인들은 아즈텍 영토에 식민지 베라크루즈를 건설하기까지 했다. 이게 끝이 아니었다. 그들은 아즈텍 부족민들이 자신들의 핵심적인 종교의식을 중단하기를 바랐다. 바로 인신 공양이었다. 그들 이방인이 신과 같은 존재든 아니면 단순한 외국인이든, 아즈텍의 황제 몬테수마 2세의 입장에서는 그들이 골칫거리가 될 거라는 정보가 갈수록 쌓여 갔다. 그렇지만 당장은 스페인 사람들이 정말로 어떤 사람들인지 그리고 그들을 어떻게 대하는 것이 최선인지 결정하기는 이르다고 그는 판단했다. 방법은 하나뿐이었다. 주의 깊게 관찰하다 보면 시간이 해결해 줄 터였다.

만약 몬테수마 2세가 코르테스 일행을 만난 후 그들을 어떻게 대할지 확실한 노선을 일찍 결정했더라면 어땠을까? 제국을 지배하러 돌아온 신의 전령으로 대할지 제국을 위협하는 적으로 간주할지 말이다. 어느 쪽이든 아스테카왕국과 중앙아메리카는 그들에 맞서 단호한 전투태세를 취했을 것이다. 아즈텍은 수없이 많은 소규모 주변 부족들을 정복하고 흡수함으로써 성장했다. 따라서 아즈텍에 정복된 종속 부족들 중에는 아즈텍을 몹시 싫어하던 부족들도 많았다. 특히 아즈텍이 종교의식에 사용할 공양 제물과 조공을 수시로 요구했기 때문에 불만이 아주 컸다. 또한 몬테수마 2세가 중앙 집권을 강화하기 위해 최근에 시행한 계층적인 신분제도를 혐오한 부족들도 있었다. 그랬으니 만약 요청을 받았다면 두말 없이 코르테스 편에 서는 부족들도 있을 것이었다. 그러나 대부분의 부족들은 스페인에 대한 두려움 때문에 몬테수마 2세의 손을 놓지 않았을 가능성이 높았다. 수많은 부족의 통치자로서 그가 이탈하는 종속 부족들이 생길까 봐 염려했을 것은 충분히 짐작된다. 따라서 몬테수마 2세의 입장에서는 코르테스 일행에 대한 사람들의 실망감이 커지고, 그래서 전쟁과 같은 무력 행동에 동참할 때까지는 그들 이방인을 신과 '같은' 존재로 생각하는 편이 안전한지도 몰랐다. 한편 몬테수마에게 다른 선택지도 있었다. 아즈텍이 코스테스 일행을 즉각적이고 전면적으로 공격하는 것이었다. 이는 여러 측면에서 볼 때 절대로 무모한 카드가 아니었다. 첫째, 수적으로 월등히 우세했다. 코르테스가 멕시코 원정에 나섰던 시대에 관한 기록을 보면, 당시 아즈텍 제국은 20만 명의 훈련된 전사들을 전투에 동원할 여력이 있었다. 심지어 충분한 시간만 주어졌다면, 더 큰 군대를 일으킬 수도 있었다. 둘째, 코르테스와는 달리 몬테수마 2세는 자신이 다스리는 제국의 지형과 사람들에 대해 속속들이 알았다. 마지막으로, 스페인과는 달리 아즈텍 문화는 말 그대로 피비린내 나는 전투와 동의어였다. 전쟁을 선택했을 경우 몬테수마 2세의 걱정거리는 딱 하나였을 듯하다. 아즈텍의 전사들이 전투에서 이방인들을 마주하여 그들의 생김새와 무기를 보고 겁을 먹어 스스로 무너지는 것이었다.

반면 코르테스의 군대에도 나름의 장점이 있었다. 무엇보다 화기 받침대, 창, 갑옷 등등 무기 제조 기술이 아즈텍보다 발달했고, 보병들에 대한 기병대의 돌격전 같은 비정통적인 전술도 능했다. 하지만 코르테스도 전략적으로 불리한 점이 많았다. 특히 수적인 열세가 커다란 약점이었다. 코르테스의 군대는 다 합쳐 봐야 500명이 전부였다. 게다가 스페인 군대에도 아즈텍은 두려운 존재였다. 몬테수마 2세는 몰랐지만 그들은 지원군을 동원할 입장도 아니었다. 초기에 몇 차례 소규모 전투를 치르면서 코르테스 원정대는 파괴되다시피 했다. 그랬으니 몬테수마 2세의 지휘 아래 아즈텍과 종속 부족들이 단결된 연합 전선을 구축해 강하게 몰아붙였다면, 스페인 원정대는 전멸했을지도 모를 일이다. 그나마 가까스로 목숨을 건진 잔존 병사들도 정글의 미아가 되었을 테고, 스페인은 에르난 코르테스의 감감무소식에 발만 동동 구르며 애를 태우지 않았을까.

그뿐만 아니라 어떤 행동을 선택했든, 필수적인 자원 하나는 아스테카왕국의 편이었을 것으로 보인다. 바로 시간을 버는 것이었다. 1년 아니, 겨우 몇 달만 주어졌어도, 몬테수마 2세는 두 번째 스페인의 원정 및 침입에 대비해 제국 전체를 적절한 전쟁 태세로 대비시켰을 것이다. 아울러 아즈텍의 이웃 부족들도 자체적인 군대를 증강할 수 있었고, 결과적으로 스페인은 시간과 돈으로 더 값비싼 대가를 치러야 했을지도 모를 일이었다. 스페인 제국 입장에서 한번 생각해 보자. 인신 공양의 풍습이 있고 가끔은 전쟁에서 죽은 적들의 살가죽을 벗겨 몸에 걸치는 사람들보다 더 두려운 적이 있었을까? 아즈텍 제국 아래에 하나로 뭉친 멕시코 부족들은 스페인 제국을 영원히 몰아내 두 번 다시 발을 들이지 못하게 만들 수 있었다.

그러나 현실은 달랐다. 몬테수마 2세는 자신에게 주어진 선택지 중에서 최악을 골랐다. 그는 확실한 증거가 확보될 때까지 선택하지 않기로 선택했다. 하지만 확실한 증거에 입각해 선택했을 때는 아스테카왕국을 위해서나 아메리카 역사를 위해서나 이미 시기가 뒤늦어 있었다. 몬테수마 2세는 시간을 벌 요량으로 코스테스의 원정대에 걸핏하면 황금과 화려한 옷과 보석을 안겨 주었고 신들을 대하듯 융숭히 대접했다. 이는 스페인 원정대에게 엉뚱한 기대를 심어 주었다. 내륙으로 들어가면 황금이 지천으로 깔려 있다고, 그래서 먼저 갖는 사람이 임자라고 생각하게 만든 것이다. 또한 아즈텍 황제는 스페인 원정대의 신성神性을 시험한답시고 제국 곳곳을 보여 주는 실수를 저질렀다. 이는 제국의 전략적 자원, 약점, 강점 등을 무심코 노출하는 결과를 가져왔다. 그뿐 아니라 코르테스는 그 '여행'을 이용해 아즈텍 부족민을 호도했고, 몬테수마 2세에게 불만이 있던 일부 부족들을 부추겨 등 돌리게 만들었다. 마침내 몬테수마를 포함해 모두가 코르테스와 그의 원정대가 신이 아니라는 사실을 확실히 깨달았을 때는 너무 늦었다. 스페인 원정대가 이미 제국의 수도 테노치티틀란 안에 발을 들여놓은 것이다. 슬프게도 아즈텍 황제는 자신의 우유부단함으로 화를 자초했고 결국 죽음으로 대가를 치렀다. 1520년 6월 30일 몬테수마 2세는 제국의 백성들이 던진 돌과 화살에 맞아 죽음을 맞이했다. 코르테스도 테노치티틀란에서 발생한 폭동으로 많은 병사들을 잃었다. 가까스로 목숨을 건진 코르테스와 잔존 원정대는 테노치티틀란을 빠져나와 아즈텍을 탈출했지만, 그 과정에서 여러 번 죽음의 고비를 맞았다. 다행히도 코르테스 일행은 아즈텍의 반대파 부족들 중에 일찍이 동맹을 맺은 일부 부족들에 의해 구조되었다. 그리고 얼마 지나지 않아 코르테스는 새로운 친구들과 함께 중앙아메리카로 돌아와서 정복을 완성했다.

스페인은 별다른 희생 없이 아즈텍의 황금을 쉽게 차지했다. 만약 그 황금이 없었더라면 스페인 제국이 무슨 수로 무적함대를 앞세워 1588년 잉글랜드를 침략할 수 있었겠는가. 비록 대패로 끝났지만 스페인은 잉글랜드의 코앞까지 위협하기도 했다. 그것이 바로 아즈텍 황금의 힘이었다. 만약 아즈텍의 황금이 없었다면 로마 가톨릭은 꼭두각시도 없이, 다른 말로 강력한 가톨릭 국가였던 스페인이라는 바람막이도 없이, 성공회 교도로서 가톨릭을 박해하는 엘리자베스 1세Elizabeth I 잉글랜드 여왕의 강력한 권력에 맞서야 했을 것이다. 대서양 너머 카리브 해에서 벌어진 무력 전쟁에도 변화가 있었을 듯하다. 아즈텍과의 전쟁으로 입은 손해를 만회하기 위해 물자와 돈을 약탈하려는 스페인의 다음 제물은 북아메리카가 되었을 가능성이 컸다. 한편 태평양은 유럽 열강들이 벌이는 아시아 착취 전쟁의 각축장이 되지 않았을 수도 있었다. 그뿐 아니라 북아메리카에 건설된 영국, 네덜란드, 프랑스의 식민지들은 아즈텍에서 스페인이 처한 상황을 반면교사 삼아 원주민들과의 관계를 심각하게 재고해야 했을 것이다. 몬테수마 2세가 어느 한쪽을 선택하기만 했어도 두 아메리카 대륙을 지배하던 원주민 문화는 살아남았을 가능성이 매우 높다. 오늘날 텍사스는 물론이고 심지어 캘리포니아도 아메리카 대륙 전체를 통치하는 아스테카왕국의 일부가 되었을지 누가 알겠는가.

흑역사 016

200억 명의 신앙을 바꾼 헨리 8세의 이혼 : 1530년

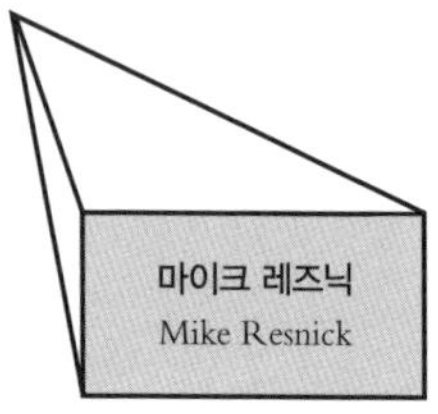

"할리우드 배우들의 결혼 생활보다 짧다고?"

헨리 8세는 1509년 4월에 즉위해 임종하는 1547년 1월까지 잉글랜드 왕을 지냈다. 살아생전 그는 보통 사람은 하나도 힘든 극적인 삶을 여럿 살아 냈다. 음모를 숱하게 꾸미고 무고와 숙책을 일삼았으며 사랑도 아주 많이 했다. 미국의 초등학생들조차 500년 전 잉글랜드 왕이었던 헨리 8세의 이야기를 들은 적이 있을 것이다. 그들이 아는 한 가지는 헨리 8세가 결혼을 여러 번 했고 하나같이 혼인 기간이 길지 않았다는 사실이다.

헨리 8세는 부인이 여섯 명이었다. 차례대로 정리하면 아라곤의 캐서린Catherine of Aragon, 앤 불린Anne Boleyn, 제인 시모어Jane Seymour, 클레브의 앤Anne of Cleves, 캐서린 하워드Catherine

Howard, 캐서린 파Catherine Parr 순이다. 두 명은 처형되었고, 셋은 이혼당했으며, 한 명은 출산 합병증으로 사망했고, 나머지 한 명은 헨리 8세와 그의 아내들을 통틀어 가장 장수했다.

그런데 헨리 8세의 결혼사가 왜 중요할까? 헨리가 왕위에 올랐을 때 잉글랜드가 가톨릭 국가였기 때문이다. 헨리는 후계자를 원했고, 그의 마음속에서 그리고 많은 신하와 자문관들의 마음속에서 후계자는 아들, 즉 왕자를 의미했다. 헨리 8세는 1509년에 첫 번째 부인을 맞았다. 형 아서Arthur와 사별한 아라곤의 캐서린이었다. 1530년, 아직 아들을 출산하지 못한 캐서린은 가임기가 거의 끝나 가고 있었다. 그리하여 헨리는 더 어리고 정치적으로 더 도움이 되며 무엇보다도 아들 후계자를 안겨 줄 누군가와 결혼하기 위해 첫 번째 혼인을 무효화하기로 결심했다.

헨리는 아들 후계자가 없는 문제가 본인 책임이 아니라는 것을 잘 알았다. 이미 정부와의 사이에 아들 둘을 두었으니 그의 생식 능력에는 문제가 없던 것이다.(캐서린도 공주를 한 명 출산했다) 그러나 당연한 말이지만 그들 왕자는 서출로 왕위를 물려받을 수 없었다. 헨리의 정부는 메리 불린Mary Boleyn이었는데, 그녀가 그 왕자들의 어머니로 알려져 있다.(헨리는 메리가 그들의 어머니가 아니라고 부인했다) 그리고 헨리는 메리를 통해 그녀의 여동생 앤과도 자연히 알게 되었다. 앤은 더 어리고 더 영리하며 더 예뻤다. 급기야 헨리 8세는 앤이 여왕으로도, 아직 생기지도 않은 아들 후계자의 어머니로도 완벽히 어울린다고 결정했다.

그런데 '작은' 문제 하나가 있었다. 앞서 말한 대로 잉글랜드는 가톨릭 국가였고, 가톨릭교회는 이혼을 허용하지 않는다. 그는 교황 클레멘스 7세Pope Clement VII에게 첫 번째 부인 아라곤의 캐서린과의 혼인을 무효화해 달라고 청원했다. 그는 자신의 지위로 볼 때 혼인 무효화가 일사천리로 진행되리라 낙관했다. 그러나 교황은 허락하지 않았다. 말 그대로 씨알도 먹히지 않았다.

교황의 거부로 일이 약간 복잡해졌다. 특사를 두 번 더 보내 혼인 무효화를 호소했지만 받아들여지지 않자 헨리는 극단적인 선택을 하게 되었다. 교황 클레멘스는 물론이고 가톨릭교회와 관계를 끊기로 결심한 것이다. 시쳇말로 '손절'이었다. 이것이 발단이 되어 종국에는 자신이 가장 신임하던 자문관 토머스 모어Thomas More를 처형하는 결과를 불렀다. 1533년 개혁 의회Reformation Parliament는 아라곤의 캐서린에게서 왕비의 칭호를 박탈했고 궁전에서 추방한 다음 그녀의 거처를 앤 불린에게 내주었다. '안방'을 차지한 앤은 공석이 된 캔터베리 대주교의 자리에 자기 가족의 개인 예배당 사제였던 토머스 크랜머Thomas Cranmer를 앉혔고, 크랜머는 캐서린과 헨리의 결혼이 무효라고 공식적으로 선언했다. 그리고 그로부터 5일 후 크랜머는 헨리와 앤 불린의 결혼이 합법적이며 법적 구속력을 지닌다고 공표했다.

바티칸의 로마 교황청에 대한 잉글랜드 교회의 첫 선전포고였다. 이후의 이야기는 익히 알려진 대로니, 여기서는 재미있는 이야기를 해 보자. 만약 교황 클레멘스가 헨리의 첫 번째 결혼을 무효화해 주었더라면 무슨 일이 벌어졌고 무슨 일이 벌어지지 않았을지 견주어 생각해 보자. 분명히 말하건대, 가장 커다란 변화는 잉글랜드가 로마 가톨릭교회와 '손절'하지 않았을 거라는 점이다.

그것이 무슨 뜻이냐고? 다른 것은 몰라도 한 가지는 확실하다. 종교개혁이 가장 강력하고 핵심적인 '주전 선수', 즉 잉글랜드를 잃게 되었을 거라는 것이다. 또 다른 결과는, 오늘날 거의 모든 미국인들이 가톨릭 신자일 거라는 점이다. 미국에 최초로 건설된 13개 식민지는 모두가 영국의 작품이었고 당연히 영국 법률에 의거해 통치되었다. 그랬더라면 미국 헌법에는 신에 대한 언급이 최소 한두 군데 이상 포함되었을 것이다. 그리고 헌법은 물론이고 헌법에 기초해 작성된 법전 어디에도 어떤 것이든 가톨릭교회의 교리에 어긋나는 내용은 없을 것이다.

또한 개신교를 믿었던 국가와 지역 대부분은, 500년간 가톨릭을 국교로 삼았던 강대국 및 초강대국들에 완전히 포위되어 마침내는 가톨릭으로 전향했을지도 모르겠다.

한편 우리의 일상도 달라졌을 것이다. 무엇보다 오늘날 이혼율이 현격히 줄어들었을 것은 거의 확실하다. 게다가 오늘날 우리가 일상에서 당연하게 생각하는 많은 것들이 존재하지 않을 수도 있다. 구체적으로 어떤 것인지 예를 들어 달라는 아우성이 귀에 들리는 듯하다. 화장火葬, 낙태, 금요일 밤의 햄버거 파티 등등이다. 직접 생각해 보라. 최소 수십 가지는 떠오르지 싶다.

인간의 역사를 다루는 책을 가득 채울 만한 중요한 역사적 변화들을 초래한 다른 굵직한 사건들도 많다. 에이브러햄 링컨Abraham Lincoln이 대통령에 당선되지 않았다면, 존 F. 케네디John F. Kennedy가 암살되지 않았다면 등등. 그러나 헨리 8세의 경우는 역사의 흐름을 바꿔 놓은 중요한 사건인 것은 맞지만 약간 결이 다르다. 비록 국왕이었지만 어쨌든 한 사람의 가정사가 발단이었기 때문이다. 24년간 결혼 생활을 유지했던 남편이 아내와의 혼인을 무효화하고 싶었지만 가톨릭교회가 허락하지 않아 뜻을 이루지 못해 '몽니'를 부렸다. 그리고 그런 개인사가 이후 수세기에 걸쳐 약 200억 명의 신앙 체계에 영향을 미친 셈이다.

흑역사 017

일본 바깥으로 눈을 돌린 히데요시의 패착 : 1592년

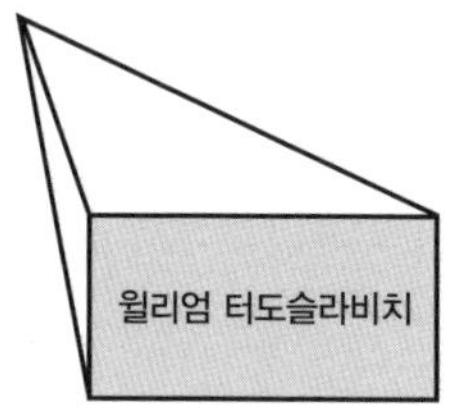

"한국과 폴란드는 외세의 침입을
가장 많이 받은 국가들이다"

도요토미 히데요시豊臣秀吉는 1590년대 초반 일본의 최고 권력자였다. 그는 100년간 내전에 휩싸였던 일본을 통일하기 위해 경쟁자들을 가차 없이 처단했다. 비록 일본 통일을 완결하지는 못했지만 천하의 실권을 장악하고도 그는 늘 존경에 목이 말랐다. 백성들의 존경만 얻으면 천황은 늘 그래 왔듯 실권 없는 정치적인 꼭두각시로 세우고 자신이 쇼군처럼 일본을 다스릴 수 있을 듯싶었다.

당신이라면 사람들의 존경을 받기 위해 어떻게 하겠는가? "이웃 나라 조선을 침략하라." 허무맹랑한 이야기처럼 들릴 것이다. 그러나 잠깐만 더 들어 보라. 그런 무력행사에도 나름의 논리적 타당성이 있다. 전쟁의 승리 횟수와 힘은 비례하는 법이다. 그리고 여기서는 다다익선의 원칙이 적용된다. 강력한 승자에게 도전하는 사람은 드물다.

조선 정복 계획은 히데요시가 어느 날 갑자기 생각해 낸 아이디어가 아니었다. 수십 년간 오다 노부가나織田信長 밑에서 다른 다이묘大名(10세기부터 19세기에 걸쳐 일본 각 지방의 영토를 다스리며 권력을 누렸던 영주를 말한다. – 옮긴이)들을 분쇄하기 위해 싸우면서 그가 늘 마음속으로 생각하고 또 생각한 비책이었다. 히데요시가 내전에서 승리함으로써 수천 명의 사무라이들이 사실상 '백수'가 되었지만, 그들은 여전히 무장을 갖추었고 각자 지역의 주군을 섬겼다. 일본이 조선과 전쟁을 벌인다면 여러 효과를 기대할 수 있을 터였다. 먼저, 그들 사무라이에게 유의미한 목적을 제공하고 아울러 일본의 내부 통합을 공고히 다질 수 있었다. 무엇보다 가장 중요한 효과는, 바다 건너 남의 나라에서 벌어지는 전쟁이라 그 전쟁으로 말미암은 파괴는 고스란히 조선의 몫이고 일본 본토는 털끝만큼도 다치지 않을 수 있다는 점이었다. 게다가 전쟁에서 승리해 조선을 정복할 수 있다면 내친김에 중국까지 넘볼 수 있을지도 몰랐다.

그간 일본은 조선을 굴복시키기 위한 외교적 접근법을 시도했지만 아무런 결실을 거두지 못했다. 조선 왕조는 오히려 일본이 자신들에게 복종해야 한다고 생각했다. 히데요시는 양국의 이런 '동상이몽'의 관계를 자기 손으로 끝내기로 작심했다. 그래서 조선에게 본때를 보여 단단히 길들이고자 일본 본섬 네 개 중 최남단인 규슈에서 15만 8,000명의 병사들을 출정시켰다.

358년의 시간차로 벌어진 두 전쟁

일본군이 1592년 조선의 부산에 상륙함으로써 임진왜란이 발발했다. 아홉 개 군단이 한반도를 침략해 한성과 평양을 손쉽게 함락했다. 군비도 턱없이 부족하고 실전 경험도 없었던 조선 육군은 무사도를 휘두르는 사무라이와 조총과 창으로 무장한 일본 보병들의 공격에 맥도 한 번 못 추고 무기력하게 무너졌다. 일본군은 거의 아무런 저항도 받지 않고 노도처럼 북진해 순식간에 압록강에 이르렀다. 압록강은 중국과의 실질적인 국경 역할을 했다. 이 상황은 몇백 년 후 미국이 참전했던 한국전쟁과 별반 다르지 않았다. 정확히 358년 후였다.

무기력했던 육군과는 달리 조선 수군은 그야말로 무적이었다. 이순신 장군이 지휘하는 함대가 한반도 남서쪽 바다에 숨어 있었다. 이순신은 전략이 무엇인지를 아는 명장이었다. 그에게 주어진 임무는 딱 하나, 조선의 바다에서 일본 함대를 궤멸하여 일본군의 지원 병력과 보급품 수송로를 차단하는 것이었다. 전술에 훤했던 그는, 특히 조선 함대의 강점을 앞세워 일본 함선의 약점을 공략하는 전술을 썼다.

이 전술은 한산도대첩에서 대승을 이끌어 낸 일등 공신이었다. 부산에서 약 32킬로미터 떨어진 한산도의 인근 바다는 암초가 지천이고 해안선이 구불구불하다. 다도해라 불리는 그곳은 크고 작은 수많은 섬들이 자리해 좁은 해협이 많다. 이순신은 82척의 전함으로 구성된 일본 함대가 인근에 정박 중임을 잘 알았다. 조선의 전선은 60～80척이었으니 병력은 얼추 비슷해 보였다. 이순신은 판옥선板屋船이라고 불리는 전선 여섯 척을 정박 중인 일본 함대 인근으로 보내 일본군의 시선을 끌었다. 무모한 성격에다가 전공에 대한 욕심마저 컸던 와키자카 야스하루脇坂安治 장군이 그 미끼를 덥석 물었고, 약 60척의 함선을 이끌고 후퇴하는 조선 수군의 전선들을 뒤쫓기 시작했다. 일본 수군은 그것이 유인 전술인 줄도 모르고 조선의 수군을 뒤쫓아 좁은 수로를 지나 좀 더 넓은 한산도 앞바다에 이르렀다.

그때였다. 드디어 이순신이 행동을 개시했다. 작은 섬들의 뒤쪽에 숨어 있던 조선의 전선들이 한산도 앞바다로 한꺼번에 쏟아져 나왔고 학익진鶴翼陣 대형으로 일본군을 에워쌌다. 조선의 전선들은 먼 거리에서 위력적인 대형 화포를 이용해 일본 함선들을 격침했다. 목재 선체 위에 철판을 두른 세 척의 거북선이 일본 함대를 향해 위협적으로 항진했고 근거리에서 화포를 퍼부었다. 일본 해군의 전통적인 전술은 조선의 전선에 바짝 갖다 대어, 상대보다 월등히 뛰어난 보병들이 적의 배에 올라타는 기법이었다. 그런데 철갑과 철침으로 중무장한 거북선은 올라탈 수가 없었다. 게다가 일본군은 조선의 다른 전선들이 먼 거리에서 위력적인 화포를 쉴 새 없이 쏘아 대며 엄호하는 통에 가까이 가는 것조차 여의치 않았다. 이순신 장군은 그날 한산도대첩에서 60척이 넘는 일본 함선을 파괴했다. 이것은 그의 첫 번째 승리였고, 앞으로 열일곱 번의 승리를 더 거두게 된다.

한편 조선 본토의 육상전에서도 전세에 변화가 있었다. 조선이 궁지에 몰리자 중국의 명나라가 개입한 것이다. 명군이 압록강을 넘어와서 일사천리로 평양을 포위해 탈환했고, 일본군은 남서 방향의 한양으로 퇴각했다.(몇백 년 후 한국전쟁에서 미군도 인해 전술을 펴는 중공군에 밀려 평양에서 똑같이 철수했다) 마침내 일본군은 한양을 포기했고 부산으로 후퇴했다. 마침내 휴전이 선언되었고 외교 회담이 재개되었다.

회담, 그리고 또 다른 군사행동

1594년부터 1596년까지 2년간 일본과 명나라 특사들이 강화조약을 맺기 위해 노력했지만 결국 무위로 끝났다. 명나라는 일본을 휴전을 요청하는 탄원자로 대우했고, 히데요시가 명나라 황제의 책봉을 받는다는 조건 아래 그를 일본의 천황으로 인정하겠다고 제안했다. 반대로 히데요시가 보낸 협상단은 중국이 평화를 요청해야 하는 입장이라고 맞섰다. 히데요시는 승전국로서의 요구 조건을 제시했고 명나라 황제는 이를 거부했다.

강화 회담이 결렬되고 1597년 정유년에 도요토미 히데요시가 부산에 두 번째 군대를 파병하면서 전쟁이 재개되었다. 정유재란이다. 일본이 이번 침략을 감행한 목적은 딱 하나였다. 한반도 남쪽 4분의 1을 점령하는 것이었다. 다시 말해, 이순신 장군에게 꼭 필요한 수군 기지들을 빼앗기 위해 조선의 남서 지방을 침략한 것이다.

이번에도 선조와 조선 조정의 정치적 내분이 일본을 도와주는 셈이 되었다. 이순신 장군에게는 조정의 명령을 거역하는 '나쁜' 습관이 있었다. 비록 대다수 전투에서는 조정의 명령을 거역한 것이 승리의 비결이었지만 말이다. 결국 이순신은 선조의 눈 밖에 났고 삼도수군통제사에서 해임되었을 뿐 아니라 영어囹圄의 몸이 되었다. 그리고 수군통제사 자리는 좀 더 충동적인 성품의 원균에게 돌아갔다.

원균은 100척의 전선을 이끌고 부산 인근에 정박한 일본 함대를 공격했다. 이번에는 일본군이 승리했고 조선에서 빼앗은 약탈품을 본국으로 실어 보내는 보급로를 확보했다. 한편 조선 수군에서는 어떤 장수(경상우수사 배설이었다. – 옮긴이)가 전투 중에 총사령관인 원균의 명령을 거역하고 13척 배를 이끌고 퇴주했다. 그러고는 석방되어 백의종군하다가 마침내 사면을 받아 복직한 이순신에게 13척 판옥선을 인계했다. 조선의 수군에 남은 전선은 그 13척이 전부였다. 그중에 거북선은 한 척도 없었다.

조선의 남서쪽 바다에 명량해협이라는 좁은 수로가 있었다. 1597년 이순신은 일본군 함대의 길목을 차단하기 위해 그 해협에 13척의 판옥선을 일렬로 정렬했다. 조선 수군의 판옥선들이 이순신의 지휘 아래 울돌목의 길목을 막아선 채 돌격해 오는 일본 함선들을 향해 화포를 쏟아부었고 결국 일본 함대를 퇴각시켰다.

이듬해 이순신은 조명 연합군 함대를 지휘했다. 이순신은 노량해협에서 잔류하던 일본 함선들을 야간에 공격했다. 연합군의 야습에 일본 함선들은 격침되거나 도주했다. 날이 밝자 이순신은 일본의 잔존 함선에 대한 마지막 총공격을 명령했다. 그런데 이순신은 갑판에 서서 퇴주하는 일본군 함선을 추적하다가 날아온 탄환에 맞고 말았다. 그는 자신이 치명상을 입었음을 잘 알았고, 행여 병사들의 사기가 떨어질까 염려되어 부하들에게 자신의 죽음을 알리지 말도록 명령했다. 트라팔가르Trafalgar 해전에서 영국의 넬슨Horatio Nelson 제독처럼 이순신은 자신의 마지막 승리를 보지 못한 채 눈을 감았다.

이에야스, 역사의 물줄기를 바꾸다

도요토미 히데요시는 정유재란 이듬해인 1598년에 건강 악화로 자연사했다. 그러나 일부 기록에 따르면, 그가 조선 침략이 실패한 후에 상심이 아주 커서 병을 얻었다고 한다. 시쳇말로 홧병이 아닐까 싶다. 임진왜란은 도요토미 가문과 가신들의 권력을 크게 약화했다. 그러자 자연스럽게 도쿠가와 이에야스德川家康가 이끄는 동東군(히데요시가 죽은 후 일본은 동군과 히데요시의 후계자 도요토미 히데요리豊臣秀頼를 지지하는 서西군으로 분할됐다. – 옮긴이)이 세력을 넓혔고, 친조선파로 통하는 이에야스는 조선과 화해하고 외교 관계를 정상화했다. 1600년 세키가하라関ヶ原에서 이에야스는 100년간 지속된 일본 내전의 마지막 전투에서 승리해서 통일을 완성했고, 쇼군이 되어 쇄국정책을 시작했다. 그리하여 일본은 퇴보하게 되었다.

히데요시가 조선 정복과 그에 따른 영광을 위해 무모한 도박을 하는 대신에 진정한 목표(일본 통치)를 달성하기 위해 매진했더라면, 히데요시 본인에게나 일본에게나 훨씬 나았을 것이다. 무엇보다도 도쿠가와 가의 쇄국정책은 없었다고 봐도 무방하다. 오히려 도요토미 가가 통치했더라면, 일본은 외국에 문호를 계속 개방하고 서구 사회의 기술을 스펀지처럼 흡수할 수도 있었다. 그랬더라면 일본은 머지않아 동북아의 패권국이 되었을지도 모른다. 또한 동남아시아로 눈을 돌려 그 지역을 장악할 뿐 아니라 어쩌면 식민지 건설 야욕에 불타던 유럽의 어떤 열강보다도 한발 앞서 그곳의 섬과 국가들을 정복했을 수도 있다.

땅덩어리를 통째로 옮길 수 없으니, 이기든 지든 지금의 한국은 수백 년 전 조선의 운명과 달라진 것이 없다. 지금도 한국은 중국과 일본 사이에 낀 지정학적인 포로 신세라는 말이다. 그러나 중국이라는 큰 우산 아래서 조선은 왜구의 침입을 물리치고 고유한 언어와 문화를 지켜 냈다. 또한 임진왜란의 승리로 조선은 중국의 보호 아래서 어느 정도 숨을 돌릴 여유를 찾았다. 그러나 조선의 혜택은 딱 거기까지가 다였다. 중국의 그늘 아래에 있는 조선의 입장에서는 다른 혜택이 거의 없었다.

한편 명나라는 임진왜란 이후 50년간 위태로운 상황에서 국운이 쇠하다가 결국 만주족에 의해 멸망했다. 어쩌면 도요토미 히데요시의 숨은 바람대로 일본이 중국을 침략했더라면, 만주족을 약화해 명나라의 멸망을 막을 수 있었을지도 모르겠다. 그러나 중국의 역대 왕조들을 돌아보면 답이 나온다. 중국의 숱한 왕조들은 언제나 세월의 무게를 이기지 못하고 무너졌다. 따라서 굳이 만주족 때문이 아니더라도 어차피 명나라는 조만간 무너질 운명이 아니었나 싶다.

흑역사 018

발트 해 정복에 실패한 광기왕 칼 12세 : 1708년

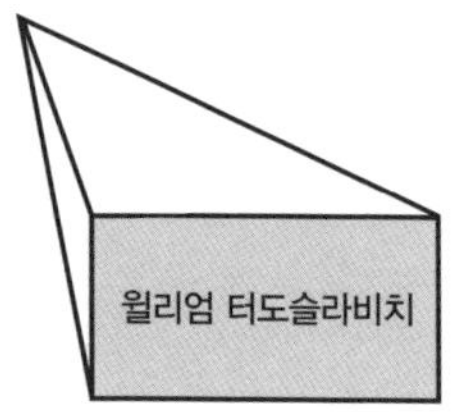

"그는 씹을 수 있는 것보다
훨씬 많은 양을 깨물었다"

군대가 왕들의 장난감이었던 시절로 시계를 돌려 보자. 그 시절에는 유럽 국가들이 서로를 짓밟아 영토를 확장하는 데 열을 올렸다. 그런데 라이트급 국가가 무리하게 체급을 올려 헤비급을 상대하려고 욕심을 내면 상황이 약간 복잡해진다.

스웨덴이 좋은 예다. 오늘날 스웨덴은 이상적인 사회민주주의 국가로 여겨진다. 시계추를 300년 전으로 돌리면, 스웨덴은 지정학적으로 유럽의 중요한 요충지였다. 야심이 큰 발트 해 연안 국가가 으레 그러듯, 스웨덴이 원하는 것도 딱 하나였다. 발트 해를 완전히 장악하는 것이었다. 그리고 발트 해를 온전히 손에 넣는 방법은 하나였다. 발트 해 연안의 모든 국가를 지배하는 것이었다. 전체 인구가 120만 명에 불과한 '라이트급' 스웨덴에게 이는 무리한 욕심일 터였다.

1697년 스웨덴 국왕으로 즉위한 칼 12세Charles XII는 단순히 왕위만 물려받은 것이 아니었다. 선왕으로부터 '발트 해 완전 정복'이라는 목표도 물려받았다. 15세에 즉위한 소년 왕 칼은 전쟁에 목말라 있었다. 사방이 비우호적인 국가들에게 둘러싸인 스웨덴의 국왕이었으니 어쩌면 합리적이고 타당한 태도였지 싶다. 그러나 칼이 이런 호전적인 태도에 현명한 판단력까지 갖추었다면 얼마나 좋았을까.

대북방 전쟁이 시작되다

발트 해의 패권국 스웨덴을 희생시켜서 이득을 얻고자 몸이 달았던 국가들이 있었다. 덴마크-노르웨이, 작센, 러시아 등이었다. 1700년 공동의 이해관계가 맞아떨어졌던 그들 국가가 반스웨덴 동맹을 맺어 스웨덴을 선제공격했다. 이로써 21년간 이어지는 대북방 전쟁Great Northern War의 막이 올랐다. 작센의 선제후選帝侯 아우구스트 2세Augustus II는 발트 해 연안 도시 리가와 발트 해로의 진출로를 원했다. 그리고 덴마크-노르웨이의 프레데리크 4세Frederick IV는 홀슈타인-고트로프 공국을 정복해 종주권을 회복하고자 했다. 한편 러시아의 차르 표트르 대제Peter the Great는 서진해서 예전에 스웨덴에 빼앗겼던 잉그리아를 탈환하고자 했다. 러시아가 발트 해로 나아갈 유일한 진출로였던 잉그리아를 차지하는 것이 표트르가 원한 전부였다. 잉그리아를 되찾은 다음 그곳에 자원을 수출하고 기술을 수입하는 항구를 건설할 계획이었다. 그런데 스웨덴이라는 방해꾼이 버티는 한 그 꿈을 이루기는 요원했다.

칼 12세는 덴마크-노르웨이를 쉽게 무찔렀고, 덴마크-노르웨이는 대북방 전쟁에서 가장 먼저 이탈했다. 또한 스웨덴은 작센 군대의 공격도 성공적으로 방어했다. 비록 규모는 작아도 스웨덴 군대는 작은 고추의 매운 맛을 제대로 보여 주었다. 훈련이 잘된 데다 지휘관들의 지휘 통솔도 뛰어났고 심지어 수적으로 열세일 때도 언제나 과감히 공격했다. 이런 공격 지향적인 성향은 1704년 나르바Narva에서 스웨덴이 러시아와 처음으로 격돌했을 때 고스란히 드러났다.

나르바 전투에서 표트르 대제는 전면에 나서지 않고 4만 대군의 통솔 책임을 휘하의 장군들에게 위임했다. 반면에 칼 12세는 전면에서 1만의 병사들을 진두지휘했다. 4 대 1이라는 수적 열세에도 불구하고 스웨덴 군대는 야습을 감행했고, 이튿날 정오도 되기 전에 승부가 결판났다. 러시아 군대의 참패였다. 러시아 군대는 덩치만 컸지 한마디로 맹탕이었다.

사실 칼 12세는 나르바 전투에서 러시아군을 처음 상대했다. 그리고 그때에 받은 러시아군에 대한 첫인상이 이후 칼 12세가 세우는 모든 전략의 기초가 되었다. 한편 그는 동진해서 러시아를 응징하는 것은 잠시 미루기로 했다. 작센과 폴란드를 먼저 혼내 줄 필요가 있어서였다. 이는 표트르가 당분간은 안전하다는 의미였다.

나르바에서 완패한 후 몇 년간 표트르 대제는 절치부심하며 스웨덴 국경을 따라 군대를 재건했다. 게다가 표트르에게는 스웨덴에게 부족한 세 가지 이점이 있었다. 광활한 영토, 더 많은 시간, 운용 가능한 수십만 대군이었다. 덕분에 표트르는 일부 영토를 빼앗겨도 별다른 타격을 받지 않았고, 군사적 행동이 짧게는 몇 달, 길게는 수년이 걸리더라도 충분히 감당할 수 있었으며, 손실된 병력을 힘들이지 않고 보충할 수 있었다. 결론적으로 러시아가 전장에 나가 싸울 수 있는 군대가 있는 한, 전쟁은 끝나지 않았다.

반면 스웨덴에게 군대는 딱 하나였다. 비록 스웨덴의 단일군이 실력은 세계 최고 수준이었지만, '도 아니면 모'였다. 사실 이것은 스웨덴의 치명적인 전략적 약점이었다. 중요한 어떤 전투에서 패하고 스웨덴의 최고 무기인 최정예 병사들을 잃는 날에는, 그들을 대체할 방법이 없었던 것이다. 칼 12세는 두려움을 모르는 저돌적인 군사 지휘관이었지만 스웨덴 군대의 이런 약점을 미처 헤아리지 못했다. 그도 그럴 것이 이제껏 스웨덴은 일단 붙었다 하면 무조건 승리했다. 그러니 뭔들 문제가 되겠느냐는 오만이 생겼다.

러시아를 침략하는 것은 언제나 실수다

1708년 칼 12세는 동방으로 관심을 돌렸다. 물론 동쪽에 관심을 둔 스웨덴 왕은 그가 처음도 마지막도 아니었다. 1월 28일 그는 폴란드 가르디나스(오늘날 벨라루스의 서부 도시 그로드노)에 약 3만 5,000명의 병사들을 집결했다. 칼 12세는 병사들을 세 개의 별동대로 분할했다. 첫째, 1만 4,000명의 병사들에게 상트페테르부르크를 공격하라는 임무를 맡겼다. 또 다른 1만 3,000명의 병사들은 '증원군'으로서 자신이 신임하는 장군 레벤하우프트Adam Ludwig Lewenhaupt의 지휘 아래 리가에 주둔시켰다. 레벤하우프트 군대는 식량과 보급품을 마련하여 동쪽으로 진군해 칼 12세와 합류할 예정이었다. 칼 12세는 나머지 병사들을 이끌고 모스크바를 향해서 진군했다.

칼 12세는 7월 말쯤 홀로프친에서 러시아 군대와 맞닥뜨렸다. 홀로프친은 칼 군대가 목표하는 진군 거점인 스몰렌스크 인근 마힐료우(오늘날 묘길로프)로 가는 길목이었다. 러시아 군대는 절반씩 나뉘어 진지를 구축했다. 칼은 두 진영의 사이를 노려 공격했다. 두 개로 나뉜 러시아 군대는 뭉치지 못했고 각개격파당할 위기에 처했다. 먼저 좌익의 병사들이 미처 우측 날개 병사들이 도와주기 전에 스웨덴 군대의 공격에 밀려 후퇴했다. 그러나 이번 러시아 군대는 나르바 전투에서와는 달리 쉽게 무릎을 꿇지 않았다. 장군들의 지휘 실력은 여전히 형편없었지만 어쨌든 그들은 싸웠다. 그리고 러시아 군대는 퇴각하면서 스웨덴 군대가 병사들의 식량과 말들을 먹일 풀을 구하지 못하게 목초지와 농장을 불태우는 초토화 작전을 펼쳤다.

마침내 칼이 이끌던 본대는 마힐료우에 도착했고, 레벤하우프트 군대가 도착하기를 기다렸다. 그곳에서 칼 12세가 마음을 바꾸게 된다. 우크라이나 카자크 수장국의 수장인 마제파Mazepa가 칼 12세를 찾아와서 동맹을 맺자고 제안했다. 칼이 남쪽 우크라이나로 진군해 그곳에 주둔한 러시아 군대를 몰아내는 데 도움을 준다면 3만 기병을 제공하겠다고 약속했다.

엄밀히 말해 본래 칼 12세는 전략에 뛰어난 지휘관이 아니었다. 그래도 가끔은 가능할 때마다 기회를 붙잡았다. 그에게는 동맹이 필요했다. 마제파의 제안이 구미 당기는 큰 이유는, 잘하면 크림 타타르 족도 합류할 수 있다는 가능성이었다.

그래서 칼 12세는 남쪽으로 진군했다. 마침내 레벤하우프트도 스웨덴의 본진을 따라잡아 합류했다. 그러나 잔여 병사들은 7,000명이 전부였고 더군다나 대포도 보급품도 없이 달랑 몸만 왔다. 칼 12세와 합류하기 위해 동진하던 레벤하우프트 군대가 레스나야에서 표트르 대제가 이끌던 군대의 공격을 받았던 것이다. 레벤하우프트 군대는 표트르 군대와 치열한 접전을 벌였고 비록 완패는 면했지만 상당한 피해를 입었다. 그리고 후퇴하면서는 추격하는 러시아군을 따돌리기 위해 진군 속도를 높이고자 대포와 수송 마차를 버릴 수밖에 없었다.

드디어 스웨덴 군대가 시베리아에 도착했다. 그러나 그들의 눈앞에 펼쳐진 것은 폐허뿐이었다. 표트르의 러시아 군대가 그곳에 먼저 도착해 카자크의 수도 바투린을 약탈했고 이번에도 초토화 작전을 펼쳐 사방 수킬로미터에 걸쳐 식량과 목초지를 불태웠기 때문이다. 설상가상 수장 마제파는 겨우 수천의 병사들과 함께 모습을 드러냈다. 이는 그가 애초에 약속한 병력에서 10분의 1에 불과했을 것이다.

그렇다면 크림 타타르 족은 어떻게 됐을까? 크림 타타르 족의 종주국은 오스만제국이었다. 당시 오스만은 10년간 이어지던 오스트리아와의 전쟁을 막 끝낸 참이라 어디에서든 새로운 전쟁을 시작할 상황이 아니었다. 그래서 오스만제국이 크림 타타르 족에게 이번 싸움에 끼어들지 말라는 '특명'을 내렸다.

칼 12세와 스웨덴 군대는 이제 우크라이나 한복판에서 식량 등 보급 물자도 거의 없이 추위를 피해 겨울 숙영지로 이동해야만 했다. 그해 겨울은 기록적인 한파까지 덮쳐 유난히 혹독했다.

폴타바, 시련은 아직 끝나지 않았다

1709년 6월 표트르 대제는 8만 대군과 함께 폴타바 요새에 단단히 자리 잡았다. 한편 칼 12세는 겨우 1만 7,000명의 스웨덴 병력을 이끌고 폴타바 인근에 당도했다. 봄이 되어도 여전한 보급난에 시달리던 스웨덴 병사들은 식량을 구하느라 시골길로 돌아오는 바람에 행군이 길어졌고 피로가 극에 달했다. 앞으로의 전투에 동원할 수 있는 대포는 고작 네 문이 전부였다. 그럼에도 포기를 모르는 칼 12세는 부상으로 자리에 누운 상태에서도 장군들에게 공격을 명령했다.

스웨덴 군대의 애초 계획은 야음을 틈타 러시아 군대가 세운 일련의 보루를 우회해서 요새 진지를 공격하는 것이었다. 그러나 생각을 바꿔 보루들부터 직접 공격했다. 스웨덴 군대의 부대 하나가 본대에서 이탈했고, 표트르가 이를 놓치지 않고 그들을 공격해 궤멸했다.

스웨덴 군대가 러시아 군대의 방어선을 돌파해 본진을 공격할 즈음 잔여 병사는 4,000명이 다였다. 그리고 그보다 열 배나 많았던 표트르 본진의 병사들이 스웨덴 병사들을 공격해서 완전히 쓸어 버렸다. 아직 피해가 없었던 스웨덴의 기병대가 퇴각하는 병사들을 엄호했다. 칼 12세는 병력의 절반 이상을 잃었던 반면, 표트르는 겨우 4,500명을 잃었을 뿐이다. 심지어 퇴각하던 스웨덴 군대는 작년에 건넜던 드네프르 강에 이르렀지만 강을 건널 배가 없었다. 스웨덴으로의 퇴로가 막힌 칼 12세는 소규모 군대와 함께 남쪽으로 가서 오스만제국으로 도피했고, 나머지 병사들은 표트르에게 항복했다.

불행한 결말

칼 12세는 오스만제국의 술탄에게 러시아를 공격하자고 계속 설득했지만 허사였다. 거칠 것 없던 러시아의 불도저는 아무 어려움 없이 스웨덴을 발트 연안 국가들에서 완전히 몰아냈다. 그리고 발트 해로의 진출로를 확보하자 이제는 러시아의 새로운 수도를 건설하기 시작했다. 상트페테르부르크였다.

칼 12세는 몇 년간 망명자 생활을 하다가 고국으로 돌아갔고 어렵사리 군대를 일으켜 노르웨이를 공격했다. 결국 이 작전이 마지막이었다. 칼 12세는 어떤 요새에 대한 공격을 진두지휘하던 중에 유탄에 맞아 전사했다. 대북방 전쟁은 1721년에 대단원의 막을 내렸다. 반스웨덴 동맹이 선제공격을 시작하고 21년이 흐른 후였다. 러시아를 침략해 모든 것을 잃은 칼 12세는 광기왕이라는 딱 어울리는 별명을 얻었다.

인구가 러시아의 20분에 1에 불과했던 스웨덴이 인구 대국 러시아가 발트 해로 확장하는 것을 저지할 방법은 없었다. 러시아가 발트 해를 장악하는 것은 '혹시'가 아니라 '언제'의 문제였을 수도 있다. 러시아는 스웨덴을 확실히 짓밟은 덕분에 유럽의 지정학에서 강대국으로 부상할 토대를 마련했다. 반대로 스웨덴은 이등 국가로 전락했고, 다시는 유럽의 지정학에서 주연 자리를 되찾지 못했다.

칼 12세가 자신의 야망을 억눌러 작센과 덴마크-노르웨이를 정복하는 데서 멈추었더라면 얼마나 좋았을까. 어쩌면 어제의 적을 내일의 동맹으로 만들 수도 있었을 것이다. 그랬더라면 스웨덴이 최소 한두 세대는 더 강대국의 지위를 유지했을지도 모를 일이다. 하지만 그러려면 좀 더 냉정한 머리가 필요했다. 안타깝게도 칼 12세에게는 그런 냉정함과 침착함이 부족했다.

그러나 스웨덴의 바뀐 운명보다 인류 역사에서 더 중요한 것이 있다. 스웨덴이 싸움을 걸어 온 연합 세력을 상대로 방어전을 펼쳐 승리했더라면, 러시아 역사의 궤도가 달라졌을 수도 있었다. 표트르 대제는 러시아 근대화라는 강제적인 계획을 실행에 옮겼지만 러시아 귀족들의 반발을 샀다. 만약 스웨덴과의 전쟁에서 패했더라면, 표트르의 근대화 계획이 추진력을 잃은 것은 물론이고 그 일을 빌미로 표트르 자신이 권좌에서 축출될 가능성도 있었다.

러시아가 스웨덴에 패했더라도, 러시아는 인구와 영토 면에서 여전히 대국의 지위를 이어 갔을 것이다. 그러나 러시아가 후진성에 발목을 잡혔더라면, 유럽 역사에서 러시아의 영향력과 역할은 아주 미약했을지도 모를 일이다. 심지어 폴란드가 더욱 힘을 키워 살아남았을 가능성도 배제할 수 없다. 또 어쩌면 더 강력한 오스만제국이 러시아의 야망을 저지했을 수도 있다. 혹시라도 러시아가 서방이 아니라 동방 확장에 더욱 집중했더라면, 그곳의 또 다른 누군가가 심히 곤란해졌을 듯하다. 오늘날의 러시아가 우크라이나가 아니라 몽골과 분쟁을 하고 있을지 누가 알겠는가.

어쩌면 말이다….

식민지 국민들의 감정에 불을 질러 버린 조지 3세 : 1763년

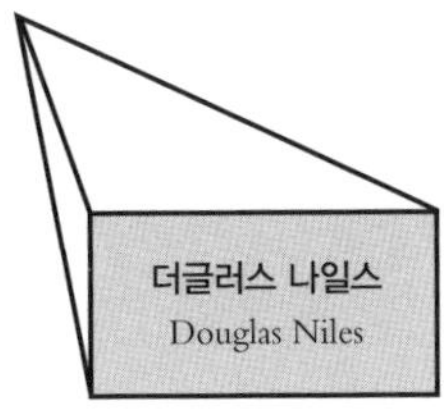

"미국인들은 당연히 모국인 대영제국에 복종해야 한다. 그래서 강경한 조세 조치들이 그들을 모국에 복종하게 만들 마지막 수단이라고 비춰져야 한다. 그러면 미국 식민지들도 고분고분 따를 수밖에 없을 것이다."

– 조지 3세George III, 1775년 의회에서

1763년 마침내 7년전쟁(아메리카 대륙의 식민지들에는 프랑스-인디언 전쟁으로 알려졌다)이 막을 내리자 영국과 프랑스의 명암이 극적으로 엇갈렸다. 승전국인 대영제국은 세상에서 가장 강력한 제국으로 확실히 등극했다. 게다가 북미, 아프리카, 아시아 등에서 황금 거위 같은 식민지들까지 한 손에 들어왔다. 반면 패전국인 프랑스는 아메리카 대륙에 대한 영향력을 잃고 말았다. 특히 캐나다, 플로리다의 대부분, 몇몇 카리브 해 섬들, 장차 미국의 중부에 해당하게 되는 넓은 지역 등을 영국 왕실에 양도함으로써 아메리카 대륙에서 영국의 경쟁자로서의 지위를 잃게 되었다.

1763년 영국 왕실의 주인은 즉위 3년차로 고집불통에 권위주의적인 조지 3세였다. 완고하면서도 정신 상태가 불안정했던 조지 3세는 프랑스와의 7년전쟁에서 영국에 승리를 안겨 준 일등 공신인 왕실 자문관 몇 명을 믿지 못했다. 특히 선왕이자 조부였던 조지 2세George II에 대해서는 치를 떨었다. 그래서 선왕이 붕어하자 새 왕은 조부와는 전혀 다른 새로운 길을 가리라 마음먹었다. 그는 열정으로는 둘째가라면 서러울 정도였지만, 그런 충동적인 감정을 머리가 받쳐 주지 않았다.

조지 3세는 선왕을 훌륭히 보필했던 영주와 자문관들부터 축출하기로 결심했다. 그가 대표적인 주전파로 남부 담당 국무 장관(잉글랜드 남부, 웨일스, 아일랜드, 미국 식민지를 관장하던 직책이다. – 옮긴이) 대大 윌리엄 피트William Pitt the Elder를 싫어했던 것은 당시 삼척동자도 알 정도였다. "위대한 평민Great Commoner"이라 불렸던 윌리엄 피트는 타고난 정치인이자 외교관이었고 대영제국의 국정에 관한 예리한 통찰력을 자랑했으며 식민지들과의 관계를 누구보다 잘 헤아렸다. 솔직히 말해, 피트는 7년전쟁에서 영국이 승리할 수 있게 만든 숨은 전략가였다.

급기야 조지 3세는 힘으로 밀어붙여 1761년 피트를 관직에서 사임시켰다. 대신에 자신이 신임하는 최측근을 그 자리에 앉혔다. 북부 담당 국무 장관(잉글랜드 북부와 스코틀랜드를 관장했다. – 옮긴이) 뷰트 백작Earl of Bute 존 스튜어트John Stuart였다. 그리하여 조지 3세는 사실상 뷰트 내각을 출범시켰을 뿐 아니라 그를 자신의 멘토이자 자문관으로 삼았다. 1763년 조지 3세는 제 실수를 깨닫고 피트를 복직시켰지만 그쯤부터 위대한 평민의 건강이 쇠약해지기 시작했다. 그래서 향후 20년에 걸쳐 너무나도 폭력적이고 파멸적으로 전개될 역사에 유의미한 족적을 남기기 힘들게 되었다. 설상가상으로 뷰트 백작은 조지 3세 못지않게 고집불통에 근시안적이며 사람들의 뒷목을 잡게 만들었다. 그런 '꼴통' 둘이 합심해서 현명한 사람들의 조언과 자문으로부터 귀를 완전히 닫았다.

7년전쟁의 승리로 영국은 영토가 방대하게 늘어났지만, 그 전쟁이 남긴 쓰라린 유산도 있었다. 산더미 같은 빚이었다. 영국이 그동안 광범위한 지역에서 전쟁을 수행하기 위해 군자금을 마련하느라 빚을 닥치는 대로 끌어왔고, 그 바람에 국가 재정 지출이 두 배 이상으로 늘었다. 조지 3세는 물론이고 다수의 거상과 영주를 포함해 잉글랜드 내 일각에서는 재정 적자를 메우기 위해 식민지들에게 세금을 부과하는 것이 공평하다는 목소리가 나왔다. 어쨌건 영국이 7년전쟁에서 승리함으로써 식민지들이 수혜를 입은 것은 분명했다. 받는 게 있으면 내놓는 것도 있어야 하는 법이거늘, 납세는 당연한 것 아닌가?

그러나 식민지들의 생각은 달랐다. 물론 자신들이 영국 국왕의 충성스러운 신하라는 생각에는 변함이 없었다. 그러나 자신들에게 꽁꽁 문을 걸어 잠근 계급 출신으로 구성된 잉글랜드 의회는 다른 이야기였다. 식민지들은 그들을 눈곱만큼도 믿을 수 없었다. 자신들이 영국 시민이라고 생각했던 식민지 주민들은 영국 본토의 시민들과 똑같은 권리를 기대했고, 그 기대가 충족되지 않자 이내 공개적으로 요구했다. 특히 상관이었던 대 윌리엄 피트에 이어 찰스 타운센드Charles Townsend가 재무 장관에 임명되어 식민지들로부터 가능한 땡전 한 푼까지 무자비하게 쥐어 짜내기 시작하던 1760년대 후반에 이런 불만이 급격히 높아졌다.

1765년에 제정된 인지세법(신문 등의 출판물, 법적 유효한 모든 증명서, 허가증, 심지어 트럼프 카드에까지 영국 본국의 인지를 붙이게끔 의무화한 법이다. – 옮긴이)은 식민지들에 세금을 부과했지만 반발이 거세서 1년 후 폐지되었다. 그러나 또다시 1년 후인 1767년, 미국 식민지들의 모든 수입품과 수출품에 세금을 부과하는 타운센드 법령(대략 다섯 개의 법령이 포함되는데 세입법, 보상법, 관세 위원회법, 부해사 재판법, 뉴욕 제한법 등이었다. – 옮긴이)이 제정되었다. 타운센드 법령으로 통칭되는 일련의 법률은 식민지 주민들의 불만을 고조했고, 미국 식민지들이 (과세된) 영국 수입품에 대한 불매운동을 시작하자 무역까지 타격을 입었다. 그뿐만 아니라 영국은 질서 유지를 명분으로 미국의 뉴잉글랜드와 뉴욕으로 군대를 파병했고, 식민지 주민들에게 그들의 집을 영국 군인들의 임시 숙영지로 제공하도록 요구하는 일까지 있었다. 이는 갈수록 고조되는 미국인들의 반영 감정과 불만에 기름을 부은 격이었다.

그럼에도 대부분의 식민지 주민들은 영국 국왕에게 여전히 충성했다. 따라서 영국 왕실이 평화와 화해의 상징인 올리브 가지를 내미는 노력을 간간이 보여 주었더라면, 반란의 싹을 없앨 수도 있었을 것이다. 식민지들의 거센 반발로 얼마 지나지 않아 타운센드 법령에 의거한 각종 세금이 대부분 폐지되었지만, 차에 대한 세금, 즉 차세茶稅는 그대로 유지되었다. 이는 결국 한 거대한 사건의 새로운 발화점이 되고 만다. 1770년 조지 3세는 노스Frederick North를 총리로 임명했다. 그런데 귀족인 노스 경은 대식민지 정책 면에서 조지 3세보다 한술 더 떴다. 그는 갈수록 난폭해지는 미국 식민지 주민들에게 일벌백계의 교훈으로 본분을 일깨워 주어야 한다고 생각했다. 그해 3월 영국 군인들이 매사추세츠의 성난 군중을 향해 발포했고, 이른바 매사추세츠 학살이라고 불리는 그 사건으로 다섯 명이 목숨을 잃었다. 설상가상 1773년 12월에 발생한 보스턴 차 사건은 이미 틀어진 영국과 미국 식민지들과의 관계를 더욱 악화했다. 이에 조지 3세는 미국 식민지들을 대상으로 더 많은 징벌적 조치를 단행했고 식민지 주민들의 저항은 더욱 거세어졌다.

노스 내각의 강경 일변도 정책들이 계속되던 중, 1775년 렉싱턴과 콩코드에서 전투가 발발했다. 이제는 영국과 미국 식민지들 사이의 관계가 루비콘 강을 건너고 말았다. 하지만 1760년대에는 관계를 개선할 기회가 아주 많았다. 장기적인 안목을 가진 통치자가 있었더라면, 대영제국의 가장 부유하고 가장 역동적인 식민지들을 계속 보유함으로써 얻을 수 있는 가치를 알아보았을 것이다. 그래서 미국 식민지들을 대영제국의 든든한 파트너로 잔류시켜 줄 타협안을 생각해 냈을지도 모를 일이다. 훗날 캐나다와 호주의 식민지들에게 보여 준 접근법과 비슷한 태도를 보여 주었더라면 얼마나 좋았을까. 물론 캐나다와 호주의 경우는, 영국이 미국독립혁명으로 이어진 실수에서 혹독한 교훈을 얻은 뒤 울며 겨자 먹는 심정으로 집어 든 카드였다.

미합중국이 독립을 선언하지도 독립 전쟁을 벌이지도 않았더라면, 영국과 미국의 미래는 어떻게 펼쳐졌을까? 무엇보다도, 여러 방면에서 미래의 많은 유혈 사태는 피할 수도 있었을 것이다. 그리고 18세기가 저물기 훨씬 전에 영국은 조지아에서 허드슨 만에 이르기까지 북미 연안에 세워진 강건한 식민지들의 지원을 받아 세계 최강대국으로 우뚝 섰을지 모른다. 프랑스는 물론이고 국운이 기울어 가던 스페인 제국도 경제적으로나 군사적으로 영국의 경쟁자가 되지 못했을 것이다.

미국이 독립하지 않았더라면 프랑스에도 영향을 미쳤을 것으로 보인다. 장담컨대 프랑스혁명이 일어나지 않았을 것은 거의 확실하다. 기껏해야 소규모의 유명무실한 반란에 지나지 않았을 것이다. 프랑스혁명은 대서양 너머 미국 독립 혁명에서 크게 영감을 받았기 때문이다. 프랑스혁명이 없었더라면 공포 정치도, 황제 나폴레옹 보나파르트Napoleon Bonaparte도 없었다는 뜻일 수도 있다. 그뿐만 아니라 나폴레옹의 야심이 낳은 불행한 결과물, 즉 나폴레옹 전쟁으로 대변되는 수많은 전쟁과 죽음을 피할 수 있었다고 봐도 무방하지 않을까? 1815년 워털루전투 이후에 시작된 팍스 브리타니아Pax Britannica(라틴어로 '영국에 의한 평화'라는 뜻으로, 19세기 영국 주도의 세계 평화기를 말한다. - 옮긴이)가 40~50년 전에 시작되었을지도 모를 일이다.

미국 역사에는 또 얼마나 지대한 영향을 미쳤을지 생각해 보라. 특히 미국의 남북전쟁이 발발하지 않았을 수도 있었다. 대영제국은 1807년 노예 매매를 불법화했고 1833년 노예제를 영원히 종식했다. 따라서 미국 남부의 경제는 실제 역사보다 노예제 폐지에 수십 년 일찍 적응해야만 했을 것이다. 심지어는 노예제를 지지하던 주들로 구성된 남부 연합이, 인구가 더 많고 더욱 산업화된 북부 식민지들이 가세한 대영제국의 군대를 상대로 총부리를 겨누었을 가능성은 없어 보인다. 북미 원주민들을 조상 대대로 살아온 터전에서 몰아내는 집단 학살급 만행도 영국의 제지로 훨씬 약해졌을 수 있다. 물론 영국 국왕이 애팔래치아 산맥 너머로의 서부 확장을 금지한 것이, 식민지 주민들의 반영 감정과 불만을 불러일으키는 데 최소한 작은 원인을 제공한 것은 틀림없는 역사적 사실이다. 그렇지만 오직 그것 하나만으로는 미국독립혁명의 도화선에 불을 붙이기에 충분하지 않다.

1820년 사망할 즈음 조지 3세는 이미 지병인 정신 질환이 악화돼 말 그대로 거의 '미친 사람'이었다는 것은 널리 알려진 사실이다. 그러나 '미친 왕'이 역사에 미치는 효과를 보여 주는 가장 확실한 증거는 수십 년 전에 명백히 나타났다. 그가 정신 질환을 앓기 전에, 그러니까 그저 고집불통에 자만심이 강했던 청년으로 세상의 미래를 양손에 쥐고 있다가 놓쳐 버렸을 때 역사의 물줄기가 엉뚱하게 흐르기 시작했던 것이다.

흑역사 020

외교 사절단을 군대로 착각하고 궤멸한 조지 워싱턴 : 1754년

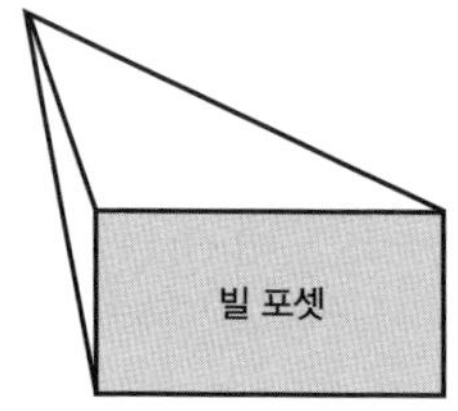

"젊은 조지 워싱턴이 프랑스 군대를 매복 공격함으로써 전쟁이 시작되었다"

오하이오 강 계곡에서 긴장이 고조되었다. 프랑스와 영국이 부유하고 비옥한 이 지역의 소유권을 각각 주장했고, 이곳을 점령하고 통치하기 위해 병사들을 주둔시켰다. 1754년 3월 버지니아 총독 대리 로버트 딘위디Robert Dinwiddie가 버지니아 민병대 140명에게 오하이오로 진군하라고 명령했다. 심지어 눈에 띄는 모든 프랑스인들을 "생포하거나 사살하거나 격멸하라"라는 특명까지 내렸다. 딘위디가 파견한 오하이오 원정대 대부분은 경험 많은 사냥꾼들이었고, 지휘관으로는 방년 22세의 조지 워싱턴George Washington이 임명되었다. 얼마 전에 중령으로 승진한 워싱턴은 야심이 컸고 서서히 기지개를 켜던 자신의 평판을 드높일 기회에 목말라 있었다.

5월 27일 워싱턴은 원정대에서 차출한 40명을 데리고 앞서 정찰병들이 프랑스 군대의 야영지를 발견한 곳을 향하여 밤새 진군했다. 그들은 밤샘 강행군을 펼친 끝에 새벽녘 잠들어 있는 프랑스 군대에 몰래 접근했고 발각되지 않은 채 그들을 포위할 수 있었다. 야영지에는 대략 34명의 프랑스 군인과 12명의 세네카 족 전사들, 그리고 그들의 추장이 있었다. 동이 튼 직후 워싱턴의 민병대가 발각되었고 곧바로 치열한 총격전이 벌어졌다. 엄폐물을 활용한 총격전과 기습전이 벌어졌고, 얼마 지나지 않아 총성이 멈췄다. 워싱턴의 민병대가 프랑스군을 제압했고 13명을 죽이고 21명을 생포했다. 세네카 족 전사들은 모두 싸움터를 무사히 빠져나갔다. 분명 원정대의 승리처럼 보였다. 그리고 그 소식은 널리 알려졌으며 조지 워싱턴이 정치적 경력을 시작하는 유용한 발판이 되었다. 야심이 컸던 그가 기회를 놓칠 리 없었다. 그는 전공을 최대한 활용했고 심지어 그가 그 전투에 대해 일기 형식으로 상세히 기록한 보고서가 여러 신문에 실리기도 했다. 당연한 말이지만 본인의 용맹을 묘사하는 내용도 포함되었다.

> "나는 원정대의 우익에서 적을 공격했다. 우익이 적에 노출되어 집중포화를 받았지만 나는 운 좋게도 아무런 부상을 입지 않고 빠져나왔다. 하지만 우리 병사 한 명이 전사하고 나머지는 부상을 입었다. 나는 총알이 날아가는 소리를 들었고, 그 소리에는 마음을 끄는 매력적인 무언가가 있었다. 정말이다."

그 전투는 진짜로 문제가 있었다. 일어나서는 안 되는 전투였던 것이다. 프랑스 병사들의 목적은 그 지역을 침략하거나 점령하는 것이 아니었다. 시발점은 1년 전으로 거슬러 올라간다. 영국은 미국 중서부에 대한 소유권을 주장하면서 그곳에서 철수하라는 공문을 프랑스에 보냈다. 워싱턴이 매복 공격했던 프랑스 군대는 그 공문에 대한 회신과 반박 주장을 담은 서한을 전달하려고 파견된 외교 사절단이었다. 만약 워싱턴이 그들을 공격하지 않았더라면, 그들은 그 서한을 전달하기 위해 버지니아를 향해 공개적으로 진군했을 것이다. 당시의 법과 관례에 따르면 외교 사절단은 공격받지 않을 특권이 있었다.

역설적이게도 조지 워싱턴은 그 공격을 주도함으로써 버지니아에서 상당한 인지도를 높였다. 그러나 퀘벡과 유럽에서의 반응은 아주 달랐다. 프랑스는 외교 규칙이 무시되었다며 불같이 화를 냈다. 파리의 프랑스 왕실은 그 공격이야말로 무법자 영국을 북미에서 반드시 축출해야 하는 이유를 단적으로 보여 준다고 여겼다. 아니, 적어도 그들이 오하이오 강 계곡에 대한 소유권을 주장할 자격이 없음을 확실하게 가르쳐 주어야 한다고 생각했다. 프랑스는 공식적인 항의 서한을 보냈고, 영국과 프랑스는 공문들을 교환했다. 이미 팽팽히 긴장된 양국 관계는 내리막길을 걷기 시작했다. 외교 사절단에 대한 워싱턴의 공격은 유럽 내에서 조성된 여러 긴장 상황들과 맞물려 얼마 지나지 않아 전쟁으로 비화되었고 전쟁의 포화는 1754년부터 1763년까지 이어졌다. 그것이 바로 오늘날 북미에서는 프랑스-인디언 전쟁이라고, 유럽에서는 7년전쟁이라고 불리는 것이다.

그날 새벽 워싱턴이 프랑스 군대를 다짜고짜 급습하기 전에 항복하라고 먼저 요구했더라면 어땠을까? 십중팔구 그들은 곧바로 자신들의 임무를 설명했을 테고, 따라서 총격전이 벌어질 하등의 이유가 없었을 것이다. 그러나 워싱턴 입장에서 보면 다르다. 항복을 요구하는 것은 기습 공격을 포기해야 한다는 뜻이었고, 이는 곧 전공을 세울 기회가 없어진다는 뜻이었다. 그래서 기습 공격을 감행했고, 이로써 조지 워싱턴은 의도치 않게 7년 전쟁을 촉발하는 데 일조한 셈이었다.

워싱턴이 외교 사절단을 공격하지 않았더라면, 프랑스-인디언 전쟁을 피할 수 있었을지도 모르겠다. 아니 최소한, 전쟁 발발이 지연되고 다소 '저렴한' 전쟁이 되었을 가능성이 컸다. 그랬더라면 역사는 아주 극적인 결과를 맞이했을 거라고 봐도 무방하다. 일례로 영국은 1759년 프랑스령 퀘벡을 점령하지 못했을 수도 있었고, 따라서 캐나다는 온전히 프랑스령으로 남았을 것이다. 더욱 중요한 것은, 만약 전쟁 비용이 적게 들었다면 영국이 미국 식민지들로부터 그 전쟁 비용을 회수하려는 시도를 아예 시작하지 않았을 수도 있었다는 점이다. 사실, 영국이 공분을 샀던 인지세법과 차세를 시행한 부분적인 이유는 프랑스-인디언 전쟁에 따른 군사 비용을 회수하기 위함이었다. 아울러 식민지들에 주둔하는 영국 군대의 방위비를 마련하려는 의도도 있었다. 게다가 전쟁이 7년보다 좀 더 일찍 끝나거나 아예 전쟁이 발발하지 않았더라면, 재정 악화로 부담이 컸던 영국 정부가 세수 확대를 위해 식민지들에 그토록 무거운 세금을 부과하려는 시도를 하지 않았을 수도 있다. 그런 중과세가 없었더라면 오늘날 역사책에서 미국독립혁명이라는 단어는 찾아볼 수 없을지도 모른다. 역설적이게도 이런 전체적인 상황은 결국 한 사람과 그의 부주의한 행동에서 시작했다. 1754년 프랑스 군대에 대한 조지 워싱턴의 공격이었다. 그 사건이 일련의 연쇄 사건을 촉발했다. 아니 적어도 그런 사건들에 강력한 추진력을 제공했다. 그리고 그런 연쇄 사건들의 결과로 워싱턴은 22년 후 영국에 대항해서 일어난 대륙 육군Continental Army(미국독립전쟁 중 영국군에 대항하기 위해 만들어진 13개 식민지의 통일된 명령 체계를 가진 육군이다. – 옮긴이)의 최고 사령관에 올랐다. 만약 워싱턴이 프랑스 선봉부대와 마주치지 않았더라면, 또는 무턱대고 그들을 기습 공격할 것이 아니라 먼저 항복을 요구하고 대화를 시도했더라면, 미국독립혁명이 애초에, 절대로, 벌어지지 않았을지 누가 알겠는가.

영국 해군의 무패 신화를 망쳐 버린 제독들 : 1781년

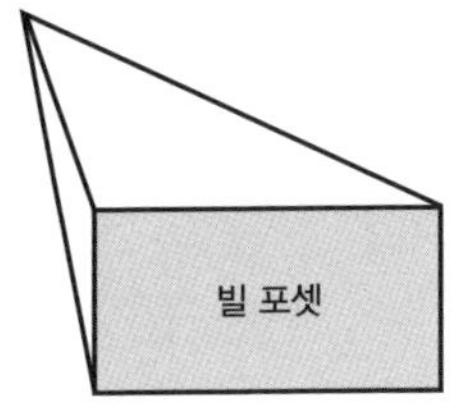

"영국 해군은 아주 막강했다. 오죽하면
미국 식민지 통치 시대의 마침표를 찍는 데
영국 제독 두 명으로 충분했을까?"

18세기 영국 해군이 세상에서 가장 강력한 군대였다는 데는 별다른 이견이 없을 것이다. 그런 대단한 군대를 통솔하던 지휘관들의 실수 두 개가 미국독립혁명이 요크타운에서 결정적인 승리를 거두게 하는 빌미를 제공했다. 1781년 미국 혁명군이 식민지 대부분을 점령한 상태였지만 사실상 독립 전쟁 자체에서 승리할 가망은 없었다. 그들은 곳간이 텅 비어 재정적 궁핍이 절망적일 정도였고 전쟁의 부담으로 경제가 붕괴했으며 화폐인 콘티넨털Continental(미국 독립전쟁 당시 식민지를 대표하던 대륙 회의가 전비 조달을 위해 최초로 발행한 연방 어음이다. - 옮긴이)은 사실상 휴지 조각이었다. 해결책은 하나였다. 무조건 전쟁을 승리로 끝내야 했다. 그것도 가능한 한 빨리 승리해야 했다. 당시 상황에서는 영국이 혁명군보다 오래 버틸 것은 기정사실이나 다름없었다. 따라서 그저 영국은 식민지 혁명군이 제풀에 나가떨어질 때까지 마냥 기다릴 수도 있었다. 프랑스가 혁명군을 지원하기 위해 경험 많은 노련한 보병 수천 명을 추가로 파병했다. 그들 병사가 합류했음에도 혁명군이 영국을 뉴욕에서 몰아낼 방법은 전무했다. 뉴욕은 고사하고 조지아 주 사바나와 사우스캐롤라이나 주 찰스턴을 포함해 영국이 점령하던 동부 연안 도시 다수, 어느 한 곳에서도 영국을 쫓아낼 재간이 없었다.

당시에는 영국의 몇몇 수비대가 최대 도시 뉴욕 시를 포함해 동부 연안 도시들을 지키고 있었지만, 대규모의 야전군은 딱 하나뿐이었다. 찰스 콘윌리스Charles Cornwallis 장군이 지휘했던 영국의 유일한 상비군은 남부 식민지들을 다소 성공적으로 진압했다. 콘윌리스의 군대는 1781년 10월부터 버지니아의 소도시 요크타운에서 체사피크 만 연안에 세운 요새화된 진지에 주둔하기 시작했다. 모든 영국군은 이런 유형의 진지 위치가 이상적이라고 생각했는데, 바다에서 막강한 영국 해군의 지원을 받을 수 있어서였다. 하지만 이번에는 그런 천혜의 지리적 이점도 소용없었다. 두 명의 해군 장성이 연거푸 저지른 실수 때문이었다.

대체로 북미의 연안을 포함해 대서양의 제해권은 규모도 더 크고 더욱 공격적이며 훈련도 더 잘된 영국 해군이 장악했다. 그러나 프랑스는 루이 16세Louis XVI가 즉위한 후부터 해군 증강에 박차를 가했다. 덕분에 1781년 3월 프랑스는 20척의 전열함과 3척의 프리깃함으로 구성된 함대를 서인도 제도로 파병할 수 있었다. 이 함대는 이미 인도양에서 활동하는 9척의 전함과 협동해 156척의 상선을 호위했다. 함대 지휘관은 최근에 해군 소장으로 임명된 그라스 백작Comte de Grasse 조제프 폴François Joseph Paul이었다. 솔직히 영국 해군이 워낙 막강해 프랑스 해군에 좀체 기회가 찾아오지 않았다. 그러나 당시 56세였던 그라스 백작은 행여 프랑스 해군에게 드문 기회가 허락된다면 그것을 붙잡을 추진력과 의지가 있었다. 또한 그는 워싱턴의 대륙 육군을 지원하기 위해 병사 5,000명을 로드아일랜드로 파병했다.

조지 워싱턴은 프랑스 군대의 지원을 받아 뉴욕 시를 탈환할 계획이었다. 그런데 콘월리스가 요크타운으로 철수했다는 소식을 듣고는 일단 그 계획을 보류했다. 솔직히 그 작전은 승산도 불확실한 데다 돈도 많이 들어가리라 여겨졌기 때문이다. 대신에 그는 뉴욕 외곽에 소규모 병력만을 남겨 두고, 나머지 군대와 최근에 도착한 프랑스군을 이끌고 남쪽의 요크타운을 향해 급히 이동했다. 소규모 병력을 뉴욕 외곽에 남겨 둔 것은 눈속임으로 시간을 벌기 위해서였다. 적은 병력이라도 뉴욕 시 외곽에서 공격 준비가 된 것처럼 보이게 만든다면 몇 주간은 영국군을 속일 수 있겠다는 심산이었다. 얼마 지나지 않아 워싱턴은 요크타운을 포위할 수 있었다. 그런데 문제가 있었다. 바로 영국 해군이었다. 만약 영국 해군이 콘월리스 군대에 보급품을 공급하거나 그들을 해상으로 구출한다면, 육지의 포위가 아무런 소용이 없었던 것이다. 그렇게 된다면 독립전쟁을 끝내기 불가능했다. 더군다나 대륙 회의가 이미 군자금을 모으는 데 어려움을 겪고 있던 터라 독립 혁명 자체가 흐지부지해질 가능성이 높았다.

워싱턴이 요크타운으로 이동하는 사이에 그라스는 용감한 결정을 했다. 그라스에게 주어진 본래 임무는 전 함대를 동원해 선적을 완료한 126척의 상선을 프랑스로 안전히 귀환하도록 호위하는 것이었다. 그런데 그라스는 64문의 대포를 장착한 전열함 1척에 호위 임무를 전적으로 맡기기로 결정했다. 금과 은을 포함해 126척의 상선에 실린 화물의 값어치를 전부 합치면, 프랑스의 1년 예산보다 컸다. 그러니 사실상 보물 함대나 다름없는 상선들을 단 1척의 전열함이 호위하다니, 아주 커다란 모험이었다. 영국의 프리깃함 몇 척이라도 상선들을 공격하는 날이면 그라스는 목숨으로 대가를 치러야 할 테고 프랑스는 심각한 재정난에 빠질 터였다. 하지만 결과적으로 그의 도박은 성공했고, 상선 함대는 아무런 공격을 받지 않고 무사히 본국에 도착했다. 그리고 이런 모험적 조치로 28척의 전열함으로 구성된 프랑스 함대가 독립적으로 군사작전을 펼칠 수 있게 되었다.

그라스는 프랑스 육군 사령관은 물론이고 육군으로부터 어느 누구의 지휘도 받지 않았다. 한편 그는 1781년 7월 중순경 편지 한 통을 받았다. 그 편지에는 영국군을 요크타운에 고립시키는 혁명군의 계획이 살짝 언급되어 있었다. 그는 기회를 붙잡기로 했고, 체사피크 만을 향해 출발했다. 본래는 뉴욕으로 가서 영국군에 대한 조지 워싱턴 군대의 공격을 지원하기로 되어 있었다. 그런데 워싱턴이 요크타운으로 진군함으로써 그 공격 계획은 최소한 일단 보류되었다. 그럴 즈음 그라스는 자신의 함대에 어떤 기회가 찾아왔는지 깨달았다. 미국의 혁명군은 전쟁에서 승리해 독립을 쟁취하느냐 아니면 잘해야 교착 상태가 지속되느냐의 기로에 서 있었다. 따라서 자신의 함대가 어떻게 움직이느냐에 따라 미국독립전쟁의 향배가 결정될 수 있었다. 용맹한 프랑스 해군 지휘관은 용단을 내렸고, 체사피크 만을 향해 출항했다. 당시 9척의 전열함으로 구성된 프랑스의 또 다른 소함대가 뉴포트 앞바다에서 (프랑스 보병대를 직접 지원하는) 작전을 수행하고 있었다. 그라스는 그 함대의 지휘관에게 서신을 보내 체사피크 만에서 합류해 달라고 요청했다.

그럴 즈음 미국의 동부 해안을 따라 주둔하던 영국 함대도 체사피크 만으로 출발했다. 새뮤얼 후드Samuel Hood 해군 소장이 지휘했던 그 영국 함대가 프랑스 함대보다 먼저 도착했고, 당연히 체사피크 만은 비어 있었다. 후드는 프랑스 해군의 처음 계획을 정확히 간파했다. 프랑스군이 뉴욕 시를 탈환하기 위해 공격을 감행하리라 예상한 것이다. 그래서 그는 14척 영국 전함의 기수를 북으로 돌렸다. 하지만 뉴욕 항에는 프랑스 해군의 흔적도 없었다. 대신에 후드 함대는 뉴욕 항에서 해군 중장 토머스 그레이브스Thomas Graves가 이끌던 5척 함대와 합류했다. 그리고 8월 말, 총 19척의 영국 군함이 그라스를 찾아 또다시 체사피크 만으로 남진했다.

이번에는 프랑스 함대가 뉴욕에서 출발한 영국 함대보다 며칠 앞서 요크타운의 앞바다에 도착했다. 영국 함대가 시야에 들어왔을 때 프랑스군은 아직도 항구에서 대포와 보급품을 하역하던 중이었다. 그라스 함대는 서둘러 먼바다로 나가야 했다. 마침내 밀물이 들어왔을 때 프랑스 함대는 정박용 밧줄을 끊은 다음 해협을 빠져나가기 시작했다. 그러나 바람을 거슬러 가는 길이다 보니 해협을 빠져나가기가 만만치 않았다. 결국 몇 시간이나 걸리고서야 간신히 해협을 빠져나와 먼바다에 이를 수 있었다. 이를 달리 말하면, 영국 함대가 접근했을 때 프랑스 함대는 전투 준비는커녕 대열이 심하게 흩어져 있다는 뜻이었다.

당시 그레이브스 중장이 지휘하던 영국 함대는 '단종진單縱陣' 하라는 명령에 따라 움직이고 있었다. 이것은 말 그대로 함대가 기함을 따라서 1열 종대로 움직이라는 명령이었다. 비록 수적으로는 우위여도 아직 전열을 갖추지 못한 프랑스 함대에 접근했을 때, 영국 함대 모두는 그레이브스가 '좀 더 근접하여 교전하라'라는 신호기를 올리기만을 기다렸다. 영국 함대는 명령이 떨어지기가 무섭게 프랑스 함대를 향해 일사분란하게 일제히 공격을 가했을 것이다. 그리고 훗날 트라팔가르 해전에서와 비슷한 결과를 가져왔을 것이다. 그러나 그레이브스는 근접 교전 명령을 내리지 않았다. 대신에 표준적인 전투 수칙에 매달렸다. 그레이브스는 선두에 있던 함대에 종진 대열로 움직이며 항로를 180도 변침하라고 명령했다. 그가 이런 기동 작전을 지휘한 이유는 충분히 짐작된다. 프랑스 함대가 아직 전선을 완전히 구축하기 전에 영국의 19척 함대가 돌진할 기회를 잡기 위해서였다. 생뚱맞은 작전은 아니었다. 오히려 전통적인 작전이었다. 그는 전투 교리에 나와 있는 원칙대로 했을 뿐이었다. 그러나 시간은 영국 편이 아니었다. 영국 함대가 방향을 돌려 좀 더 먼 바다로 나가고 그런 다음 다시 전투 대열을 이루기까지 90분이 소요되었다. 그러는 사이에 프랑스 함대도 드디어 28척의 전열함을 전투 대형으로 정렬할 수 있었다. 이때까지만 해도 영국 함대에 기회는 충분했다. 그러나 그레이브스가 두 번째 실수를 저질렀다. 선제공격으로 그라스 함대와 교전하는 대신에, 함대에 "전진을 멈추고" 프랑스 함대가 다가오기를 기다리라고 명령한 것이었다. 그렇게 해서 양측이 서로를 향해 서서히 전진했다.

영국 함대가 처음 시야에 들어오고 실제로 전투가 벌어지기까지 장장 여섯 시간이 걸렸고 그 시간 대부분이 허비되었다. 이는 명백히 그레이브스의 실수였다. 아직 전열을 갖추지 못한 프랑스 함대를 곧장 공격하기보다 그레이브스가 주저하는 통에 아까운 시간만 낭비하고 말았다. 영국 해군은 수적으로도 우세하고 경험도 많은 데다가 프랑스보다 월등히 뛰어난 포병들을 데리고 있었다. 따라서 서둘러 공격했더라면 완패까지는 아니더라도 최소한 그라스 함대에 심각한 타격을 입혀 퇴각시킬 수 있었다. 심지어 콘월리스의 군대를 지원하는 것이 그들의 본래 목적이라는 점에서 볼 때 그 정도의 전과조차 승리라고 불러도 좋았다. 그레이브스의 판단 착오는 여기서 그치지 않았다. 그는 자신의 함대를 더욱 궁지로 빠뜨리는 두 번째 실수를 저질렀다. 영국 함대의 신호 깃발들은 '좀 더 근접하여 교전하라'라는 명령을 보내는데도 기함에는 여전히 '단종진' 깃발이 나부꼈던 것이다. 이는 당연한 말이지만 혼선과 또 다른 실책으로 이어졌다. 그 실책이 이번 요크타운 전투는 물론이고 미국독립전쟁에서까지 패하는 결과를 낳았다. 이번 실수의 주인공은 그레이브스가 아니라 후드 제독이었다. 적에게 가까이 다가가 교전하는 대신에 후드 제독과 그가 지휘하던 5척의 전함은 나머지 영국 함대가 프랑스와 전투를 벌이고 있음에도, 기함에 꽂힌 깃발의 명령을 '충실히' 따랐다. 후드 지휘 아래 전함 5척이 그레이브스의 기함인 런던 호 꽁무니만 열심히 따라다녔다는 이야기다. 그들은 함포 한번 제대로 쏴 보지 못했고, 마침내 전투에 가담했을 때는 이미 전투가 끝난 후였다.

후드의 군함들이 가담했어도 영국 함대가 수적으로 열세였다. 그런데 후드 함대가 공격에 가담하지 않음으로써 그레이브스 함대의 전력은 프랑스 함대의 딱 절반 수준으로 떨어졌다. 그런 불리한 상황에서도 영국 해군은 두 배나 많은 프랑스 함대를 상대로 치열하게 싸웠다. 감히 다른 어떤 나라의 해군도 명함조차 내밀지 못할 정도로 훌륭히 싸웠다. 하지만 끝내 1 대 2의 수적 열세는 극복하지 못했다. 영국 해군이 참전한 해전에서는 대부분 영국 해군이 주도권을 잡았었다. 그런데 이번에는 상황이 역전되었다. 영국 해군의 군사력이 크게 밀렸을 뿐 아니라 감당하기 힘들 만큼의 막대한 피해를 입었다. 그날 저녁 전투가 끝났을 때, 프랑스 함대는 심각하게 파손되어 전선에 투입될 수 없는 전열함이 4척이었던 반면, 영국은 더 이상 싸울 수 없을 만큼 파괴된 전함이 5척이었다. 이것은 그라스에게는 24척의 전열함이, 그레이브스에게는 후드의 함대를 포함해 겨우 14척의 전함이 남았다는 뜻이었다. 특히 그라스의 함대 중에서 적의 포화공격으로 심각하게 파손되었다고 보고한 전열함은 2척뿐이었다. 날이 저물어 감에 따라 양측은 이동을 시작했고 그레이브스는 프랑스 함대가 먼저 체사피크 만으로 귀항한 다음 뒤따라 들어갈 수 있기를 바랐다.(그의 계획은 실패했다) 그라스의 함대가 그날 늦게 항구에 도착했을 때 양측의 잔존 병력을 비교해 보자. 36척의 프랑스 전함은 대부분이 수리가 완료되었거나 전혀 손상을 입지 않은 반면, 영국 함대는 14척이 전부인 데다가 몇 척은 전투를 수행할 수 없을 만큼 상태가 심각했다. 이에 그레이브스는 뉴욕으로 돌아가는 것 외에 다른 방법이 없다고 결정했다. 이제까지 영국 해군이 영국 육군을 이토록 크게 실망시킨 적이 없었다. 콘월리스는 믿는 도끼에 단단히 발등을 찍혔다. 콘월리스의 육군은 수적으로 열세였을 뿐 아니라 바다와 육지 모두에서 적에게 포위당했다. 결국 콘월리스는 항복했다. 그렇다고 그의 항복으로 북미 식민지를 유지하려는 영국의 노력이 끝난 것은 아니었다. 그러나 그 일로 미국독립전쟁에서 영국의 패배는 기정사실화되었고 백전백승이 가능하다고 생각했던 영국 의회의 믿음이 무너졌다.

결과는 차치하고, 체사피크 만 해전에서 비록 전함은 수적으로 열세였지만 영국 해군이 반드시 불리했던 것은 아니었다. 오히려 전함 대 전함, 함포 대 함포로 보면 영국 해군의 군사력은 프랑스군보다 월등했다. 하지만 전투에는 객관적인 전력을 넘어서서 외적인 변수가 작용하기 마련이었다. 이번에는 그레이브스와 후드가 그런 변수였다. 영국 해군의 제독 둘이 연이어 결정적인 실수를 저지르는 바람에 체사피크 해전에서는 물론이고 결국 미국독립전쟁에서 패하고 말았다. 영국 함대가 아직 전열을 갖추지 못하고 어수선했던 프랑스 함대를 처음 발견하자마자 곧바로 기습 공격했더라면 승리했을 가능성이 아주 높았을 것이다. 그러나 그레이브스는 우유부단했고 전투 교리를 고수했다. 문제는 그런 규칙의 목적이 전투에서 이기는 것이 아니라 사상자를 최소화하는 것이라는 점이다. 만약 영국 함대가 시간을 허비하지 않고 곧바로 공격했더라면 어땠을까? 몇 년 후 넬슨 제독이 대승을 거두었을 때처럼 그레이브스가 지체하지 않고 적을 향해 돌진했더라면 말이다. 아무리 못해도, 프랑스 함대에 막대한 타격을 입혀 그라스가 체사피크 만을 포기하고 패주하도록 만들었을 것이다. 당시 그라스는 프랑스 해군이 보유한 전체 전열함 중 3분의 1 이상을 지휘하고 있던 터라 그로서나 프랑스 해군으로서나 전열함을 가지고 모험할 처지가 아니었다. 행여 전열함을 너무 많이 잃는 날에는 치명적일 터였다. 또한 프랑스 함대가 패주하고 그레이브스 함대가 체사피크 만 일대의 제해권을 차지했더라면, 콘월리스 장군과 미국에 주둔한 유일한 영국 야전군은 영국 해군의 함포로 엄호받으며 요크타운을 쉽게 탈출해 별다른 문제 없이 뉴욕으로 후퇴할 수 있었을지도 모르겠다.

그러나 그레이브스는 철저히 원칙에 의거해 행동했고 그것이 되레 화를 자초했다. 그는 함대를 정렬해 프랑스 함대와 나란히 전선을 구축하려고 했다. 그러나 이런 기동 작전은 지휘가 제대로 이뤄지지 않았고, 말 그대로 먼바다로 뱃머리를 돌려서 전선을 구축하기까지 몇 시간이 걸렸다. 마침내 대형을 이루었을 때 그레이브스가 탄 기함은 선두에서 함대를 이끄는 대신에 대열의 맨 끝에 놓이게 되었다. 이로써 그의 기함이 가장 느리고 가장 취약한 군함들의 꽁무니를 따라가는 모양새가 만들어졌다. 이런 상황에서의 전투는 결과가 둘 중 하나였다. 잘해야 불완전한 승리고 최악은 패배였다. 그리고 체사피크 만 해전은 최악의 결과를 맞이했다. 더욱이 그는 지휘 능력에서도 커다란 문제를 드러냈고, 심지어 교전 중에서도 상충되는 명령을 내렸다. 그레이브스가 좀 더 용감하고 좀 더 유능했더라면, 이미 미국독립전쟁에 개입해 과다 출혈로 재정 상황이 나빴던 프랑스는 영국을 무너뜨리고 식민지들을 해방할 최상의 기회를 눈앞에서 놓쳤을지도 모른다. 재정 압박에 시달리던 루이 16세Louis XVI는 식민지들에 대한 믿음을 거두고 미국에서 철수했을 수도 있다. 그뿐 아니라 이미 파산 상태였던 미국은 독립 전쟁을 더 유지하지 못하고 스스로 무너졌을 가능성이 높았다. 그레이브스의 장교 중 한 명이라도 함대에 혼선을 주던 신호 깃발의 문제를 지적하고 바로잡았더라면, 영국 전함의 거의 3분의 1이 전투가 벌어지는 대부분 시간 동안 허송세월하지는 않았을 것이다. 그랬더라면 프랑스 함대는 더 큰 피해를 입었을 테고, 결과적으로 프랑스 함대가 또다시 철수하거나 심지어 이튿날 속개된 전투에서 영국 함대에 무릎을 꿇을 수밖에 없었을지도 모른다.

그레이브스가 머뭇거리지도 않고 후드에게 상충된 명령 신호를 보내지 않았더라면, 콘윌리스의 영국 군대는 포위 공격에 무너지지 않았을 것이다. 심지어 프랑스의 지원군이 합류했더라도 워싱턴은, 영국 정부가 식민지에서는 백전백승이라는 신념을 버릴 만큼 콘월리스에게 결정적인 패배를 안기지 못했을 듯싶다. 루이 16세의 악화된 재정 상태로 말미암아 지원이 제한적이었지만, 어쨌든 프랑스의 지원을 받았더라도 미국독립전쟁은 중단되었을지 모른다. 그렇다면 역사는 미국 건국의 아버지들을 어떻게 평가하게 되었을까? 반역자 무리로 낙인찍지 않았을까? 아무런 목적도 없는 일을 공연히 벌여 막대한 피해를 가져오고 무수한 생명들만 희생시킨 탓에 공공의 적이 되지 않았을까? 한편 동부 해안에는 독립적인 영국 식민지들이 그대로 유지되었을 수도 있다. 나폴레옹이 영국 식민지들에게 루이지애나를 매각하지 않았을 것은 확실하고, 오늘날 중서부가 캐나다 또는 심지어 멕시코의 영토가 되었을 가능성도 배제할 수 없다. 미국은 우여곡절 끝에 탄생했더라도 세상에서 아무런 존재감도 없고, 오늘날 미국인들이 스포츠 경기에서 영국의 국가 '하나님, 여왕 폐하를 지켜 주소서'를 부를 수도 있다. 다양한 유럽 열강들이 북아메리카를 갈가리 쪼개 나눠 가졌을지 누가 알겠는가. 심할 경우 러시아가 캘리포니아를 식민지화했을 수도 있다. 물론 미국 식민지들에 대한 신뢰를 잃은 영국 의회가 서부 확장을 허용했으리라는 보장은 없다. 그래도 만에 하나 식민지들이 서부로 확장되었더라면, 신세계의 막대한 부를 등에 업고 식민지들이 영국 본토보다 중요해지는 날이 도래했을지도 모를 일이다. 마지막으로, 오늘날 미국인들이 지금과는 확연히 다른 억양의 영어를 사용하는 풍경이 눈에 선하다.

흑역사 023

탈출의 순간에도 화려한 마차를 고집했던 마리 앙투아네트 : 1791년

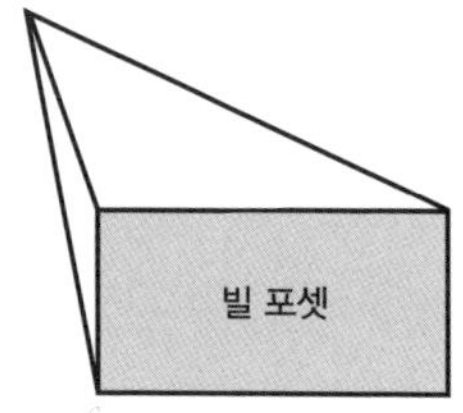

“단두대의 이슬로 사라질지언정
품위는 잃고 싶지 않아”

1791년 파리는 폭동에 휘말렸다. 루이 16세는 파리는 물론이고 프랑스 대부분에서 왕으로서의 지배력을 상실했다. 그럼에도 절대 왕정을 강력히 지지하는 지역과 백성들이 많았고, 루이 16세는 그런 사람들을 단결시키는 구심점이었다. 왕과 마리 앙투아네트Marie Antoinette 왕비는 파리의 폭동으로 목숨이 위태로워졌다는 사실을 깨닫자 일단 궁전을 탈출해 여전히 국왕 일가를 강력하게 지지하던 곳 중 하나로 피신하기로 결정했다. 그들의 탈출 계획은 오직 극소수 사람들을 제외하고 철저히 비밀에 부쳐졌다. 사실상 국왕 일가는 친위대를 포함해 어떤 보호 수단도 없이 은밀하게 탈출할 계획이었다. 어쨌든 본래 계획은 그랬다. 비록 실현되지는 못했지만

말이다.

탈출이 실패한 책임은 마리 앙투아네트에게 물어야 옳다. 애초 계획대로 가족이 한 사람씩 몰래 빠져나가는 대신에, 앙투아네트는 마지막 순간에 마음을 바꿔 부부가 아이들과 함께 이동해야 한다고 고집을 부렸다. 이것은 출발이 지연된다는 뜻이었다. 또한 준비해 둔 마차가 너무 좁아 좀 더 넓은 마차가 필요하다는 뜻이었다. 심지어 앙투아네트는 어차피 마차를 새로 준비해야 한다면 화려한 금박과 고급 목재로 만들어진 왕실 전용의 대형 마차 중 하나를 타겠다고 요구했다. 궁전 직원들이 어둠 속에서 종종걸음 치며 변경된 계획을 위한 준비를 마쳤다. 드디어 궁전을 빠져나갈 시간이 되었다. 루이 16세와 앙투아네트는 별도로 마차까지 이동하라는 전갈을 받았다. 이번에는 왕비가 현명하게 행동했을까? 아니나 다를까, 앙투아네트는 궁전 정원에 만들어진 호사스러운 미로를 통과해 빠져나가기로 선택했다. 설상가상 왕비는 미로에서 길을 잃었고 가까스로 미로를 탈출해 마차에 도달하기까지 30분이 더 지체되었다. 본래는 야음을 틈타 밤에만 이동해 날이 밝기 전에 목적지인 방데에 도착할 예정이었지만, 출발이 지연되는 바람에 루이 16세 일가는 이튿날 해가 떴을 때도 아직 파리 인근의 도로 위에 있었다. 그리고 몇 시간도 지나지 않아 그들이 지나치던 마을 중 한 곳에서 혁명 가담자들이 화려하게 장식된 마차를 알아보았다. 그런 시국에 그런 마차는 실로 사람들의 이목을 끌기 마련이었다. 어쨌든 그들은 다음 마을에서 발각되었고, 어쩔 수 없이 궁전으로 돌아가야 했다.

궁전으로 돌아온 후 사면초가에 몰린 루이 16세는 자신의 권한을 제한하는 헌법에 서명했다. 새 헌법에 의거해 이제부터는 새로 구성된 입법 회의가 모든 법을 제정할 권한을 갖게 되었다. 입법 회의의 첫 번째 조치 중 하나는 (두려움에 프랑스를 탈출한) 수백 명의 귀족들에게 귀국을 명한 것이었다. 루이 16세는 그 칙령에 거부권을 행사했다. 이후 몇 주가 지나기도 전에, 성난 폭도들에 의해 식량 수송과 관리 체계가 붕괴했고 '반동' 귀족(이들은 망명 귀족émigré이라고 불렸다)들이 개인 사업체를 정리하고 상당한 부를 챙겨 국외로 도주함에 따라 파리 시내는 식량난에 빠졌다. 당연한 말이지만 이는 식량 폭동으로 이어졌다. 그러자 입법 회의는 루이 16세의 거부권을 무시했고 망명 귀족들의 토지와 사업체를 몰수하기 시작했다. 이에 편승해 자코뱅파Jacobin(프랑스혁명기에 결성된 정파로 정식 명칭은 '자유와 평등의 벗, 자코뱅 결사단'이며 일반적으로 프랑스혁명의 지지자들을 가리킨다. – 옮긴이) 극단주의자들은 파리의 고질적인 문제들, 보편적인 불만 사항, 오스트리아 전쟁에서의 패배 등을 부각하며 군중을 선동했다. 급기야 이웃 국가들마저 프랑스를 침입하겠다고 위협하자 이제 국민 방위군의 지원을 받았던 폭도들이 궁전에 난입했다. 루이 16세는 스위스 용병들로 구성된 궁전 근위대에게 폭도들을 향해 발포하지 말라는 명령을 내렸다. 그러나 이유 여하야 어쨌건 결국 그들은 폭도들을 향해 발포했다. 시위대가 스위스 용병들을 닥치는 대로 학살했고 루이 16세를 붙잡아 탕플 탑에 유폐했다. 1793년 1월 21일 루이 16세는 단두대의 이슬로 사라졌고, 아홉 달 후 앙투아네트도 명백히 조작된 허위 혐의로 남편의 뒤를 이어 단두대에서 처형되었다.

만약 루이 16세가 계획대로 방데든 아니면 아직도 왕에게 열렬히 충성하던 다른 어떤 곳으로도 무사히 빠져나갔더라면, 프랑스혁명이 전국적으로 확산되는 대신에 파리에만 국한되었을 가능성을 배제할 수 없다. 마리 앙투아네트가 비현실적인 철없는 행동으로 탈출 계획을 좌절시켰던 바로 그때도 파리 외곽의 많은 군대는 여전히 왕에게 충실하거나 최소한 중립적이었다. 방데와 브르타뉴는 여전히 왕당파의 거점이었다. 오죽했으면 루이 16세가 죽고 2년이 지난 후 혁명 지도자들이 그들을 진압하기 위해 대대적인 군대를 파병할 정도였을까. 프랑스혁명이 제한적인 지역에서만 발생했더라면, 유럽 역사는 몰라보게 달라졌을 것이다. 무엇보다도, 유폐자 신세가 아닌 자유로운 루이 16세는 자신이 바라던 입헌 군주제를 한 번 더 협상하려 시도했을지도 모르겠다. 또한 무수한 단두대 처형, 자코뱅 지도자 로베스피에르Maximilien de Robespierre 집권 아래 자행된 잔혹 행위, 나머지 유럽 국가들과의 20년에 걸친 전쟁 등은 피할 수 있었을 가능성이 크다. 물론 루이 16세가 결국 어쩔 수없이 도망자 신세가 되었을지도 모른다. 그랬더라도 그가 생존했다면, 그의 존재 자체가 지극히 급진적이고 인기가 없었던 로베스피에르 또는 훗날 총재 정부(1795년 11월 2일부터 1799년 11월 9일까지 존속한 프랑스의 정부다. – 옮긴이)에 대한 균형추와 대안적인 선택지 역할을 했을 수도 있다.

나폴레옹 보나파르트는 공안 위원회(프랑스혁명기에 존재했던 통치 기구로 한동안은 사실상 혁명정부의 역할을 했다. – 옮긴이)의 법령에 따라 젊은 나이에 고위직에 올랐다. 공안 위원회는 임시정부를 무력화했고 프랑스의 군국주의를 더욱 부채질했다. 루이 16세가 프랑스인들을 결집하는 또 다른 구심점을 제공했더라면, 프랑스를 구한다는 명목으로 어떤 위원회도 어떤 포도탄 세례whiff of grapeshot(직역하면 '포도탄 냄새'라는 뜻으로 나폴레옹은 1795년 파리에서 벌어진 왕당파 시위에 포도탄을 난사해 강경 진압했다. – 옮긴이)도 필요하지 않았을 것이다. 그리고 나폴레옹이 전쟁을 벌이지 않았더라면 전쟁에서 패할 일도 없었고, 따라서 프랑스는 '스무 살짜리' 미국에 루이지애나(루이 16세의 증조부 루이 14세의 이름을 따서 지었다)를 매각할 필요가 없었을 수도 있다. 그뿐만 아니라 미국과 북아메리카의 운명도 달라졌을지 모른다. 미국은 지금보다 영토가 작을 수도 있고 북아메리카 대륙은 현재처럼 3개국, 즉 미국, 캐나다, 멕시코가 아니라 훨씬 다양한 나라들로 분할되었을지도 모른다. 한편 영국은, 만약 프랑스-인디언 전쟁에 따른 비용을 만회하기 위해 식민지들에게 가혹한 세금을 부과할 필요가 없었더라면, 13개 식민지에 대한 통치권을 유지했을 가능성이 높다. 하지만 마리 앙투아네트가 잘못된 때에 방종하고 비현실적이며 철부지 행각을 벌이는 통에 유럽은 15년간 전쟁으로 몸살을 앓고, 얼마 지나지 않아 왕정 시대가 막을 내리게 되었다.

흑역사 024

의사들의 '과잉' 치료로 허망하게 목숨을 잃은 조지 워싱턴 : 1799년

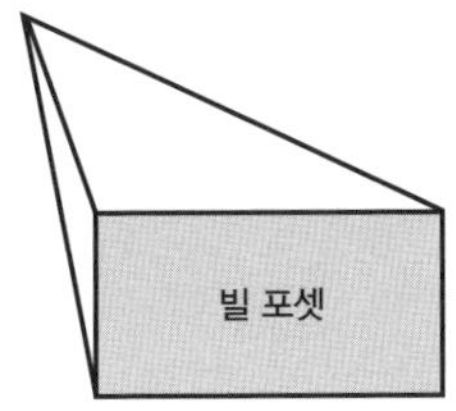

"정말 의사들이 제일 잘 알까?"

1799년 12월, 조지 워싱턴이 두 번의 대통령 임기를 마치고 퇴임한 지 30개월이 지났을 무렵이다. 워싱턴은 주치의들의 손에 목숨을 잃었다. 물론 살해당했다는 말은 아니다. 그리고 당연한 말이지만 전직 대통령의 주치의들은 걸음마 단계인 신생 국가 미국에서 최고의 의사들이었다. 또한 주치의들이 그를 방치한 것도 아니었다. 오히려 워싱턴은 예로부터 내려오는 전통적이고 용인된 의술로 '과잉' 치료를 받았다. 돌이켜 보면 그 치료가 그의 목숨을 앗아갔을 가능성이 크다.

장소는 버지니아 주 마운트버넌, 때는 1799년 12월 13일이었다. 그날은 바람도 많이 불고 비까지 내려 날씨가 상당히 추웠다.

워싱턴은 그런 궂은 겨울 날씨에도 승마를 즐겼고, 사저로 돌아왔을 때 감기 기운이 돌며 몸 상태가 안 좋았다. 얼마 지나지 않아 워싱턴은 기침을 하고 콧물이 흘렀으며 목이 심하게 잠겼다. 다음 날 아침, 이제는 목까지 부어서 따끔거렸고 상태가 더 나빠진 것 같았다. 그러자 마사 워싱턴Martha Washington 여사가 남편의 보좌관을 불렀고, 보좌관이 주치의 두 명에게 연락했다. 이후 이틀간 그들 의사는 자신들이 아는 '모든' 의술을 동원해 조지 워싱턴을 치료함으로써 그가 죽음에 이르게 했다.

그들이 목숨을 앗아갈 만큼 치명적인 치료를 했던 이유는 당시에 용인된 어떤 의료 관행 때문이었다. 그 방법은 2세기에 활동했던 페르가몬의 갈렌Galen of Pergamon이 만든 치료법에 뿌리를 두고 있었다. 그리고 그의 치료법은 거의 2,000년 동안 처음 방식 그대로 이어져 왔다. 페르가몬 태생으로 본명이 클라우디우스 갈레누스Claudius Galenus였던 갈렌은 세계 최초의 진정한 의사로 알려져 있고, 아마도 인류 역사 최초로 인체를 의학적으로 해부한 사람일 것이다. 또한 그는 자신의 의학적 지식으로 당대 사람들이 인체에 대해 갖고 있던 많은 인식을 바꿔 놓았다. 가령 동맥과 정맥이 혈액만 운반하고 공기는 운반하지 않는다는 개념도 그가 주장한 많은 이론 중 하나였다. 물론 지금 생각하면 얼토당토않은 주장이지만, 많은 사람들이 그의 이론을 있는 그대로 믿었다. 이것 말고도 갈렌이 크게 틀렸던 의학 이론이 몇 가지 더 있었다. 하지만 옳은 이론도 아주 많았기 때문에 그런 잘못된 주장도 이후 1,500년간 그대로 용인되었다.

갈렌이 저질렀던 실수들의 이면에는 공통적인 무언가가 있었다. 그는 혈액이 동맥에 저장되고 혈관을 타고 흐르지 않는다고 확신했다. 그는 간, 신장 등등 여타 장기들이 한 곳에 고착되어 있듯 혈액도 동맥에 머물면서 기능한다고 생각했다. 그의 두 번째 실수는 당시의 어떤 통념을 받아들였을 뿐 아니라 강화한 것이다. 건강은 인체 내에서 '네 가지 체액'이 균형을 이루는 결과이고 모든 질병은 이런 균형이 깨어졌을 때 발병한다는 개념이었다. 네 가지 체액이란 혈액, 점액, 황담즙, 흑담즙을 말했다. 그리고 가끔은 네 가지 체액 중에서 특히 피가 너무 많은 것이 가장 큰 문제라고 여겨졌다. 아마도 인체에 네 가지 체액 중 혈액이 가장 많다는 이유로 그런 인식이 생겼으리라 짐작된다. 그래서 갈렌은 단순 감기부터 신장 질환에 이르기까지 모든 질병을 치료하는 가장 좋은 방법은 네 가지 체액의 균형이 깨진 신체의 각기 다른 부분에서 피의 양을 줄이는 것이라고 결론 내렸다. 이는 말 그대로 환자의 몸에서 '피를 빼내는' 것이었다. 사혈 또는 방혈이라고 부르는 그 치료법이 얼마나 널리 사용되었는지 단적으로 보여 주는 사례가 있다. 옛날에는 의사의 도움을 받을 수 없었을 때 동네 이발사가 돈을 받고 고객들에게 사혈 시술을 해 주었다. 심지어 이것에 영감을 받아 사혈 서비스를 광고하는 이발소의 간판이 등장했다. 맞다, 이발소 회전 간판의 빨간색은 피를 의미한다. 사혈 치료법은 의학계 정설로 통하다가 19세기에 와서야 비로소 금지되었다. 그러나 이 조치는 미국 초대 대통령의 목숨을 구하기에는 1세기나 늦었다.

12월 14일 새벽 6시쯤, 잠에서 깬 워싱턴은 고열에 시달렸고 목도 심하게 부은 상태였다. 당시 마사 여사가 부른 두 주치의 중 조지 롤린스George Rawlins가 워싱턴의 곁을 지키고 있었다. 아침 7시 롤린스는 승인된 의료 장비로 워싱턴의 목에서 약 0.35리터의 피를 뽑아냈다. 워싱턴은 그 치료를 받기로 동의한 것은 물론이거니와 한술 더 떠서 주치의에게 피를 더 뽑아도 된다고 말했다. 그런 다음 롤린스는 워싱턴에게 당밀과 버터와 식초를 섞어 먹였는데, 워싱턴은 거의 삼키지 못했고 까닥했으면 목에 걸려 질식할 뻔했다. 아침 9시, 롤린스는 사혈 시술이 한 차례 더 필요하다고 결정했다. 이번에는 약 0.53리터를 뽑았다. 정오쯤에는 다른 체액들의 불균형을 제거하고자 관장 시술을 했다. 그러자 한동안 워싱턴은 기력을 회복한 듯했고 심지어 침실을 이리저리 걸어 다니기도 했다. 그러나 얼마 후 상태가 또다시 나빠졌다.

그런 다음 또 다른 주치의 제임스 크레이크James Craik가 구토를 유도하기 위해 오랜 친구인 전직 대통령에게 물약을 삼키게 했고, 워싱턴은 몇 분간 속엣것을 게워 냈다. 오후 5시 크레이크는 새로 도착한 의사와 상의한 후에 또 다른 사혈 치료가 필요하며 이번에는 양을 크게 늘려야겠다고 했다. 그리하여 가뜩이나 허약해진 워싱턴의 몸에서 무려 0.95리터 정도의 피를 뽑아냈다. 그러고 나자 잠시 워싱턴은 상태가 약간 호전된 듯 보였다. 그래 봤자 겨우 마사 여사와 그의 유언장을 마지막으로 점검할 시간 정도밖에 벌지 못했다.

저녁 8시 무렵 워싱턴은 의식이 흐려지기 시작했고 이번에는 그의 몸에 고약을 올리는 시술을 포함한 치료가 행해졌다. 그 치료도 아무런 효과가 없었다. 밤 10시 미국의 초대 대통령 조지 워싱턴이 숨을 거뒀다. 사인은 중증 인후염과 그에게 행해진 당대 최고 의술로 인한 것이었다. 한마디로 과다 출혈로 워싱턴은 사망했다. 의사들은 단순 감기에 걸린 전직 대통령에게서 2.3리터가 넘는 피를(인체의 혈액량은 평균 4.5리터 정도다) 뽑았으며 억지로 설사와 구토를 유발했다.

조지 워싱턴이 살았더라면, 미국이 좀 더 '조용하지' 않았을까? 특히 제7대 대통령 앤드루 잭슨Andrew Jackson 같은 서부의 포퓰리즘, 즉 대중주의자들과 상대적으로 안정적인 주들의 지도자들 사이에 벌어진 격렬한 전투 중 일부라도 막을 수 있었을지 모른다.(당시까지 잭슨은 북동부 정치 명문가 출신이 아닌 최초의 대통령이었고 집권 이후에는 포퓰리즘의 선봉에 서서 워싱턴 정가에 동부 유력 가문이 아닌 서부 출신이나 중하류층 인재가 진입할 길을 열어 주었다. – 옮긴이) 심지어 십수 년만이라도 더 살았더라면 미국인들에게 '외국과 얽히는 것'을 피해야 한다는 경고를 상기시켜 줄 수 있지 않았을까. 그랬더라면 신생 국가인 미합중국은 전형적인 승자 없는 전쟁으로 막대한 군자금을 빨아들인 무의미한 1812년 미영 전쟁에 뛰어들지 않았을 수도 있다. 하지만 그토록 명망 높은 환자에게 주치의들은 당시 자신들이 할 수 있는 용인된 모든 치료법을 무차별적으로 시행했다. 그렇게 2세기 고대 로마의 어떤 의사가 저지른 실수들 때문에 미국의 초대 대통령이 쓰라린 진물, 설사, 과다 출혈로 인한 빈혈, 기력 저하 등으로 숨을 거두었다.

흑역사 025

러시아의 추운 바람에 스러진 유럽 통일의 야망 : 1812년

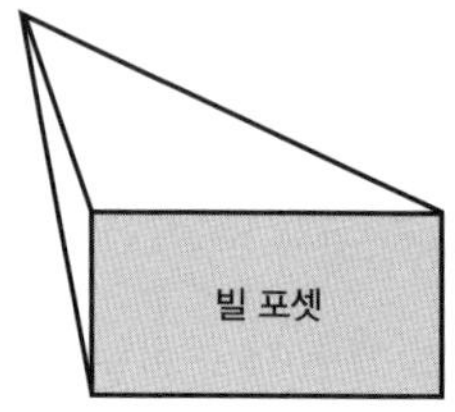

"간식을 끊지 못하는 간식 중독자들이 있듯,
남의 나라를 정복하는 것을 끊지 못하는
정복 중독자들도 있다"

흔히들 나폴레옹 보나파르트가 1815년 워털루전투에서 패배해 제국을 잃었다고 생각한다. 하지만 이는 사실과 좀 다르다. 그 전투는 단지 그가 권좌를 되찾는 것을 막았을 뿐이다. 그는 3년 전에 이미 제국을 잃었다. 1812년 러시아를 침략한 것이 그를 권좌에서 끌어내리고 통일된 유럽이라는 그의 꿈을 좌절시킨 단 하나의 결정이었다. 1811년 나폴레옹 보나파르트는 명실상부 유럽의 지배자였다. 그의 군대는 스페인에서 폴란드까지 유럽 전역을 집어삼켰다. 나폴레옹의 절대 권력에 여전히 대항하던 나라는 러시아와 영국 딱 두 곳이었다. 러시아는 인구와 영토 면적으로 보면 단연코 대국이었다. 그러나 경제가 허약했고 문맹률도 높았다. 나폴레옹의 진짜 적은 대영제국이었다. 지난 20년간 대영제국은 막대한 부를 앞세워 나폴레옹의 정복에 저항하는 다른 유럽 국가들에게 군자금을 댔다. 그뿐 아니라 여전히 세계 바다의 제해권을 장악했던 영국 해군은 프랑스의 항구 대부분을 봉쇄했고 영국이 나폴레옹 제국의 어디든 위협할 수 있는 든든한 뒷배가 되어 주었다.

1805년 트라팔가르 전투에서 승리한 이후 영국의 제해권이 완성되었다. 그나마 나폴레옹이 마음대로 주무르던 해군들마저 모두가 항구에 발이 묶였다. 심지어 영국은 당시 스페인에서 발생한 반란을 지원하고 있었고, 그 반란은 상당한 성공을 거두며 갈수록 기세가 오르고 있었다. 영국 해군이 바다의 신 포세이돈처럼 버티고 있어 도버 해협을 건널 방법이 없으니 영국을 징벌하기 위한 직접적인 군사행동이 불가능했다. 그러나 나폴레옹에게 영국을 공격할 카드가 전혀 없던 것은 아니었다. 경제적인 공격이 가능했다. 영국 국부의 상당 부분은 자국 상업이 호황을 누리는 것에 따른 직접적인 결과물이었다. 상업의 성공은 대부분 다양한 유럽 국가들과의 활발한 무역에서 비롯했고 또한 그런 무역을 통해 부의 대부분이 창출되었다. 그리고 무역에 부과된 세금은 영국 왕실의 금고로 직행했을 뿐 아니라 프랑스와 대치하는 국가들을 지원했다. 또한 웰링턴 공작Duke Wellington 아서 웰즐리Arthur Wellesley가 지휘하는 스페인 주둔군을 포함해 세계 최대 해군의 군사비를 충당했다. 따라서 나폴레옹은 영국을 상업적으로 고립시킬 필요가 있었다. 이를 위해 나폴레옹은 프랑스의 통치를 받던 모든 동맹국과 위성국들이 자신의 '대륙 봉쇄'에 동참하기를 강요했다. 대륙 봉쇄령의 주요 목표는 영국이 생산한 물품과 영국 상선들을 '왕따'시키는 것이었다. 한마디로 영국과의 무역을 금지하는 것이었다. 이런 경제 봉쇄에 대해 영국은 프랑스 제품의 수입을 금지함으로써 맞불을 놓았지만, 그 보복 전술은 밀수가 성행하는 바람에 실패했다. 어찌 보면 당연한 말이지만 프랑스는 수출에 대해서는 유의미한 통제 노력을 전혀 하지 않았고, 그럴 마음도 없었다.

당시 밀수는 아주 횡행했다. 유럽의 작은 항구들은 영국 밀수업자들 덕분에 호황을 누리며 부유해졌다.(영국의 일부 작은 항구들도 똑같은 이유로 부유해졌다) 대륙봉쇄에서 가장 큰 구멍은 러시아였다. 러시아는 나폴레옹에 정복된 적도 없었을뿐더러 나폴레옹의 동맹인 적도 없었고, 상트페테르부르크를 비롯해 자국 내 어떤 항구에서도 영국 상선들의 출입을 규제하지 않았다. 이처럼 영국 무역상들이 별다른 위험 없이 거의 자유롭게 활동할 수 있던 배경은 영국 해군이 아주 막강하게 버티고 있었던 덕분이었다. 1810년 영국산 제품이 러시아를 우회해 유럽으로 역수입됨으로써 나폴레옹의 경제 봉쇄 노력이 어느 정도 타격을 입었다. 이것은 당대, 아니 인류 역사상 가장 위대한 장군이 러시아를 침략하고, 나아가 자신의 절대 권위에 대한 대륙의 마지막 군사적 위협을 제거하는 동시에 영국산 제품이 유럽으로 들어올 마지막 통로를 제거하기 위한 군사적 행동에 나서는 빌미가 되었다.

나폴레옹이 러시아를 침략하기로 선택한 데는 아마 다른 이유들도 있었을 것이다. 가령 나폴레옹은 강산이 거의 두 번이 바뀌는 긴 시간 동안 정복 전쟁을 벌였는데도 전투에서 한 번도 패한 적이 없었다. 고로 러시아를 침략하기로 결정한 데에는 불패 신화에 기댄 그의 오만이 한몫했음이 틀림없다. 그는 러시아를 침략해서 다른 모든 전투에서 그랬듯 러시아 군대를 패배시킨 다음 그들의 항복을 받아 낼 작정이었음이 분명하다. 러시아는 예전부터 나폴레옹에게 날을 세우는 몇몇 대對프랑스 동맹들에 가담했다. 게다가 러시아의 예전 동맹국들인 프로이센과 오스트리아가 프랑스의 지배에서 벗어나려 끊임없이 시도했는데, 이런 움직임은 러시아가 독립국의 지위를 유지하는 데서 자극을 받았다고 봐도 틀리지 않다. 일단 패배한다면 러시아도 나폴레옹 제국의 통치를 받는 동맹국 및 위성국들과 같은 신세가 될 터였다. 왕도 군주도 황제도 사라질 것이었다. 프랑스혁명의 평등주의적 철학이 나폴레옹이 정복한 모든 땅으로 확산되어 그들 국가를 하나로 묶을 터였다. 물론 나폴레옹의 지배를 받는 통일된 제국이 될 것이라는 말이다.

마지막으로, 나폴레옹이 항상 공언한 목표가 있었다. 로마제국이 멸망한 후로 유럽은 거의 언제나 전시 또는 전쟁 준비 중이었다. 유럽은 1,000년에 걸쳐 싸웠다. 특히 30년전쟁과 많은 왕위 계승 전쟁들의 끔찍한 결과가 아직도 기억에 생생했다. 이에 나폴레옹은, 만약 자신이 모든 유럽 국가를 하나의 깃발 아래에 통합한다면, 다른 말로 하나의 제국으로 통일한다면, 그것은 유럽 땅에서 전쟁의 완전한 종식을 의미한다고 생각했다. 사실상 그가 정복 전쟁을 벌이는 이유는 유럽의 궁극적인 평화를 위해서였다. 더는 싸울 상대가 없어서 찾아오는 평화 말이다. 그런 평화로 가는 길에 영국과 러시아가 걸림돌이었다. 그 두 나라가 독립국으로 존재하는 한, 나폴레옹은 자신의 원대한 목표를 달성하지 못할 터였다.

그리하여 1812년, 유럽 역사상 최대 규모의 군대가 수백 킬로미터에 달하는 러시아 국경을 따라 집결했다. 프랑스 병사들을 주축으로 나폴레옹의 통치를 받던 동맹국과 위성국들이 자의 반 타의 반 파견한 병사들까지 합해 총 60만의 군대가 러시아로 진군하거나 양 측면을 엄호했다. 처음에는 나폴레옹이 지금까지처럼 무패 기록을 이어 갔다. 아일라우에서 벌어진 러시아 군대와의 첫 전투는 무승부로 끝났다. 앞이 보이지 않을 정도의 눈 폭풍이 몰아치고 명령에 혼선이 빚어지는 바람에 나폴레옹 군대가 발목을 잡혔다. 그 틈을 타서 러시아 군대는 퇴각했다. 대육군(1805년에 프랑스군을 중심으로 조직된 군대로 이후 나폴레옹 제국의 다국적 군대를 말한다. – 옮긴이)이 러시아의 수도 두 개 중 하나를 향해 동진했다. 바로 모스크바였다. 나폴레옹은 보로디노에서 러시아 군대를 섬멸했지만 나폴레옹 군대도 상당한 타격을 입었다. 며칠 후 나폴레옹은 사실상 버린 도시나 다름없던(그리고 이내 불길에 휩싸이게 될) 모스크바에 입성했다.(나폴레옹 군대가 입성한 당일 밤에 모스크바에 대화재가 발생해 도시 건축물의 70퍼센트가 소실되었다. – 옮긴이) 그는 또 다른 수도인 상트페테르부르크에 머물던 러시아의 차르가 순순히 자신 앞에서 패배를 인정하고 항복할 거라고 기대하며 모스크바에 머물렀다. 나폴레옹은 병사들에게 휴식을 명령하고 기다렸다. 기다리고 또 기다렸다. 기다림이 하염없이 길어졌다. 그런데도 사절단은 고사하고 개미 한 마리 얼쩡대지 않았다. 너무 오래 기다렸다. 이제 나폴레옹도 자신의 전략적 실수를 깨달았다. 그리고 약 20만의 잔여 병사들에게 폴란드로 후퇴하라는 명령을 내렸다. 하지만 때늦은 철군이었다. 그간의 전투와 강행군으로 누적된 극도의 피로감에 러시아의 혹독한 초겨울 날씨까지 겹쳐 이중고로 나폴레옹 병사들은 탈진했고 사기가 떨어졌다. 한편 러시아 군대는 직접적인 교전을 피한 채 언제나 아주 멀찍이 떨어져 호시탐탐 기회를 노렸다. 나폴레옹 군대가 행군을 멈추거나 행군 대열을 여럿으로 분할한다면 제삿날이 될 것은 불을 보듯 빤했다. 영하로 떨어진 기온은 좀체 영상으로 회복되지 않았고, 눈 때문에 마차들의 움직임이 둔해져 속도가 떨어졌다. 설상가상 말들을 먹일 목초마저 별로 남지 않은 데다가 있더라도 눈 속에 파묻혀 보이지 않았다. 나폴레옹 군대의 주요 이동 수단이었던 말들이 날마다 떼죽음 당했다. 그러나 진짜 재앙은 따로 있었다. 나폴레옹의 퇴각 군대는 몇 달 전 러시아와 모스크바를 향해 진군할 때 왔던 길로 되돌아가야 했다. 다른 선택의 여지가 없었기 때문이다. 이미 배고픔과 추위에 시달리던 병사들은, 지난여름 진군하면서 식량과 말먹이 풀을 모조리 끝장내 버렸던 황량한 전원 지대를 또다시 지나갔다. 그런 와중에 러시아의 저항은 갈수록 거세졌고, 무시무시한 코사크 병사들은 나폴레옹의 본대에서 이탈하는 낙오자들을 눈에 보이는 족족 죽여 버렸다. 식량을 구하지 못한다는 것은 굶주림과 동의어였고, 당연한 말이지만 추위와 배고픔으로 병사들이 수없이 죽어 나갔다. 마침내 나폴레옹 군대는 비스와 강을 건너 안전한 폴란드에 입성했다. 한때 25만이 넘었던 최정예 프랑스 병사들로 구성된 대육군의 본대 중 실질적인 전투병은 채 1만 명도 남지 않았다.

사실상 대육군은 와해된 것이나 다름없었다. 그럼에도 나폴레옹의 정복 야욕은 식을 줄 몰랐다. 나폴레옹은 프랑스로 돌아와서 더 많은 병사들을 징집해 훈련시켰다. 그러나 신출내기 징집병만으로는 충분하지 않았다. 앞선 러시아 원정으로 너무 많은 노련한 병사들과 너무 많은 장교들 그리고 너무 많은 부사관들을 잃었다. 말조차 부족했다. 고도로 훈련받은 전문적인 전투 기계의 심장이 추운 러시아의 황무지에서 죽어 버렸다. 이후 프랑스와 프랑스 군대는 다시 일어나지 못했다. 러시아 원정이 실패하고 1년도 지나기 전에 프로이센과 러시아는 물론이고 심지어 스웨덴까지 합심해 반反나폴레옹 동맹(제6차 대프랑스 동맹이었다. – 옮긴이)을 결성했고, 제국민 전투Battle of Nations라고도 불리는 라이프치히 전투에서 나머지 대육군에게 결정적인 패배를 안겨 주었다. 라이프치히에서 뼈아픈 패배를 당하고 몇 달 후 나폴레옹 보나파르트는 임시정부의 퇴위 결정을 받아들여 유럽의 통치자에서 내려와 엘바 섬으로 쓸쓸히 유배를 떠났다.

나폴레옹 보나파르트의 많은 장군과 군대 원수들이 러시아 원정을 말렸다. 러시아는 낙후된 후진국이라서 그 자체로 나머지 유럽에 전혀 위협이 되지 않을뿐더러, 러시아는 사실상 미지의 땅으로 그들이 정복한 유럽과는 크게 다르다는 이유에서였다. 러시아를 침략하는 것은 불필요한 위험을 무릅쓰는 것이라고 지적하는 장군과 원수들도 있었다. 나폴레옹이 그들의 말에 귀를 기울였더라면 어땠을까? 영국이 나폴레옹을 헐뜯고 비방하기 위해 고의로 유포한 흑색선전을 믿는 사람들이 많았음에도, 사실 나폴레옹은 상당히 계몽된 통치자였다. 그는 유럽이 통일되어야 한다고 확신했다. 물론 이왕이면 자신이 통일된 유럽의 통치자였으면 더 좋고 말이다. 그는 과학, 문맹 퇴치와 교육, 사회 안정망 등을 장려했다. 또한 부상병들을 치료하기 위한 수용 시설, 전사자에 대한 유족 연금, 과학적으로 진보된 의무 부대 등은 오늘날까지도 모든 군대의 모델이다. 예컨대 현재 미국의 재향 군인 병원은 프랑스의 보훈병원 앵발리드Les Invalides의 직접적인 후손이다. 게다가 1798년 젊은 나폴레옹이 이집트 원정에 나섰을 때 다양한 분야의 과학자들을 대동했는데 그 수가 무려 400명이 넘었다. 그뿐만 아니라 오늘날의 진보된 많은 기술은 그의 통치 아래서 탄생했다. 가령 통조림은 대육군이 러시아를 침략할 때 병참부에서 식품을 신선하게 보존, 저장하기 위한 최선의 방법을 공모한 일종의 아이디어 경진 대회에서 발명됐다. 마지막으로 나폴레옹은 법치를 믿었고 계약의 신성함을 존중했다. 심지어 오늘날 유럽 대부분 국가들의 법률은 나폴레옹 법전에 기반을 둔다.

이런 모든 것을 종합해 볼 때, 어쩌면 나폴레옹 제국이 존속하는 것이 유럽의 많은 국가들에게 유익했을지도 모른다. 당연히 영국은 예외였겠지만 말이다. 가령 독일은 50년 정도 일찍 통일되었을 가능성도 있다. 그렇더라도 독일은 확대된 유럽을 표방하는 더 큰 유럽Greater Europe(전통적인 지리적 경계를 초월해, 유럽 대륙과 지리적으로 가까운 동시에 정치적, 경제적, 문화적으로 유럽과 연관이 깊은 국가들을 포함하는 유럽을 의미한다. – 옮긴이)에 동참했을 것이다. 나폴레옹 제국 이후에는 적어도 유럽 대륙에서 전쟁이 사라졌을지도 모르겠다. 확실한 것은, 독일과 프랑스를 비롯해 유럽 대륙의 모든 나라가 두 차례 세계대전이 초래한 지울 수 없는 상처를 피할 수 있었으리라는 점이다. 또한 나폴레옹 통치 아래서 과학이 발전하고, 이후에도 계속 발전을 이어 갔을 공산이 크다. 가능성은 매우 희박하지만 혹시라도 영국과 평화 관계를 맺었더라면, 무역이 활성화되는 것은 물론이고 이미 프랑스에서 사용되는 새로운 제조 기법들이 널리 확산됨에 따라 유럽 경제가 호황을 누렸을지 누가 알겠는가. 그러나 세상만사에는 빛과 그림자가 있기 마련이다. 당연히 나폴레옹 일가가 무소불위의 권력을 행사함에 따라 암울한 결과도 있었을 것이다. 행여 나쁜 황제가 전횡을 일삼아도 제도든 세력이든 그의 행동에 균형을 잡아 줄 무언가가 거의 없었을 수도 있었다. 또한 로마제국의 미친 황제들과 같이, 그런 황제가 제국을 위험에 빠뜨렸을 수도 있다. 그래도 만약 나폴레옹이 장군과 원수들의 말에 귀를 기울였다면, 그래서 자신의 권력 기반이었던 군대의 와해를 막았더라면 어떠했을지 진한 아쉬움이 남는다. 그랬더라면 이후 200년간 유럽의 역사는 훨씬 더 평화롭게 전개되었을 가능성이 매우 높다.

콰트레브라에서 전투에서 미셸 네 장군이 저지른 두 가지 실수 : 1815년

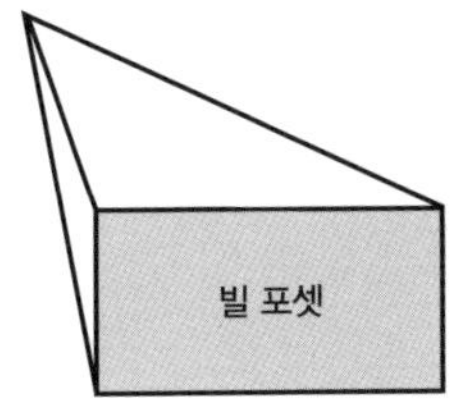

"나폴레옹은 용자 중에 최고 용자가 아니라 현자 중에 최고 현자를 군대 지휘관으로 임명했어야 했다"

나폴레옹의 정복 전쟁과 관련해 많은 사람들이 착각하는 것이 있다. 나폴레옹 보나파르트가 워털루전투에서 패배했다고 믿는 사람들이 많지만 이는 사실이 아니다. 물론 프랑스는 워털루전투에서 패배했다. 하지만 그 전투에서 패한 '사람'은 나폴레옹이 아니라 미셸 네Michel Ney 원수다. 네 원수는 자타공인 용감한 군인이었다. 프랑스 사람들이 종종 그를 "용자 중의 최고 용자"라고 부를 정도였다. 나폴레옹의 신임도 두터워 재앙으로 끝난 러시아 원정에서 퇴각할 때 네 원수에게 후방 부대의 지휘를 맡겼다. 처음 퇴각을 시작했을 당시 그의 군대는 2만 5,000명이었지만 안전한 폴란드로 넘어가기 위해 비스와 강에 다다랐을 때 남은 병사는 500명에 불과했다. 하지만 그의 병사들은 지휘관을 믿고 완벽한 대형을 이뤄 질서정연하게 강의 다리를 건넜다. 후방 부대를 이끌고 퇴각하는 여정에서 마음고생이 너무 심해서 그의 유명한 빨강머리가 완전히 백발로 변했다. 나폴레옹이 미셸 네를 신임한 데는 의문의 여지가 없었고, 지휘관으로 훌륭한 네의 명령을 병사들은 싸움터에서 의심 없이 따랐을 것이 분명했다. 특별한 변수가 없는 한, 나폴레옹이 네 원수가 가장 공격적인 군대 지휘관이라고 믿을 만한 근거는 차고 넘쳤다. 네 자신도 병사들을 직접 이끌고 전투를 지휘하는 일을 사랑했다. 심지어 전장에서 멀찍이 떨어진 사령부에서 안전하게 머무는 것보다 병사들과 함께 최선봉에서 돌격하는 것을 더 좋아했다. 한마디로 타고난 야전 체질이었다. 그런데 이런 성향이 화를 부르고 말았다. 그는 이틀 간격으로 벌어진 하루짜리 전투 두 개에서 결정적인 실수를 세 개나 저질렀고, 이는 프랑스의 패배로 직결되었다.

1815년 나폴레옹 보나파르트가 유배지 엘바 섬을 탈출해 열렬한 환영을 받으며 프랑스로 화려하게 귀환했다. 프랑스 국왕이 그를 체포하러 보냈던 모든 부대가 국왕의 명령을 거역하고 오히려 나폴레옹의 군대에 합류했다. 나폴레옹 정권에서 군대 원수를 지냈던 사람들이 나폴레옹이 실각한 이후 왕위에 오른 부르봉 왕가의 루이 18세Louis XVIII 통치 아래에서 지위를 그대로 유지하고 있었다. 미셸 네도 국왕이 파병한 나폴레옹 체포 부대의 지휘관 중 하나였고, 그는 왕에게 나폴레옹을 잡아서 동물 우리에 넣어 돌아오겠다고 큰소리쳤더랬다. 드디어 어제의 군신軍臣이 오늘의 적으로 만났다. 네는 병사들의 맨 앞에 서서 예전에 황제로 모셨던 이와 마주했다. 사실 그의 뒤에 사열한 병사들은 이미 나폴레옹 편으로 돌아선 상태였다. 둘 사이에 아주 잠깐 긴장이 흘렀다. 진위 여부는 몰라도 전해지는 말에 따르면, 네가 보병들에게 발포 명령을 했는데도 아무도 명령을 따르지 않았다고 한다. 어쨌든 확실한 사실은, 몇 분이 지나지 않아 네가 나폴레옹에게 다가갔고 나폴레옹이 그를 아주 열렬히 맞아 주었다는 것이다. 네는 경례를 했고 다시 예전 황제의 충성스러운 부하가 되었다. 한 사람의 일탈자도 없이 1만 5,000명 병사 모두가 그 두 사람 뒤에 사열해서 파리를 향해 진군하기 시작했다. 며칠 후 루이 18세는 프랑스를 탈출했고, 나폴레옹은 곧바로 프랑스의 통치권을 되찾아 황제로 복위했다.

이전 20년간 영국, 프로이센, 오스트리아, 러시아 등이 주축이 되어 대프랑스 동맹이 수차례 결성된 시점이었다. 일부 국가는 나폴레옹 군대를 상대로 끊임없이 싸웠고 또 일부는 나폴레옹에게 점령당했다. 나폴레옹이 다시 권좌에 오르자 이번에도 군사동맹이 결성되었다. 제7차 대프랑스 동맹이었다. 동맹국들은 즉각 군대를 소집했고 프랑스를 향해 진군했다. 그러나 동맹군들은 서로 수백 킬로미터 떨어진 곳에서 각각 출발했다. 오스트리아 군대와 러시아 군대는 프랑스에 닿으려면 수주일은 걸릴 터였다. 반면 영국과 프로이센은 지리적으로 프랑스와 가까웠던 터라 각각 며칠만 행군하면 두 군대가 합류할 수 있었다. 영국과 네덜란드 연합군은 웰링턴 공작이, 프로이센 군대는 블뤼허Gebhard Leberecht von Blücher 육군 원수가 지휘했다. 블뤼허는 20년 이상 프랑스를 상대로 전쟁을 해 왔지만 이제는 일흔도 훌쩍 넘긴 데다 살이 찌고 기력이 쇠해져 가끔은 말이 아니라 마차에 타서 전투를 지휘했다. 그럼에도 그는 '전진 원수Marshal Forwards'라는 별명답게 지휘관으로서의 뜨거운 열정을 조금도 잃지 않았다. 웰링턴의 군대가 브뤼셀 인근에 진영을 구축했고 블뤼허 군대는 독일을 출발해 그곳으로 진군했다. 웰링턴의 군대는 약 7만 명이었는데, 그들 중에서 그와 함께 스페인에서 프랑스 군대와 싸웠던 노련한 병사들은 채 절반에도 못 미쳤다. 게다가 우려되는 또 다른 점도 있었다. 그가 지휘하던 네덜란드 군대의 많은 병사들이 불과 몇 년 전에는 나폴레옹의 병사들이었다는 점이다. 한편 블뤼허 군대는 8만 명이었지만, 거의 모두가 이번에 새로 들어온 신병인 만큼 전투 경험이 있을 리 만무했다. 반면에 웰링턴과 블뤼허를 향해 북진하던 나폴레옹 군대는 약 11만이었다. 나폴레옹은 자신의 전형적인 방식대로 각개격파 전술을 선택했고, 두 군대를 급습한 다음 두 군대 사이에 자리를 잡았다.

나폴레옹 군대의 오른쪽에는 블뤼허의 프로이센 군대가 있었고, 왼쪽에는 콰트레브라Quatre Bras 교차로가 있었다. 사실 콰트레브라는 이번 전투에서 결정적으로 중요한 요충지로 반드시 사수해야 했다. 나폴레옹은 군대를 셋으로 나누었다. 자신이 7만 1,000명의 병사들을 이끌고 블뤼허와 프로이센 군대를 향해 오른쪽으로 진군했다. 그리고 네 원수에게 병사 2만 5,000명을 내주면서 콰트레브라 사거리를 장악하라고 명령했다. 그런 다음 또 다른 지휘관인 에를롱 백작Comte d'Erlon에게 네의 군대를 지원하기 위해 출발하라고 명령했다. 이렇게 지원군까지 보냈다는 사실은 콰트레브라 사거리를 확보하는 일의 중요성을 방증한다. 그곳을 손에 넣으면, 전황이 어떻게 전개되든 브뤼셀을 무방비 상태로 놔둔 채로 영국군과 프로이센군이 합류할 수 없었다. 6월 15일 밤, 나폴레옹은 네 원수에게 콰트레브라를 함락하라고 구두로 명령했다. 바로 그 시점에서 네가 첫 번째 실수를 저질렀다. 그는 자신의 군대 야영지로 돌아온 후 병사들에게 아무 지시도 하지 않고 곧장 잠들었다. 그 바람에 다음 날 16일 병사들을 모아서 진군 대형을 짜는 데만도 몇 시간이 걸렸다. 이로써 네 군대가 다음 날 아침나절에 목표 지점에 도착하는 것은 물 건너갔다. 실제로 다음 날 오전 열한 시가 되어 가도록 그의 선두 부대조차 콰트레브라에 도착하지 못했다. 그날 아침 네덜란드의 진영에서는 사뭇 다른 그림이 그려졌다. 네덜란드 장군들인 장 빅토르 콩스탕 레베크Jean Victor de Constant Rebecque 남작(사실은 스위스 출신의 장교로 네덜란드 군대에서 복무 중이었다)과 페르포치-세들니츠키Perponcher-Sedlnitzky 백작 헨드리크 조르주Hendrik George는 콰트레브라의 전략적 가치를 깨달았고, 그곳을 방어하기 위해 단독 부대를 이끌고 급하게 이동했다. 영국과 네덜란드의 나머지 군대들에도 콰트레브라 교차로를 방어하는 데 지원하라는 명령이 내려졌지만, 모두 몇 시간 떨어진 곳에 있는 상황이었다.

한편 나폴레옹은 병사들을 이끌고 그날 하루 종일 리니Ligny에서 블뤼허의 프로이센 군대와 맞대결을 펼쳤다. 두 군대가 벌이던 사생결단의 혈투는 결국 블뤼허 군대의 대패로 끝났다.

드디어 네 원수의 사단이 콰트레브라에 도착했다. 하지만 이미 그곳은 영국-네덜란드 연합군이 장악하고 있었다. 그때가 두 시였는데, 연합군은 겨우 병사 8,000명에 대포는 12문에 불과했다. 반면 네의 선두 부대는 병사 2만에 대포도 60문이나 되었으니, 수적으로나 화력으로나 월등히 우세했다. 따라서 군대를 총동원한 한 번의 결정적인 공격이면 콰트레브라에서 연합군을 충분히 몰아낼 수도 있었다. 그러나 네 원수는 실수를 저질렀다. 주저한 것이다. 그는 연합군의 보병이 겨우 8,000명 남짓인데다 그들을 지원하는 기병도 50명이었고 대포도 12문뿐이라는 사실을 빤히 눈으로 보고서도 선뜻 행동하지 않았다. 프랑스의 모든 원수들은 스페인에서 벌어진 반도 전쟁Peninsula War(스페인과 포르투갈이 나폴레옹의 지배에 대항하여 일으킨 전쟁으로, 웰링턴이 지휘하던 영국-스페인 연합군이 승리했다. - 옮긴이)에서 웰링턴 군대를 상대하면서 혹독한 대가를 치르고 뼈아픈 교훈을 하나 배운 바가 있었다. 가끔은 눈에 보이는 병사들이 적의 전체 병력이 아니라는 사실이었다. 웰링턴이 여차하면 지원군으로 쓰려고 인근에 또 다른 병력을 배치했던 것이다. 이미 오후 두 시였으니 총공격을 감행해도 시원찮을 판에 돌격하는 대신에 네 원수가 아주 신중하고 천천히 진군했던 이유는 이 때문이었다. 한편 네 원수는 전진하기에 앞서 전령을 시켜 에를롱에게 군대를 이끌고 콰트레브라로 서둘러 와 달라는 전갈을 보냈다. 한쪽에 숲이 있는 지역에 가까이 갔을 때는, 행여 측면을 기습 공격하기 위해 숲에 매복한 연합군이 없다는 확신이 들 때까지 군대 전체의 전진 속도를 늦추었다. 그즈음 나폴레옹으로부터 콰트레브라 교차로의 중요성을 강조하며 공격을 지시하는 서면 명령이 도착했다. 네 원수는 공격을 밀어붙였고, 연합군의 약한 전선을 돌파하기 시작했다. 웰링턴은 세 시에 전장에 도착했다. 콰트레브라를 수비하던 군대는 이미 적에 돌파당해, 그 전선이 무너지고 있었다. 그 때였다. 벨기에와 네덜란드의 기병 여단이 영국군을 지원하기 위해 도착했고 무너지던 전선을 보강했다. 비록 당시 22세였던 오라녜Orange 공의 무능한 지휘 통솔 때문에 그 기병 여단은 패배했지만, 30분쯤 후 픽턴Thomas Picton이 이끄는 8,000명의 증원 부대가 도착할 때까지 어떻게든 버티며 시간을 끌어 주었다. 그리하여 네 원수의 프랑스군은 2차 공격에 나서고 나서 새로 합류한 경험 많은 보병들로 구성된 두 번째 전선에 맞닥뜨렸고 결국 후퇴했다.

네 원수는 일단 전장에서 물러나 뒤따라오던 에를롱 군대가 도착하기를 기다렸다. 에를롱의 군대만 합류하면 웰링턴 군대보다 다시 수적으로 우세해지고 콰트레브라에 달려들어 측면에서 공격할 수 있을 터였다. 그러나 불행하게도 이 판단 역시도 실수였다. 네 원수의 군대를 지원하려고 진군 중인 에를롱에게 나폴레옹의 부관 중 하나였던 베두아예르Bédoyère 장군이 찾아왔다. 나폴레옹이 싸우던 리니에서의 전투 상황을 잘 알았던 그가 에를롱에게 진군 방향을 돌려 프로이센 군대의 측면을 공격하라고 명령했다. 에를롱은 나폴레옹의 권한을 위임받은 베두아예르의 명령을 따를 수밖에 없었다. 그래서 그는 리니를 향해 출발했고 네 원수가 자신을 애타게 기다리던 그 시각 콰트레브라에서 갈수록 멀어졌다.

네 원수는 그런 사정도 모른 채 여전히 에를롱을 기다리고 있었다. 아무리 기다려도 에를롱의 코빼기조차 보이지 않자 그는 콰트레브라로 서둘러 오라는 구체적인 명령을 전달하도록 부관 한 명을 부랴부랴 보냈다. 그런 다음 그는 또다시 실수를 저질렀다. 여전히 병사도 대포도 그의 군대가 웰링턴보다 우세했는데도 직접 공격하지 않고 에를롱만 목 빠지게 기다렸던 것이다. 한편 네가 자신을 그토록 애타게 기다리는 줄 꿈에도 몰랐던 에를롱은 몇 시간을 행군해서 마침내 리니에 도착했다. 그런데 하필이면 잘못된 장소에 도착하고 말았다. 본래 계획인 프로이센 군대의 측면이 아니라 프랑스 전선의 뒤쪽에 도착한 것이다. 저 멀리 좌측 후방에서 대군이 보이자 겁을 먹은 프랑스의 도미니크 방담Dominique Vandamme 장군의 제3군단은 적이 후위 공격을 해 오는 줄 알고 공황 상태에 빠져 우왕좌왕했다. 한 시간 후에야 그들이 웰링턴의 영국군이 아니라 같은 프랑스군이라는 사실을 깨달았다. 하지만 이미 에를롱의 별동대가 결정적인 공격을 감행할 기회는 사라지고 말았다. 그리하여 에를롱 군대는 몇 시간을 행군해 와서 빤히 적군이 눈에 보이는데도 리니에서 총 한번 쏴 보지 못했다.

다시 콰트레브라 전투 이야기를 해 보자. 영국군이 거세게 반격했다. 네 원수는 콰트레브라 교차로의 중요성을 상기시켜 주는 나폴레옹의 명령을 받아 가뜩이나 마음이 무거운 상태인데 설상가상 영국군이 극렬히 반격해 오자 그만 성질이 폭발하고 말았다. 그는 다짜고짜 기병들을 시켜 에를롱에게 지금 어디에 있든 당장 콰트레브라로 오라는 전갈을 보냈다. 그리하여 리니에서 싸우던 프랑스 군대는, 하나의 군단 전체가 전장에 도착하는 것을 보았고 그런 다음 그 군단이 총 한번 쏘지 않은 채 다시 전장을 떠나는 것을 보았다. 네 원수는 제 성질을 못 이겨 전령들을 보내 놓고는 이번에도 에를롱 군대가 도착하기를 기다렸다. 그리고 땅거미가 내려앉던 오후 여섯 시쯤 나폴레옹으로부터 콰트레브라 교차로를 공격하라는 명령이 또다시 도착했다. 그러나 이미 너무 늦었다. 프랑스군이 공격하기 전에 영국군이 먼저 반격해 왔다.(이제 영국군은 증원되어 3만 6,000명이었고 네의 군대는 2만 명이었다) 이후 세 시간에 걸쳐 수적 열세에 몰린 프랑스군은 계속 수세를 면치 못했고, 마침내 네덜란드의 페르포치 군대가 오전에 전선을 형성했던 곳 너머까지 밀려났다. 전투는 결국 무승부로 끝났지만, 양측을 통틀어 8,000명이 넘는 사상자가 발생했고 양측의 피해 규모는 엇비슷했다.

만약 네 원수가 6월 16일 아침 적의 움직임이 감지되었을 때라도 신속하게 움직였더라면 콰트레브라에 웰링턴의 영국군보다 먼저 도착했을 것이다. 여러 정황을 종합해 보면, 네의 군대는 늑장을 부리다 빨라야 해가 뜨고 세 시간이 지났을 무렵 진군을 시작했을 것으로 보인다. 심지어 아무리 꾸물거리며 시간을 지체했더라도 만약 선두 부대가 정오 전에만 도착할 수 있었더라면, 영국군의 본대가 도착하기 전이라 콰트레브라를 수비하던 수천의 연합군 정도는 쉽게 몰아낼 수도 있었을 것이다. 그러나 네 원수는 심지어 적이 가까이 있는데도 굼벵이처럼 움직였고 그 움직임에 긴박함이라곤 눈을 씻고 봐도 없었다. 결과적으로 그는 인명 피해도 거의 없이 결정적인 승리를 거둘 기회를 놓치고 말았다. 그뿐만 아니라 그가 제 성질을 못 이겨 홧김에 에를롱에게 당장 돌아오라고 재차 명령하는 실수를 저지르는 바람에 나폴레옹은 퇴주하는 프로이센 군대를 추격할 증원 군대가 없는 상황에 놓이고 말았다. 네 원수는 1차 공격을 마치고 물러나서 에를롱 군대가 도착하기를 기다리며 두 시간을 허비한 뒤에 다시 공격함으로써 수적 우세를 앞세워 승부를 결정지을 기회를 날려 버렸다. 그리하여 전략적 요충지인 콰트레브라와 그곳 교차로는 영국군의 손에 들어갔다. 이틀 간격으로 벌어진 두 개의 전투 중 첫 번째 전투에서 한 명의 장군이 치명적인 실수 두 개를 저질렀다. 엎어지면 코 닿을 곳에 적이 있음에도 천하태평으로 늑장을 부린 것이 첫 번째 실수였다. 그리고 단지 분을 삭이지 못해 충분한 정보를 제공하지도 않은 채로 에를롱 군대에 콰트레브라로 되돌아오라는, 그것도 나폴레옹의 명령들과 상반되는 요구를 한 것이 두 번째 실수였다. 에를롱의 군단이 어째서 나폴레옹이 싸우던 주요한 전투로 방향을 선회했는지는 조금도 아랑곳하지 않고 무조건 자신에게 되돌아오라고 명령한 것은 명백히 실수였다. 이처럼 네 원수의 어처구니없는 실수 두 개 때문에 쉽게 승리할 수 있던 전투를 놓치고 말았다. 하지만 이틀 후 네 원수가 대망의 워털루전투에서 저지르는 실수에 비하면 그 두 가지는 새 발의 피였다.

네 원수가 콰트레브라를 함락했더라면 영국군은 브뤼셀 쪽으로 크게 밀려날 수밖에 없었을 것이다. 이틀 후 벌어진 워털루전투는 아슬아슬한 순간에 때마침 도착한 프로이센 군대에 의해 전세가 역전되었다. 그런데 만약 나폴레옹의 추격이 성공해서 블뤼허 군대가 전장에 조금만 늦게 도착했더라면, 또는 웰링턴의 영국-네덜란드 연합군이 퇴각 중이라는 사실을 알고 아예 오지 않았더라면, 워털루전투는 오늘날 다른 이름으로 불렸을 듯싶다. 어떤 것이든 나폴레옹이 정한 이름으로 말이다. 전투의 이름은 승자가 정하는 것이 불문율이기 때문이다. 어쨌든 프로이센이라는 변수가 없었더라면 워털루전투는 '초접전'이 아니라 프랑스의 압승이었을 가능성이 높다.

사실 워털루전투는 워털루에서 싸운 것이 아니었다. 웰링턴은 콰트레브라와 우구몽이라는 지명들은 영국인들이 발음하기가 어렵다고 생각했다. 그래서 그는 인근 마을이었던 워털루를 따서 전투 이름을 명명했다.

콰트레브라를 함락하려는 계획이 실패했음에도, 나폴레옹은 용자 중의 최고 용자에 대한 신뢰를 거두지 않았다. 한편 나폴레옹은 하루 종일 피 말리는 전투를 이어 가다 보니 몸에 무리가 생겨 건강 상태가 나빠졌고, 워털루전투에서는 말을 타고 전장을 누비며 지휘할 수 없는 지경이 되었다. 이에 그는 콰트레브라에서의 실수에도 불구하고 네 원수라는 카드를 꺼내 들었다. 네 장군에게 워털루전투의 지휘권을 이양했던 것이다.

흑역사 027

나폴레옹을 퇴위시켜 버린 미셸 네의 착각 : 1815년

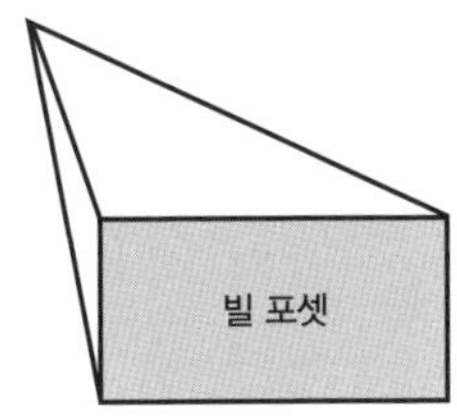

"워털루에서 보인 행동에 비하면
콰트레브라에서의 네 원수는 지략이 뛰어난 편이었다"

리니에서 프로이센 군대를 대패시킨 나폴레옹은 한껏 기세가 올랐다. 다음 날 그는 대군을 이끌고 웰링턴이 지휘하던 영국-네덜란드 연합군을 상대하기 위해 이동했다. 네 원수는 그날 아침도 늑장을 부렸다. 설상가상 (프랑스 입장에서는) 불행하게도 천둥번개를 동반한 폭풍우까지 불어 닥쳤다. 그러나 궂은 날씨 덕분에 약간이나마 웰링턴의 숨통이 틔었다. 다소 어려움은 있었지만 그래도 큰 문제 없이 퇴각할 수 있었으니 말이다. 한편 나폴레옹에게 혼쭐이 난 프로이센 군대는 리에주가 아니라 우아브르로 퇴각하기로 결정했다. 덕분에 다음 날 워털루 전장으로 곧장 진군할 수 있었다. 나폴레옹은 그루시Emmanuel de Grouchy에게 3만 3,000명 별동대를 데

리고 퇴각하는 프로이센 군대를 추격하라고 명령했다. 그런데 그루시 군대는 소임을 달성하지 못했다. 오히려 판단 착오 등으로 어설프게 추격하는 바람에 되레 프로이센 군대의 진군을 도와주는 셈이 되었다.

콰트레브라와 리니에서 각각 전투를 치르고 이틀 뒤 드디어 웰링턴과 나폴레옹이 한 전장에 모였다. 먼저 양측의 병력과 구성부터 비교해 보자. 나폴레옹의 병력은 대부분이 믿을 수 있는 유능한 병사들로 구성된 7만 1,000명이었고, 그중 1만 6,000명은 기병이었다. 그리고 대포는 246문이 준비되었다. 특히 프랑스의 포병대는 아직까지도 유럽 최고, 아니 포병에 있어서만은 세계 최고였다. 한편 웰링턴의 군대도 보병 수는 엇비슷했지만, 대포는 156문에 불과했고 기병도 1만 2,000명 남짓이었다. 웰링턴의 군대는 영국군과 네덜란드 신병들로 이뤄졌고, 네덜란드군의 지휘관은 오라녜 공이었는데 웰링턴 전선의 중앙을 맡았다. 영국군의 절반 가까이는 스페인의 반도 전쟁에 참전한 노련한 군인들이었고 나머지는 역시 신병이었다. 웰링턴은 전투를 시작하기 전만 해도 네덜란드 군대에 대해 약간 의구심을 품었지만, 막상 전투를 시작해 보니 이는 기우였다. 오히려 많은 병사들이 대단한 용기와 놀라운 희생을 보여 주었다.

나폴레옹 전쟁에서 대미를 장식할 중요한 전투에서 두 군대가 대치한 전장의 폭은 겨우 5킬로미터 정도에 불과했다. 나폴레옹은 영국-네덜란드 연합군이 잘 볼 수 있는 곳에 군대를 정렬했다. 이렇게 한 데는 나름의 이유가 있었다. 상대방을 겁주기 위함이었다. 특히 웰링턴 공작 군대의 거의 40퍼센트를 차지하는 네덜란드의 '오합지졸' 병사들을 겁줘 사기를 떨어뜨리고자 했다. 한편 웰링턴은 자신의 전매특허 전열을 짰다. 군대의 상당수 병사들을 언덕 뒤편에 위치시키는 방법이었는데, 적군의 포병대 공격에서 보호할 수 있기 때문이었다. 간밤에 폭우가 내려 땅이 진창이라 나폴레옹은 땅이 마르기를 기다렸다가 전투를 개시하기로 결정했다. 마침내 아침나절 느지막이 대규모 포병대의 맹포격으로 워털루전투가 시작되었다. 언덕 반대편에 위치한 영국 군대는 프랑스의 대포 공격에도 거의 피해가 없었지만, 네덜란드 군대는 대포 공격에 고스란히 노출되어 초토화되다시피 했다. 사실상 프랑스 포병대는 전투 초반 몇 시간 내내 이어진 포격으로 상당한 전과를 올렸다. 이제는 배턴을 보병에게 넘겨줄 차례였다. 보병들이 무서운 기세로 진군했다. 이후 몇 시간에 걸친 전투 중에 나폴레옹은 두 번이나 확실한 승기를 잡았다고 생각했다. 웰링턴의 군대는 끝까지 버텨 냈지만 혹독한 대가를 치렀고, 최소 한 번은 영국 기병대의 돌격 덕분에 구사일생했다. 영국-네덜란드 연합군은 전열이 흔들리기 시작했고 엎친 데 덮친 격으로 웰링턴은 예비군마저 동나고 있었다. 반면에 나폴레옹 쪽에는 아직 상당한 규모의 예비군이 건재했다. 그뿐만 아니라 프랑스의 두 병력(제국 근위대와 기병의 절반 이상)은 아직 전투에 투입되지도 않았다. 아무래도 그들이 결정적인 순간에 결정적인 역할을 할 듯싶었다.

용자 중의 용자라는 별명답게 네 원수는 이미 전투에 뛰어들어 공격을 진두지휘하고 있었다. 나폴레옹은 건강상 문제로 오랫동안 말을 타고 전장을 누빌 형편이 아니었다. 막상막하의 전투가 벌어지는 와중에 나폴레옹은 네 원수에게 영국군의 좌측을 엄호해주던 요새 진지를 공격하라고 긴급히 명령했다. 바로 농장을 요새화한 라에상트였다. 이렇게 긴급 명령을 내린 이유는 프랑스 군대의 오른쪽 저 멀리에서 프로이센 군대의 전위가 보이기 시작했기 때문이다. 프랑스 군대는 서둘러 전투를 승리로 끝내야 했다. 그러지 못하면 동시에 두 군대를 상대해야 했다. 나폴레옹의 명령을 받은 네 원수는 두 개 여단을 이끌고 필사적인 공세를 가했지만 요새를 함락하지 못하고 밀려났다. 한편 이 공격을 선두에서 지휘하던 네 원수는 영국군이 브뤼셀로 이어지는 도로로 후퇴하는 것을 보았다. 좀 더 가까이에서는 영국의 기병대 하나가 전속력으로 도주하는 것도 보였다. 바로 그 순간 네 원수는 성급하게 잘못된 결론을 도출했고, 자신이 보고 싶은 것만 보았다. 영국군이 허물어져 퇴각한다고 확신한 것이다. 사실 그 도로가 부상병 치료 막사, 텅 빈 탄약 마차, 겨우 보행 정도가 가능한 부상병들로 꽉 차 있었으니 그렇게 보일 만도 했다. 하지만 실상은 웰링턴이 부대를 단순 이동시키는 것에 불과했다. 어쨌건 네 원수는 속으로 쾌재를 불렀다. 딱 한 번만 더 강하게 몰아붙이면 승부는 끝난다고, 영국군의 단순한 퇴각을 전면적인 패주로 만들 수 있다고 믿었다.

네 원수는 가장 가까이 있던 기병대로 급히 달려가 자신을 따라 돌격하라고 명령했다. 그들은 미요Édouard Jean Baptiste Milhaud가 지휘하던 흉갑 기병대(윗몸에 두르는 갑옷을 입고 가장 큰 말들에 올라탄 일종의 충격 기병)였다. 전장에서 적이 패주할 경우 기병대를 동원해 적을 뿔뿔이 흩뜨려 놓는 것은 전통적인 전술이었다. 네의 이번 공격도 마찬가지였다. 심지어는 나폴레옹에게 자신의 계획을 알리지도 않았다. 그런데 일이 묘하게 돌아갔다. 네 원수가 흉갑 기병대를 이끌고 영국군을 향해 돌격하는 것을 본 다른 중기병 부대들이 그들을 따르기 시작했다. 그리고 엄청난 중기병 무리가 우르르 몰려가자 다른 장교들도 휘하의 경기병들에게 그들을 따라 돌격하라고 명령했다. 그렇게 몇 분이 지나자 무려 5,000명이 넘는 프랑스 기병들이 점점 얇아지는 웰링턴의 중앙 전선을 향해 질주하는 형국이 만들어졌다.

영국-네덜란드 장교들은 프랑스 기병들이 질주해 오는 것을 보았다. 보통은 기병대가 돌격하면 포병들이 대포로 엄호해 주고 보병들이 그 뒤를 따른다. 이런 삼각 전술은 보병들의 유일한 대對기병 대형인 밀집 사각 방진에 엄청난 피해를 주는 것이다. 그런데 이번 돌격전에서는 달랑 기병대뿐이었다. 네 원수는 보병대나 포병대 어디에도 공격을 준비하라는 명령을 내리지 않았다. 네 원수는 기병대를 이끌고 뭐에 씐 듯 무조건 돌격했고 나폴레옹의 잔여 기병 대부분이 그의 뒤를 따랐다. 프랑스 장군 중 하나였던 구르고Gaspard Gourgaud가 훗날 회고록에서 당시 네 원수가 "과도한 열정에 천지분간을 못했다"라고 적었다. 그들을 위협하는 포병대가 없자 영국과 네덜란드의 보병들은 사각 방진으로 대형을 만들었고, 네의 기병들은 사각 방진을 뚫을 수 없었다. 네 원수는 프랑스 기병대 중 최정예 부대인 흉갑 기병들과 황제의 예비 기병대 대부분을 이끌고 영국-네덜란드 보병들이 구축한 사각 방진을 돌파하려고 파상공격을 이어 갔다. 한편 웰링턴의 포병들은 각자 대포에 발사 준비를 하고 마지막 순간까지 기다렸다가 발포 명령에 따라 일제히 발포한 다음 재빨리 보병들 뒤로 숨었다. 드디어 네의 기병대가 여덟 번째로 영국군의 사각 방진을 공격했다. 결국 이번이 마지막 공격이 되었다. 프랑스 기병대의 말들은 연이은 돌격으로 기진맥진했고 질주하는 것은 고사하고 제대로 달리지도 못했다. 아니 겨우 걷는 정도였다. 욱스브리지Uxbridge 경이 기병 두 개 여단을 이끌고 탈진 상태인 프랑스 기병대를 향해 돌격했고, 그들을 물리쳤다. 하지만 용맹한 프랑스 기병대는 전열을 재정비한 다음 또 다시 공격하기 위해 사각 방진들을 향해 진군했다. 물론 말들은 달리지 못했고 걷다시피 했다. 이번에는 공격은커녕 사각 방진에 이르지도 못했다. 영국 포병대가 대규모 포격으로 맞섰고 '걸어서 다가오는' 기병들을 초토화했다. 요컨대 네 원수의 돌격전은 참담히 실패했다. 그뿐 아니라 결정적인 순간에 결정적인 역할을 할 수도 있었던 나폴레옹의 잔여 예비 기병들마저 힘 한번 제대로 써 보지도 못하고 겨우 몇 시간 만에 파괴되었다. 그들의 희생으로는 거의 아무런 전과도 올리지 못했다.

나폴레옹이 말을 타고 선봉에 나와 병사들을 규합했다. 비록 프로이센 군대가 시시각각 다가오고 있었지만 아직까지는 접전이라 판단했다. 웰링턴의 전선 중앙이 여전히 흔들리고 있었다. 승리하고 싶다면 영국군과 프로이센이 합류하지 못한 지금밖에 기회가 없었다. 만약 영국군이 패주해서 프로이센 군대가 단독으로 프랑스 군대를 상대하려면, 그 전에 일단 전진을 멈춘 다음 전열을 다시 정비해야 할 터였다. 그러면 나폴레옹은 시간을 벌 수 있었다. 이에 나폴레옹은 네 원수에게 영국-네덜란드 연합군의 전략적 요새였던 라에상트를 다시 공격하라고 명령했다. 이번 공격은 마침내 성공했다. 네의 기병대에 이어 대규모 포병대가 함락된 요새로 물밀듯 들이닥쳐 무방비 상태인 네덜란드 군대를 섬멸했다. 한편 라에상트를 함락하기 위한 공격에 가담했던 에를롱은 요새가 함락되자 이제 잔존 병사들로 전열을 재정비해 웰링턴의 허약한 중앙 전선을 공격했다. 네 원수는 나폴레옹에게 마지막 예비군을 보내 달라는 긴급 전갈을 보냈다. '인간 흉기'들인 선임 근위대Old Guard였다. 이제까지 무한한 신뢰를 보냈던 나폴레옹도 이번에는 네 원수의 요청을 묵살했다. 이제껏 저지른 치명적인 실수가 한두 개가 아니었으니 그럴 만도 했다. 게다가 이럴 즈음 프로이센 군대가 프랑스군의 우현을 압박해 오기 시작했다. 3만이 넘는 프로이센 군대가 프랑스군의 약한 지점인 우익을 향해 진군했다. 프랑스군은 지원군이 올 때까지 시간을 벌어야 했다. 그래서 선임 근위대의 8개 부대와 중견 근위대Middle Guard가 접근하는 프로이센 군대의 전면을 반격했고, 프로이센 군대가 약간 밀려났다. 시간을 벌기 위한 지연작전이 성공했다. 선임 근위대 소속의 몇몇 부대가 돌아왔고 마침내 마지막 예비군이 전열을 갖췄다. 참으로 역설적인 점은, 이번에는 네 원수가 콰트레브라 전투와 워털루전투를 통틀어 처음으로 올바른 결정을 내렸다는 사실이다. 만약 그가 요청했을 때 선임 근위대가 공격했더라면, 웰링턴의 군대는 붕괴되고 결국에는 잘해야 후퇴할 수밖에 없었을 것이기 때문이다.

이제 워털루전투는 절정으로 치닫고 있었다. 라에상트를 접수한 대규모 포병대가 사실상 요새화된 농장 앞에 있던 영국군 대대 두 개를 초전 박살 냈고, 포병 공격이 끝난 후 수백 구의 시신들이 완벽한 대형으로 그곳에 널브러져 있었다. 웰링턴은 전선의 중앙과 좌익이 위태로운 상태였지만 전선을 보강할 예비군이 거의 없었다. 그래서 어쩔 수 없이 우익의 일부 병사들을 중앙과 좌익으로 이동시켰다. 다행히도 그들 중 일부가 때마침 도착한 덕분에 전선이 완전히 붕괴하는 것을 막을 수 있었다. 이제 웰링턴에게는 온전한 전투력을 유지한 병력이 거의 남지 않았다.

나폴레옹 상황도 좋지 않았다. 패배의 암운이 드리우고 있었다. 프로이센의 대군이 착착 전장에 도착해 곧바로 웰링턴 전선의 끝을 보강하기 시작했다. 나폴레옹이 이길 기회는 정말 지금뿐이었다. 그러지 못한다면 모든 것을 잃을 터였다. 그런데 문제는 그에게 이제 남은 예비대가 하나뿐이라는 점이었다. 아홉 개의 부대로 구성된 선임 근위대였다. 다른 모든 보병들은 이미 전투에서 싸우고 있었다. 기병대라도 있으면 약해진 영국군의 전선을 쉽게 돌파해 초토화할 텐데, 네 원수의 오판에 따른 잘못된 돌격 작전에 동원되는 바람에 기병대는 전멸하다시피 했다. 선임 근위대는 거대한 종대 대형으로 전열해서 웰링턴 전선의 중앙을 향해 진군했다. 진군 중에 종대는 두 개로 나뉘어 유일하게 남은 영국 보병대 전선을 향해 다가갔다. 프랑스의 공격은 영국군에게 피해를 줄 만큼 위협적이지 않았고, 오히려 영국군이 전면과 후면에서 결사적으로 포격을 퍼붓는 바람에 퇴각할 수밖에 없었다.

불패의 인간 흉기 선임 보병대가 후퇴한데다 프로이센 대군이 도착하고 있다는 소식이 알려지자 프랑스군의 사기가 급격히 추락했다. 그리고 마침내 '전쟁의 신' 나폴레옹이 워털루전투에서 패배했다. 며칠 후 황제에서 폐위된 나폴레옹 보나파르트는 영국 함대의 전함에 올라 미국이나 영국으로의 망명을 요청했지만 거부되었고, 얼마 후 영국령 세인트헬레나 섬으로 유배되었다. 프랑스 황제로 복귀하고 겨우 100일 만이었다. 이렇게 그의 '백일천하'가 막을 내렸다.

워털루전투의 승패를 가른 결정적인 사건은 영국군의 단순 이동을 후퇴라고 착각해서 기병대를 이끌고 돌격 공격을 감행한 네 원수의 실수라고 해도 과언이 아니다. 무의미한 공격에 5,000명의 기병대가 희생되지 않았더라면, 아니 최소한 네 원수가 보병과 포병의 지원을 받으면서 기병의 돌격 공격을 적절히 지휘했더라면, 승패는 달라지지 않았을까? 나폴레옹은 프로이센 군대가 개입하기 전에 승리할 수 있지 않았을까? 웰링턴이 패해서 브뤼셀로 퇴각했더라면, 프로이센 군대로서는 할 수 있는 일이 없었을 수도 있었다. 기껏해야 나폴레옹의 추격을 지연하는 것이 전부였을지도 모른다. 워털루전투에는 영국의 유일한 실질적인 야전군과 프로이센 군대의 태반이 참전했다. 따라서 영국군과 프로이센 군대가 패주했다면, 이번에 결성된 반나폴레옹 동맹 중에 러시아 군대와 오스트리아 군대만 남는다는 뜻이었다. 이는 다시, 러시아군이 도착하려면 수주는 족히 걸렸을 테고 오스트리아 군대가 홀로 나폴레옹을 상대해야 한다는 뜻이었을 수도 있다. 나폴레옹과 오스트리아의 일대일 대결의 결과는 뻔했다. 오스트리아 군대라고 어찌 이를 몰랐을까. 그래서 홀로 나폴레옹 군대를 상대하는 일은 피했을 것이다. 잘해야 본국으로 퇴각했지 싶다. 그랬더라면 유럽 대륙 전체가 나폴레옹을 또다시 프랑스의 황제로 인정했을 가능성이 매우 높다.

나폴레옹 보나파르트가 워털루전투에서 승리함으로써 대장정의 정복 전쟁을 끝냈더라면, 오늘날의 세상은 아주 많이 다를 것이다. 심지어 더 이상의 무력 충돌 없이 권력을 공고히 했더라도 결과는 다르지 않았을 것 같다. 먼저 베네룩스 3국은 물론이고 이탈리아 북부가 프랑스의 영토가 되었을 것으로 보인다. 한편 미국 식민지들은 영국이라는 공동의 적에 맞서기 위해 프랑스와 긴밀한 동맹 관계를 유지했을 듯하다. 그랬더라면 영국과 러시아는 자연스럽게 독일과 손을 잡은 반면에, 프랑스는 모든 전쟁에서 미국의 지원에 의존하는 그림이 그려졌으리라. 네 원수는 두 번의 전투에서 세 개의 실수를 저질렀고 그중 워털루전투에서 저지른 세 번째 실수는 최악이었다. 당연한 말이지만 뭇 전투는 단 하나의 실수로 승패가 갈리지는 않는다. 워털루전투도 마찬가지였다. 워털루에서 웰링턴이 승리하고 나폴레옹이 패한 데는 많은 이유가 있었다. 그런데 그중 세 개는 콰트레브라와 워털루에서 네 원수가 저지른 어처구니없는 실수들이었다. 나폴레옹은 폐위된 후 남대서양의 외딴 섬에 유배되어 그곳에서 생을 마감했고, 네 원수는 처형되었다. 정확히는 몰라도, 복위한 루이 18세가 그를 처형하지 않았을까 싶다.

흑역사 028

남부 연합의 연방 탈퇴가 10년만 빨랐더라면… : 1850년

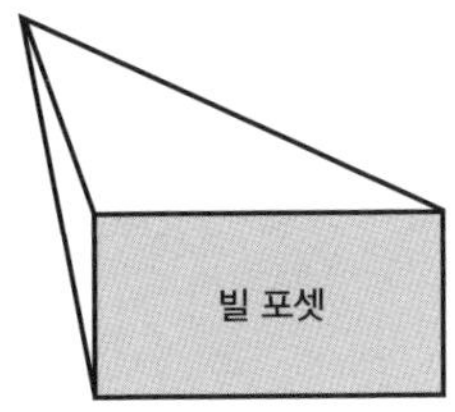

"미국 남북전쟁에서 남부 연합이 패한
첫 번째 이유는 전쟁 발발 10년 전에 시작되었다"

미국 남북전쟁에서 남부군이 패한 가장 결정적인 이유가 무엇이라고 생각하는가? 전쟁이 10년이나 늦었기 때문이었다. 자다가 봉창 두드리는 소리가 절대 아니다. 정말이지 남부 연합이 보여 준 무한한 용기와 결의와 희생을 무의미하게 만든 실수는, 전쟁 중이 아니라 1850년에 만들어졌다. 남부 연합의 전쟁 노력이 허사가 된 이유는 연방에서 탈퇴한 시기에 있었다. 남부 주들은 1850년에 연방과 '이별'할 수도 있었다. 당시 미국 주들은 상당히 고조된 긴장 속에서 불안한 동거 중이었고, 많은 남부 주들은 이른바 '각 주의 권리states' rights'에 의거해 노예제와 관련된 사안을 빌미로 연방에서 탈퇴하겠다고 협박했다.

1850년에서 1861년으로 전쟁이 미뤄진 것이 남부 연합에 불리했던 이유는 무엇이었을까? 그 기간 동안 북부 주들은 급격하게 변화한 반면, 남부 주들은 그러지 않았기 때문이다. 그리하여 11년간의 전쟁 지연이 결국 남부 주들에 부메랑이 되어 남북전쟁에서 패하게 만들었다. 남부와 북부가 사회, 경제 등등에서 서로 다른 차이를 보인 현상은 통틀어 지역차sectionalism라고 표현할 수 있다. 인구가 좋은 예다. 장차 북부 연방을 구성하게 되는 주들의 인구는 이민자 덕분에 급격하게 증가했다. 1850년과 1860년 사이에 미합중국 전체 인구는 2300만에서 3100만으로 800만 명이 증가했다. 이민자 유입으로 인한 인구 증가 대부분은 공업이 발달한 북부 주들에 집중되었다. 북부에 위치한 공장들이 확장되자 일자리를 찾아 사람들이 몰려들었고, 주 정부들도 그들을 두 팔 벌려 환영했다. 반면 농업 위주의 남부 주들에서는 이민자 유입이 매우 미미했다. 그런 주들은 노예 노동력이 풍부했고 이는 새로운 노동자들이 필요하지 않다는 뜻이었기 때문이다. 이것은 남부에 속하는 버지니아 주와 북부 연방에 참여하게 되는 오하이오 주의 10년간 인구 변화 추이를 살펴보면 극명하게 드러난다. 버지니아는 인구가 111만 9,000명에서 120만 9,000명으로 증가한 반면, 오하이오의 인구는 190만 명에서 234만 명으로 증가했다. 이를 백분율로 환산하면 8퍼센트 대 20퍼센트였다. 이렇듯 1850년에는 남북전쟁이 발발한 1861년보다 남북의 인구 격차가 훨씬 적었다. 그리고 남북전쟁에서는 풍부한 인적자원이 북부 연방에게 결정적인 이점이 되었다. 남부 주들은 건장한 성인 남자들을 일터로 보낼지 아니면 전장에 투입할지 끊임없이 선택해야 하는 처지로 내몰렸다. 반면 북부 주들은 심지어 남북전쟁 중에도 이민자 행렬이 끊이지 않았다. 북부 연방은 신병 모집소를 운영했고, 사실상 많은 이민자들이 미국 땅에 첫발을 들였을 때 제일 먼저 본 것 중에 하나가 신병 모집소일 정도였다. 이렇게 볼 때, 만약 남부 주들이 1850년에 연방에서 분리하기로 선택했더라면 어떠했을지 한번 생각해 보자. 남부와 북부 모두가, 실제 남북전쟁에서 남부 연합이 그랬던 만큼이나 막대한 손실을 입었을 가능성도 배제할 수 없다.

인구에 이어, 제조 부문도 남북의 또 다른 지역차 요소였다. 1850년 중서부 지역의 산업화는 막 첫걸음을 뗐고 동부 주들에서는 산업화가 상당히 진척된 상태였다. 1860년 북부 연방의 커다란 우위 중 하나는 탄약, 총포류 같은 전쟁 물자를 대량으로 생산하는 능력이었다. 요컨대 북부군은 이런 능력 덕분에 물질적인 손실을 쉽게 대체하거나 군사력을 수월하게 확장할 수 있었다. 그런데 1850년에는 이런 여건이 형성되어 있지 않았다.

남부와 북부의 마지막 두드러진 지역 차이는 철도였다. 철도는 북부군의 공격에서 중추적인 역할을 했다. 북부군은 광범위한 철도망을 이용해 대규모 군대를 신속하게 이동시키고 식량과 탄약 등등의 전쟁 보급품을 안정적으로 공급할 수 있었다. 미국 남북전쟁이 개전했을 때 북부 연방에는 총장 약 3만 5,000킬로미터 길이의 철도가 개설되어 있었다. 게다가 궤간, 즉 선로 사이의 폭이 일정했다. 더욱이 북부의 모든 철도는 하나의 거대한 네트워크로 서로 연결되어 있었다. 마지막 두 가지 요소는 기관차와 화물 열차 모두가 철도망 내 어디든 자유롭게 이동할 수 있다는 뜻이었다. 반면에 남부 연합에 깔린 철도는 대략 1만 5,000킬로미터로 북부의 절반에도 미치지 못했고, 그나마도 대부분이 목화 생산 주들에 집중되어 있었으며 궤간도 제각각이었다. 이는 커다란 약점이었다. 가끔은 남부군이 철도 노선 하나의 종착지에 도착해 내린 다음 어느 정도의 거리를 진군해 가서 궤간이 다른 노선의 열차로 갈아타야 했다. 더욱이 한번 이동할 때 이런 번거로운 과정을 두 차례 이상 반복해야 하는 경우도 더러 있었다. 이 얼마나 시간과 노력의 낭비인가. 심지어 1861년 남북전쟁이 발발했을 때까지도 텍사스, 루이지애나, 테네시와 플로리다의 일부 지역 등에 깔린 선로는 남부연합의 나머지 지역에 개설된 철도와 연결되지도 않았다. 게다가 1850년부터 1861년 사이에 북부 연방의 주들은 약 2만 4,000킬로미터의 철도를 새로 개설했고, 모든 철도는 상호 연결되었다. 반면 동일 기간에 남부 주들이 새로 깐 철도는 북부의 절반이 조금 넘었고 그나마 모든 철도가 연결되는 것도 아니었다. 자, 어떻게 생각하는가? 맞다, 1850년에는 철도가 북부 연방의 커다란 이점이 아니었을 수도 있다는 결론이 가능하다. 적어도 1861년만큼의 이점은 아니었을 것이다.

그렇다면 남부 주들이 '연방과의 이혼 카드'를 10년이나 만지작거리며 주저했던 까닭은 무엇이었을까? 혹시 1850년에는 남북 간의 감정이 크게 악화되지 않아서였을까? 아니다. 당시에도 어떤 사건으로 말미암아 1861년 못지않게 남부와 북부가 서로에 대한 반감으로 으르렁거렸다. 1850년 한 상원 의원의 연설이 발단이었다. 그의 연설에 백인 남자 주인이 여성 흑인 노예와 잠자리를 갖는다는 내용이 포함된 것이다. 남부의 어떤 하원 의원은 이를 자신의 가족에 대한 모욕이라고 받아들였다. 그래서 상원의 의원회장을 찾아가 문제의 상원 의원을 지팡이로 마구잡이로 내리쳐 의식 불명에 이르게 만들었다. 이 일로 북부가 분노로 시끄러워졌다. 반면에 남부 정치인들은 외투 상의에 지팡이 핀을 착용함으로써 그 폭력 행동을 공공연히 지지했다. 그러나 그 사건은 근저에 깔린 진짜 문제가 수면 위로 드러난 것에 불과했다. 진짜 근원적인 문제는, 남부의 노예주들과 북부 자유주들 사이에 위태롭게 유지되던 균형이 흔들리기 시작했다는 사실이다. 1846~1848년 미국-멕시코 전쟁에서 승리한 미국이 멕시코로부터 헐값으로 강매한 새로운 주와 준주準州들로 인해 남북의 균형에 균열이 생겼다. 구체적으로 뉴멕시코, 캘리포니아, 콜로라도, 애리조나, 네바다, 유타 등이 주인공들이었다. 이들 주와 준주들이(나중에 주로 승격되었다) 자유주에 합류한다면 노예주들이 수적 열세에 놓일 판이었다. 가뜩이나 기존 자유주들의 주민 대다수가 이른바 "괴상한 제도peculiar institution"라고 불리던 노예제도를 극렬히 반대하는 마당에 자유주가 확대된다면 노예제의 운명이 어찌 될지는 불을 보듯 뻔했다. 종말의 종소리가 귓전에 들리는 듯했다. 이렇게 남부 주민들은 자신들의 전통적인 삶의 방식이 위험에 처하자 더욱 강경해졌고 똘똘 뭉쳐서 행동을 개시할 준비를 했다. 그러나 결과적으로 남북의 대치는 치킨게임으로 비화되지 않았다. 그해에 발생한 일련의 사건들로 일단 사태가 진정 국면으로 돌아섰다.

1850년 1월 휘그당Whig Party 소속의 켄터키 주 상원 의원이었던 헨리 클레이Henry Clay가 그 위기를 타개하기 위한 일련의 법적 해결책을 도입했다. 오늘날 그것은 '1850년 타협'이라고 불린다. 먼저, 북부에 몇 가지 선물을 안겨 주었다. 이 선물 보따리에서 가장 눈에 띄는 것은, 캘리포니아가 자유주로서 미합중국에 합류하고 워싱턴 D.C.에서 노예 매매를 전면 금지한다는 내용이었다. 한편 노예주는 도망 노예법Fugitive Slave Act을 개정하고 많은 준주들이 노예주가 될지 자유주가 될지 스스로 결정하도록 허용한다는 선물을 받았다. 이후 몇 달에 걸쳐 치열한 논쟁이 이어졌고, 갈수록 긴장이 고조되었다. 마침내 휘그당 소속의 매사추세츠 상원 의원 대니얼 웹스터Daniel Webster가 감동적인 연설을 했고 타협안이 극적으로 통과되었다. 모든 타협이 본래 그러듯이 1850년 타협도 누구 하나 만족시키지 못했다. 특히 논란의 대상이었던 준주들은 얼마 지나지 않아 지독한 홍역을 앓았다. 주민들은 노예주 지지자와 자유주 지지자로 양분되었고, 양측의 충돌이 격화됨에 따라 결국 폭력 사태로까지 번졌다. 어차피 대세는 명확했다. 노예주들은 노예제를 반대하는 주들이 더 신속하게 성장하고 연방 정부에서 갈수록 입김이 세지는 모습을 지켜볼 수밖에 없었다. 그로부터 10년 후 그들 주는 마침내 연방에서 탈퇴했다. 그러나 이는 10년이나 늦었다.

만약 노예주들이 1850년 당시에 연방 탈퇴 협박을 실행으로 옮겼더라면, 북부 연방이 제풀에 나가떨어져 그들과 성공적으로 '이혼'했을 가능성이 크다. 남부 주들은 굳이 전쟁까지 불사하며 북부 주들을 패배시킬 필요가 없었다. 그저 남부로서는 북부가 '혼자 북 치고 장구 치다' 지치게 만들고 또한 억지로 연방에 다시 끌어들일 수 없음을 확실히 보여 주었으면 충분했을 것이다. 10년 후 발전된 산업과 광범위한 철도망 그리고 지속적인 인구 유입이 없었더라면 북부 연방이 남북전쟁에서 승리하지 못했을 거라고 봐도 무방하지 싶다. 이는 단순한 억측이 아니다. 그런 모든 우위를 손에 쥐고도 북부가 무려 4년에 걸쳐 치열한 전투를 벌이고서야 어렵사리 승리를 쟁취했다는 사실을 생각해 보라.

또한 켄터키, 테네시, 메릴랜드 등도 연방 탈퇴 주들에 동참했을지도 모른다. 특히 메릴랜드에서는 북부 연방에 반대하는 폭동이 아주 극렬해서 폭동을 진압하기 위해 무장한 군대가 투입될 정도였다. 물론 미합중국이 서부 준주들에 대한 지배력을 유지했을 가능성도 크지만, 1850년에는 남부 연합이 텍사스에서 버지니아(또는 메릴랜드)까지 포함했을지도 모를 일이다. 남북전쟁이 시작되었을 때 노예제는 이미 경제적으로 지속될 수 없는 제도라는 사실이 명백해지고 있었다. 남부에서조차 장기적인 안목을 가진 일부 주민들은 노예제를 단계적으로 축소해서 폐지할 방법을 모색하고 있었다. 미국이 남과 북으로 분열된 '한 지붕 두 가족'이었다면 지금과는 아주 다른 역사의 궤도를 지나왔을 것이다. 가령 제1차 세계대전 중에 남부 주들은 어느 편에 가담했을까? 만약 그들이 독일 편에 섰다면, 전쟁이 미국 본토에까지 확산되었을까? 남부 주들의 지원을 받은 독일은 제1차 세계대전의 패전국이 아니라 승전국이 되었을까? 패전국으로 징벌적인 베르사유조약을 체결하는 대신에 자국에 유리한 평화조약을 이끌어 낼 수 있었을까? '한 지붕 두 가족' 미국의 경제는 어땠을까? 다른 모든 것은 차치하고, 미국을 세계경제의 리더로 만들어 준 경기 호황이 둔화되고 제한적이었으리라는 점은 분명하다. 그랬더라면 미국–스페인 전쟁(1898년 쿠바 문제를 둘러싸고 미국과 스페인이 쿠바와 필리핀에서 싸운 전쟁으로 미국이 전쟁에서 승리했고, 스페인은 쿠바, 필리핀, 푸에르토리코, 괌 등의 지배권을 미국에게 넘겨주었다. – 옮긴이)이 아니라 스페인 대 남부 연합 전쟁이 발발했을 가능성이 있었을까? 어쩌면 쿠바는 남부 연합 소속의 주州로서 그 전쟁에 참여했을지도 모를 일이다. 스페인이 계속 통치했더라면 필리핀의 역사는 급격하게 달라지지 않았을까? 이렇듯 남부 주들이 1850년에 연방 탈퇴 카드를 내밀었더라면 미국은 물론이고 오늘날 세상 전체가 몰라보게 달라졌을 것이다.

쇠기름 때문에 인도를 잃다 : 1857년

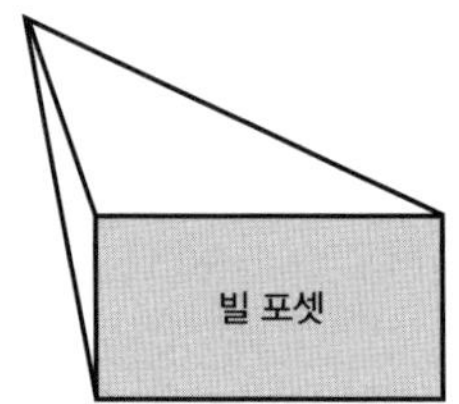

"사회적 인식이 없으면
호미로 막을 것을 가래로도 못 막는다"

이번 흑역사는 감수성 부족이 불러온 참극이다. 인도 아亞대륙을 변화시킨 이번 실수는 어떤 장군이나 인도의 군소 왕국 통치자가 저지른 것이 아니었다. 영국 모처에 있던 어떤 회사의 관료주의적인 직원이 저지른 잘못이었다. 대영제국은 전 세계로 뻗어 나갔고 "해가 지지 않는 제국"이라는 영국의 자랑은 결코 허풍이 아니었다. 하루 중 언제든 태양은 영국이나 영국의 식민지 중 하나를 비췄으니 말이다. 영국의 많은 식민지 중에서도 가장 크고 가장 부유하며 가장 중요한 곳이 바로 인도였다.

영국은 동인도회사East India Company를 통해 인도를 통치했다. 인도의 거의 모든 통치자들을 정복하거나 매수했던 동인도회사는 인도 아대륙 전체를 손아귀에 넣고 마음대로 주물렀다. 동인도회사가 인도를 통치할 수 있던 원동력은 회사 군대Company Army였다. 동인도회사의 군대는 영국 정부로부터 임차한 정식 영국군과 '세포이' 부대로 이뤄졌다. 영국군보다 훨씬 숫자가 많았던 세포이는 인도 출신의 용병들로 유럽인 장교들의 지휘를 받았다. 세포이 사단들은 영국군과 똑같이 근대식 무기로 무장했고, 영국 육군과 똑같은 전술을 훈련받았으며, 그들 중에는 뛰어난 군사기술과 용맹을 떨쳐 이름을 날린 용병들도 많았다. 수년에 걸쳐 한솥밥을 먹으면서 인도 출신 용병들과 영국 장교들 사이에 강력하고 끈끈한 유대가 형성되었다. 그런데 영국 본토에 있던 물류 부서가 저지른 실수 하나로 수년간 쌓아 온 그들의 강한 유대가 단 몇 주 만에 파괴되고 말았다.

동인도회사는 인도에 주둔하는 모든 부대를 엔필드Enfield가 제조한 1853년형 소총으로 무장시키기로 결정했다. 당시 최신식 무기였던 엔필드의 소총은 사다리형 후방 가늠자가 장착된 덕분에 장거리 사격의 정확성을 크게 향상했다. 게다가 혁신적인 기술을 도입한 덕분에 장전 과정도 한결 짧고 수월해졌다. 불과 얼마 전까지만 해도 장전 과정은 크게 3단계로 이뤄졌다. 먼저 약간의 화약을 격발 장치에 넣는다. 둘째, 약실에 다량의 화약을 붓고 천이나 종이(뭉치)를 화약 위에 올린 다음 꽂을대로 눌러 고정한다. 마지막으로 그 천이나 종이 안에 머스킷 총알을 넣고 다시 꽂을대로 누른다. 유능한 포수라면 1분에 장전에서 발사까지의 과정을 세 번 반복할 수 있었고 가끔은 네 번까지도 가능했다. 엔필드 신제품의 혁신 기술 중 하나는 탄약통, 즉 일체형 탄피를 사용한다는 것이었다. 탄약의 모든 요소가 담긴 채 개별 포장된 이 탄약통은 장전 과정을 크게 단순화했다. 쉽게 말하면 엔필드의 신형 탄피는 한쪽 끝에는 화약을, 다른 쪽 끝에는 총알을 넣은 일체형 종이 용기였다. 엔필드의 탄약통을 소총에 장전하려면 포장을 이로 물어뜯어 종이에 싸인 총알을 포함해 내용물을 총신에 부으면 끝이었다. 이는 종이 뭉치와 총알을 한꺼번에 집어넣음으로써 장전 과정의 한 단계를 생략할 수 있었다. 이 탄피는 발사 속도를 거의 두 배로 향상할 뿐 아니라 매번 정량의 화약을 사용하게끔 해 주었다.

그런데 새로운 탄피에는 심각한 단점도 있었다. 사실 유일한 단점이었다. 총신에 집어넣기가 더 어려워졌다는 점이었다. 하지만 이 문제는 쉽게 해결되었다. 탄피에 동물 기름을 바르면 되었다. 탄피를 총신에 밀어 넣을 때 동물 기름이 윤활제 역할을 했고 덕분에 장전이 단순하고 쉬워졌다. 게다가 발포 시에 발생되는 열로 인해 총신에 묻은 동물 기름이 자연적으로 연소했고 따라서 굳이 청소하지 않고도 총신을 항상 깨끗한 상태로 유지할 수 있었다. 동물 기름을 바른 탄피의 장점이 또 있었는데, 화약을 건조한 상태로 유지함으로써 탄피가 날씨에 대한 내구성, 즉 내후성을 갖게 되었다는 점이었다. 인도의 세포이 군대를 엔필드의 탄피를 사용하는 전장식 머스킷 소총으로 무장시킨다면 그들의 발포 속도와 정확성 모두가 향상할 터였다.

그리하여 1857년 엔필드의 1853년형 머스킷 소총이 병사들에게 지급되었다. 기술적으로 크게 진보한 이 신제품에는 기술 외적인 문제가 있었다. 이는 누구도 전혀 예상치 못한 문제이기도 했다. 탄피에 바른 동물 기름은 소기름과 돼지기름을 혼합한 것이었다. 인도인들의 종교는 둘 중 하나였다. 힌두교 아니면 이슬람교이었다. 힌두교에서 소는 신성시되는 동물로 소를 도살하는 것은 중

죄이고 도살된 소에서 나온 기름을 사용하는 것은 신성모독이었다. 요즘에도 맥도날드는 인도에서 판매하는 햄버거 패티를 소고기가 아니라 양고기로 만든다. 비단 소기름만 문제가 되는 것이 아니었다. 《코란》 5장 〈식탁의 장〉에 이런 내용이 나온다. "죽은 동물의 고기, 피, 돼지고기는 먹지 않아야 한다. 그런 것들은 알라가 아닌 다른 사악한 신들에게 바쳐지는 제물이다." 맞다, 돼지기름도 문제였다. 무슬림 세포이가 엔필드 탄피의 끝을 이로 물어뜯는 것은 그의 영혼을 위험에 빠뜨리는 행위였다. 영국에서는 누구도 이에 대해 생각하지 못했다.

1857년 당시 인도에 주둔하던 모든 영국 군대에서 규율은 아주 엄격했다. 소수의 장교들이 수백 명의 세포이들을 관리했기 때문에, 그들 장교는 행여 불미스러운 일이 생기지 않도록 병사들의 어떤 불복종 행위도 엄격하게 처벌해야 한다고 생각했다. 따라서 세포이 용병들이 새로운 탄피의 끝을 이로 물어뜯는 것은 고사하고 손으로 만지는 것조차 꺼렸을 때 그들을 단호히 처벌했다. 종종 태형은 물론이고 더 가혹한 처벌도 포함했다. 영국인 장교들은 처벌로 다스리면 세포이들이 새로운 탄피를 사용할 거라고 생각했다. 그런데 세포이 용병들은 전혀 다르게 반응했다. 항쟁을 일으킨 것이다. 세포이의 항쟁은 들불처럼 급속도로 확산되었다. 세포이 병사들이 아니어도 평소 동인도회사의 지배에 불만을 가졌던 사람들까지 봉기에 가담했다. 게다가 항쟁 세력은 여자와 아이까지 가리지 않고 눈에 띄는 모든 유럽인을 학살했다. 서로에 대한 잔혹 행위는 이미 한계치를 넘었다. 그러자 항쟁을 진압하기 위해 영국 군대와 영국에 충성하던 다른 군인들까지 동원되었다.(당연한 말이지만 항쟁 진압에서 엔필드의 새로운 머스킷 소총이 대단한 위력을 발휘했다) 항쟁을 주도하거나 지휘한다고 여겨졌던 사람들이 붙잡히면 포신 앞에 묶은 다음 대포를 발사하는 잔혹 행위도 드물지 않게 벌어졌다. 급기야 항쟁 세력은 델리를 함락했다. 이제는 양측 모두 한 치도 물러설 수 없는 사생결단으로 치달았다. 행여 패하기라도 하면 어떻게 될지 너무 잘 알았기 때문이다. 상대는 피도 눈물도 보여 주지 않을 터였다. 그래서 델리, 러크나우, 칸푸르 등에서 결사 항전이 벌어졌다. 마침내 1858년 7월 평화가 공식적으로 선언되었을 때 양측을 합해 수만 명이 목숨을 잃었다.

세포이의 항쟁은 끝났어도 지독한 후유증이 남았다. 인도인들은 항쟁을 진압한다는 명분으로 자행된 영국인들의 잔혹 행위를 절대 잊지 않았다. 또한 항쟁을 촉발한 원인을 누가 제공했는지도 잊을 수 없었다. 세포이 용병들은 신성 모독 행위를 강요받았기 때문에 항쟁 외에 다른 선택이 없었던 것이다. 공동의 적은 인도인들을 묶는 강력한 접착제가 되어 주었다. 무슬림과 힌두교도 사이에 영국에 대한 배신감과 비통함을 매개로 끈끈한 공감대가 형성되었다.

만약 엔필드가 사실상 모든 인도인이 종교적 이유로 금기시하는 동물의 기름을 탄피에 바르지 않았더라면, 세포이 용병들은 새로운 소총을 자연스럽게 받아들였을 것이다. 1857년에 시작되어 90년이 흐른 후 1947년 간디Mohandas Karamchand Gandhi의 지도 아래 마침내 독립을 쟁취하는 인도 독립운동은 세포이의 항쟁에 뿌리를 둔다. 즉 세포이에 대한 영국의 부당한 대우와 그 사태를 진압하는 과정에서 보여 준 영국의 잔혹 행위가 독립운동의 도화선이 되었다. 이를 달리 말하면, 동인도회사와 영국이 문화적 감수성을 발휘해 자신들에게 가장 충성했던 사람들이 무력 항쟁을 나서도록 만들지 않았더라면, 인도는 독립 전쟁을 벌이지 않았을 수도 있었다는 뜻이다. 오히려 이후 100년간 영국과 인도는 더욱 긴밀한 동반자가 되었을 가능성이 크다. 그뿐 아니라 인도는 두 번의 세계대전에서 영국의 든든한 동맹으로 커다란 활약을 보여 주었을지도 모른다.

흑역사 030

세계 경제를 움직이지 못한 남부 연합의 목화 제한 정책 : 1861년

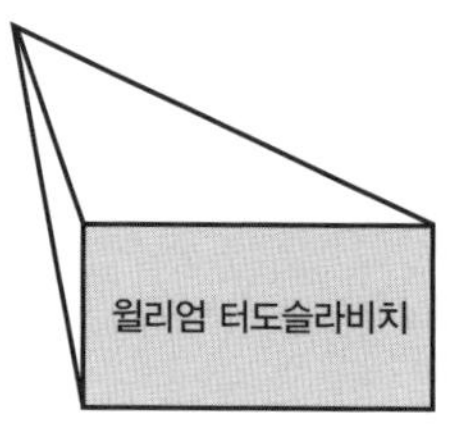

"잊혀야만 하는 과거의 시대"

미국은 모든 사람에게 자유와 기회의 땅이다. 아메리칸드림이라는 말도 있잖은가. 그러나 그것이 노예에게는 그림의 떡이다. 미국은 민주주의 사회다. 단, 목화와 관련에서는 민주주의 사회가 아니었다. 목화가 왕이었다. 1861년 미국 연방이 딱 이런 상황이었다. 그리고 미국 연방은 이런 모순 때문에 산산조각으로 분열되기 일보 직전이었다.

목화의 경제학은 잔인했고 매력적이었다. 목화, 다른 말로 면화는 세계 최초의 생필품이었다. 심지어 석유보다 100년이나 앞섰다. 영국의 랭커셔, 프랑스의 리옹, 매사추세츠 로웰 등에 세워진 면직 공장에서 일하던 노동자가 수만 명에 달했고, 행여 목화가 부족해지는 날에는 가동을 멈춰야 할 판이었다. 게다가 미국의 남부 주들은 세계 최대의 목화 생산지였다. 목화 생산을 중단한다는 것은 세계경제가 붕괴할 거라는 뜻이었다.

목화의 경제학

아열대 작물인 목화는 유럽을 제외하고 세계 어디서든 재배할 수 있다. 생장기에는 기온이 섭씨 10도 이상을 유지해야 하고 파종부터 수확까지 200일이면 충분하다. 덕분에 식량을 자급자족해야 하는 영세 농민들은 목화를 수확한 밭에 다른 식용작물을 재배할 수 있다.

유럽의 목화 수요는 1700년대 후반에 크게 증가했고, 이는 목화 가격의 상승으로 이어졌다. 하지만 미국의 목화 재배 농민들은 목화로 돈을 벌 수 없었다. 미국에서 재배하는 고지대 목화는 꼬투리가 아주 단단해서 사람의 손으로 씨를 분리하기가 힘들었다. 노예 한 명이 하루에 제거할 수 있는 씨의 양은 450그램 정도에 불과했다. 반면 인도와 오스만제국에서 재배되는 목화는 꼬투리가 물러서 손으로 씨를 빼기가 한결 수월했다. 따라서 미국이 수출하는 목화는 그들 지역의 목화에 비해 가격이 높아서 경쟁력이 없었다. 이러니 미국의 노예제가 서서히 경제적인 죽음으로 내몰린 것도 당연했다.

1793년 매사추세츠 출신의 엘리 휘트니Elie Whitney가 세계 최초로 씨앗을 제거하는 기계, 즉 조면기를 발명했다. 이것은 양키의 독창성이 딕시의 문제dixie's problem(양키는 미국 북부 사람, 딕시는 남부 사람들을 부르는 별명이다. - 옮긴이)를 해결한 혁명적인 사건이었다. 휘트니의 조면기는 씨앗을 제거하는 속도를 50배나 향상했다. 이는 목화 재배를 늘릴 수 있다는 뜻이었고, 이는 다시 더 많은 노예 노동력이 필요하다는 뜻이었다. 다른 공급자들은 가격 경쟁력에서 밀려났다. 세상에 노예보다 값싼 노동력은 없었기 때문이다. 게다가 미국 남부에서 생산되는 목화는 품질도 세계 최고였다. 남북전쟁이 발발할 때까지 목화의 생산량과 가격은 10년마다 두 배로 뛰었다.

그러나 부정적인 측면들도 있었다. 목화는 토양의 자양분을 신속하게 고갈시켜 토양의 황폐화를 가속화했다. 가령 첫해에는 에이커당 450킬로그램의 목화를 생산할 수 있다면, 몇 년 내에 수확량이 180킬로그램 대로 줄어들었다. 목화 재배 농민들은 이 문제를 단숨에 해결해 줄 쉬운 방법을 찾았다. 최근에 물리력을 동원해 원주민들로부터 강제로 빼앗은 더 비옥한 새 땅을 찾아 서부로 이주하는 것이었다. 노동력 문제도 고민거리가 아니었다. 어차피 노예들은 이동 가능한 노동력이었으니 말이다.

영국에서는 목화 생산량 증가에 발맞춘 변화들이 나타났고, 비록 규모는 크지 않을지언정 프랑스에서도 그런 변화들이 목격되었다. 목화 공급이 안정화되자 산업혁명은 석탄과 증기기관을 활용해 면직 생산을 기계화했다. 1860년대에는 세계 면직물 총생산량 3분의 2가 영국에서 생산되었고 영국의 전체 노동자 네다섯 명 중 대략 한 명이 면직 산업에 종사했다.

1861년 미국 남북전쟁이 발발할 즈음 목화는 미국 전체 수출의 60퍼센트를 차지했고, 미국이 수출하는 목화의 약 70퍼센트를 영국과 나머지 유럽이 소화했다. 또한 전 세계적으로 볼 때 목화 관런 산업에 종사하는 노동자가 2,000만 명에 이르렀다. 이는 당시 전 세계 인구 65명 중 1명에 해당하는 수치였다.

“목화가 왕이다”

면직 사업으로 큰돈을 벌어들이던 영국의 기업들은 1850년대가 되자 다소 불안해졌다. 무엇보다 원자재를 오직 미국에만 의존한다는 사실에 신경이 쓰이기 시작했다. 또한 자신들의 부가 300~400만 명에 이르는 흑인 노예의 노동력에 의존한다는 사실도 걱정스러웠다. 지금까지 미국에서는 노예 반란들이 심심찮게 발생했었다. 그러니 노예 반란이 또 일어나지 말라는 법이 없지 않은가. 노예 반란이 또다시 발생한다면 목화는 어떻게 될까?

영국은 수입처 다변화를 꾀하기 위해 대안적인 목화 공급처를 물색하기 시작했다. 먼저 인도가 물망에 올랐다. 그러나 인도는 철도망이 부족해서 수확한 목화를 항구까지 수송하기 어려웠다. 이집트도 목화를 생산하지만 아직까지는 수출할 정도가 아니었다. 게다가 남미는 거리가 너무 멀었다. 그뿐만 아니라 미국보다 더 저렴하게 목화를 생산할 수 있는 나라는 사실상 없었다. 경제학에 이런 현상을 지칭하는 용어가 있다. 바로 비교 우위comparative advantage(국제무역에서 특정 나라의 특정 재화가 비록 상대국에 비해 절대 우위를 점하지는 못하더라도 생산의 기회비용을 고려하였을 때 상대적인 우위를 지닐 수 있다는 개념이다. – 옮긴이)이다. 미국은 질 좋은 목화를 생산하는 능력이 세계 최고였다.

1850년대 미국 남부의 농장주들도 경제적 기반인 목화 산업에서 심상치 않은 일들이 벌어지고 있음을 깨달았다. 남부의 경제는 노예제와 목화가 완전히 장악했고 다른 투자가 들어설 자리가 없었다. 철도와 운하 건설은 남부에서보다 북부 주들에서 훨씬 빠르게 증가했다. 또한 딕시는 많은 방직 공장을 유치할 수 없었던 까닭에 목화 생산량의 70퍼센트를 수출에 의존해야만 했다. 한편으로는, 목화 가격이 파운드당 5센트에서 10센트로 두 배가 증가했지만 수입의 약 20퍼센트는 중개 수수료와 운송비로 지출되었다. 게다가 이주자와 이민자들의 북부 쏠림 현상이 두드러졌다. 모든 상황을 종합해 볼 때 목화 산업의 경제적 이득이 자유주들로 옮겨간 것이 확실했다.

그런데도 남부의 일부 농장주와 정치인들은 이런 실정을 전혀 모르는 듯했다. 일례로 사우스캐롤라이나 주 상원 의원 제임스 해먼드James Hammond는 1858년 미국 상원 회의에서 호언장담했다. "목화가 3년간 생산되지 않는다면 어떤 일이 생기겠습니까? 누구나 예상할 수 있는 일을 굳이 입 아프게 말하지는 않겠습니다만, 이것 하나는 확실합니다. 영국은 비틀대다 못해 곤두박질칠 테고 문명화된 모든 국가가 영국과 함께 남부의 자비만을 바라보게 될 것입니다. 아니, 세상의 어느 누구도 감히 목화에게 전쟁을 걸어 오지 못합니다. 지구상의 어느 세력도 감히 목화에게 선전포고를 하지 못합니다. 목화가 왕입니다."

3년 후 목화 왕의 세계 통치는 엄격한 시험의 도마에 오르게 된다.

흔들리는 목화 왕의 권력

1861년 아메리카 남부 연합군(CSA, Confederate States of America)이 사우스캐롤라이나 주 찰스턴 항의 섬터 요새Fort Sumter를 포격했고, 미국 남북전쟁이 시작되었다. CSA는 남북전쟁에서 승리하려면 동맹이 필요했다. 남부의 목화에 대한 경제적인 의존도로 보건대 프랑스와 영국이 가장 유력한 동맹 후보들이었다. 그들 국가의 우정과 지원을 얻어 내기 위해 CSA는 목화를 볼모로 잡았다. 즉 목화 수출을 중단했다. 경제 붕괴의 위험에 처한 그들 국가가 어떤 식으로든 협조할 거라는 판단에서였다. 그런데 이것은 CSA의 심각한 오판이었다. 미국 남부로부터 목화를 수입하지 못해도 프랑스와 영국의 경제가 단기적으로는 어떤 '고통'도 입지 않았다. 이미 확보해 둔 재고가 충분해서 현재 생산 능력으로 1년 정도 면직물을 생산하는 데 아무 문제가 없었던 것이다.

오히려 수출 금지가 남부 연합에 부메랑이 되어 돌아왔다. 남부 연합은 목화를 팔아 전쟁 무기를 구매할 수 있었다. 그런데 단 한 번의 오판으로 그 돈을 스스로 포기했다. 설상가상 링컨Abraham Lincoln 행정부가 모든 남부 항구와의 상업 거래를 중단한다고 선언함에 따라 오히려 목화 수출 금지가 북부 연방에게 유리한 패가 되었다. 남부의 항구들에 대한 북부 연방의 봉쇄는 이례적일 만큼 효과적이었다. 남부의 주요 항구인 찰스턴, 윌밍턴, 서배나, 뉴올리언스 등에서 어떤 선박도 목화를 싣고 출항할 수 없었다.

1862년 말이 되자 마침내 목화 부족으로 인한 경제적 고통이 찾아왔다. 리옹과 랭커셔의 면직 공장 노동자들은 작업 시간이 줄어들거나 일자리를 잃었다. 당장은 자선과 복지 정책으로 노동자들의 소득 감소와 실직에 따른 급한 불을 껐다. 하지만 그것은 어디까지나 다른 공급처를 찾을 때까지의 '땜질'에 불과했다. 다행히도 1863년부터 이집트, 인도, 브라질 등에서 목화 생산량이 증가했다. 물론 공급처를 하루아침에 전환하는 것은 불가능했지만, 영국과 프랑스의 방직 산업은 서서히 안정을 찾아 갔다. 남부가 수출 금지를 선언하고 4년 후 남북전쟁이 종식될 무렵 양국의 면직물 생산에는 아무 문제가 없었다. 리옹과 랭커셔의 면직 공장들은 목화가 순조롭게 공급되는 한 목화의 원산지가 어디든 조금도 관심이 없었다. 세계경제가 흔들리기는 했어도 붕괴하지는 않았다.

어쩌면 부커 워싱턴이 미국 최초의 대통령이 되었을 수도…

목화 왕을 전복하는 데는 많은 사람들의 피와 막대한 돈이 들어갔다. 남북전쟁으로 65만 명이 넘는 미국인들이 목숨을 잃었다. 당시 미국의 전체 인구가 3,000만 명이었으니 사망자가 2퍼센트를 넘은 셈이다. 또한 남북이 합쳐서 전쟁 비용으로 60억 달러를 사용했다. 차라리 연방 정부가 30억 달러를 들여 노예들을 전부 사서 해방하는 것이 더 저렴했지 싶다.

노예제와 목화를 평화롭게 '이혼'시키는 방법을 찾았더라면 그 많은 생명을 구하고 그 많은 돈을 아낄 수 있었을지도 모른다. 물론 '다른 수단에 의한 남북전쟁'은 불가피했을 것이다. 가령 100년 후 1960년대 미국을 휩쓸었던 민권운동 같은 어려운 정치적 해결책을 1860년대에 모색했더라면 어땠을까? 당연한 말이지만 직접적인 무력 충돌보다 바람직했을 것이다. 그랬더라면 인종 문제와 관련해 어떤 것이든 100년 일찍 돌파구가 만들어졌을 수도 있었다. 무엇보다 노예와 농장주 그리고 남부 주들 모두가 윈윈했을지도 모른다. 노예 출신들은 경제적 사다리를 좀 더 신속하게 올라갔을 것이고, 남부 주들은 전쟁의 패배로 말미암은 경제적 궁핍에 시달릴 필요가 없었을 것으로 보인다. 대신에 노예 의존 경제에서 탈피해 자유기업free enterprise 경제로 유연하게 전환할 수도 있었다. 그랬더라면 부유한 농장주들은 변함없이 부유하되 사람을 물건처럼 소유하는 행위를 중단했을 것이다.

미국이 비록 험난한 길이 예상되더라도 이런 경로를 추구했더라면, 버락 오바마Barack Obama는 미국 최초의 흑인 대통령이라는 새로운 역사를 쓰지 못했을 가능성이 크다. 어쩌면 부커 T. 워싱턴Booker T. Washington(노예 출신으로 남북전쟁 이후 자유인이 되었으며 교육자, 연설가, 흑인 사회의 대표적인 리더로 활동했다. – 옮긴이)에게 그 명예가 돌아갔을지도 모를 일이다. 아니, 인종차별법 때문에 역사로부터 철저히 외면당한 이름 모를 어떤 흑인이 그 수식어의 주인공이 되었을 가능성도 배제할 수 없다. 그랬더라면 많은 사람의 개인적인 운명도 바뀌었을 것이다. 가령 마틴 루터 킹 주니어Martin Luther King,Jr.는 흑인 민권운동의 순교자가 아니라 애틀랜타에서 평범한 목회자의 삶을 살았을 수도 있었고, 스콧 조플린Scott Joplin은 래그타임(1880년대에 시작해 1900년대 초 미국 흑인들이 널리 연주한 피아노 음악을 말하며 재즈의 전신으로 여겨진다. – 옮긴이) 작곡가가 아니라 클래식 작곡가로 이름을 날렸을 수도 있었다. 또한 시대를 잘못 태어난 전설적인 투수 새철 페이지Satchel Paige(흑인이라는 이유로 메이저리그의 문턱을 넘지 못하다가 42세에 데뷔전을 치렀다. 미국 프로 야구 역사상 최고령 신인이었다. – 옮긴이)는 실제보다 훨씬 일찍 미국 프로

야구 리그에 입성했을 가능성이 높다. 어쩌면 오늘날의 공화당이 여전히 흑인 유권자들의 전폭적인 지지를 받는 그림이 연출될 수 있지 않을까? 또 어쩌면 인종차별이 영원히 사라지지 않았을까?

정말로 어쩌면 이 모든 게 가정이 아니라 현실이 되었을지 누가 알겠는가?

북군의 매클렐런, 위기에 처한 남군의 보비 리를 살려 보내다 : 1862년

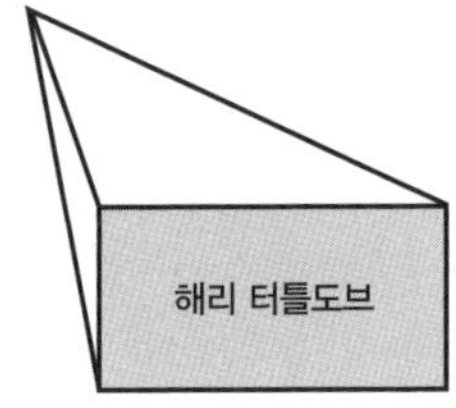

"만약 보비 리Bobbie Lee를 박살 내지 못한다면…"

– 조지 매클렐런George McClellan 장군

1862년 여름에서 가을로 접어들 무렵 남북전쟁의 동부 전선 한 곳에 전운이 감돌았다. 남부의 로버트 E. 리Robert E. Lee 장군이 북버지니아군Army of Northern Virginia을 이끌고 포토맥 강을 건넜다. 포토맥 강 너머는 북부 연방의 영토였다. 리 사령관의 적수는 조지 매클렐런과 그의 포토맥군Army of Potomac이었다. 리 장군은 이번 전투에서 결정적인 승리를 거두고 싶었다. 아니, 이번 전투를 이겨서 북부 연방, 나아가 영국과 프랑스까지 남부 연합의 독립을 인정하도록 만들 자신이 있었다. 굳이 경중을 따지면 그에게는 영국과 프랑스의 인정을 받는 것이 더 중요했을지도 모른다.

리 장군에게는 매클렐런이 진격해 오지 않으리라는 확신이 있었기에 자신이 북진하기로 결정했다. 그는 북버지니아군을 여러 부대로 나눴고 각 부대가 몇 킬로미터씩 떨어져 북진을 시작했다. 한편 모든 증거가 정반대를 가리키는데도 매클렐런은 어쩐 일인지 휘하의 포토맥군이 리 장군의 북버지니아군보다 수적 열세라는 생각을 버리지 못했다. 가령 그해 초봄에 시작해 한여름까지 이어진 반도 전역戰役(Peninsula Campaign, 남북전쟁 중 1862년 3월부터 7월까지 동부 전선인 버지니아 남동부에서 벌어진 북군 최초의 대규모 공세 작전이다. – 옮긴이)에서도 매클렐런은 돌다리도 두드리고 건너는 극도의 신중함으로 천천히 움직였다. 그러니 리 입장에서는 매클렐런이 갑자기 전술을 바꿔 선공하리라 생각할 하등의 이유가 없었다.

그러나 예상치 못하게 운명이라는 변수가 끼어들었다. 운명의 장난으로 리는 평생 가장 지독한 시련을 맞게 되었다. 리의 연락병 중 하나가 특별 명령 191 사본을 잃어버렸다. 그 작전 문서에는 북버지니아군의 편제와 움직임이 상세히 기록되어 있었다. 북부 연방의 제27인디애나 의용대 소속의 바턴 W. 미첼Barton W. Mitchell 상병과 존 맥나이트 블로스John McKnight Bloss 중사가 세 개의 엽궐련에 둘둘 말린 그 군사명령서를 우연히 주웠다. 그들은 그 작전 명령서를 중대장이었던 피터 코프Peter Kopp 대위에게 건넸고, 코프는 연대 사령부로 가져갔다. 제27인디애나 의용대의 고위 장교였던 사일러스 콜그로브Silas Colgrove 대령이 부관을 시켜 그 문서를 포토맥군 사령부에 전달했다. 매클렐런 장군은 리의 군사작전서를 보고 흥분하는 한편, 미심쩍은 마음도 들었다. 진짜일까? 혹시 함정은 아닐까? 그의 참모였던 윌리엄스Alpheus Starkey Williams 준장은 남부 연합이 분리 독립을 선언하기 전에 남부 연합의 로버트 칠턴Robert Hall Chilton 대령과 함께 복무한 적이 있었다. 그 문서 작성자가 바로 칠턴 대령이었다. 그랬으니 예전에 칠턴을 알았던 윌리엄스가 칠턴의 글씨체를 당연히 알아보았고 그 명령서는 의심할 여지 없는 진짜라고 장담했다.

매클렐런은 쾌재를 불렀다. "이 문서를 쥐고서도 보비 리(로버트 리 장군의 애칭이다. – 옮긴이)를 박살 내지 못한다면 당장 짐을 싸서 기꺼이 집으로 돌아가겠다"라며 뛸 듯이 기뻐했다.

매클렐런은 분산해서 이동하던 리의 군대가 재집결하기 전에 메릴랜드와 펜실베이니아의 경계인 사우스 마운틴의 서쪽에 먼저 도착해야 했다. 그런 다음 리의 군대가 하나씩 도착하는 족족, 전군을 동원해 각개격파하고, 궁극적으로는 동부 전선에서 승리해야 했다. 아니, 적어도 승리에 버금가는 전과를 올려야 했다. 그는 정말 그래야 했고, 그렇게 하려고 했다…. 하지만 그는 조지 매클렐런이었다. 그는 선천적으로 긴급하게 몰아붙이는 지휘관 유형이 아니었다. 제 버릇 개 못 준다는 속담이 괜히 있는 게 아니다. 적어도 매클렐런에게는 그 속담이 딱 들어맞았다. 드디어 운명의 만남이 성사되었다. 매클렐런과 리가 앤티텀Antietam 전투에서 맞붙었다.

결과를 놓고 보면 매클렐런이 승리했다. 간발의 차이로 거둔 승리였어도 이긴 건 이긴 거였다. 우선 매클렐런의 포토맥군이 수적으로 리의 북버지니아군을 압도했다. 각각 8만 명과 4만 명이었으니 2 대 1 비율이었다. 게다가 하늘도 매클렐런을 도왔다. A. P. 힐A. P. Hill이 이끌던 남부군이 늦게 도착하는 바람에 아주 유리한 상황에서 전투를 개시할 수 있었다. 힐은 잠시도 쉬지 않고 27킬로미터를 강행군한 끝에 늦게나마 전장에 도착해 리를 절체절명의 순간에서 구해 주었다. 그러나 매클렐런은(1~2일 정도 빨리 공격을 시작했어야 했다) 파상공격을 이어 갔을 뿐, 단 한 번도 전군을 동원한 총공세를 벌이지 못했다. 요컨대 수적 우위의 장점을 살리지 못했다.

한편 전술적인 측면에서 보면 앤티텀 전투는 무승부였다. 리 장군의 군대는 버지니아로 후퇴했어도 절대적인 수적 열세를 딛고 완강히 버텨 전선을 지켜 냈다. 매클렐런은 후퇴하는 남군을 건성으로 추격했고, 솔직히 전력으로 추격할 마음이 없는 듯했다. 그러나 그는 중요한 전략적 승리를 손에 쥐었다. 앤티텀 전투에서 승리함으로써 링컨은 노예해방선언을 할 수 있었다.(매클렐런은 그 선언을 진심으로 경멸했다) 남북전쟁을 노예제 폐지와 연결하는 데는 크게 두 가지 효과가 있었다. 첫째, 남북전쟁의 도덕성을 변화시켰다. 둘째, 당시 상황으로는 헛된 희망처럼 보였지만, 어쨌든 남부 연합이 결정적인 군사적 승리를 거두지 못한다면 유럽 열강들이 남부 연합을 인정할 가능성을 완벽히 차단할 수 있었다.

그러나 매클렐런이 앤티텀 전투에서 무승부에 가까운 승리가 아니라 결정적인 승리를 거두었다고 가정해 보자. 자신이 장담한 대로 보비 리를 박살 내고 북버지니아군을 궤멸했다고 가정해 보자. 세상은 어떻게 달라졌을까? CSA는 급속도로 붕괴했을 가능성이 매우 크다. 포토맥군이 후퇴하는 북버지니아군을 맹렬히 추격해 남부 연합의 수도 리치먼드가 있는 버지니아를 함락했더라면, 남부군의 사기에 심각한 타격을 입히는 것은 당연하고 아예 남부 연합이 전쟁을 계속하는 것조차 힘들어졌을 수 있다. 그랬더라면 1865년이 아니라 그보다 3년 빠른 1862년에 남북전쟁이 끝나고 평화가 찾아왔을지도 모른다. 그랬더라면 남북전쟁으로 인한 파괴도 사상자도 실제보다 훨씬 줄었을 수 있다.

그렇다면 어떤 종류의 평화가 찾아왔을까? 우선, 노예제가 폐지되었을 것은 누구나 짐작할 수 있다. 링컨은 앤티텀 전투에서 아쉬움이 남는 간발의 승리를 거둔 뒤에도 노예해방을 선언할 수 있다고 생각했다. 그랬으니 결정적인 승리를 거두었다면 노예제 폐지를 선언하지 않을 이유가 있었을까? 한편 남부에게 좀 더 가벼운 징벌적인 조치를 부과했을지도 모른다. 그뿐만 아니라 남북전쟁은 기간도 인적, 물적 피해도 줄어들었을 것이다. 심지어는 남북전쟁이 끝나고 불과 5일 후에 링컨이 암살되는 안타까운 일도 벌어지지 않았을 거라고 생각된다. 당연한 말이지만 분노는 또 다른 분노를 낳는 법, 링컨 암살 사건 자체도 분노를 가져왔다.

혹시 그 평화에 좀 더 우호적인 백인–흑인 관계가 포함되었을까? 안타깝지만, 쌍방 간에 아주 우호적인 관계가 형성되었을 가능성은 없다고 본다. 남부가 전쟁에서 패했으니 남부의 백인들은 노예해방을 받아들이는 것 외에 다른 선택지가 없었음이 자명하다. 그러나 아무리 노예가 해방되었더라도 평등은 또 다른 이야기였을 수도 있었다. 남북전쟁이 끝나고 150년도 훌쩍 지난 지금 미국의 모습에 그 답이 있다. 미국은 인종에 기반을 둔 노예제의 비참한 결과를 아직도 완벽히 치유하지 못했다. 행여 남북전쟁이 조기에 종전되어 세상이 달라졌더라도, 인종 평등 문제에 있어서만은 크게 달라졌을 것 같지 않다.

조지 매클렐런이 "보비 리를 박살" 내겠다는 자신의 호언장담대로 위대한 승리를 거두었더라면 그에게는 무슨 일이 생겼을까? 상상은 독자 각자의 몫으로 남긴다. 대신에 앤티텀 전투 직후 매클렐런의 행보에 집중해 보자. 그는 앤티텀 전투가 끝나고 무려 7주가 지난 후에야 로버트 리를 쫓아 대규모 군사를 이끌고 남진을 시작했다. 사실 링컨은 매클렐런이 압도적으로 유리한 상황인데도 앤티텀 전투에서 결정적인 승리를 놓친 것을 못마땅하게 여졌다. 그러던 차에 7주나 '번질'대자 참다못한 링컨은 1862년 11월 2일 그를 포토맥군의 사령관에서 해임했다. 그러나 후임자였던 앰브로즈 번사이드Ambrose Burnside와, 번사이드의 후임자 조 후커Joe Hooker에게는 북버지니아군과 관련해 매클렐런만큼 운이 크게 따라 주지 않았다. 그런 다음 후커에게 배턴을 넘겨받은 조지 미드George Meade는 북부에 대한 남부 연합의 두 번째 공격을 게티즈버그Gettysberg에서 성공적으로 저지했다. 그 후에 율리시스 S. 그랜트Ulysses S.Grant가 포토맥군의 사령관에 올랐고 기세를 몰아 리의 군대를 박살 냈다.

1864년 조지 매클렐런이 민주당 후보로 대통령 선거에 출마할 즈음 남북전쟁은 북부의 승리로 굳어졌다. 그러나 매클렐런은 북부의 패배가 임박한 것처럼 선거운동을 할 수밖에 없었다. 북부의 승리를 외쳤다가는 자칫 경쟁자인 링컨의 치적만 부각되리라는 판단에서였다. 결과적으로 그는 링컨의 상대가 되지 못했고, 링컨은 별다른 무리 없이 재선에 안착했다. 만약 매클렐런이 승리가 기정사실화된 전쟁에서의 영웅으로 자신을 포장하는 선거 전략을 선택했더라면 어땠을까? 링컨의 강력한 대항마가 되었을 것이 틀림없다. 어쩌면 그가 대통령에 당선되었을 가능성도 상당히 높다. 그도 그럴 것이, 종종 미국인들은 대통령 선거에서 뛰어난 '개선' 장군들에게 표를 주었다. 앤드루 잭슨, 윌리엄 헨리 해리슨William Henry Harrison, 재커리 테일러Zachary Taylor, 율리시스 그랜트Ulysses Simpson Grant, 드와이트 아이젠하워Dwight Eisenhower 등이 장군 출신의 역대 미국 대통령들이다. 매클렐런이 백악관의 주인이 되었다면, 남북전쟁 이후 링컨의 북부가 그랬던 것보다 남부를 좀 더 너그럽게 대했을지도 모른다. 물론 장기적으로 보면 아마 그런 '햇볕'

정책도 별로 중요하지는 않았을 성싶다. 각 인종이 무슨 권리를 갖느냐에 관한 인식은 한 사람의 대통령으로, 정책 하나로, 하루아침에 바뀌지 않기 때문이다. 어떤 방식으로든 수세대에 걸쳐 서서히 변할 수밖에 없었을 것이다.

그러나 현실 세상에서 조지 매클렐런은 '젊은 나폴레옹'이라는 황송한 별명을 얻었지만 그 별명에 걸맞은 삶을 살지 못했다. 그가 단 한 번만이라도 자아를 뛰어넘어 더 큰 무언가에 헌신할 수 있었더라면 '느림보'의 대명사라는 오명을 쓰는 대신에 위대한 정복왕이자 프랑스 제국의 황제와 나란히 기억될지도 모를 일이다.

느림보 미드 장군, 남부의 북버지니아군을 놓치다 : 1863년

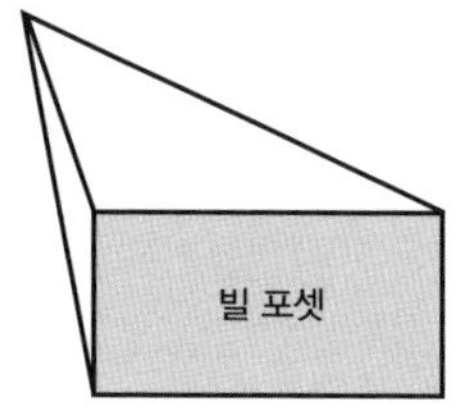

"미국 남북전쟁은 1863년에 끝날 수도 있었다"

흔히들 게티즈버그 전투를 남북전쟁의 결정적인 전환점으로 평가한다. 그리고 남군인 북버지니아군이 그 전투에서 패했다는 데도 이견이 없다. 사상자, 전장 점유율, 목표 달성 등 모든 기준에서 북군의 완승이었다. 북군은 약 9만 8,000명의 병사 중에서 사상자가 2만 3,049명(전사자 3,155명, 부상자 1만 4,529명, 실종자 5,365명)이었다. 반면 리 군대는 북군보다 병력이 2만 5,000명 정도가 적은 7만 3,000명이었는데 사상자는 2만 8,063명(전사자 3,903명, 부상자 1만 8,735명, 실종자 5,425명)으로 북군보다 5,000명이 더 많았다. 그리고 남부 연합의 북버지니아군을 구성하는 3개의 대규모 군단에 걸쳐 얼추 비슷한 인명 피해가 발생했다. 재앙으로 끝난 피킷의 돌격Pickett's Charge(게티즈버그 전투 3일째 남부군의 보병 부대가 북군 진영이 위치한 묘지 능선을 향해 돌격한 사건을 말하며 지휘관 조지 에드워드 피킷George Edward Pickett의 이름을 따서 지었다. - 옮긴이) 이후 북버지니아군은 더 이상 공격력이 유효한 군대가 아니었다. 한편 리 장군은 무모하기로 악명 높았던 돌격 공격을 명령한 책임을 받아들였지만, 그것이 실수였다고는 절대 인정하지 않았다. 오히려 걸핏하면 지원 공격만 계획대로 이뤄졌다면 피킷의 사단과 페티그루Johnston Pettigrew의 사단이 포토맥군을 돌파해 전선을 무너뜨렸을 거라고 말했다. 그러나 결과는 정반대였다. 그리고 피킷의 생존 병사들이 전부 안전한 곳으로 퇴각하고 보니 결과는 충격적이었다. 1만 2,500명이었던 병력 중 3분의 1이 전사하거나 부상당했다. 한편 포토맥군의 인명 손실을 야기한 주된 이유는 남군의 공격이 아니라 내부에서 비롯했다. 포토맥군 사령관 조지 미드 장군이 어떤 실수를 반복했기 때문이었다. 그것은 해야 하거나 필요한 일을 하지 않은 생략의 오류mistake of omission였다.

육군사관학교 웨스트포인트를 졸업한 미드는 미국-멕시코 전쟁과 세미놀Seminole 전쟁(세미놀로 총칭되는 인디언 부족과 플로리다 간의 세 차례에 걸친 분쟁으로 플로리다 전쟁이라고도 불린다. - 옮긴이)에 참전한 베테랑 군인이었다. 그는 남북전쟁이 발발하기 전에는 토목 기술자로 일했는데, 미국 동부 해안에 건설된 수많은 등대가 그의 손을 거쳤다. 조지 미드는 링컨이 포토맥군의 사령관으로 제일 먼저 점찍은 사람이 아니었다. 심지어 네 번째 사령관도 아니었다. 링컨 대통령이 북부 연방에서 규모가 가장 크고 전략적으로 가장 중요한 군대를 지휘할 유능한 사령관을 찾는 데 애를 먹었다고 말하는 것조차 민망할 정도였다. 남북전쟁이 발발하기 전에는 윈필드 스콧Winfield Scott이 포토맥군을 지휘했지만 그는 너무 나이가 많아 야전 사령관으로는 적절치 않았다. 그래서 어빈 맥다월Irvin McDowell이 사령탑을 이어받았고, 그다음 사령관이 앤티텀 전투를 이끈 조지 매클렐런이었다. 링컨은 두 차례 이상 사령관을 연임한 매클렐런을 해임하고 번사이드에게 사령관 배턴을 넘겨주었고 번사이드가 물러난 다음에는 후커가 사령관에 올랐다. 그리고 마침내 게티즈버그 전투를 시작하기 불과 사흘 전에 조지 미드의 품에 포토맥군이 안겼다. 그러니 미드는 6대 포토맥 사령관인 셈이다.

피킷의 돌격 이후 북버지니아군의 상황은 그야말로 처량했다. 북버지니아군은 세 개의 대규모 군단으로 편성되었는데, 세 개 군단 모두 게티즈버그 전투로 심각한 인명 피해를 입었다.

제1군단: 2만 700명 중에서 사상자 7,575명, 35퍼센트 이상
제2군단: 2만 9,700명 중에서 사상자 5,935명, 20퍼센트
제3군단: 2만 2,100명 중에서 사상자 6,935명, 31퍼센트

기병대와 포병대는 포병 군단들에 비하면 상대적으로 양호했음에도 피해가 막심했다.

오늘날 대규모 부대의 경우 전투에서 사상자가 10퍼센트를 넘으면 철수시켜서 재편성한다. 이렇게 볼 때 당시 리의 북버지니아군이 초상집이었음은 불을 보듯 뻔했다. 설상가상 장교들의 피해도 엄청나서 비율로 따지면 병사들보다 장교들의 피해가 훨씬 컸다.

한편 북부 연방군은 일곱 개의 군단으로 편성되었는데, 각각은 리의 군단 규모의 절반에서 60퍼센트 수준이었다. 포토맥군의

네 개 군단(제1, 제2, 제3, 제11)의 피해는 비율로 보면 북버지아군의 상황과 비슷했지만, 나머지 세 개 군단(제5, 제6, 제12)은 상대적으로 선전했고 그중 가장 피해가 컸던 제6군단조차도 전사자는 수백 명에 불과했다.

피킷의 돌격 공격이 실패한 후 리 장군은 북군의 반격을 예상하면서 그들을 저지하기 위해 어떻게든 부대를 재배치해 방어선을 구축하려고 애를 썼다. 그러나 리 장군은 후방에 있던 예비 병력을 동원했는데도 한참이 지나도록 제대로 된 방어선을 구축할 수 없었다. 아니, 방어선이라고 부르기 민망할 정도였다. 한편, 부상에도 불구하고 끝까지 전장을 지켰던 북부군 제2군단 지휘관 행콕Winfield Scott Hancock 장군은 미드에게 제5와 제6 군단이 합심해 공격한다면 북버지니아군을 섬멸할 수 있을 거라는 전갈을 보냈다. 바로 이때 전쟁을 1년 이상 연장시키는 미드의 실수의 첫 단추가 꿰어진다. 미드 장군은 야전 사령관의 의견을 무시했고 사실상 아무 행동도 조치도 취하지 않은 채로 그저 군대를 재정비하고 재무장하는 데에만 몰두했다.

승리한 포토맥군은 다음 날인 1863년 7월 4일에도 하루 종일 군대를 재편성하는 일에 매달렸다. 같은 시간 리는 여전히 북부군의 공격을 예상하며 방어선을 재구축하는 동시에 군대를 철수시키고 부상병들을 이송할 준비에 박차를 가했다. 이튿날인 7월 5일 아침, 미드는 아내에게 편지를 썼다. 리가 전군을 철수시키기 시작했을 때조차도 책상머리에서 펜을 긁적였던 그 편지를 보면, 북군의 장군이 완전한 승리를 위해 부분적인 승리를 위험에 빠뜨리는 모험을 감수할 의지가 전혀 없었음이 단적으로 드러난다.

정말이지 대전투였다오. 내 생각이오만 이번 전쟁에서 가장 결정적인 승리가 아닌가 하오. 비록 남부군을 전멸시키거나 그들에게 항복을 받아 내지는 못했지만 말이오. 오늘 아침 남부군은 얼마나 다급했는지 전사한 전우들을 땅에 묻지도 않고 부상자들을 그냥 전장에 내버려 둔 채로 꽁무니가 빠져라 산악 지대로 도망갔다오. 그들은 내가 승리에 도취해 앞뒤 분간 없이 공격할 거라고 지레짐작하고는 하루 종일 기다렸다오. 내가 공격했더라면 그들이 어떻게 나왔을지 눈에 선하오. 늘 그랬듯 가슴 높이의 방어벽 뒤에 숨어 총을 쏴 대는 전술로 대응했겠지요.

수세에 몰린 리와 남부군을 강하게 몰아붙여야 했을 때 또는 나중에 퇴각하는 그들을 맹렬히 추격해야 했을 때, 미드는 오히려 한가하게도 전군에 보내는 일반 명령 제68호를 작성하고 있었다.

본 사령관은 포토맥군이 최근 일련의 군사작전에서 혁혁한 전공을 올린 것에 대해 국가를 대신해 모든 장병에게 감사를 전한다.
적군은 압도적인 수적 우세에 기고만장하고 북부 영토를 침략한 것에 우쭐해져서 우리 포토맥군을 무너뜨리고 짓밟으려 했다. 그러나 우리가 그런 그들에게 참담한 패배를 안겨 주었다. 이제 적군의 장군은 완전히 얼이 나간 채로 전장에서 철수했다. 그간 우리 포토맥군의 장병 여러분이 꿋꿋이 견뎌 왔던 온갖 고생과 피로 그리고 영웅적인 용기와 용맹함은 역사가 영원히 기억할 것이다.
우리의 임무는 아직 완수되지 않았다. 그리고 본 사령관은 장병 여러분들이 우리 영토에서 침략자가 머문 흔적을 완전히 지울 때까지 더욱 분발할 거라고 믿는다.

우주를 다스리는 전능하신 신의 섭리는 정의를 수호하기 위해 싸우는 자들이 승리해야 한다는 것이다. 따라서 우리는 모든 승리에 대해 우주의 전능자에게 진심에서 우러나는 감사를 드리는 것이 온당하고 적절할 것이다.

사령관 미드

미드가 아내에게 보낸 편지와 병사들에게 보낸 일반 명령서에서 공통적으로 빠진 것이 있다. 이미 전투력과 전의를 상실한 북버지니아군을 거세게 몰아붙이겠다거나 궤멸하겠다는 단호한 의지를 표현하는 내용이 한 줄도 없는 것이다. 심지어 링컨과 전쟁 장관이었던 에드윈 맥마스터스 스탠턴Edwin McMasters Stanton도 이런 누락을 간파했다. 특히 링컨 대통령은 워싱턴에 있던 북부 연방군 총사령관 핼렉Henry Halleck에게 보낸 편지에서 미드의 일반 명령서에 관한 불편한 심기를 노골적으로 드러냈다.

"아주 실망했습니다. 아시겠지만 나는 미드의 '우리 영토에서 침략자들을 싹 쓸어 버린다'라는 구절이 마음에 들지 않습니다."

링컨의 걱정은 단순한 기우가 아니었다. 전투가 끝나고 며칠 동안 미드는 잘하면 전쟁까지도 종식할 수 있는 북군의 진정한 첫 번째 승리의 기회를 날려 버렸다. 마침내 미드 장군이 철수하는 남부군을 추격하기 위해 선발대로 제5와 제6군단들을 출발시켰을 때는, 이미 리가 전장에서 군대를 무사히 철수시키고 꼬박 하루가 지난 뒤였다. 심지어 그렇게 늑장을 부리다가 움직이면서도 그는 남부군이 퇴각했던 길로 곧바로 추격하지도, 가능한 한 신속하게 뒤쫓지도 않았다. 그저 등 떠밀린 형식적인 추격을 한 데 불과했다. 미드는 군대를 셋으로 나눈 다음 각 군대가 각기 다른 경로로 리 군대의 목적지인 윌리엄스버그로 추격하도록 했다. 그런데 윌리엄스버그까지 가려면 포토맥 강과 제임스 강을 포함해 여러 강을 건너야 했다. 따라서 행여 미드의 군대가 리의 군대를 따라잡더라도 분할된 군대가 재집결한 후에야 비로소 공격할 수 있다는 뜻이었다. 그리고 이는 시간이 더욱 지체된다는 뜻이었다.

리의 퇴각 군대는 종대로 약 27킬로미터에 걸쳐 대열을 이루었고 행군 속도도 느렸다. 그런데 어찌된 일인지 미드는 그들보다 더 천천히 움직였다. 북부 연방의 일부 기병대만이 퇴각하는 남부군 대열의 가장자리를 산발적으로 습격했지만, 솔직히 하나 마나 한 공격이었다. 사실상 사흘 동안 두 군대 사이에 직접적인 접촉은 전혀 없었다. 7월 7일 워싱턴에 있던 북부군 총사령관 핼렉 장군이 보다 못해 미드에게 전보를 쳤다.

> 귀 사령관은 게티즈버그에서 적에게 치명적인 패배를 안겨 주었다. 그 여세를 몰아 적이 포토맥 강을 건너기 전에 한 번 더 결정타를 입히길 바란다. 그들이 포토맥 강을 건너면, 블루리지 산맥의 이쪽 지역에서 섀넌도어 계곡을 따라 그들을 추격하는 것이 최선일지 상황을 보고 판단하면 된다. 여러 증거로 보건대 현재 적은, 포탄이 절대적으로 부족한 것이 확실하다. 그러니 강공을 펼치면 분명 적을 만신창이로 만들 수 있을 것이다.

북부군 총사령관 핼렉의 판단이 정확했다. 아니, 리의 군대는 핼렉의 생각보다 상황이 더 안 좋았다. 포탄만이 아니라 중요한 많은 군수물자가 턱없이 부족했다. 그런데도 미드는 도주하는 남부 연합군을 추격하는 데 계속 소극적이었다. 심지어 남부군도 미드 군대가 얼마나 우유부단하고 굼벵이처럼 추격하는지 눈치챌 지경이었다. 일례로 롱스트리트James Longstreet가 이끌던 제1군단 소속의 보병대 지휘관은 미드의 추격을 노새가 회색 곰을 쫓는 데 비유했다. 이유는 몰라도 미드 장군은 패주하는 적을 붙잡고 싶은 마음이 없는 게 확실했다. 훗날 퇴주하던 남부 연합군의 병사들도 자신들의 처지가 얼마나 위험했는지 잘 알기에 미드의 느림보 추격 덕분에 한시름 놓았다고 말할 정도였다. 비록 전투에서 패하고 후퇴하는 길이어도 아무런 저지도 받지 않자 북버지니아군은 사기를 회복하기 시작했다.

리 장군이 마침내 윌리엄스버그에 도착했을 때 제임스 강을 건널 수가 없었다. 비가 많이 내려 강물이 급격하게 불었고 유일한 부교마저 북부군의 기병대가 그들이 도착하기 전에 파괴했던 것이다. 7월 9일 핼렉은 미드에게 또다시 전보를 보냈다. 이번에는 리 군대가 제임스 강을 건너고 있으니 그들이 양 강둑으로 나뉘어 있을 때 공격할 수 있게 서둘러 추격하라고 재촉했다. 이에 미드는, 리 군대가 강을 건너는 데 시간이 한참 걸릴 테니 서두르지 않아도 그들을 따라잡을 시간은 충분하다는 답장을 보냈다. 아울러 악천후에다 길도 엉망이라 병력을 공격에 집중적으로 투입하기가 힘들다고 불평했다. 북버지니아군 전체가 여전히 제임스 강의 북쪽에 발이 묶여 있었을 때, 포토맥군은 불과 12~13킬로미터 뒤에 있으면서도 거리를 좁힐 생각이 전혀 없었다.

이후 사흘간 포토맥군은 북버지니아군을 향해 느릿느릿 거북이처럼 이동했다. 드디어 7월 13일 아침, 제임스 강의 수위가 낮아져 리의 군대는 윌리엄스버그의 건물들에서 가져온 목재로 만든 부교를 놓았다. 얼마 지나지 않아 리의 군대는 버지니아에서 상대적으로 안전한 지역으로 가기 위해 제임스 강을 건너기 시작했다. 미드는 리 군대가 도강한다는 소식을 새벽 세 시에 들었지만, 날이 밝기를 기다렸다가 기병대로 하여금 공격을 명령했다. 윌리엄스버그에 대한 북군의 첫 번째 공격은 조지 암스트롱 커스터George Armstrong Custer가 이끄는 기병대가 주도했다. 북부 연방군의 기병 연대들이 남부군 수백 명을 생포했지만, 때는 너무 늦었다. 북버지니아군이 이미 강을 건넌 것이다. 결국 언제 붙잡힐지 모른다는 피 말리는 불안 속에서 패주하던 리 군대의 잔존 병력은 안전한 곳으로 무사히 철수했다. 그리고 그들의 안전한 퇴각을 도운 일등공신은 한 차례도 공격하지 않은 미드였다.

미드 장군은 패주하던 리 군대를 추격해서 완전한 승리로 확실한 마침표를 찍는 데 실패했다. 그러나 북부 연방의 정치인들은 영웅이 필요했다. 게다가 북부군이 유례없는 호각세였던 게티즈버그 전투에서 승리한 것은 엄연한 사실이었다. 그리하여 미드는 게티즈버그 전투에서의 전공을 인정받아 승진도 하고 의회로부터 감사장도 받았다. 리 장군을 패배시킨 북군의 장군들이 많지 않았으니 정치인들이 공로를 치하할 만한 대상이 별로 없었다. 하지만 링컨은 미드가 전쟁을 종결할 절호의 기회를 놓친 것을 절대 잊지 않았다. 결국 그는 조지 미드를 해임하고 더욱 저돌적인 율리시스 S. 그랜트를 포토맥군의 사령관에 앉혔다. 리가 무사히 탈출했기 때문에 남북전쟁은 계속되었다. 그리고 북버지니아군은 게티즈버그 전역에서의 패배로 회복하기 힘든 피해를 입은 터라 수세 전략으로 전환해 다시는 이렇다 할 공격을 시도하지 못하고, 1865년 4월까지 용케 버텼다.

미드는 전투에서 잘 싸우고도 북부군의 위대한 승리에 화려한 피날레를 장식할 기회를 놓쳤다. 또한 남북전쟁을 2년 가까이 일찍 종식시키고 수만의 사상자를 조기에 구할 기회도 날려 버렸다. 오직 그 자신의 우유부단함 때문이었다. 물론 포토맥군이 철수하던 북버지니아군을 따라잡아 전투를 벌였어도 섬멸하지 못했을지도 모른다. 하지만 맹렬히 추격했더라면 이미 치명상을 입은 남군을 만신창이로 만들 기회가 주어졌을 것이다. 또 그랬더라면, 남부 연합의 수도 리치먼드가 위태롭게 되고 남부 정치인들이 승리의 가능성에 회의를 품게 하기는 충분했을 것이다.

만약 미드가 리의 북버지니아군이 철수를 시작한 후 하루를 꼬박 기다리지 않고 곧바로 추격에 나섰더라면 어땠을까? 게티즈버그에서 상대적으로 피해가 크지 않았던 포토맥군의 제5와 제6군단만으로도 이미 사기가 떨어지고 전의를 상실한 남부군에 대한 공세를 이어 갈 수도 있었을 것이다. 또한 맹렬히 추격해 리보다 하루 늦게라도 윌리엄스버그에 도착했더라면 어땠을까? 어차피 북버지니아군은 강물이 불어나서 제임스 강둑에 며칠 동안 발이 묶였을 것이다. 앞에는 강물로, 뒤에는 추격군으로 진퇴양난에 빠진 리의 군대를 북부군이 공격했더라도 섬멸하지 못했을 가능성은 물론 있다. 그래도 이미 많은 사상자가 발생해 병력이 크게 줄어든 리 군대는 또다시 많은 병사들을 잃었을 것이 확실하다. 그뿐만 아니라 어떤 식이든 도강 시도를 어렵게 만들었을 것도 틀림없다. 미드 장군이 해야 했던 일은 딱 하나였다. 7월 9일 핼렉이 진군하라고 명령했을 때 총사령관의 명령을 따르는 것이었다. 그랬더라면 윌리엄스버그에서 남부군과 적어도 이틀간 전투를 할 시간을 벌 수 있었을 것이다. 또 그랬더라면 미국 남북전쟁이 훨씬 일찍 끝났을 뿐 아니라 양측 모두 아까운 많은 생명을 구하고 피해도 훨씬 덜했을

지도 모른다. 심지어 링컨이 암살범에 희생되지 않았을 수도 있었다. 더욱이 종전 후 수십 년간 남부를 가득 채운 원망과 분노가 없었을 테고, 북부 연방의 악의적인 징벌적 처벌도 피할 수 있었을지 모를 일이다. 남부의 경제는 조금이라도 더 신속하게 회복되고 북군의 장군 윌리엄 T. 셔먼William T. Sherman이 초토화 작전으로 애틀랜타를 불태우지 않았을지 누가 알겠는가.

끝내 흑인 병사를 받아들이지 못한 남부 연합 : 1864년

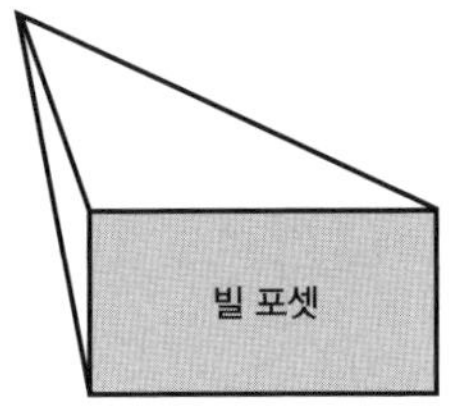

"문제의 원인에 해결책이 있었다"

1864년 아메리카 남부 연합군 CSA 진영에 짙은 패배의 그림자가 드리우고 있었다. 그들이 내세운 대의는 공장 부족, 북부 연맹의 봉쇄, 정치적 분열 등으로 갈수록 힘을 잃었다. 그러나 남부의 대의에 가장 치명적인 문제는 따로 있었다. 병력 부족이었다. 말 그대로 전쟁에서 싸울 사람이 부족했다. 인구가 많은 북부는 하나의 전투에서 패한 뒤에도 병사들을 대체하는 것은 물론이고 심지어 병력을 증강할 수도 있었다. 그러나 남부의 사정은 달랐다. 남부에서는 병력으로 동원할 수 있는 대상자가 매우 한정적인데다 이미 3년여 전투로 대상자마저 고갈되었다. 그뿐만 아니라 워낙 남성 인구가 한정적이다 보니 주요 노동력인 남성들을 전장에 내보내는 것이 가

끔은 전쟁 노력 자체에 부정적인 영향을 미쳤다. 전쟁에는 병사들만 필요한 것이 아니었다. 군사 장비, 보급품, 식량 등등이 뒷받침되어야 하는데, 후방에서 그런 중요한 일들을 담당하는 일손에 공백이 생기기 때문이었다. 가령 북부군의 그랜트 장군이 병사 5,000명을 잃는다면 언론이 맹공을 퍼부을지언정 3개월 후면 인력 손실을 전부 충원할 수 있었다. 반면 리 장군이 병사 3,000명을 잃는다면, 병력을 충원할 방법이 없으니 남부군의 전체 병력이 영원히 그 숫자만큼 줄어든다는 뜻이었다. 이렇듯 남부 연합은 북부의 풍부한 인구와 남부의 충원 병력 부족이라는 이중고로 점점 사면초가로 몰렸다.

테네시 남부군에서 사단을 지휘하던 클리번Patrick Cleburne 장군이 브랙스턴 브래그Braxton Bragg 사령관을 찾아가서 어떤 계획을 제안했다. 노예를 병사로 징집하자는 내용이었다. 당시 남부는 인구가 900만 명이었는데, 그중 딱 3분의 1이 흑인 자유민이거나 노예들이었다. 그들이 전투병으로 복무하는 것은 원칙적으로 허용되지 않았다. 전쟁 초기 루이지애나 의용대에 정식 군사훈련을 마쳤고 완전무장한 흑인 연대가 있었는데, 그들이 남부군으로 참전하겠다고 자원했다. 그러나 그들은 군인의 신분, 즉 병적兵籍이 전면 거부되었고 전투병이 아니라 단순 노동자로 일했다. 이번에도 클리번의 계획은 거부되었다.

그해 후반 남부군은 병력 가뭄이 여전히 심각했다. 이번에도 보다 못한 누군가가 이 문제를 타개할 해결책을 생각해 냈다. 당시 남부 연합의 국무부 장관이었던 유다 필립 벤저민Judah Philip Benjamin이었다. 그는 CSA 대통령 제퍼슨 데이비스Jefferson Davis 행정부에서 법무부 장관을 거쳐 전쟁부 장관을 역임했다. 정치계에 입문하기 전에 변호사로 활동했던 벤저민은 먼저 루이지애나 주 의회의 하원에 선출되었고 결국에는 미국 연방의 상원 의원까지 지낸 인물이다. 많은 사람들이 세파라드(스페인계와 북아프리카계 유대인을 뜻한다. – 옮긴이)인 벤저민을 "데이비스의 복심이자 브레인"이라고 불렀다. 실제로도 그는 남부 연합 대통령이 가장 신뢰하는 자문관이라고 봐도 무방했다. 유다 벤저민의 조언은 거의 언제나 높이 평가되었고 가끔은 CSA 의회가 그의 의견을 입법화하기도 했다. 그뿐 아니라 벤저민은 노예 소유주였고 그의 대농장에서 일하는 노예가 140명이 넘었다. 남부의 연방 탈퇴를 지지하던 초기 분리주의자로서 벤저민은 '각 주의 권리'에 대한 강력한 옹호자였다. 사실 포장이 주의 권리지 속을 들여다보면 노예제의 합법화 얘기였다. 이런 모든 상황을 종합할 때, 평생 노예제의 옹호자로 살았던 사람이 제안한 아이디어를 보면 당시 남부의 상황이 얼마나 절박했는지를 단적으로 알 수 있다.

1864년 초 벤저민 국무 장관은 노예를 전투병으로 복무시키자는 아이디어를 다시 꺼냈다. 그의 아이디어를 간단히 정리하면 이랬다. 첫째, 군인으로 자원입대하는 노예들은 본인과 가족 전부가 노예에서 해방되어 자유인 신분을 획득할 수 있다. 둘째, 정부는 그들의 예전 주인들에게 적절한 보상을 제공한다. 특히 두 번째 조건은, 벤저민 본인이 노예 소유주였기에 중이 제 머리 깎는 셈이었다. 당시 줄잡아 2만 명 노예들이 전투에서 지원 업무를 맡거나 장교들의 수발을 들었을 뿐 아니라 실제 전투에 참가한 노예 '병사'들도 상당수였다. 다만 흑인 노예들의 입대가 원칙적으로 금지되었기에 그들 흑인은 대부분 주인이 입대하면서 집안에서 데려온 노예들이었다. 제퍼슨 데이비스는 벤저민의 아이디어가 마땅치 않았다. 무엇보다 데이비스는 노예들을 병적에 올리면 군대의 기강이 무너지고 전체 병사들의 사기에 부정적인 영향을 미칠 거라고 생각했다. 게다가 근본적으로 볼 때 벤저민의 아이디어는, 북부군에게 여전히 저항하던 지역들의 모든 노예에게 자유를 약속한 링컨의 노예해방선언과 차이점도 없었다. 남북전쟁이 끝날 무렵 북군에서 복무하던 흑인들이 20만 명을 넘었고, 대부분의 흑인 병사들은 최선을 다해 용감히 싸웠다. 만약 남부 연합이 국무장관의 계획을 받아들였더라면, 남부군도 북부군의 흑인 병력에 준하는 엄청난 추가 병력을 확보할 수 있었을지도 모른다. 하다못해 5만 명이라도 병적에 올려 적절히 훈련시켰더라면 1865년 북버지니아군의 병력을 두 배로 증강하기에 충분했을 것이다. 오늘날까지도 미국 역사상 최고의 명장 중 하나로 꼽히는 리 장군에게 그토록 엄청난 규모의 노예 출신 병사들이 있었다면, 전쟁의 승패는 물론이고 역사의 물줄기를 바꿔 놓았을지 누가 알겠는가.

마침내 벤저민은 남부 연합 의회를 설득해서 자신이 제안한 계획에 대한 승인을 받아 냈다. 이렇게 해서 자원입대하는 모든 노예는 그의 가족들까지 전부 자유인으로 해방될 기회가 주어졌다. 벤저민은 입대와 동시에 자유인이 되는 조건으로 남부 연합을 위해 싸울 흑인들이 68만 명에 이를 거라고 추산했다. 최소한 그중 3분의 1만 입대하더라도 당시 잔여 병력을 두 배 이상으로 증강할 수 있을 것이었다. 알려진 바에 따르면, 벤저민은 의회 연설에서 모병 담당자들에게 노예들을 설득할 선전 문구를 구체적으로 지시했다고 한다.

"주인을 위해 싸우세요. 그러면 당신은 자유인이 될 수 있습니다."

그러나 너무 늦었다. 벤저민의 계획은 경제적인 측면에서도 일리가 있었다. 어차피 북부와 남부 모두 자원병들에게 상당한 입대 상여금을 지급하는 관행이 있었다. 그러니 그런 입대 상여금으로 노예 주인들에게 손해를 배상해 주면 될 터였다. 결과적으로 1865년 이 계획에 의거해 수천 명 노예들이 군에 자원했고, 일부는 실제로 전장에서 북군을 상대로 싸웠을지도 모른다. 그러나 그들 신병 대부분을 훈련시키거나 군대에 배치하기도 전에 전쟁이 끝나고 말았다. 정말이지 늦어도 너무 늦었다.

데이비스는 시종일관 그 아이디어에 대한 반감을 조금도 숨기지 않았다. 그렇지만 그도 결국에는 마지막 보루라는 생각에 그 계획을 받아들였다. 전쟁이 끝나기 불과 두 달 전이었다. 만약 그가 1년만 일찍 그 아이디어를 받아들였더라면 남북전쟁은 아주 다른 역사를 썼을 수도 있다. 남부군이 수적으로 우세했더라면 그랜트의 북부군은 상당한 어려움에 직면했을지도 모른다. 그리고 남부 연합의 수도 리치먼드를 포위하려던 시도는 엄청난 규모의 남부군이 외곽에서 위협해 오는 상황에서라면 버티지 못했을 수도 있었다. 또한 노예들이 남부군에 자원해서 입대했더라면, 남북전쟁의 목적이 노예제 폐지라는 북부 연방의 명분이 상당한 설득력과 힘을 잃었을 것으로 보인다. 게다가 그간 노예제에 대한 반감으로 남의 집 불구경하듯 뒷짐 지고 있던 유럽 국가들이 개입했을지도 모른다. 만약 브래그나 데이비스가 적어도 2년 전에 클리번의 제안을 받아들일 만큼 선견지명이 있었더라면 어땠을까? 남부 연합이 붕괴되지 않았을 가능성도 배제할 수 없다. 모로 가나 기어가나 결국 노예제는 분명 종식되었을 것이다. 수만 명의 무장한 흑인들이 전역 후 고향으로 돌아왔을 때 소수의 흑인들을 노예로 부리는 것은 사실상 불가능했을 것이기 때문이다. 그렇다면 오늘날 미국은 어떨까? 지금과 많이 다를까? 남부 연합이 아직도 존재할 거라는 점을 제외하면, 그럴 가능성은 별로 없어 보인다. 한편 남부가 흑인 병사들을 동원하고도 전쟁에서 패했을 수도 있었다. 하지만 전후의 재건 노력은 남부에 좀 더 관대했을 테고 아마도 인종차별적 증오는 다소나마 약해졌을 수도 있었다. 그뿐만 아니라 흑인에 대한 차별적 편견도 줄어들 수밖에 없었을 것이다. 남군의 흑인 병사들이 북부 연방군을 상대로 용맹하게 싸울 뿐 아니라 목숨을 바쳐 그들을 성공적으로 막아 내는 것을 봤다면 어떤 사람이라도 편견을 유지하기 힘들었을 테니 말이다.

남부를 더욱 깊은 구렁텅이로 몰아넣은 존 부스의 링컨 암살 : 1865년

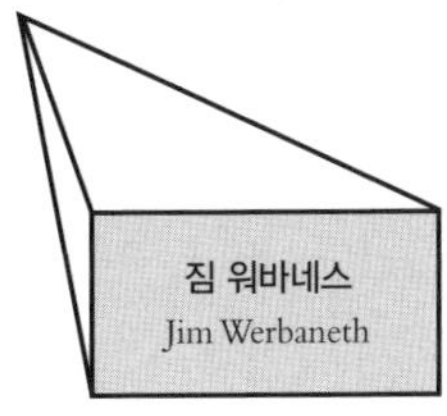

"폭군에게는 항상 이같이 하라 Sic semper tyrannis"

(링컨의 암살범이 도주하기 전에 했던 라틴어로
'남부는 복수했다'라는 뜻이 함축되어 있다. – 옮긴이)

실수 하나, 한순간의 행동 하나가 수십 년에 걸쳐, 심지어는 100년이 넘도록 깊은 영향을 미치는 경우는 드물다. 특히 오직 한 명이 저지른 실수 하나의 영향력이 그토록 오랫동안 지속되기는 더욱 힘들다. 그러나 드물고 힘들다고 그런 실수가 없는 것은 아니다. 시간을 150여 년 전으로 거슬러 올라가면 그런 실수의 가장 대표적인 사례를 만날 수 있다. 1865년 4월 14일 밤 에이브러햄 링컨이 암살범의 총격을 받아 치명적인 총상을 입었고 이튿날 아침 혼수상태에서 깨어나지 못하고 사망한 사건이다. 물론 암살 시도가 존 윌크스 부스John Wilkes Booth의 단독 범행이 아니라 공범자들과 꾸민 커다란 음모의 일부라는 사실은 명백하다. 다만 그랬거나 말거나, 결정의 순간에서 방아쇠를 당긴 것은 부스의 손가락이었다.

남부의 열혈 지지자였던 부스가 링컨을 암살한 동기는 남부가 남북전쟁에서 패해 참담한 처지에 놓인 데 대한 복수와 뿌리 깊은 인종차별이었다. 모든 흑인이 아니라 일부 흑인에게 선거권을 부여하겠다고 약속하는 링컨 대통령의 즉흥 연설을 본 후에 부스는 단호히 말했다.

"이는 깜둥이 시민을 의미한다. 신에 맹세코 처단하고 말겠다. 이 연설이 그가 이 세상에서 하는 마지막 연설일 것이다."

그런 다음 그는 자신의 맹세를 실행으로 옮겼다. 부스의 목적이 남부를 더 깊은 파괴의 수렁에서 구하는 것이었다면 그는 실패했다. 오히려 남부 연합 주들을 재건 시대reconstruction의 구렁텅이로 더 깊이 몰아넣었다. 재건 시대에 흑인들은 투표권을 획득했고 권력의 전당halls of power에 입성할 자격, 즉 피선거권을 얻었다. 그저 일장춘몽일지라도 말이다. 동시에 남부의 주들은 재규합하는 남부 연합의 극렬 지지자들로부터 노예 출신의 흑인 자유민들을 보호한다는 명목으로 파견된 북부 군대가 장악했다. 재건이라는 명목 아래 진행된 이 모든 것은 폭력과 복수의 환경에서 이뤄졌다. 가령 하얀 복면을 착용하고 야간에 활동하는 극우 백인 단체 쿠 클럭스 클랜(KKK, Ku Klux Klan)의 기마 폭력 단원들은 흑인들이 공포에 떨게 만들었다. 이것은 역설적이게도, 북군의 군사적 점령이 무조건 나쁜 아이디어가 아닐 수도 있음을 반증했다.

남북전쟁 이후 전쟁을 방불케 하는 극단적인 폭력 사태는 다양한 이해당사자들의 합작품이었다. 먼저, 예전 남부 연합 추종자들이 있었다. 대부분이 민주당 지지자였던 그들은 노예제의 시대가 저물고 흑인들에게 자유와 더불어 심지어 다소의 권한까지 부여하는 시대가 도래했다는 사실을 받아들일 수 없었다. 또한 해방 흑인국freedmen's bureau 같은 정부 기관과 군대도 폭력 환경에 일조했다. 그뿐만 아니라 북부의 승리로 창출된 사업 기회를 좇아 남부로 이주한 북부 사람들인 '카펫 배거carpetbaggers'(뜨내기라는 뜻이다. – 옮긴이)와 그들의 편에 붙어서 북부의 공화당을 지지하는 남부 사람들인 '스칼라웨그scalawag'(망나니 또는 깡패라는 뜻이다. – 옮긴이)들의 역할도 무시할 수 없었다. 마지막으로 노예 출신의 흑인들이 있었는데, 그들은 중간에 낀 샌드위치 신세로 연방 정부가 제공하는 것 외 대부분 영역에서는 아무런 보호막이 없었다.

이번 '전쟁'에는 예전 남부 연합 지지자가 승리했다. 1877년 재건 시대의 종말과 함께 시간은 옛날로 돌아갔다. 노예제를 합법화하는 것은 불가능했지만 흑백 분리는 다른 이야기였다. 게다가 흑인들의 완전한 참정권이 거부되는 사례가 갈수록 증가했다. 흑인들이 선거에서 당선되어 권력의 전당에 입성하는 것은 고사하고 선거권을 행사하기 위해 투표소로 들어가는 것조차 고난의 행군 길이었다. 이런 인종차별은 1960년대까지 지속되었고 마침내 흑인 민권운동, 인종 분리 정책에 철퇴를 가한 연방 대법원의 결정, 연방 정부의 재개입, 이렇게 삼박자가 맞아떨어져 막을 내렸다. 역설적이게도 남북전쟁 때는 공화당이 지배했던 북부 연방이 노예해방 전선의 투사들이었다면, 이번 돌격 공격은 미국의 제35대와 제36대 대통령인 존 케네디John Fitzgerald Kennedy와 린든 베인스 존슨Lyndon Baines Johnson을 포함해 민주당이 주도하게 되었다.

이 모든 것의 발단은 존 윌크스 부스의 손에 에이브러햄 링컨이 암살당한 사건으로 거슬러 올라간다고 볼 수 있다. 링컨의 사망으로 당시 부통령이었던 앤드루 존슨Andrew Johnson이 대통령직을 승계했는데, 그는 링컨에 비해 인지도며 명성이 훨씬 낮은 인물이었다. 공화당이 민주당이었던 그를 부통령으로 지명한 것은 그저 통합의 메시지를 보여 주기 위해서였다. 존슨은 테네시 출신이었고 연방에서 탈퇴한 남부 연합 주들의 상원 의원 중에서 유일하게 사임하지 않았다. 한편 공화당 대통령인 링컨이 민주당 소속인 그를 부통령으로 지목한 데는 크게 두 가지 이유가 있었다. 첫째 링컨 행정부가 남부와 화해하기 위한 노력의 일환이었다. 둘째 점진적 노예해방을 원했던 온건파 링컨이 두 번째 임기에서 급진적인 '흑인 공화당원들'에게 휘둘리지 않겠다는 강력한 의지의 표명이었다. 그들 급진파는 남부 연합과 노예제 모두에 가장 강력한 공동의 적이었다.

불행히도 존슨은 링컨의 발꿈치도 못 따라갔다. 링컨은 인종 문제를 해결하려 씨름했지만 존슨은 흑인이 열등한 인종이라는 것을 기정사실로 깔고 시작했다. 또한 그는 알코올중독자였고 들리는 말에 따르면 1864년 부통령 취임식에서도 술에 취해 있었다고 한다.(존슨이 한번은 장티푸스에 걸렸는데 어쩌면 알코올로 '자가 치료'해서 나은 건지도 모른다) 마지막으로, 링컨은 영리하고 빈틈없는 정치가였고 상충적인 이해관계 속에서 균형을 찾고 갈등을 중재하는 능력이 탁월했던 반면, 존슨에게서는 그런 능력은 눈을 씻고 봐도 찾을 수 없었다.

남부의 열혈 지지자였던 부스는 역설적이게도 링컨을 암살함으로써 남북전쟁에서 패한 이후 남부의 가장 큰 희망을 죽여 버렸다. 부스는 링컨의 '흑인 시민권' 외침은 들었지만, 그의 두 번째 취임 연설에서 "누구에게도 적의를 품지 말고 모두에게 관용을with malice toward none, with charity toward all"이라고 말했던 부분은 듣지 못한 것이 틀림없다. 링컨은 수많은 사람들의 목숨으로 쟁취한 노예해방을 보존하는 동시에, 남부를 다시 연방의 우산 아래서 북부와 성공적으로 '재결합'할 정치적 기술을 보유했다. 반면에 존슨은 링컨의 비전은 물론이고 그가 지녔던 정치적 기술들도 지니지 못했다. 재건 시대가 막을 내림과 동시에 시계는 과거로 돌려졌고, 흑인은 또다시 이등 시민으로 강등되었다. 재건 시대의 첨예한 갈등과 이에 따른 실망스러운 결과를 미연에 방지할 수 있는 사람이 있었다면, 바로 두 번째 임기를 끝까지 채울 기회가 주어진 링컨이었다. 앤드루 존슨은 그런 엄청난 숙제를 해낼 그릇이 아니었다. 하고 싶어도 할 수 없었을지도 모른다. 그에게는 완전히 능력 밖의 일이었기 때문이다. 링컨이 두 번째 임기를 끝까지 채웠더라면, 패배한 남부에 대한 적의를 재건이라는 명분으로 포장하여 또 다른 착취를 벌이지는 않았을 것이다. 오히려 더 많은 관용을 베푸는 동시에 '상실한 대의lost cause'에 대한 공감대가 확산하는 데 반대하는 강력하고 매력적인 목소리를 들었을 수도 있다.('상실한 대의'는 북부가 남북전쟁의 목적으로 내세운 노예제 폐지는 구실일 뿐이고 남부에 대한 불리한 관세나 연방 정부로부터의 주의 권리 침해가 그 전쟁의 숨은 목적이므로, 남북전쟁의 패배로 독립이 좌절된 남부는 고유한 이상과 대의를 상실했다는 것이 골자이다. – 옮긴이) 만약 부스가 남부의 영혼을 구하고 싶었다면 그는 최악 중 최악의 카드를 집었다.

흑역사 035

러시아, 황금의 땅 알래스카를 헐값에 팔아넘기다 : 1867년

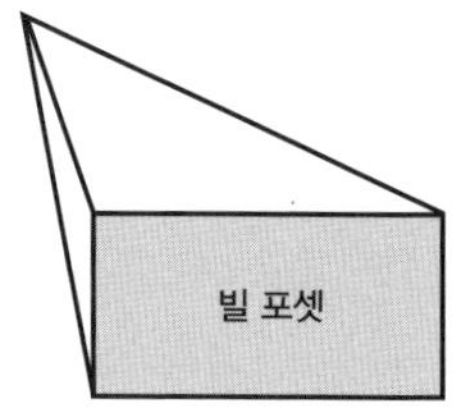

"가게 주인은 물론이고
국가도 점포 정리 행사 때는 돈이 들어간다"

1867년 알래스카가 미국의 공식적인 영토가 되었다. 이전에는 거의 100년간 어떤 회사가 마치 사유재산처럼 알래스카를 단독으로 소유하고 통치했다. 제정러시아의 무역회사 러시아-아메리카 회사(RAC, Russian-American Company)였다. RAC의 주주 명단에는 러시아 차르 알렉산드르 2세Alexander II와 그의 일가를 포함해 러시아의 지도층이 포진했다. RAC는 오늘날 싯카로 불리는 노보아르한겔스크에 본사를 두었고, 러시아의 알래스카 총독으로 매우 유능한 행정관이었던 알렉산드르 바라노프Alexander Baranov가 RAC를 경영했다. 그의 유능한 리더십 아래 RAC는 어업에서 광업까지 알래스카의 모든 산업을 통제했다. 특히 무역은 RAC의 최고

효자 산업이었다. 광물과 수산물을 교역한 것은 물론이고 흔히 에스키모라고 알려진 이누이트 족으로부터 해달의 가죽과 모피를 사들여 상당한 이득을 남겼다. 그뿐 아니라 RAC는 점점 더 많은 지역에 요새, 학교, 조선소 등을 건설했고, 투자 대비 무려 1,000퍼센트 이익을 달성하는 해도 더러 있었다. 심지어 RAC는 자체적인 화폐를 제작해 통용하기 시작했고, 그중에는 가죽으로 만든 희한한 화폐도 있었다.

바라노프는 알래스카와 그곳 주민들에게 깊은 애착을 가졌다. 어떤 이누이트 족장의 딸을 아내로 맞을 정도였다. 그는 언제나 공정하게 교역했고 또한 언제나 알래스카와 그곳에서 살아가는 모든 생명에 대한 깊은 배려를 드러냈다. 수년간 RAC가 높은 이익을 달성했고 덕분에 주주였던 러시아 황제 차르의 개인 금고도 풍성해졌다. 그러던 중 1819년 바라노프가 세상을 떠났고, 그때부터 모든 것이 변했다. RAC의 회사 정관에 따르면 고위급 군대 장교만이 RAC의 사장이 될 수 있었다. 바라노프 시절에는 RAC가 행정관들에게 상당한 급여를 지급했다. 그러나 RAC의 새로운 경영진에 포함된 장교들은 회사 돈을 마치 눈먼 돈처럼 생각하며 각자 1,500루블을 급여로 챙겼다. 당시 1,500루블은 제정러시아 황실 고위 관리들의 임금에 맞먹는 큰 액수였다. 심지어 RAC의 신임 사장은 연봉으로 15만 루블을 가져갔다. RAC 역사상 전대미문의 초고액 연봉이었고, 얼마 지나지 않아 지도부의 고액 연봉이 잘나가던 회사의 숨통을 죄기 시작했다.

RAC의 새로운 경영진은 이제까지처럼 자신들에게 고액 연봉을 안겨 주는 동시에 회사도 어느 정도의 이익을 달성하게 해 줄 조치가 절박했다. 이를 위해 그들은 고통을 이누이트들에게 전가했다. 해달 가죽, 모피 등등 알래스카 원주민들에게 사들이는 모든 교역품의 대금을 절반으로 인하한 것이다. 그러자 이누이트 족은 생존을 위해 해달 포획량을 두 배로 늘릴 수밖에 없었다. 이후 20년간 해달만이 아니라 털 달린 모든 동물의 씨가 말라 갔고 그런 동물의 가죽과 모피에서 나오던 이익도 사라졌다. 한편 RAC의 노후화된 건물과 요새들은 재정 악화로 보수를 못 해 흉물스럽게 변해 갔다. RAC의 재정 상태가 얼마나 심각했던지 은과 금이 발견되었을 때조차 새로운 광산에 투자할 자금이 없었다. 돈만 되면 못 할 게 없었던 신임 장교들은 노보 아르한겔스크를 캘리포니아와 밴쿠버로 차와 얼음을 수출하는 교역 중심지로 탈바꿈시켰다. 하지만 이 시도도 침몰하던 RAC를 구하지 못했다.

1850년이 되자 RAC는 계속된 적자 행진으로 급기야 러시아 본국으로부터 매년 최대 20만 루블의 보조금을 받아야 하는 처지가 되었다. 그리하여 초고액 연봉 시대도 막을 내렸다. 설상가상 영국 해군이 상황을 더욱 복잡하게 만들었다. 영국 해군이 막강한 제해권을 앞세워 북태평양에서의 교역을 지배하기 시작한 것이다. RAC의 차 무역이 특히 치명타를 입었다. 만약 영국이 작정하고 구체적인 행동을 개시한다면, 그들은 속수무책일 터였다. 다시 말해 영국 해군이 캐나다의 해안을 거슬러 북진하고 러시아령 알래스카 전체를 장악하기로 마음먹는다면, 그들로서는 방법이 없을 터였다. 물론 영국은 한 번도 그런 야심을 드러내지는 않았다. 어쨌든 상황이 이렇게 급박하게 돌아가자 러시아 차르의 동생이었던 콘스탄틴 니콜라예비치 대공Grand Prince Konstantin Nikolayevich은 알래스카를 매각하는 것이 최선이라고 결정했다. 러시아는 미국에 접근해 알래스카 매각을 협상했고 마침내 양국은 720만 달러에 알래스카를 매매하기로 원칙적인 합의를 도출했다. 그런데 계약이 최종적으로 마무리되기 전에 미국에서 남북전쟁이 발발하는 바람에 계약이 보류되었고, 종전 후 재개된 협상에서 미국의 국무 장관 윌리엄 H. 수어드William H. Seward가 거래를 최종 마무리했다. 그러나 연간 예산만도 10억 루블이 넘었던 차르는 매매 대금이 성에 차지 않았다. 모든 거래에서 매도자의 입장이 그렇듯, 그는 720만 달러보다 훨씬 더 많이 받고 싶었다. 게다가 알래스카 매매 거래를 성사하기 위해 '군불'을 때느라 땔감 값으로 이미 매각 대금의 일부를 사용했다. 거래에 대한 신속한 승인을 받고자 미국의 행정관들과 상원 의원들에게 '뇌물'을 주었던 것이다. 하지만 니콜라예비치 대공은 720만 달러 정도면 러시아에게 상당히 유익한 거래라는 입장을 견지했고, 차르도 결국 동생의 의견을 받아들였다. 이렇게 해서 러시아는 금싸라기 땅을 터무니없는 헐값을 받고 미국에 팔았다.

알래스카의 무한한 잠재력을 알아보지 못한 건 당시 미국도 마찬가지였다. 처음에는 많은 미국인들이 호박이 넝쿨째 굴러온 건 줄도 모르고 오히려 알래스카 매입을 두고 "수어드의 냉장고Seward's Icebox"라는 등 입방아를 찧었다. 그러나 이른바 '금 사냥꾼'들이 클론다이크에서 금을 발견하자 순식간에 상황이 역전되었다. 그로부터 불과 몇 년도 지나지 않아 알래스카는 황금알 낳는 거위가 되었다. 해마다 미국 경제에 700만 달러의 100배에 달하는 이익을 가져다준 것이다. 수억 달러어치의 금이 채굴되었고, 그 금은 미국이 산업대국으로 발돋움하는 데 훌륭한 밑거름이 되었다.

알래스카 매입이 미국에게는 넝쿨째 굴러온 호박이었다면, 러시아에게는 두고두고 가슴 치게 만드는 엄청난 실수였다. 차르가 알래스카를 헐값에 팔지 않았더라면 클론다이크에서 발견된

금만으로도 엄청난 부를 거머쥐었을 것이다. 그런 돈이 있었더라면 그가 꿈꾸던 러시아의 근대화와 개혁이 성공했을 가능성이 아주 높았다. 이는 다시 러시아의 허약한 경제 체질이 개선으로 이어지고, 더 산업화된 러시아는 제1차 세계대전에서 훨씬 영향력 있는 변수가 되었을 수도 있었다. 그뿐만 아니라 북아메리카에 교두보를 확보한 더 강력한 러시아는 세계 정치판의 그림을 크게 바꿔 놓았을지도 모른다. 제정러시아 정부가 더 부유하고 더 강력해졌다면, 레닌이 주도한 볼셰비키 혁명을 진압할 수 있었을까? 두 번의 세계대전 중 어떤 것에서라도 독일과 동맹을 맺는 것이 알래스카의 거점들에서 캐나다로 남진하는 기회가 되었더라면, 러시아가 그토록 빨리 프랑스와 영국과 손을 잡았을까? 캐나다와의 국경에 거점들이 있었더라면, 러시아는 북미 대륙 전체를 '한 수 아래'로 생각할 수도 있었을까? 제2차 세계대전 중에 미국의 북서부 최대 도시 시애틀 외곽에 전선이 형성되었을까? 알래스카는 냉전 시대 내내 미국의 머리를 겨누는 '다모클레스의 칼sword of Damocles'(고대 시라쿠사의 참주僭主 디오니시우스Dionysius의 측근 다모클레스는 디오니시우스의 부와 권력을 부러워했다. 그러자 디오니시우스는 참주의 권좌가 언제 떨어질지 모르는 칼 밑에 있는 것처럼 항상 위기와 불안 속에 유지된다는 사실을 가르쳐 주기 위해 다모클레스를 연회에 불러 왕좌에 앉힌 뒤 말총에 매달린 칼을 머리 위에 걸어 놓았다. 언제 닥칠지 모르는 위험을 뜻하는 표현이다. – 옮긴이) 같은 존재였을 것이다. 다시 말해 미국은 최대 적국을 머리 위에 앉혀 두고 전전긍긍했을 수도 있었다. 먼 거리로 인해 본토에서 직접적인 공중 요격이 불가능했던 러시아의 미사일과 폭격기들은, 미국 본토와는 엎어지면 코 닿을 거리에서 모든 준비를 갖춘 채 오직 출격 명령이 떨어지기만을 기다리고 있었을지도 모른다. 심지어 러시아령 알래스카는 오늘날에도 세계의 경제적 역학을 바꿔 놓을 수도 있다. 가령 러시아가 북극 대부분 지역에 대한 합법적인 소유권을 행사할 가능성도 배제할 수 없다. 그랬더라면 알래스카 북부 해안의 거대 유전 지역 노스 슬로프에서 채굴되는 석유 전부가 러시아 석유일 것이다. 하지만 이렇다 할 뚜렷한 이유도 없이 러시아의 차르 알렉산드로스 2세는 동생 니콜라예비치 대공의 말에 설득당해 화수분 같은 알래스카를 1에이커당 2센트라는 헐값을 받고 미국에 팔았다. 그리고 그 푼돈이 결국 역사의 물줄기를 바꿔 놓았다.

흑역사 036

유진 시펠린이 들여온 영국산 찌르레기가 북미 생태계를 망치다 : 1890년

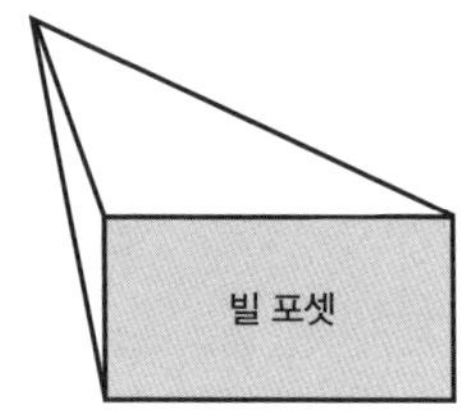

"1890년부터 미국 생태계가 파괴되었다"

북미 대륙의 생태계에 가장 큰 피해를 입힌 최악의 파괴자가 누구라고 생각하는가? 글로벌 석유 기업 엑손 모빌Exxon Mobil Corp.을 먼저 떠올리는 사람들이 많을 것이다. 하지만 엑손이 유출한 석유가 생태계에 미친 피해를 전부 합친 것보다 더 막대한 피해를 입힌 파괴자는 따로 있다. 뉴욕 시민 한 사람이었다. 그 요주의 인물은 19세기 말 성공한 제약업자로 뉴욕 근교에 거주하던 유진 시펠린Eugene Schieffelin이다. 제약 산업의 호황에 편승해 막대한 부를 쌓은 그는 윌리엄 셰익스피어William Shakespeare의 광팬이었다. 또한 시펠린은 유용하거나 흥미로운 동식물을 북미에 들여오기 위한 미국순응화학회(AAS, American Acclimatization Society)의 학회장이기도 했다. AAS는 얼핏 들으면 지극히 무해한 단체 같지만, 오늘날에는 AAS 회원들을 생태계 테러리스트라고 부르는 데 모두 이견이 없을 것이다. 백 보 양보해서 1890년이라는 점을 감안해도, 당시 AAS는 생태계가 어떻게 작동하고 무엇이 생태계에 피해를 주고 교란하는지에 대해 놀랄 만큼 무지했음을 적나라하게 보여 줬다. 그들의 목적은 북미에 새로운 종의 동식물을 들여오는 것이었다. 아니, 잘못 들은 게 아니다. 부유한 뉴욕 시민들로 구성된 그 단체의 취미는 외래종 동식물을 들여와 미국에 퍼뜨리는 것이었다. 오늘날이라면 외래종 유입은 징역형에 처해질 수도 있는 중대한 범죄행위다. 이는 1900년에 제정된 레이시 법Lacey Act 덕분이다. 그러나 레이시 법이 10년이나 늦게 제정되는 바람에 미국 생태계는 위험에 처했다.

1890년 3월 6일 AAS 학회장 유진 시펠린이 센트럴파크에 나타났다. 새장 가득 들어 있는 찌르레기들과 함께였다. 몸통은 갈색이고 옆면에 얼룩덜룩한 무늬가 있는 커다란 영국 제도산 찌르레기였다. 찌르레기는 셰익스피어의 《헨리 4세Henry IV》 1막에 등장하는데, 바드Bard가 사람 목소리를 흉내 낼 수 있는 찌르레기의 능력에 대해 말하는 장면이다.

> 왕은 모티머Motimer라는 이름조차 입에 담지 말라고 했어요.
> 하지만 왕이 잠들 때 그의 귀에 대고 "모티머!"라고 소리치겠습니다.
> 아니, 그보다 찌르레기에게 '모티머' 한 마디만 가르쳐서 왕에게 주겠습니다.
> 그래서 찌르레기가 그 말만 되풀이해서 그의 화를 계속 돋우게요.
>
> –《헨리 4세》 1부 1막 3장

《헨리 4세》에서 '성대모사의 달인' 찌르레기에 관한 언급은 스치듯 지나간 이 한 번이 다다. 그러나 셰익스피어에 단단히 미쳐 있던 거부 시펠린이 큰돈을 들여 영국에서 찌르레기를 수입하도록 영감을 주기에는 그 한 번이면 족했다. 3월 초 으슬으슬 추운 어느 아침, 시펠린은 찌르레기 60마리를 센트럴파크에 풀었다. 아마도 찌르레기들이 낯선 환경이지만 새 서식지에 '순응'해 번성하기를 바랐을 것이다. 비록 3월의 뉴욕은 찌르레기들이 새 보금자리를 꾸리기에 녹록한 날씨가 아니지만 말이다. 이제까지 미국순응화학회가 외래종을 유입했던 시도는 대부분 실패했다. 그런데 이번은 달랐다. 찌르레기들이 센트럴파크 한쪽 구석에 자리한 미국자연사박물관의 처마 밑에 안식처를 찾았다. 처마 밑은 따뜻한 데다가 둥지를 만들 공간도 있었다. 오늘날 알래스카와 캐나다에서부터 멕시코와 중앙아메리카에 이르기까지 2억 마리의 찌르레기가 있다. 정말이다, 2억 마리가 서식하는 걸로 추정된다.

찌르레기는 북미 토종 조류에 심각한 해를 끼치는 유해 조류다. 가령 찌르레기는 1년 내내 이동하지 않고 한곳에 머무는 일종의 텃새다. 이는 철새들이 돌아와서 보면 찌르레기들이 둥지를 만들기에 가장 좋은 장소를 선점하고 있다는 뜻이다. 또한 찌르레기는 다른 새들과 먹이 경쟁을 벌이는데다 미국의 고유한 조류 대부분에 비해 몸집이 큰 편이어서 작은 새들을 괴롭히고 쫓아내기까지 하는 등 '골목대장 노릇'을 톡톡히 한다. 특히 딱따구리, 파랑새, 쇠부리딱따구리 등이 커다란 피해를 보는데, 찌르레기는 그들을 보금자리에서 쫓아내고 안방을 차지하는 밉상을 부린다. 심지어 찌르레기 때문에 동부파랑새eastern bluebird는 멸종 위기에 처했다. 정말이지 천적이 따로 없다.

오늘날 찌르레기는 개체수가 너무 많아 유해 동물로 분류된다. 특히 찌르레기의 배설물은 히스토플라스마 병원균에 감염되어 있어 문제가 더 크다. 인간이 그 균의 포자를 흡입하면 진균성 감염증인 히스토플라스마증에 걸리는데 심하면 사망과 시력 손실까지 유발하는 무서운 질환이다. 당연한 말이지만 찌르레기들이 인간 근처에서 둥지를 튼다면 인간이 그 균의 포자를 접촉할 가능성이 훨씬 높아진다. 뉴잉글랜드의 일부 마을은 찌르레기로 인한 피해가 얼마나 심한지 지난 100년간 찌르레기와의 전쟁을 치르고 있지만 별로 성공적이지 못하다. 심지어 예전에 미국 국회의사당 건물도 찌르레기 떼의 습격을 받은 적이 있었고, 이후 찌르레기가 꼭대기에 둥지를 만들지 못하도록 기둥마다 전기 철조망을 설치해야만 했다.

만약 유진 시펠린이 셰익스피어가 책에서 언급한 모든 새를 들여오겠다는 황당한 목표에 사로잡혀 유럽산 찌르레기를 들여와 북미의 생태계를 공격하지 않았더라면, 지금의 북미 대륙은 상당히 다른 모습일 수도 있다. 오늘날 귀한 대접을 받는 홍관조와 큰어치 등 많은 '보호' 조류를 주변에서 좀 더 흔하게 볼 수 있을 것이다. 또한 숲속의 새소리도 좀 더 다양하지 않을까 싶다. 생뚱맞은 이야기지만, 미국 자연사박물관 인근의 보도도 훨씬 깨끗하지 않았을까? 해외에서 유입된 비둘기와 영국산 참새들의 전체 개체수와 찌르레기의 개체수를 합치면 5억 마리에 달한다. 일각에서는 오늘날 북미 대륙에서 이들 세 종의 외래 침입종intrusive species(지역 생태계와 인간에게 해를 입히는 외래 도입종을 말한다. – 옮긴이)이 모든 토착 조류를 합친 것보다 개체가 많다고 추정한다. 이러니 생태계에 대한 테러라고 볼 수밖에 없지 않겠는가?

흑역사 037

베네딕투스의 실수가 안전유리를 만들어 내다 : 1903년

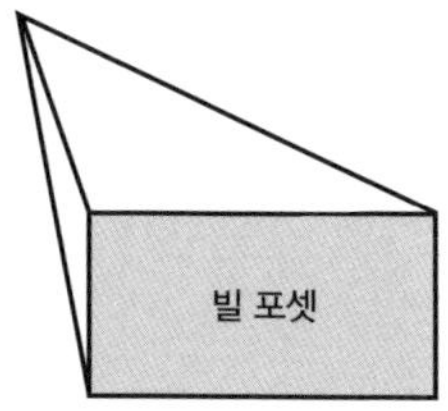

"누군가의 실수가 사람들을 훨씬 안전하게 보호해 준다"

이제까지 완전한 재앙이었던 흑역사를 돌아보며 숨 가쁘게 달려왔다. 앞으로는 연신 헛발질로 제1차 세계대전을 야기한 정치인들에 대해 본격적으로 알아볼 것이다. 그 전에 잠시 머리도 식힐 겸 쉬어 가는 시간을 가져 보자. 긍정적인 결과를 낳은 실수에 관한 이야기다. 긍정적인 실수 사례는 아주 많고 종류도 다양하다. 생고무에 유황 성분을 첨가하는 경화 공정과 사카린이 대표적이다. 특히 지금부터 알아볼 실수는 우리의 일상생활에 직접적인 혜택을 주었을 가능성이 매우 높다.

때는 1903년, 장소는 프랑스였다. 에두아르 베네딕튀스Édouard Bénédictus가 연구실에 실험하다가 작은 사고를 당한 것이 대서사의 시작이었다. 베네딕튀스는 화학자였고 당연히 화학약품을 주로 다루었다. 유리는 오직 극소수 화학물질에만 반응하는 성질이 있어서 대부분의 화학 혼합물을 보관하거나 화학 혼합물로 작업할 때 매개물로 이상적인 소재다. 운명의 그날, 베네딕튀스는 작업 중에 실수로 선반에 올려져 있던 유리 플라스크를 떨어뜨렸다. 과학자들이라면 흔한 일상적인 실수라고 말할 것이다. 유리 플라스크가 바닥에 떨어지면 산산조각 나는 것이 당연했다. 그런데 플라스크가 박살 나지 않았다. 대신에 거미줄 모양의 실금으로 온통 뒤덮여 있었다. 베네딕튀스는 소스라치게 놀랐다. 1903년은 파이렉스(흔히 조리 기구 제조에 쓰이는 강화유리다. –옮긴이)가 발명되기 한참 전이었다. 베네딕튀스는 호기심이 생겼다. 어째서 유리가 깨지지 않은 걸까? 그는 그 이유를 조사했고, 결국 인류에게 커다란 혜택을 가져다주게 되는 무언가를 발견했다. 알고 보니 플라스크에 셀룰로오스 질산염이라고 불리는 니트로셀룰로오스가 담겨 있었다. 셀룰로오스 중합체의 일종인 니트로셀룰로오스는 접착성이 있어서 일단 마르고 나면 유리에 단단히 들러붙는다. 그런 성질 때문에 플라스크 안쪽 표면에 눈에 보이지 않을 정도의 투명한 막이 생겨 유리가 산산조각 깨지지 않고 금이 생긴 것이었다. 그는 오랜 연구 끝에 그 코팅 효과를 재현할 수 있었고, 마침내 1909년 접합 유리laminated glass에 대한 특허를 신청했다.

여기서 퀴즈 하나, 베네딕튀스가 발명한 안전유리는 가장 먼저 어디에 사용되었을까? 자동차 앞 유리의 깨진 파편이 치명적인 무기가 되므로 자동차 제조업체들이 접합 유리를 가장 먼저 채택했을 거라고? 얼핏 생각하면 그럴 것 같지만 틀렸다. 베네딕튀스가 발명한 안전유리의 가치는 다른 분야가 먼저 알아보았다. 제1차 세계대전 당시 방독면 렌즈는 유리로 만들어졌다. 전투 중에 가까이 떨어진 포탄의 충격으로 렌즈 유리가 깨져 병사들이 눈을 다치는 사고가 비일비재했다. 그런 사고를 예방하기 위해 방독면의 새 렌즈를 접합 유리로 만들었다. 이렇게 해서 베네딕튀스의 '실수'가 전장에서 수만 명의 부상자가 발생하는 것을 막았다. 마침내 1927년 모든 자동차 제조업체들도 앞 유리에 접합 유리를 장착했고, 그것이 차별화된 특징이라고까지 광고했다. 얼마 지나지 않아 다중 접합 유리의 방탄 효과가 입증되었고, 이제는 폭력배들과 은행 직원들도 베네딕튀스의 실수 덕에 혜택을 입게 되었다. 물론 이런 일이 없기를 바란다. 그래도 만에 하나 심각한 자동차 사고를 당했는데 자동차 유리가 거미줄 모양으로 깨진 것을 보게 된다면 하나만 기억해 주길 바란다. 당신이 멀쩡한 것은 100여 년 전 에두아르 베네딕튀스의 작은 실수 덕분이었다고 말이다. 그가 실수로 플라스크를 떨어뜨리지 않았더라면, 어떤 현상을 발견하고도 무심코 넘겼더라면, 그 현상에 함축된 의미를 조사하고 이해할 만큼 똑똑하지 않았더라면, 충격을 받은 앞 유리의 십중팔구는 사방으로 튀므로 당신은 부상을 입었을 것이다.

코팅이라고 불리는 접합 기술lamination(대상이 되는 물체에 한 겹 이상의 얇은 층을 덧씌워 표면을 보호하고 강도와 안정성을 높이는 기술이다. – 옮긴이)로 말미암아 자동차 유리는 물론이고 유리를 사용하는 다른 많은 용처의 안정성이 크게 향상되었다. 접합 공정을 활용한 자동차 유리는 더 널찍해졌고 자동차의 외관은 극적으로 변했다. 오늘날 우리가 더욱 안전하게 자동차를 이용하고 차창 너머로 스쳐 가는 주변 경관을 선명하게 볼 수 있는 것은 베네딕튀스가 작은 실수를 하고 그 실수에서 무언가를 배운 덕분이다.

미국 대선의 훼방꾼들, 제3당 후보들의 역사 : 1912년

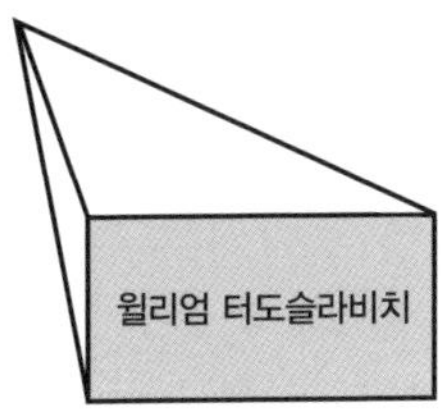

"100년이 넘도록 한 번도 없었다…"

수천만 미국인들이 4년마다 한 번씩 투표소에 들어가 나쁜 두 사람 중에 그나마 덜 나쁜 사람을 선택한다. 승자는 이후 4년간 백악관의 주인이 된다(미국은 유권자가 후보에게 투표하는 직접선거가 아니라 대통령을 선출할 선거인단을 뽑는 간접선거 체제다. 그리고 각 주의 유권자 일반 투표에서 득표수가 가장 많은 후보가 그 주에 배당된 선거인단 모두를 가져가는 승자 독식winner-take-all 방식이며 선거인단 수가 많은 후보가 대통령에 당선된다. 선거인단은 연방 하원 의원 수 435명, 상원 의원 수 100명, 워싱턴 D.C.에 배정된 3명 등을 전부 합쳐 총 538명이다. – 옮긴이).

투표는 국민의 권리다. 그런데 국민들은 열정에서라기보다는 마지못해 투표권을 행사한다. 그런데 만약 제3의 선택지가 있다면 어떻게 될까?

옳거니! 제3당 후보자들이 가끔은 대선판을 활기차게 만들어 준다. 언론은 그들에게 스포트라이트를 집중하는데, 이는 그들이 통상적인 대선 공약에 어울리지 않는 생뚱맞은 공약을 내세워 눈길을 끌기 때문이다. 가끔은 통념을 벗어나는 파격적인 프로그램도 제안한다. 하지만 미국 역사상 제3당 후보가 백악관을 차지한 적은 단 한 번도 없었다.

그들이 결정적인 캐스팅보트를 쥐는 경우도 있다. 승리가 유력한 후보의 표를 잠식해서 결국 패배가 확실시되던 후보에게 대선 승리를 안겨 주는 것이다.

제3당과 무소속 후보의 필패가 엄연한 현실인데도 그런 무모한 시도를 감행하는 천하의 멍청이들이 계속 나온다. 예전에 누군가가 거의 성공의 문턱까지 간 적이 있어서다. 게다가 그 과정에서 뜻하지 않게 제3의 선택지와 몇몇 대선을 말아먹었기 때문이다.

이길 가망이 없다… 최소한 차이를 만들 희망도 없다

미국의 제26대 대통령 시어도어 루스벨트Theodore Roosevelt는 1901~1909년까지 연임했다. 이후 '큰사슴' 불무스Bull Moose라 불리는 혁신당Progressive Party을 창당해 1912년 대선에 도전장을 내밀었다. 비록 대통령에 당선되지는 못했지만 미국 역사상 제3당 후보로는 최고의 성적을 거뒀고, 100년이 지난 2012년까지도 루스벨트의 기록에 근접하는 성적을 달성한 제3당 후보는 없었다.

뒤를 이어 윌리엄 하워드 태프트William Howard Taft가 대통령이 되었다. 둘 다(GOP, Grand Old Party), 즉 공화당 소속이었다. 루스벨트는 차기 대통령으로 선택해서 전폭적인 지지를 아끼지 않았던 태프트에게 그만 믿는 도끼에 발등을 찍힌 신세가 되고 말았다. 태프트가 전임 대통령의 진보주의적 정책들을 싹 갈아엎은 것이다. 또한 태프트는 연방 정부의 권력을 강화했던 공화당의 기조를 경제 간섭을 줄이고 기업 친화적인 작은 정부주의로 회귀시켰다. 또한 공화당의 당권을 완전히 장악했고 비록 루스벨트가 예비 선거에서 더 많은 지지를 받았음에도 공화당의 대통령 후보 지명을 따냈다.

루스벨트는 공화당의 후보 지명에 불복해 공화당 전당대회가 열리던 시카고컨벤션센터에서 지지자들을 데리고 나와 인근 대강당에서 진보당을 창당했다. 진보당은 루스벨트가 기자들에게 자신이 수컷 큰사슴인 불무스만큼 강인하다고 말한 후에 불무스당이라는 별명으로 더 알려졌다. 그리고 그는 선거운동 중에 암살범의 총을 맞고도 살아남아 강함을 몸소 증명했다.

선거 결과는 루스벨트와 공화당의 참패였다. 루스벨트는 최종적으로 2위였지만 공화당의 표가 갈라지는 바람에 겨우 88표의 선거인단을 획득하는 데 그쳤다. 한편 공화당 후보 태프트는 3등이었는데 선거인단 득표수가 고작 8표였다. 루스벨트의 패인은 명백했다. 유권자들의 선택을 받는 일반 투표에서 태프트에게 빼앗긴 공화당원들의 표를 상쇄할 만큼, 민주당원들로부터 많은 지지를 이끌어 내지 못한 탓이었다. 콘크리트 지지층이었던 열혈 민주당원 덕분에 뉴저지 주지사였던 우드로 윌슨Woodrow Wilson(민주당-뉴저지)이 정치 신인이면서도 435표를 획득해 압도적인 승리로 백악관에 입성했다.

루스벨트가 획득한 88표는 20세기 미국 대선 역사상 제3당 후보가 거둔 최고 성적이었다. 루스벨트가 낙선된 1912년 대선 이후 제3당 후보들은 극좌파 진보주의자 아니면 극우파 보수주의자였고, 목표 유권자층의 지지를 받기 위해 지연이나 이념을 내세웠다. 물론 당선된다면야 더할 나위 없겠지만, 그들의 1차적 목표는 루스벨트에 근접하는 성적을 거두는 것이었다.

루스벨트의 배턴을 이어받은 제3당 후보는 1924년 대선판에 출사표를 던진 상원 의원 로버트 라폴레트Robert La Follette 경(공화당-위스콘신)이었다. 그는 독립 진보당Independent Progressive Party을 창당한 다음, 극좌까지는 아니더라도 상당히 진보주의적인 공약을 내걸고 출마했다. 그러나 그의 이념은 유권자들의 마음을 크게 얻지 못했다. 라폴레트는 서부의 17개 주에서 2등을 차지했고, 제29대 대통령 워런 G. 하딩Warren G. Harding의 사망으로 대통령직을 수행하던 공화당 후보 캘빈 쿨리지Calvin Coolidge에게 패했다. 라폴레트가 일반 투표에서 거둔 총득표율은 약 17퍼센트였지만, 1위에 오른 주는 그의 고향 위스콘신뿐이었다.(선거인단 13표) 쿨리지는 총 382표의 선거인단을 확보해 압승했고, 일반 투표에서도 54퍼센트를 가져갔다. 민주당의 대통령 후보였던 존 W. 데이비스John W. Davis는 선거인단 136표, 유권자 일반 투표 약 29퍼센트를 획득해 2등이었다.

라폴레트의 선거운동은 이념에 기반을 두었던 반면, 일부 제3당 후보들은 지역적 사안에 집중함으로써 루스벨트에 접근하는 지지를 받을 수 있다고 생각했다. 1948년 대통령 선거에 출마한 상원 의원 스트롬 서먼드Strom Thurmond(민주당-사우스캐롤라이나)가 대표적인 경우다. 당시 대통령 해리 트루먼Harry Truman이 군대 내

인종차별을 없애는 행정명령을 발효하자 이에 불만을 품고 민주당을 탈당한 서먼드는 극우 보수주의의 기치를 내걸고 대선에 도전장을 내밀었다. 민주당 내 보수파 '딕시크랫Dixiecrat'의 선두 주자였던 그는 군대 내 인종차별에는 조금도 관심이 없었다. 결국 뚜껑을 열어 보니, 트루먼이 일반 투표에서 49.5퍼센트를 득표했고 선거인단 303석을 획득했다. 그리고 선거인단 189표, 일반 투표 45퍼센트를 얻은 뉴욕 주지사 토머스 E. 듀이Thomas E. Dewey가 2등이었다. 주권 민주당States' Rights Democratic Party 후보로 출마한 서먼드는 일반 투표 2.4퍼센트, 선거인단 39석을 얻은 데 그쳤다. 서먼드는 루이지애나, 미시시피, 앨라배마, 그리고 그의 고향인 사우스캐롤라이나, 이렇게 네 개 주에서만 승리했다. 서먼드가 민주당의 표를 일부 잡아먹었음에도 트루먼이 대통령에 당선되었다.

1968년 대선에서 앨라배마 주지사 조지 윌리스George Wallace(민주당-앨라배마)가 서먼드의 전철을 밟았다. 그의 상대는 민권운동가 출신으로 아이젠하워 행정부에서 부통령을 지낸 리처드 닉슨Richard Nixon(공화당)과 현직 부통령 휴버트 험프리Hubert Humphrey(민주당)였다. 닉슨은 20년 전 트루먼에 버금가는 성적을 거두었다. 일반 투표에서는 43.4퍼센트를 얻었고 301석의 선거인단을 확보해 압승했다. 한편 윌리스는 일반 투표에서 나름 선전해 13.5퍼센트를 획득했고 디프사우스Deep South(일반적으로 미국 최남동 주들을 일컫는 말로 특히 조지아, 앨라배마, 미시시피, 루이지애나, 사우스캐롤라이나를 지칭한다.-옮긴이) 선거인단에서 험프리 표 중 45표를 잠식해 민주당의 표를 갈라놓았다. 또한 윌리스가 사회적 보수주의자인 공화당 백인 유권자들의 표를 가져갔음에도 닉슨이 당선되는 것을 막지 못했다. 4년 후 재선에 도전한 닉슨은 지난 대선에서

월리스에 표를 준 백인 유권자들의 표심을 회복하기 위해 강수를 뒀다. 흑인 유권자들을 공략하는 공화당의 전통적인 선거 전략을 포기한 것이다. 덕분에 닉슨은 진보주의자인 상원 의원 조지 맥거번George McGovern(민주당-사우스다코타)을 상대로 완승을 거뒀다.

무소속 후보들이 대선판을 뒤흔들다

루스벨트와 같이 미국 대선에서 돌풍을 일으키며 전통적인 양강 구도에 커다란 균열을 만든 인물이 또 있었다. 단돈 1,000달러로 일렉트로닉 데이터 시스템스Electronic Data Systems를 창업해 대형 데이터 프로세싱 회사로 키워 낸 입지전적인 기업가 H. 로스 페로Henry Ross Perot였다. 괴짜 기업인이자 억만장자였던 페로는 1992년 대선에 무소속으로 출마했다. 아칸소 주지사였던 빌 클린턴Bill Clinton(민주당-아칸소)은 370석의 선거인단을 확보했지만 유권자들의 선택을 받는 일반 투표의 득표율은 43퍼센트에 불과했다. 만약 재선에 도전했던 '아버지' 조지 H. W. 부시George Herbert Walker Bush가 유권자 투표에서 페로에게 18.9퍼센트를 빼앗기지 않았더라면 자신의 득표율 37.4퍼센트와 페로의 표를 합해 재선에 성공할 수도 있었다. 페로의 득표는 30개 주 324석의 선거인단에 영향을 미쳤다. 따라서 페로가 대선에 출마하지 않았더라면 그들 주에서 페로에게 표를 준 유권자 대부분이 부시를 선택했을 거라고 봐도 무방하다.

페로는 1995년 개혁당Reform Party을 창당해 1996년 대통령 선거에 재도전했고, 이번에는 일반 투표에서 공화당 상원 의원 밥

도일Bob Doyle의 표를 8.4퍼센트 잠식함으로써 빌 클린턴을 재선에 안착시킨 일등공신이 되었다. 페로라는 복병이 없었더라면 도일은 일반 투표에서 49.1퍼센트를 득표할 수도 있었다. 도일이 확보한 선거인단 의석은 159석이었던 반면, 클린턴은 일반 투표 49.2퍼센트에 선거인단 379표를 가져갔다. 이번에도 페로가 공화당의 표를 갈라놓았다. 그가 선거판에 뛰어들지 않았더라면 8.4퍼센트의 표 대부분이 도일의 손에 들어갔을 거라고 여겨진다.

그러나 가장 결정적인 '대선 훼방꾼'에게 주는 상이 있다면, 급진적인 소비자 운동가 랠프 네이더Ralph Nader가 수상할 것이 확실하다. 2000년 진보주의를 표방하는 녹색당Green Party의 대통령 후보로 대선에 출마한 네이더는 단 1석의 선거인단도 확보하지 못했다. 일반 투표에서 간신히 2.7퍼센트를 득표했을 뿐이다. 당시 그의 경쟁 상대들이었던 부통령 앨 고어Al Gore(민주당)가 48.4퍼센트, 아버지 부시 대통령의 아들로 텍사스 주지사였던 조지 W. 부시(공화당-텍사스)가 47.9퍼센트를 획득했다. 그러나 부시는 선거인단 수에서 앞서 대통령 선거의 최종 승자가 되었다.

잠깐, 부시가 일반 투표에서 2등이었는데 대통령이 되었다고?

그런 결과를 만든 결정적인 승부처는 선거인단 25표를 가진 플로리다였다. 고어와 부시는 플로리다에서 48.8퍼센트로 동률이었지만 네이더가 1.6퍼센트를 득표했다. 만약 네이더가 대선에 나오지 않았더라면 그의 표 중 상당수가 고어에게 돌아갔을 테고, 선거인단의 최종 결과는 고어 291표 대 부시 244표가 되었을 것이다. 과반을 넘겨 미국 대선에서 승리하기 위한 선거인단 최저 득표수는 270표다.

시어도어 루스벨트를 제외하고, 제3당과 무소속으로 출마한 모든 후보들은 미국 역사에 아무런 족적도 남기지 못했다. 누구도 루스벨트의 성적에 이르지 못했고 역사에서 철저히 외면당했다. 대신에 미국인들은 제3당과 무소속의 대선 훼방꾼들이 흔들어 놓은 왜곡된 역사를 얻었다.

미국 대통령 선거의 결과를 예측하기 어려운 요인 중 하나는, 후보자들이 사실상 50개 주와 워싱턴 D.C.를 합쳐 총 51번의 개별 선거를 치른다는 점이다. 게다가 승자 독식 방식으로 인해 몇 퍼센트로 이기든 승자가 각 주에 배정된 선거인단 표를 독식한다.(단, 메인과 네브래스카는 예외다) 승자가 일반 투표에서 5 내지 10퍼센트 격차로 이기더라도 독특한 승자 독식 방법 때문에 선거인단 표에서는 압승을 거둘 수도 있다. 반대로 유권자들이 직접 투표하는 일반 투표에서 총득표율은 뒤처지더라도 선거인단이 많은 주들에서 승리한다면, 선거인단 표에서 앞서고 결국 대통령에 당선될 수 있다. 실제로 이런 경우가 미국 역사에서 다섯 번 있었다.

만약 미국이 의원내각제로 바뀌면 미국의 정치 시스템이 훨씬 더 효율적일까? 다른 것은 차치하고라도, 제3당 후보들이 유의미한 역할을 할 수도 있을 것이다. 그리고 일반 투표에서 미국 국민 과반의 지지도 받지 못한 후보가 백악관을 차지하는 일이 더는 없을 수도 있다.

윌슨, 트루먼, 닉슨, 클린턴, 고어 등은 소수당들의 지도부를 찾아다니며 연대를 제안하고 의회에서 다수를 차지하자고 설득했을 것이다. 최소한 절반에서 1석만 더 차지해도 과반이 넘으니 다수당이 된다. 그리고 정부를 구성하자면 연대 정당들 사이에 타협과 절충이 필요할 테고, 어쩌면 내각의 많은 자리를 연대를 맺은 소수당들에게 내주거나 그들의 정당 강령에서 일부를 채택해서 정책을 수립해야 할 터다.

반면 연대 정부의 단점으로는 정치적 취약성을 들 수 있다. 만약 다수당이 과욕을 부리면 소수당이 연대에서 발을 뺄 수 있고, 이것은 연대 정부가 반드시 필요한 다수당의 지위를 잃게 만들 수 있다. 이는 다시 새로운 선거로 귀결될 것이다.

이 점이 공화당과 민주당에게 어떤 영향을 미치는지는 흥미로운 관전 포인트다. 양당 모두 다양한 파벌과 각 파벌이 특히 관심을 쏟는 사안들의 집합체이기 때문이다. 의회내각제에서 공화당은 종교적 보수주의 정당, 농민당, 포퓰리즘을 지향하는 대중주의 정당, 친기업 정당 등으로 쪼개질 수도 있다. 한편 민주당은 노동자, 여성, 중도주의자, 진보주의자, 사회주의자, 흑인, 남미계 등으로 나뉘지 싶다.

오늘날 의원내각제 국가에서 다수 연립(단독으로 과반 의석을 차지한 정당이 없을 때 둘 이상의 정당이 연합하여 과반 의석을 이룬 뒤 정부를 구성하는 것을 의미한다. – 옮긴이)이 대표적인 정부 형태가 되었다. 패배한 정당은 본분에 충실한 야당이 되고 사실상 불평할 힘 말고는 아무런 실력을 행사할 수 없다.

그러나 가장 중요한 것은, 다수당이 그리드록gridlock(정치 분야에서 의회의 반대에 부딪혀 정부 정책을 추진하지 못하는 현상으로, 일반적으로 여소야대 정권에서 자주 나타난다. – 옮긴이)도 교착상태도 없이, 아니 사실상 아무런 견제 세력 없이 기관차처럼 폭주하며 통치할 거라는 점이다.

오늘날 미국인들이 워싱턴 정가에서 그리드록을 볼 때 의원 내각제 정부는 아주 매력적인 대안으로 보이기 시작한다.

만약 타이타닉 호에 쌍안경 열쇠가 있었더라면 : 1912년

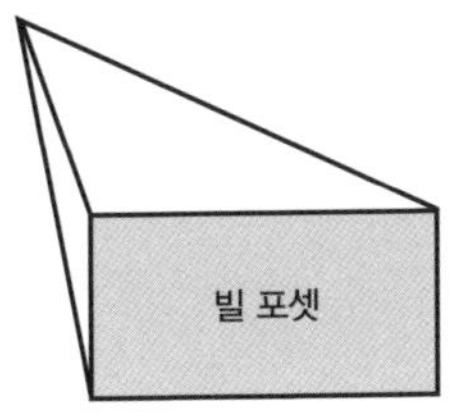

"작은 구멍 하나가 둑을 무너뜨릴 수도 있는데
작은 구멍이 여러 개라면…"

1912년 첫 항해에 나선 타이타닉 호가 침몰했다. 이 침몰 사고는 수많은 실수와 실패로 점철되어 있어, 어느 하나를 콕 집어 침몰 원인이라고 말하는 것은 불공정해 보인다. 실수와 실패를 전부 합치면 이 책에서 소개하는 흑역사 101개 중 4분의 1에 달할 수도 있고, 일일이 전부 열거하면 이 책은 두 배나 두꺼워질 것이다. 그래서 두 개의 실수로 간추리려 한다. 일종의 타협안으로 생각해 주길 바란다. 첫 번째 실수는 타이타닉 호의 설계 문제, 지휘 착오, 부수적 문제 등을 아우르는 데 반복해서 언급되는 기술상의 커다란 실수라고 명명하자. 그리고 두 번째 실수는 얼핏 사소해 보이고 심지어 배가 항구를 떠나기도 전에 만들어진 것이다. 비록 작은 실수여도 간과해서는 안 된다. 그 실수가 없었다면 빙산과 충돌해 침몰하는 재앙은 피할 수 있었을지도 모른다.

화이트스타 해운White Star Line이 주문 건조한 타이타닉은 당대의 놀라운 첨단 기술을 집약한 결정체였다. 타이타닉은 네 개의 연통, 즉 굴뚝을 가진 여객선으로 당대의 전함 대부분이 명함도 내밀 수 없을 정도의 속도를 낼 수 있었다. 또한 타이타닉은 당시 기준으로 역사상 최대 규모의 여객선이었고 (1등실의 경우) "떠 있는 궁전"이라고 불릴 만큼 최고급 자재로 호화롭게 꾸며졌으며, 홍보에도 큰 공을 들였다. 타이타닉은 그야말로 선풍적인 인기를 얻었다. 심지어 진수進水하기도 전에 타이타닉 비누, 타이타닉 차, 타이타닉 수건, 타이타닉 사탕 등 독자들이 상상할 수 있는 거의 모든 상품을 살 수 있었다. 이런 홍보 노력으로 기대가 하늘을 찔렀다. 행여 영국 사우샘프턴에서 미국 뉴욕까지 항해 시간의 신기록을 세우지 못하면, 기대가 곧바로 실망으로 바뀔 판이었다. 그래서 타이타닉은 출항 이후 한 번도 속도를 줄이지 않고 전속력으로 항해했다. 위험은 극히 미미했다. 아니, 그렇다고 믿겼다. 타이타닉에 관한 모든 광고에 반드시 등장하던 문구가 있어서였다. "신도 이 배는 가라앉힐 수 없다." 즉 타이타닉은 불침호라고 호언장담했다.

타이타닉은 설계 과정에서 기술 공학적인 결함들이 다수 있었다. 먼저, 선체가 연철로 만들어졌는데, 문제는 연철에 낮은 온도에서 잘 부서지는 불안정한 성질이 있었다는 점이다. 얼음장 같은 북극의 차가운 바다를 항해할 선박에 취성이 높은 연철을 쓰는 것은 절대로 좋은 결정이 아니었다. 반면에 선체를 조립할 때 사용한 대갈못은 강철이었다. 이 또한 나쁜 선택이었다. 철판에 성질이 다른 두 금속, 즉 연철과 강철이 사용됨으로써 미세 전류가 발생되었다. 미세 전류는 대갈못을 부식시켰고, 선체의 철판을 고정한 대갈못이 부식하면서 헐거워지게 되었다. 이렇게 약한 선체도 문제였지만, 설계에서부터 만들어진 또 다른 실패 요인도 있었다. 설계사들은 타이타닉이 워낙 대형 선박이라 행여 먼바다를 항해할 때 배가 좌우로 흔들리는 롤링rolling으로 생길 문제를 염려했다. 그래서 설계사들은 타이타닉이 파도가 거친 바다에서 유연하게 구부러질 수 있게 만들기로 결정했다. 이는 롤링이 발생할 때 선체의 특정 부위가 구부러지거나 늘어남으로써 충격을 흡수하도록 '휘어지는 유연한 철판'을 사용한다는 뜻이었다. 그러나 바로 구부러지는 성질 때문에 이 지점은 선체에서 취약한 부분이 되었다. 그리고 실제로 그것이 타이타닉의 아킬레스건이었음이 증명되었다. 타이타닉은 구부러지는 그 지점에서 완전히 두 동강이 났고, 지금도 두 동강 난 선체가 북대서양 해저에 가라앉아 있다.

불침호라고 호언장담했던 타이타닉은 오히려 침몰 가능성이 매우 높았다. 모든 군함은 맨 위 갑판에서 선박의 맨 하단까지 방수용 선체로 이뤄져 있다. 게다가 대부분의 군함은 바닷물이 선체로 들어올 경우에 대비해, 특정 공간을 차단하거나 다양한 구역을 순차적으로 폐쇄할 수 있도록 방수 격벽을 설치했다. 그런데 타이타닉에는 방수 격벽들이 선체 하단에서부터 배의 어느 정도 높이까지만 설치되었다. 즉 상부 갑판까지 선체 전체에 방수 격벽을 설치하지 않았다. 설상가상으로 격벽은 완벽히 밀폐되는 것이 아니라 윗부분이 뚫려 있었고, 물이 격벽 높이보다 들어차면 그곳을 통해 물이 넘쳐 다음 구획으로 흘러들었다. 타이타닉의 이런 격벽 구조를 쉽게 설명해 보자. 싱크대에 물을 가득 받은 다음 빈 얼음 틀을 담근다고 해 보자. 물 위에 평평하게 놓으면 얼음 틀은 물에 떠 있다. 이제 얼음 틀의 한쪽 끝을 살짝 눌러 물이 처음 한두 칸을 채우게 한다. 한 칸씩 채워질수록 물에 잠긴 얼음 틀의 한쪽 끝부분이 물속으로 점점 가라앉고 세 번째, 네 번째 칸에도 물이 채워지기 시작한다. 그리고 모든 칸에 물이 채워지면 얼음 틀은 가라앉는다. 선체가 빙산에 부딪혀 선수의 많은 구획이 찢겨 나가 바닷물이 들어왔을 때 타이타닉에서 바로 이런 일이 벌어졌다. 선수가 점점 가라앉음에 따라, 방수 격벽의 열린 상부를 통해 물이 다음 구획으로 넘어갔고 구획이 하나씩 물에 잠겨, 마침내 가라앉지 않는다던 타이타닉 호가 침몰했다.

이런 설계상 실수로 침수에 매우 취약한 구조를 가진 선박을 건조해 놓고도 화이트스타 해운은 한술 더 떴다. 일단 배가 침몰하면 비극적인 재앙으로 이어질 수밖에 없는 일련의 조치들을 감행한 것이다. 사실 정확히 말하면 화이트스타가 타이타닉이 침몰할 때를 대비해 적절한 조치들을 마련하지 못했다고 말하는 편이 맞다. 왜였을까? 신도 가라앉게 만들 수 없다는 자만심 때문이었다. 일례로 화이트스타는 타이타닉 건조가 마무리될 즈음, 비용을 아끼고 선체 외관이 깔끔하게 보이도록 구명정 숫자를 처음 계획보다 줄이기로 결정했다. 그리하여 딱 스무 정만 설치했다. 이는 예약 승객의 절반도 태울 수 없는 숫자였다. 더군다나 승무원들도 이에 대해 전혀 문제의식이 없었다. 뭐, 구명정이 왜 필요해? 어차피 타이타닉은 가라앉지 않을 텐데, 뭐. 그러나 승객들은 구명정이 부족하다는 사실조차도 몰랐다. 구명정 탈출 훈련이나 비상 훈련을 한 번도 실시하지 않았기 때문이다. 더욱 기가 찬 것은 승무원들을 대상으로도 그런 훈련을 하지 않았다는 점이다.

그뿐만 아니라 타이타닉이 가라앉지 않는다는 것을 철석같이 믿었기에 누구도 방송 설비를 갖추는 데 신경 쓰지 않았다. 이는, 승객들이나 승무원들에게 알려야 하는 문제가 생길 경우 승무원들이 선내를 돌아다니며 일일이 구두로 알려야 한다는 뜻이었다. 그것 말고 다른 방법은 없었다. 심지어 그런 수동 방식 자체에도 문제가 있었다. 많은 승무원들이 비영어권 국가 출신이었고 당연히 그들은 승객들은 물론이고 다른 많은 승무원들과도 의사소통이 이뤄지지 않았다.

한편 타이타닉의 조타 실수와 빙산을 우회하지 않고 살짝 비껴가기로 결정한 이유와 관련해 의문점들이 많았다. 그러나 조타실이 위치한 선교에서 근무하던 승무원 전원이 수장되었고, 누가 무엇을 했는지에 관한 정보도 그들과 함께 바다 깊숙이 가라앉았다. 그러나 작은 실수 하나가, 정말로 사소한 부주의 중 하나가, 앞서 언급한 모든 실수들만큼 타이타닉의 침몰에 커다란 원인을 제공했다. 이는 극소수의 생존 승무원 중 한 사람인 프레드 플리트Fred Fleet의 증언에 의해 밝혀졌다. 그는 감시원이었다. 즉 높은 망대에 올라 빙산을 포함해 전방의 위험 요소를 사전에 발견하는 일을 담당했다. 그는 자신의 감시 임무를 성실히 수행했지만, 타이타닉의 첫 항해 때는 오직 육안으로만 위험 요소를 확인해야만 했다. 현재 가치로 4억 달러의 건조비가 들어간 초호화 여객선인 타이타닉에 쌍안경 하나 없어서 감시원들이 맨눈으로 바다를 살피고 있었다고? 아니다, 쌍안경은 있었다. 자물쇠가 채워진 보관함에 얌전히 들어 있었다. 그런데 열쇠가 없어서 보관함을 열지 못했다. 출항 직전에 일등 항해사가 교체되었다. 본래 타이타닉에 승선할 예정이던 일등 항해사가 보관함 열쇠를 가지고 있었는데 후임 항해사에게 열쇠를 인계하지 않았다. 아무래도 열쇠는 그 항해사가 가진 한 개가 전부인 듯하다. 쌍안경이 없으니 망지기가 육안으로 식별할 수 있는 시야가 제한되었다. 이 주장은 의심의 여지가 전혀 없어 보인다. 그 재앙이 발생한 직후에 열린 의회 청문회에 출석한 증인 두 명도 똑같이 증언했기 때문이다. 그리고 2014년에 실제로 잃어버린 보관함 열쇠가 경매에 매물로 나와 팔렸다. 반짝이는 새 보관함을 깨부수고 쌍안경을 꺼냈으면 됐을 텐데, 누구도 그렇게 할 만큼 신경을 쓰지 않았다. 쌍안경이 없으면 뭐 어때? 어차피 우리 배는 가라앉지 않을 텐데, 뭐. 게다가 무게가 4만 6,000톤이 넘고 길이가 270미터에 달하는 이토록 큰 배를 위험에 빠뜨릴 수 있는 게 있겠어? 바로 그 쌍안경만 있었더라면 망지기 누구라도 치명적인 빙산을 훨씬 일찍 발견했을 것이다. 타이타닉이 빙산에 충돌하는 사고를 피할 수 있을 만큼 아주 일찍 말이다. 빙산에 충돌하지 않았더라면 설계와 건조 시에 있었던 다른 모든 결함과 오류는 중요하지 않았을 가능성도 크다. 요컨대 열쇠 하나가 없어서 타이타닉은 수장되었다.

흑역사 041

오지 않는 유령 군대를 기다린 독일군 : 1914년

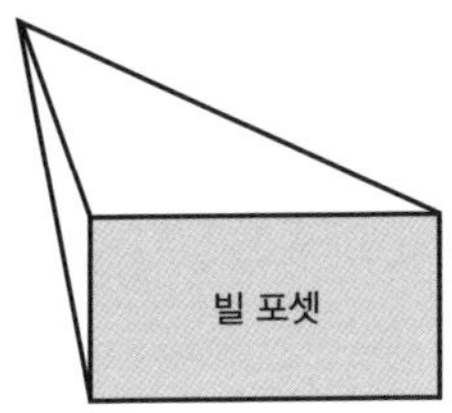

"'러시아 군대가 오고 있다, 러시아 군대가 몰려온다.'
냉전이 한창이던 1966년이었다면 이것은 한 편의
코미디였을 것이다. 그러나 50년 전인 1914년 영국에서
그것은 역사의 물줄기를 바꾼 외침이었다"

1914년 영국의 저잣거리에 러시아 군대가 몰려온다는 소문이 자자했다. 그 소문이 어떻게 시작됐는지는 다소 시간이 지난 후에 밝혀졌다. 전쟁 중인 영국에서는 본래 여러 소문이 횡행했다. 그런데 유독 그 소문은 끈질기게 확산되었고 결국 대서양 너머 미국의 신문들조차 보도하기에 이르렀다. 처음에는 수만의 러시아 코사크 군대(나중에는 백만 대군이라고 말하는 사람들도 있었다)가 스코틀랜드에 상륙했고, 프랑스와 벨기에에 형성된 서부 전선에서 싸우기 위해 영국 본토를 종단한다는 내용이었다. 그 소문이 처음 돌기 시작한 것은 8월, 독일 군대가 프랑스 북부 전역에서 무서운 기세로 프랑스 군대를 강하게 압박해 후퇴시키던 무렵이었다. 당시는 연합군에게 매우 암울한 시기였다. 어쩌면 그런 이유로 그 소문이 급속도로 퍼졌을 가능성도 있다. 그 뜬소문 하나가, 아니 더 정확히 말하면 그 풍문을 철석같이 믿었던 것이 독일로서는 뼈아픈 실수였다. 그 소문 때문이든 아니면 그 소문에 대한 독일의 잘못된 믿음 때문이든, 결과는 똑같았다. 어쩌면 독일은 제1차 세계대전이 발발한 처음 몇 달 안에 속전속결로 승리할 기회를 놓쳤는지도 모른다.

제1차 세계대전이 끝난 후 영국의 셰필드핼럼 대학교Sheffield Hallam University의 데이비드 클라크David Clarke 교수가 러시아 군대에 관한 그 소문의 진원지를 철저히 추적한 연구 보고서를 발표했다. 당시 영국 정부가 대규모 예비군을 모병해서 기차를 이용해 남동 해안으로 이동시켰는데, 바로 여기서 소문이 시작한 것처럼 보인다. 또한 영국 정부는 남동 해안에 도착한 예비군들을 닥치는 대로 아무 배든 잡아 태우고 이동시켰다. 그들의 최종 목적지는 프랑스였고, 그들의 임무는 서부 전선에서 전투 중인 영국 원정군을 지원하는 것이었다. 운행 일정이 없던 기차들이 대거 몰리자 남동 해안으로 가는 철로에 체증이 빚어졌고, 보통은 효율적으로 작동하던 철도 시스템이 거의 마비되었다. 한편 보안상 예비 조치로 병사들은 심지어 야간에도 항상 창문 가리개를 내리라는 명령을 받았다. 결국에는 역무원들이 손전등을 들고 다니며 그 혼란을 정리하는 데 손을 보탰다. 그렇지만 일부 기차는 영국 마을들의 한복판에서 몇 시간 동안 꼼짝없이 서 있었다. 더군다나 타고 내리는 사람도 하나 없었고 창문은 가리개로 가려 있어 내부가 전혀 보이지 않았다.

서부 전선으로 급파된 부대 중 하나는 제4시포스 하이랜더스였다. 그들 병사는 스코틀랜드에서 게일어를 사용하는 지역 출신이었다. 잉글랜드에서는 스코틀랜드 사람들이 게일어로 말하는 것을 들어 본 사람이 거의 없었고, 따라서 기차에서 멀리 떨어진 곳에서 들으면 기차 안 사람들이 아주 생소한 외국어를 사용하는 것처럼 들렸다. 이런 혼란을 더욱 부채질한 황당한 일화도 있었다. 수상한 기차들 중 하나가 어떤 역에 정차하고 있었다. 그때 역무원이 기회를 틈타 한 병사에게 그와 동료 병사들이 어디서 왔는지 물어보았다. 그 병사는 "로스셔Ross Shire"에서 왔다고 대답했다. 그곳은 스코틀랜드 최북단 주들 중 하나로, 당시 잉글랜드의 보통 사람들에게는 거의 알려지지 않은 곳이었다. 그 병사의 익숙하지 않은 억양과 혼란스러운 다른 사실들을 종합해 그 역무원이 나름의 결론을 내렸다. 그는 사람들에게 그 기차에 러시아 사람들이 가득 타고 있다고 떠벌렸다. 로스셔라는 이름은 얼핏 러시아로 들렸다.

게다가 실제로도 수백 명의 러시아 병사들이 스코틀랜드에 상륙해서 런던으로 이동 중이었다. 이것이 그 오해에 생명력을 불어넣었다. 그뿐만 아니라 그들의 존재와 그들이 영국 땅에 있다는 사실을 숨기려는 시도가 전혀 없었고, 이것이 다시 코사크 병사들이 기차에 가득 타고 있다는 소문에 신빙성을 더해 주었다. 사실 그들은 전투병이 아니라 병참 부대 소속 병사들과 군대 행정병들이었다. 즉 그들의 임무는 참전이 아니라 러시아 군대에 제공되는 지원을 조정하고 관리하는 일이었다.

일단 신문들이 그 이야기를 보도하고 나자, 그들 유령 러시아 군대를 찾기 위한 온갖 방법이 동원되었다. 가령 어떤 해운 회사가 러시아에서 수입한 다량의 달걀을 운송하고 있었다. 냉장 보관하면 운송이 쉬워서 러시아산 달걀이 많이 수입되었다. 그 해운 회사가 본사에 아주 간결한 전보를 보냈다. 10만여 러시아산이 이미 애버딘을 출발해 런던으로 이동 중이라는 내용이었다. 글자 수에 따라 전보 이용료가 달라지니 순전히 돈을 아끼려고 간결하게 작성했다. 그런데 달걀이라는 단어가 쏙 빠진 그 전보를 입수한 일부 신문들이 그것을 오해했다. 코사크 병사들에 관한 소문이 옳다는 증거라고 보도한 것이다.

얼마 지나지 않아 영국 정보기관 M15(정식 명칭은 영국 정보청 보안부[SS, Security Service]이고 통상적으로 군사 정보 총국 제5과로 불리며 영국의 국내 방첩 활동과 보안을 담당하는 정보기관이다. – 옮긴이)가 그 게임에 숟가락을 얹었다. M15는 영국에서 활동하는 많은 독일 간첩들의 우편물을 확인하고 검열했다. 그중 한 명이 러시아 병사들이 기차에 가득 타고 프랑스의 서부 전선으로 이동 중이라는 내용의 보고서를 베를린으로 보냈다. 확신할 수는 없지만 칼 로디Carl Lody라는 이름이지 싶다. 어쨌든 M15는 그 편지를 한 글자도 바꾸지 않고 그대로 통과시켰다. 심지어 M15는 가능할 때면 그 소문에 양념을 쳤다. 그 소문에 관한 질문을 받을 때마다 그 사안에 관한 모든 정보는 일급비밀이라는 말로 에둘러 대답한 것이다.

이윽고 영국 곳곳에서 러시아 병사들을 보았다는 목격담이 언론을 통해 보도되기 시작했다. 어떤 사람은 1만 명의 완전무장한 러시아 병사들이 런던 템스 강의 둑길을 따라 행진하는 것을 보았다고 맹세했다. 또 어떤 사람은 러시아 아르한겔스크 항에서 출발한 배를 타고 영국으로 왔는데 그 배에 2,500명의 코사크 병사들이 타고 있었다고 주장했다. 심지어 자신이 그들의 사진을 찍었지만 그들에게 빼앗겼다고 덧붙였다. 더럼의 기차역에서 근무하던 한 역무원은 초콜릿 자판기의 입구가 막혀 살펴보니 구겨진 루블 지폐가 나왔다고 언론에 제보하기도 했다. 또한 북부 도시 칼라

일의 시민들이 시내를 통과하던 기차에서 "보드카"라고 외치는 소리를 들었다는 목격담과, 서부 도시 맬번에서 외국인들이 300개의 '도시락 바구니'를 주문했다는 가게 여종업원의 이야기도 곧장 언론에 보도됐다. 검증도 없이 그런 '설'들이 그토록 광범위하고 신속하게 확산된 흐름은 조금도 놀랍지 않다. 프랑스 서부 전선에서 연합군이 고전하고 있었기 때문에 좋은 소식을 암시하는 것은 무엇이든 환영받았기 때문이다.

대서양 건너 미국 신문들도 검증하거나 최소한의 사실 확인도 하지 않은 채 그 이야기들을 곧이곧대로 퍼 나르기 바빴다. 《뉴욕 타임스》는 아주 구체적으로 보도하기도 했다. 7만 2,000명의 러시아 군인들이 애버딘에 도착했고 그림즈비, 하리치, 도버를 거쳐 해안 지역으로 급하게 이동했다는 보도였다. 심지어 러시아 군대가 진군하는 독일 군대의 측면을 공격하기 위해 벨기에 항구도시 오스탕드 인근에 위치한 비밀 기지에서 대기 중이라는 신문 기사도 있었다. 게다가 당시는 미국이 중립적인 입장이었기 때문에 이런 신문 기사들은 아무런 제약 없이 배편으로 독일의 참모총장과 정보기관으로 곧장 보내졌다(미국은 1917년 4월 6일 독일에 선전포고를 하고 공식적으로 참전했다. - 옮긴이).

9월 독일의 참모총장과 독일제국의 카이저 빌헬름 2세Wilhelm II가 해안 지역에 위치했던 전진 사령부를 출발했다. 신문 기자들이 이런 독일 측 움직임에 대한 여러 해석을 내놓았는데, 러시아 군대가 상륙하면 그 지역이 위험하기 때문이라는 관측도 그중 하나였다. 독일은 총 3만 5,000명이 넘는 두 개 사단 전원과 그들 사단이 보유한 모든 대포와 기관총을 그 해안 근처로 집결해 대기하라고 명령했다. 이런 작전을 펼친 이유는 딱 하나였다. 독일은 이번 전쟁에서 가장 중요한 서부 전선을 위협할 수 있는 러시아의 대군이 상륙하는 것을 두려워했다. 그러나 그것이 오히려 전쟁의 패배로 이어진 결정적인 패착이었다. 독일 군대는 아주 중요한 기로에 있었던 한 달 동안 그곳에 머무르며 시간을 허비했다. 그곳에서 독일군은 오지 않을 유령의 군사들을 기다렸을 것이 틀림없다.

독일군은 파죽지세로 프랑스군을 남쪽으로 후퇴시키며 파리로 진군하고 있었다. 프랑스 북부 대부분은 이미 독일에 점령당했다. 프랑스 수도는 1870년에 경험한 것과 같은 또 다른 포위 공격에 대비해 만반의 준비를 하고 있었다.(독일의 전신 프로이센과 프랑스가 1870~1871년 스페인 국왕의 선출 문제를 두고 벌인 전쟁에서, 프로이센은 1870년 9월 19일부터 132일 동안 파리를 포위하고 압박했다. - 옮긴이) 프랑스군은 몇 주간 남쪽으로 무풍 질주하던 두 개의 독일 군대에 밀려 작전상 후퇴를 하고 있던 터라 병사들은 피로도 누적되었고 사기도 많이 떨어졌다. 마침내 프랑스군의 총사령관 조제프 조프르Joseph Joffre 장군은 대담한 작전을 감행하기로 결정했다. 후퇴를 멈추고 독일군을 반격하는 것이었다. 1914년 9월 6일 프랑스 제6군이 마른Marne 강을 건너던 독일 제1군의 우익을 공격했다. 파리 외곽 40킬로미터 지점에 있는 마른 강은 파리에서 엎어지면 코 닿을 거리였다. 독일군의 사령관 알렉산더 폰 클루크Alexander von Kluck는 역시 백전노장이었다. 새로운 이번 위협에 대응하기 위해 군대의 전선을 아주 노련하게 변경했다. 그러나 병사들을 우익으로 이동시킴에 따라 추가 병력이 없었던 클루크는 독일 제1군과 제2군 사이에 50킬로미터에 달하는 틈을 허용할 수밖에 없었다. 그런데 그 틈을 메울 수도 있는 3만 5,000명의 병사들은 도버 해협의 해안가에서 소문 하나 때문에 유령 같은 적을 기다리고 있던 셈이다.

같은 날 또 다른 프랑스군이 엄청난 기세로 그 틈을 공략했다. 다음 날 파리의 택시 600대가 6,000명의 증원 병력을 그 전선으로 실어 날랐고, 그 택시 기사들은 그 일로 불멸의 명성을 얻었다. 독일의 두 군대 사이에 위치한 프랑스의 제5군은 이제 증원 병력이 합세하자 동쪽에 있는 독일 제2군을 공격했고, 그리하여 독일군의 틈이 더 벌어졌다. 이제 독일의 제1군은 양면에서 적과 대치하는 독 안의 쥐 신세가 되었다. 독일 제1군은 프랑스 제5군이 왼편에서 강하게 압박해 오는 와중에 오른쪽에서도 프랑스 제6군의 거센 저항에 직면했다. 진군하던 두 독일 군대 사이에 만들어진 틈이 결국 전세를 역전했다. 그 틈이 생기기 전에는 독일군이 단 한 차례의 저지도 당하지 않고 노도처럼 가차 없이 진군했다. 그러나 일단 두 군대 사이에 틈이 만들어지고 나자 다시는 그리하지 못했다. 유리한 거점을 잃었고 설상가상으로 군대가 쪼개져 각개격파 당할 위험에 처하자 독일의 제1군과 제2군은 9월 10일, 엔 강 너머로 퇴각하기 시작했다. 그곳에서 그들은 참호를 팠고 그때부터 기동전은 참호전으로 바뀌게 되었다.

그간 수세에 몰렸던 프랑스군이 마른 전투에서 반격을 가해 결국 승리를 거머쥘 수 있었던 일등공신이 병사들의 용기와 절박함이었다는 데는 반박의 여지가 없다. 결과적으로 마른 전투는 제1차 세계대전에서 승패의 향방을 가르는 가장 중요한 계기가 되었다. 하지만 프랑스군의 공격이 제아무리 영웅적이고 결정적이었어도 커다란 변수 하나를 무시할 수는 없다. 만약 클루크 장군이 러시아 군대가 공격하기를 기다리면서 해안가에 죽치고 앉아 허송세월하던 독일의 두 사단을 마른 전투에 기용할 수 있었더라면 어땠을까? 독일의 제1군과 제2군 사이에 틈이 생기지 않았을 것은 쉽게 짐작이 된다. 그리고 두 군대 사이에 빈 공간이 만들어지지 않았더라면 독일군은 파리까지, 아니 어쩌면 파리 너머까지 계속 진군할 수 있었을 것이다. 또 어쩌면 프랑스는 1940년 제2차 세계대전에서 독일군에 대패해 수도 파리를 함락당한 수모를 26년 전 1914년에 경험했을지도 모를 일이다. 그랬더라면 1915년의 유럽은 어떤 모습이었을까? 유럽의 초강대국이 어느 나라였을지는 두 번 생각할 필요도 없다. 공격적인 식민지 사냥꾼 독일이 가장 유력하다. 반면 프랑스가 갈가리 찢긴 패배자로 전락했을 가능성도 배제할 수 없다. 심지어 어떤 평화협정이 체결되었든, 제1차 세계대전의 종전 협정인 베르사유조약만큼이나 프랑스에게 징벌적인 조약이었을 것이다. 당연한 말이지만 그런 조약은 패전국 프랑스에게 치명타를 안겨 주었을 것이 확실하다. 그렇다면 그런 평화가 영국에는 어떤 대가를 요구했을까? 냉정하고 철두철미한 독일을 고려해 보면 답은 쉽게 나온다. 연합군이 독일의 군사력을 억압하려 했던 방식으로 영국의 군사력을 제한했더라면 제2차 세계대전은 불가능했을지도 모른다. 팽창주의적인 독일은 국민의 높은 인기를 등에 업은 카이저와 노련한 군 지도자들의 통솔 아래 대항마도 견제 세력도 없는 독불장군으로 유럽의 지도를 다시 그렸을 가능성이 매우 높다. 그랬더라면 '대독일greater Germany', 즉 나치 독일이 얼마나 거대해졌을지 누가 알겠는가. 하지만 상황을 더 정확히 파악했어야 하는 사람들이 기껏해야 바보 같은 이야기에 지나지 않는 풍문을 믿고 군대의 측면을 보호한답시고 해안을 지키느라 두 사단을 낭비하고 말았다. 그런 판단 착오가, 다른 말로 사실 확인을 하지 않은 실수 하나가 독일에게서 제1차 세계대전의 승리를 빼앗아 갔다고 해도 과언이 아니다.

흑역사 042

61만 명의 사상자를 낸 솜 전투의 슬픈 영광 : 1916년

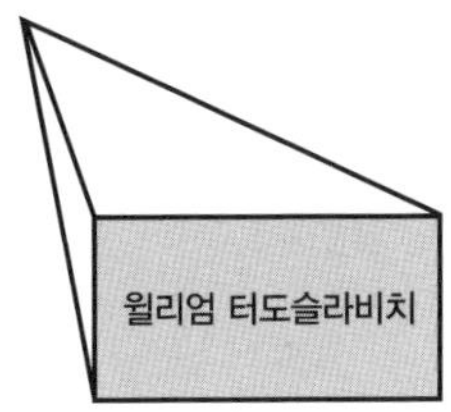

"생쥐와 인간이 아무리 정교하게 계획을 세워도
그 계획은 빗나가기 일쑤다"

– 스코틀랜드 시인 로버트 번스Robert Burns의 시 〈생쥐에게To a Mouse〉 중에서

전투가 국가를 규정한다. 미국인들에게 이를 경험하게 한 사건은 남북전쟁에서 최절정을 이루었던 극적인 게티즈버그 전투였다. 그리고 영국인들에게는 제1차 세계대전 프랑스 땅에서 벌어진 솜Somme 전투가 그랬다. 게티즈버그 전투와 다른 점이라면 솜 전투는 너무나 많은 생명을 앗아간 비극적인 사건이어서 영국인들에게 자긍심이 아니라 슬픔을 안긴다는 사실이다.

1916년 7월 1일 발생한 그 역사적 사건은 지금도 전투가 벌어진 현장으로 영국인들을 불러 모은다. 전장은 가로가 30킬로미터를 훌쩍 넘고 세로는 13킬로미터 정도다. 오늘날은 치열한 전투가 벌어졌던 전선을 따라 군인 묘지들이 조성되어 있는데, 100여

년 전에 전사한 2만 명 넘는 병사들이 그곳에 잠들어 있다. 많은 영국인들은 각자 조상의 묘지를 찾을 수 있기를 희망하며 그곳으로 간다.

솜 전투의 재앙은 제2차 세계대전이 발발하기 전 수년간 독일군의 재무장을 바라보는 영국군의 관점과 전망에도 영향을 미쳤다. 제1차 세계대전에서 대규모 사상자가 발생한 데 대한 반동으로 영국군은 전쟁 계획에 소극적이었다. 그러나 한편으로는 제1차 세계대전에서 중위, 대위 등등 위관급 장교들의 희생이 아주 컸던 탓에 장성급 지휘관으로 승진시킬 군인들이 매우 부족한 형편이기도 했다. 어쨌든 용기와 리더십을 보여 주는 누구라도 적군의 총알받이가 될 가능성이 매우 높았다. 그리고 실제로도 용기와 리더십이 충만했던 많은 장교들이 전장의 이슬로 사라졌다.

싸우는 방법을 모르는 영국 신병들

솜 전투는 그저 단순한 우연의 결과물이 아니었다. 오히려 여러 사건들이 겹치고 사전 계획에 따른 산물이었다.

시간을 1914년 8월로 돌려 보자. 영국이 독일에게 선전포고를 한 직후였다. 60만 명의 자원자들이 징병 사무소로 쇄도했다. 영국의 전쟁 장관 호레이쇼 허버트 키치너Horatio Herbert Kitchener는 이제 그들 오합지졸을 번듯한 군인으로 탈바꿈시켜야 하는 임무를 맡게 되었다.

다섯 개 '신군'이 창설되었고, 각 군단은 여섯 개 사단, 총 10만 병사들로 구성되었다. 그들 민간인을 군인으로 변신시키는 일은 커다란 도전이었다. 미국이 전쟁을 포함해 국가적 위기가 닥쳤을 때 동원하는 주州방위군과 매우 흡사한 영국 국방군Territorial Divisions은 서부 전선에서 독일 침략군을 상대로 전투를 이어 가던 영국 원정군 BEF를 지원하러 이미 프랑스에 파병되었다. 국방군의 역할은 신군이 도착할 때까지 원정군의 노련한 정규병들이 전선을 방어하도록 돕는 것이었다.

영국은 정규군 장교들이 부족했고, 그나마도 상당수가 이미 전선에 투입된 터라 신병들을 훈련시키는 책임은 소수의 예비역 장교와 하사관들에게 맡겨졌다. 짐작하겠지만 그들 예비역 장교와 하사관이 영국의 최정예 군인은 아니었을 것이다. 예비역 장교 세 명과 하사관 세 명이 짝을 이뤄 자원병들로 구성된 각 대대의 훈련 교관으로 배치되었고, 부득불 하급 장교들은 병사들 중에서 승진시켰다. 요컨대 지위고하를 막론하고 병력 수급 사정이 여의치 않았다.

영국 정부는 자원입대한 신병들의 뜨거운 애국적 열정을 유지하기 위해 그들이 이웃과 동료들과 함께 복무할 수 있는 정책을 시행했다. '동반 입대'와 비슷한 이런 정책을 통해 이른바 팔스 대대Pals Battalion가 만들어졌다. 쉽게 말해 직장 동료들이나 도시, 마을 등 같은 지역 출신들을 같은 부대에 배치했다. 시민들의 호응이 뜨거웠다. 가령 리버풀에서는 제1차 세계대전이 시작되고 첫 달에만도 네 개의 팔스 대대가 조직되었다. 많은 마을에서 대대가 만들어졌고 많은 도시에서 여단이 꾸려졌다.

1915년 말 팔스 대대들은 완벽한 무장을 갖추고 프랑스로 파병되었다. 그들은 어떻게 진군하는지 배웠다. 그들은 훈련을 통해 제식 동작을 익혔다. 그런데 그들은 중요한 한 가지를 몰랐다. 싸우는 방법이었다. 한마디로 그들의 전투 훈련은 위험할 정도로 부족했다.

참호 속에 숨어 버린 독일군

프랑스, 영국, 이탈리아, 러시아 등 4개국으로 구성된 연합국은 독일과 오스트리아-헝가리 제국이 손잡아 만들어진 동맹국을 패배시킬 계획을 수립해야 했다. 아직까지 연합군은 최고사령관을 임명하지 않았지만, 동맹군의 맹주인 독일을 패배시키려면 동맹군을 사방에서 동시다발적으로 공격해야 한다고 뜻을 모았다.

더글러스 헤이그Douglas Haig 장군이 영국 원정군의 총사령관에 임명되었다. 헤이그에게 주어진 임무는 크게 두 가지였다. 첫째, 프랑스에 주둔하던 모든 영국군을 지휘하는 것이었다. 동시에 그는 프랑스 육군 원수 조제프 조프르와 합동 전선을 펴야 했다.

결과부터 말하면, 합동 계획의 시간표는 독일군의 예상치 못한 행보로 엉망이 되었다. 독일군이 베르됭Verdun을 함락하기 위해 1916년 2월부터 공세를 퍼부었던 것이다.(베르됭 전투는 1916년 12월 독일군이 비통해하며 작전상 후퇴를 결정함으로써 끝이 났다) 전략적 요충지인 베르됭 요새를 방어하는 것이 피를 빨아먹는 진공청소기처럼 프랑스군을 빨아들였다. 그 요새를 절대로 적에게 뺏길 수 없었기에 프랑스의 사단들이 돌아가며 그 요새를 방어했다.

프랑스의 애초 계획은 7월 초 세 개 군대를 동원해 솜 지역을 공격하는 것이었다. 그런데 병력 손실이 막대했던 베르됭 전투 때문에 대대적인 계획 변경이 불가피했다. 본래 계획대로 공격하려면 프랑스군 67개 사단과 영국군 25개 사단이 필요했다. 그러나 실제로는 7월 1일 훨씬 축소된 계획이 실행되었다. 영국의 (4개 예비군 사단과 더불어) 14개 사단과 프랑스군 5개 사단, 6개 예비군 사단이 작전에 투입되었다.

헤이그는 솜 전투에서 결정적인 승리를 거둘 것으로 기대했다. 독일군의 전선 너머에는 탁 트인 평지가 펼쳐져 있었다. 헤이그는 독일군이 엄폐물로 사용할 것이 하나도 없는 그 평지가 전투를 벌이기에 이상적인 장소라고 판단했다. 또한 그는 전투가 개시되면 필시 독일군의 전선에 공백이 생길 거라고 예상했다. 그래서 그 틈을 놓치지 않고 공략해 돌파하기 위해 세 개의 영국 기병 사단을 예비 병력으로 후위에 배치했다. 성공 가능성이 매우 높았다. 영국군은 세 개 전선으로 구성된 독일군 방어선의 두 번째 전선까지 돌파하면 승산이 충분했다.

영국과 프랑스는 독일군의 북쪽과 남쪽에서 공격하기로 결정했다. 북쪽 공격은 영국의 제4군을 지휘하던 헨리 롤린슨Henry Rawlinson 장군이 맡았고, 남쪽은 프랑스 제6군 사령관 마리 에밀 파욜Marie Émile Fayolle이 공격을 주도하기로 했다. 이렇게 솜 강은 두 구역으로 깔끔하게 분할되었다. 이들 군대 앞에 완만한 경사를 이루는 석회질 구릉지가 있었는데, 그곳에 독일 제2군이 자리 잡고 있었다. 독일군은 이미 무른 땅을 깊이 파서 참호를 만들었다. 깊이가 9미터나 되는 참호였다. 사실 독일군은 본격적인 전투를 시작하기도 전에 깊은 참호의 효과를 톡톡히 보았다. 전투를 시작하기 전 7일간 영국 포병대가 융단폭격을 가했지만 제1방어선 병사들은 깊은 참호가 방공호처럼 완벽히 보호해 준 덕분에 별다른 피해를 입지 않았던 것이다.

독일군 방어선에 닿지 못한 영국군

7월 1일 영국군은 독일군 방어선 아래에 매설한 여덟 개 지뢰를 터뜨림으로써 본격적인 공격을 시작했다. 각 지뢰에는 수천 킬로그램의 고성능 폭약이 장착되어 있었다. 영국 포병대가 포격을 멈추자 장교들이 호루라기를 불었고 참호 속에 깊숙이 몸을 숨기고 있던 병사들이 참호 속에서 뛰쳐나와 '무인 지대'로 돌격했다.

각 사단이 두 개 여단으로 전선을 공격했고 세 번째 여단은 예비군으로 남겨 두었다. 각 여단은 두 개의 대대를 진격시켰고, 각 대대는 네 개 중대 각각이 서로 50보 간격을 유지하며 나란히 돌격했다. 그리고 그들 병사는 군장 무게 때문에 보통 걸음으로 진군했는데, 각 병사는 개인 총, 200발의 총알, 2일치 식량, 가시철조망 뭉치, 말뚝, 박격포 탄약, 다수의 수류탄 등을 휴대했다. 말인즉 독일의 제1방어선을 돌파한 후에 방어선을 구축하기 위해 필요한 모든 것을 휴대했다.

영국 포병대가 양국의 전선 사이에 만들어진 치명적인 공간인 무인 지대에 설치된 가시철조망을 파괴하기 위해 대규모 포격을 가했지만 철조망은 멀쩡했다. 사전 포격전에서 사용된 포탄의 상당수는 고성능 폭약이 아니라 유산탄이었다. 유산탄의 파편은 폭발할 때마다 철조망 너머로 휙휙 날아갈 뿐이었다. 게다가 많은 포탄이 불발탄이었다. 급하게 주문해서 품질관리가 제대로 이뤄지지 않은 탓이었다.

결과적으로 영국군의 기대와는 달리, 영국 포병대의 대규모 포격은 독일의 방어선을 흩뜨리지 못했다. 독일군 병사들은 약 9미터 깊이의 참호에서 뛰쳐나와 재빨리 기관총을 설치한 다음 포격을 개시했다. 탄약 벨트 하나가 소진될 때마다 독일군은 '피의 수확'을 거두었고, 가끔은 측면에서 공격해 오는 영국군 중대에 포격하기도 했다. 영국군이 독일군의 제1참호 방어선을 함락했을 즈음 일부는 소대 규모의 병사들만 남아 있었으니 독일군의 기관총 위력이 얼마나 대단했는지 짐작이 된다.

40킬로미터가 넘는 전선에서 모든 구역이 패배한 것은 아니었다. 특히 영국 13군단의 정규병들이 3킬로미터 정도를 전진함으로써 가장 큰 전과를 올렸다. 하지만 독일의 제1방어 진지를 점령하기까지 다른 공격들은 철저히 분쇄되었다. 개중에는 무인 지대를 한 명도 돌파하지 못한 부대들도 있었다.

그날 최악의 재앙은 제1뉴펀들랜드 대대에 닥쳤다. 사상자가 총 710명이었고 이는 전투를 시작했을 당시 총병력의 91퍼센트에 해당했다. 뉴펀들랜드 병사들은 보병대나 인근 다른 부대들의 어떤 지원도 받지 못한 채로 엄폐물 하나 없는 탁 트인 평지로 진격해야 했다. 많은 팔스 대대가 병력의 절반을 잃었는데도 전선 전반에 걸쳐 공격의 성과는 아주 미미했다. 어떤 대대들은 전투를 시작하고 처음 한 시간 만에 전멸하기도 했다.

전투 첫날 땅거미가 내려앉을 무렵 2만 명에 육박하는 영국군이 전사했고 4만 명에 이르는 부상자가 발생했다. 즉 하루 만에 무려 6만 명 가까운 사상자가 발생했다. 부대로 환산하면 대략 네 개 보병 사단이 하루 만에 없어진 셈이었다. 그런 엄청난 피해 소식이 영국에 전해지자 소도시와 마을과 이웃들은 깊은 슬픔에 빠져 거대한 초상집이 되었다. 어린 시절부터 동무이자 직장 동료이며 동반 입대한 전우들이 함께 전사했다.

고작 13킬로미터의 땅을 차지하기 위해

전투 첫날 하루 사상자 최고 기록을 세운 영국군과는 달리, 프랑스군의 손실은 전사자와 부상자를 합쳐 2,000명을 넘지 않았다. 요컨대 프랑스군은 첫날의 목적을 완수했다.

2,000명에 가까운 사상자가 발생했는데 목적을 완수했다고?

프랑스군의 손실은 영국군 손실에 비하면 30분의 1에 불과했다. 이런 엄청난 차이를 가져온 것은 무엇이었을까? 시간은 2년 전으로 거슬러 올라간다. 당시 프랑스군은 값비싼 대가를 치르고 귀중한 전술적 교훈들을 배웠다. 1914년 9월 독일이 프랑스에 전쟁을 선포하자 프랑스는 이참에 독일에 빼앗긴 알자스-로렌 지방을 되찾기로 결정한다. 프랑스군은 그 전투에서 총검 돌격으로 기관총 포격에 맞설 수 있다고 생각했다. 그러나 프랑스군은 막대한 인명 피해를 입었고, 치명적인 오판을 했음을 깨달았다.

독일군의 전투 방식을 확인한 후에 프랑스군은 전술을 바꿨다. 먼저 포병대가 사전 준비 작업으로 포탄 세례를 퍼부어 기선을 제압했다. 그런 다음 곧바로 소규모로 구성된 최소한의 보병들이 무인 지대로 천천히 진격하고, 한 보병대가 진격하는 동안 다른 보병대가 지원사격을 해 주는 방식이었다. 그러나 이 전술은 훈련이 부족한 팔스 대대들로서는 그림의 떡이었다. 그들의 능력으로는 펼칠 수 없는 전술이었다.

헤이그는 전격적인 돌파를 원했다. 만약 그가 부하 장관으로 영국군 공격을 이끌었던 롤린슨의 말에 귀를 기울였더라면, 영국의 제4군은 다소 쉬운 목표를 세웠을 것이다. 롤린슨의 말대로 하면 '갉아먹기bite and hold' 전략이다. 먼저 적의 첫 번째 참호 방어선을 함락해서 참호를 차지한다. 그런 다음 독일군이 그 참호를 되찾기 위해 반격하도록 유도한다. 독일군이 엄폐물이 없는 평지를 진격할 때 소총과 기관총으로 그들을 사살한다. 그러나 이 전술의 성패 여부도 팔스 대대에 달렸을 가능성이 높았다. 팔스 병사들의 군사기술을 향상할 수 있느냐가 관건이었다. 그런데 안타깝게도 팔스 대대는 소규모로 교대 전진bounding overwatch(한 소대의 감시 엄호 아래 다른 소대가 조금 전진하고, 약진한 소대의 감시 엄호를 받으며 엄호하던 소대가 전진하는 방법을 말하다. – 옮긴이)하면서 공격하는 전술적 능력이 부족했다.

무슨 일이든 최고의 스승은 경험인 법, 영국군도 프랑스군과 독일군과 마찬가지로 실전을 통해 싸우는 방법을 차차 배우게 되었다. 공세를 이어 가는 동안 영국군의 공격 능력도 조금씩 향상되었다. 또한 영국군은 전술에 변화를 주었고, 백병전 대신에 전차와 대포를 선택하게 되었다. 하지만 그렇게 되기까지는 시간이 걸렸다. 1918년 영국군은 1916년의 영국군보다 전투력 면에서 일취월장했다.

이 모든 변화는 전사자를 감소하는 효과를 가져왔을 것이다. 그러나 솜 전투는 그 효과를 누리지 못했다. 전투 첫날 영국군에게 6만 명에 육박하는 엄청난 손실로 하루 최다 사상자라는 치욕적인 신기록을 안겨 준 솜 전투는 넉 달간 이어졌다. 11월에 전투가 끝났을 때 프랑스군의 사상자는 19만 5,000명이었고 독일군의 피해는 65만 명으로 추산되었다. 그럼 영국군의 피해는 얼마였을까? 41만 5,000명을 훨씬 상회했다.

영국군과 프랑스군은 약 13킬로미터의 땅을 차지하려고 그토록 막대한 대가를 치렀던 것이다.

흑역사 043

아일랜드인들을 순교자로 만든 존 맥스웰 장군의 대응 : 1916년

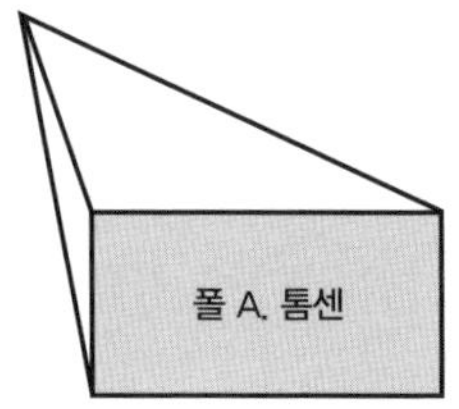

"바이킹에게조차 아일랜드는 껄끄러운 상대였다"

암흑시대 이래로 영국은 이웃 섬 아일랜드를 통치하고 복속시키려는 시도를 멈추지 않았다. 20세기 초 대영제국의 통치자들은 마침내 영국의 숙원이 풀렸다고 생각했다. 그러던 중 1916년 4월 24일 아일랜드의 소규모 반체제 인사들이 아일랜드의 최대 도시 더블린 시내 곳곳에서 핵심 요충지들을 장악했다. 이에 대한 영국군의 잘못된 대응은 결국 통치자들의 생각이 틀렸음을 입증했고 역사의 흐름마저 바꿔 놓았다.

근대 유럽의 역사 전반에서 아일랜드 민족주의자들은 아일랜드에 대한 통치권을 두고 영국/아일랜드 신교도들과 첨예하게 대립하며 끈질긴 싸움을 벌였다. 한번은 영국이 아일랜드를 식민지로 만들고 토지를 몰수하려고 했다. 이 시도는 성공하지 못했다. 그리고 청교도혁명으로 영국의 군주제를 폐한 올리버 크롬웰Oliver Cromwell이 호국경護國卿으로 통치했을 때는 영국이 아일랜드인들을 말살하려고 했었다. 이 또한 실패했다. 훗날 19세기에 들어서는 영국 의회의 의원들이 전술을 바꾸었다. 영국 국왕에 대한 충성을 맹세하는 대가로 '아일랜드 자치법Home Rule'을 제안한 것이다. 이 법안은 많은 집단을 공포로 몰아넣었다. 소수 신교도 강경주의자, 선동적인 아일랜드 민족주의자, 더욱 전통적인 영국 상원 등이 대표적이었다. 그 법안은 의회에서 두 번이나 부결되었다. 마침내 1914년 세 번째로 상정된 아일랜드 자치법이 제1차 세계대전이 종전되면 효력이 중지된다는 단서를 전제로 의회에서 가까스로 가결되었다. 자치법 조항의 어조가 한결 순화되고 유럽에서 가시화되던 전쟁이 실제로 일어나면 아일랜드가 영국 편으로 전쟁에 참가한다는 내용을 포함한 것이 법안 통과에 도움이 되었다. 어쨌든 표면적으로는 마침내 아일랜드에 평화가 찾아올 것처럼 보였다.

아일랜드 자치법의 지연에는 또 다른 불씨가 도사리고 있었다. 극단주의자들에게는 그 유예 기간이 영국이 어디까지 관용을 보여 줄 수 있을지 시험하는 충분한 시간을 벌어 준 셈이었다. 아일랜드에서 소수였던 신교도들은 영국과의 합병 유지를 주장하는 합병파였고, 당연히 아일랜드-가톨릭의 독자적인 아일랜드 정부가 출범하는 것을 두려워했다. 그래서 그들은 얼스터 의용군Ulster Volunteers(얼스터는 전통적으로 북아일랜드를 지칭한다. - 옮긴이)이라고 불리는 의회 조직을 만들었다. 그러자 일단의 아일랜드 지식인과 전문직 종사자들이 얼스터에 대항할 조직으로 1만 6,000명 규모의 아일랜드 민병대를 조직했다. 바로 아일랜드 의용군Irish Volunteers

이었다. 아일랜드 의용군은 상징적인 조직이었을 뿐 힘이 없었다. 그러나 대다수 의용대원들이 몰랐던 사실이 하나 있었다. 제3의 비밀결사대가 초당적인 아일랜드 의용군을 이끌었다는 사실이었다. 그 주인공은 바로 강력한 독립주의 단체인 아일랜드 공화주의 형제단(IRB, Irish Republican Brotherhood)이었다. 영국으로부터 완전히 독립된 아일랜드 민주공화국을 수립하는 것이 목표였던 IRB에는 얼스터도 골치였지만, 진정한 위협은 새로운 아일랜드 자치법이었다. 그들은 그 자치법이 시행되는 한, 아일랜드가 영국의 영향권에서 영원히 벗어날 수 없다고 생각했다. 한편 그들은 독립을 쟁취하기 위한 치밀한 계획도 수립했다. 그것은 예로부터 영국이 실제든 상상의 산물이든 아일랜드의 저항을 진압하기 위해 공공연히 군사력을 동원하던 고질적인 실수를 역이용하는 것이었다. 물론 그들의 계획은 무모할 만큼 위험부담이 컸다. 그래도 한 가닥 희망은 있었다. 만약 그들의 계획이 성공한다면, 영국군은 자국에 이익이 되지 않는 한은 아일랜드를 보호할 의도가 눈곱만큼도 없음을 만천하에 드러내 줄 터였다. 그러면 모든 아일랜드인들이 곧장 그 진실을 깨닫게 될 터였다. 그런 다음에는 아일랜드 자치법이 논쟁의 중심에 서서 무효론이 대두될 테고, 이는 다시 아일랜드의 신속한 자유와 독립으로 이어질 터였다. 요컨대 IRB의 최종 목표는 모든 아일랜드인의 자유와 권리를 보장하는 아일랜드 자유 독립국을 세우는 것이었다.

비밀단체 IRB 지도부는 거사 일자를 부활절 주간의 월요일 1916년 4월 24일로 정했다. IRB는 1,500명의 아일랜드 의용군을 더블린으로 진군했고, 더블린 전역에서 전략적 거점들을 장악하라는 세부적인 지시를 내렸다. 더블린으로 진격한 직후 IRB의 대변인이자 이른바 부활절 봉기의 지도자였던 패트릭 피어스Patrick Pearse가 중앙 우체국에 아일랜드 공화국 기 두 개를 게양토록 명령했다. 그리고 공화국 기가 나부끼는 중앙 우체국 정문에서 아일랜드가 독립 주권을 지닌 공화국이라는 선언문을 낭독했다. 이는 영국의 자산을 무력으로 점령한 명백한 위법행위였고 더블린에 주둔하던 영국군에는 다시없을 도발 행위였다. 3개 대대 총 2,400명의 더블린 주둔 영국군의 사령관이었던 존 맥스웰John Maxwell 장군은 이런 도발 행위에 곧바로 응징에 나섰다. 결과적인 말이지만, 맥스웰의 대응은 최악 중 최악의 실수였다. 그는 즉각적으로 계엄령을 선포했고, 네 개 숙영지에 분산되어 있던 더블린 주둔 병사들을 동원해 무장봉기를 진압했다. 이로써 IRB의 꼭두각시였던 아일랜드 의용군은 아일랜드 독립을 위한 순교자가 되었다. 그리고 IRB가 계획한 대로 더블린 거리는 피로 물들었다.

사실 영국군은 무력을 동원해 강경 진압하는 대신에 좀 더 노련한 방법과 좀 더 장기적인 안목으로 IRB의 계획을 좌절시킬 수도 있었다. 물론 1916년 무장봉기의 한가운데에 있던 존 맥스웰 장군에게 그런 조언을 해 봤자 씨알도 먹히지 않았을 수 있다. 수세기에 걸쳐 폭동과 무장봉기에 대한 영국군은 일관된 방식으로 대응했다. 잘 훈련되고 완벽히 무장한 군인들이 무력으로 진압하는 것이 최선이라고 믿었다. 또한 신속하고 강력한 대응이 추가적인 공격 행위를 예방하는 핵심이라고 여겼다. 당시는 제1차 세계대전이 끝나기 전이라 아일랜드는 아일랜드 자치법의 조건대로 합법적인 영국령이었다. 이와 관련해 맥스웰 장군이 심각하게 오판한 것이 있었다. IRB의 순교자들은 폭도가 아니었고 따라서 그들도 지역의 민간인 통치 규칙에 의거하는 대우를 받아야 마땅하다는 사실이었다. 봉기 초기 그들은 질서를 유지했고 시민들을 존중했으며 무엇보다도 비폭력적이었다. 그러다가 영국군이 총을 앞세워 무력으로 진압하자 상황이 달라지고 말았다.

그래도 공정을 기하기 위해 존 맥스웰의 입장도 한번 살펴보자. 맥스웰은 보어Boer 전쟁(아프리카에서 종단 정책을 추진하던 영국 제국과 당시 남아프리카 지역에 정착해 살던 네덜란드계 보어 족 사이에 일어난 전쟁이다. – 옮긴이)에 참전했고 제1차 세계대전에서는 서부 전선에서 독일군을 상대했으며, 특히 1914~1915년에는 오스만제국의 공격으로부터 수에즈운하를 성공적으로 지켜 낸 뼛속까지 전문 군인이었다. 요컨대 IRB의 무장봉기에 대한 그의 대응은 실전 경험에서 나온 것이었다. IRB 깃발과 제복에 들어간 초록색이 그를 분노케 했고 경솔하게 행동하게끔 만들었다. 결과적으로 말해 무장봉기는 반란군의 항복으로 막을 내렸다. 가장 직접적인 이유는 영국군의 포위로 말미암아 자원이 고갈되어서였다. 또한 반란군이 항복한 데는 그들 나름의 계산도 깔려 있었다. IRB는 아일랜드 독립 투쟁이야 다른 어디에서든 이어 갈 수 있다고 생각한 것이다. 그뿐 아니라 맥스웰이 최종적으로 포로들에 대한 공정한 대우를 약속한 것도 항복을 이끌어 내는 데 일조했다. 이런 유화적인 행동은 그가 좀 더 장기적인 넓은 시야를 가질 수 있다는 사실을 보여 주는 일면이었는데, 나중에 그는 자신의 약속을 뒤집었다. 맥스웰이 좀 더 현명하게 행동했더라면 아일랜드의 운명이 달라졌을지도 모른다. 아일랜드에서 발생한 많은 혁명 시도가 그랬듯, 비록 무력으로 진압하지 않았더라도 부활절 봉기는 실패하고, 아일랜드는 캐나다와 지위가 비슷한 영연방 자치령이 되었을 수도 있었다.

그러나 다들 알겠지만 역사는 다르게 전개되었다. 아일랜드 공화국은 역설적이게도 맥스웰 장군에게 커다란 은혜를 입었다. 맥스웰이 더블린 점령자들의 상황을 악화함으로써 IRB가 계획을 실행하는 데서 그가 든든한 조력자 역할을 해 준 것이다. 먼저, 영국군은 아일랜드 시위대를 포위하고 그들을 향해 발포했다. 발포로 그들을 해산하려던 시도가 실패하자 영국군은 시위대가 점거한 거점들을 반복해서 공격했고 총검을 앞세워 끈질기게 버티던 봉기 세력을 몰아내려고 했다. 그러나 이 시도 역시 실패했다. 그러자 다급해진 영국군은 급기야 대포를 동원해서 영국이 소유한 건물들을 붕괴시켰고, 봉기 세력은 무너진 건물 잔해에 매몰됐다. 그러는 동안 의용군은 영국군의 폭력적인 과잉 진압을 묵묵히 견뎌 냈다. 한편 외국 신문들은 영국군이 며칠에 걸쳐 폭력적인 방법으로 진압할 때마다 그 소식을 즉각적으로 보도했다. 결과적으로 말해 영국군의 폭력적인 강경 일변도의 행동은 제 발등을 찍었다. 처음에는 무기력하다는 점을, 그런 다음에는 무능하다는 사실을, 최종적으로는 광기 어리다는 진실을 증명할 뿐이었다. 게다가 부활절 봉기 진압에 동원된 영국군은 영국이 자국을 구하고 자국의 이익을 위해서라면 사회 기반 시설까지도 아무렇지 않게 파괴할 수 있다는 민낯을 만천하에 드러냈다. 이로써 아일랜드 공화국은 소기의 목적을 훌륭히 달성했다. 1916년 4월 29일 아일랜드 공화국은 회심의 미소를 지으며 의기양양하게 더블린 중앙 우체국을 영국에 넘겨주었다.

엄밀히 말해 부활절 봉기의 진정한 패배자는 아일랜드 의용군이 아니라 대영제국이었다. 대영제국에게는 봉기 진압이 그야말로 대민 선전 활동의 악몽이었다. 사태가 진정된 후에 보니, 항복한 의용군은 각계각층의 아일랜드 시민들로 드러났다. 냉혈한 상습범이나 외국 용병이 아니었던 것이다. 오히려 봉기 세력을 주도했던 사람들은 교사, 노동자, 시인 등이었다. 그런 평범한 이웃들이 세상에서 가장 치명적인 살인 무기인 영국 보병이 나흘에 걸쳐 쏟아부은 공격을 버텨 냈던 것이다. 설상가상 투항하는 시위자들을 공정하게 대우하겠다고 약속했던 존 맥스웰이 손바닥 뒤집듯 얼굴을 바꾸었다. 그들에 대한 공정한 공개재판은 온데간데없었다. 오히려 주모자 대부분은 킬메이넘 교도소에 감금된 상태에서 약식 군사재판을 받았고 영국군의 총살 부대에 의해 처형되었다. 아일랜드에서는 더블린 포위로 촉발된 반영 감정으로 민심이 흉흉했는데 무자비한 총살까지 벌어지자 민심이 더욱 들끓었다. 아일랜드의 많은 국민들은 영국의 감춰진 민낯을 보았다고, 그들이 절대 변하지 않을 거라고 확신했다. 존 맥스웰 장군의 근시안적인 경솔한 행동을 뒤치다꺼리하는 것은 온전히 영국의 몫이었다.

부활절 봉기가 없었더라면 아일랜드와 영국의 역사는 근본적으로 달라졌을 것이다. 첫째, 아일랜드인들이 세 번째 아일랜드 자치법을 울며 겨자 먹는 심정으로 마지못해 받아들였을 가능성이 컸다. 그랬더라면 아일랜드 자유국(IFS, Irish Free State. 1922년 북아일랜드를 제외한 아일랜드 남부가 영국으로부터 자치권을 획득해 세워진 대영제국의 자치령으로, 1937년에 오늘날 아일랜드 공화국의 모태인 아일랜드로 국명을 변경했다. - 옮긴이)도, 아일랜드 공화국도 탄생하지 못했을 수도 있었다. 이는 영국이 양대 세계 전쟁에 더 많은 전쟁 자금을 투입하고 더 노련한 더 많은 병사들을 참전시킬 수도 있었다는 뜻이다. 특히 제2차 세계대전에서 아일랜드의 항구들은 나치 독일을 무너뜨리기 위해 필요한 미국의 전쟁 물자와 국제 해상무역의 상당수를 담당하면서 중요한 전략적 거점으로 부상했을 수도 있었다.

이를 거꾸로 생각하면, 독일은 바로 그런 이유에서 바로 그런 시설들을 공격함으로써 아일랜드에 고통을 안겨 주었을 가능성도 없잖아 있다. 그뿐 아니라 대영제국은 다른 식민지에서도 아일랜드에서 먹혔던 방식으로 문제들을 '해결'하는 것을 선호하게 되었을지도 모른다. 가령 인도 문제에 더욱 적극적으로 간섭하고 1947년 인도와 파키스탄의 분할과 1948년 미얀마의 독립을 거부했을지 누가 알겠는가. 대서양 너머 미국의 아일랜드 공동체들에도 변화가 찾아왔을 수 있다. 무엇보다 그들 공동체는 IRB에 의해 고무된 더욱 폭력적이고 더욱 장기적인 게릴라 전쟁을 위한 중요한 자금줄로 활동했을 가능성을 배제할 수 없다. 그렇다면 오늘날 아일랜드 섬은 어떤 모습일까? 지금까지도 극단주의자들이 서로를 굴복시키려 총부리를 겨누며 무력 충돌을 이어 가지 않았을까? 그리하여 섬 3분의 2가 폭격과 대규모 총격 사건의 온상이 되지 않았을까? 오늘날 아일랜드는 에메랄드 초록색과 빨간색으로 상징되는 나라가 되지 않았을까?(빨강은 잉글랜드의 깃발 성 조지Saint George에서 십자가의 색상이고 아일랜드의 상징은 초록색이다. – 옮긴이)

스탈린에게 철저하게 속아 넘어간 레닌 : 1917년

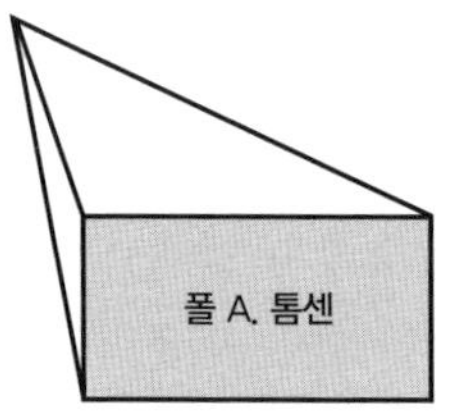

"동지애에는 다른 의미가
숨어 있을 수도 있다"

1917년 러시아는 혁명의 소용돌이 속에서 격동의 한 해를 보내고 있었다. 그런 러시아에 잉꼬부부도 울고 갈 만큼 서로의 가려운 데를 긁어 주던 환상의 짝꿍이 있었다. 블라디미르 레닌Vladimir Lenin과 이오시프 스탈린Iosif Stalin이었다. 둘 다 의지력과 집념의 화신이었고 강철 체력의 소유자들이었지만, 유럽 열강들의 눈에는 그냥 범죄자들이었다. 비록 성장 배경은 달랐지만 둘은 같은 친구들과 공동의 적들이 있었다. 한 사람은 철학과 정책과 관련된 사안들에 초점을 맞췄고 다른 한 사람은 정부와 군대의 행정적인 측면을 담당했다. 그렇지만 둘의 목표는 하나였다. 러시아를 마르크스주의적 유토피아로 변신시키는 것이었다. 심지어 레닌과 스탈린은 시베리아에서 유배 생활을 했다는 공통점도 있었다. 1910년대에 레닌은 스탈린을 절대적이고 완벽히 신뢰했다. 그러나 1922년, 권력의 자리에서 밀려나 사실상 가택 연금 상태에서 죽음이 멀지 않았을 때, 마침내 레닌은 스탈린에 대한 자신의 믿음이 실수였음을 깨달았다. 아울러 자신의 실수로 러시아가 얼마나 고통받을지 통감했다.

교사의 아들이자 반역자의 동생이었던 블라디미르 레닌은 자신의 조국이 가난과 잔인한 억압에서 탈출할 방법을 찾는 데 일생을 바쳤다. 1887년 레닌의 맏형은 러시아 차르 알렉산드르 3세Alexander III에 대한 암살 계획 혐의에 연루되어 교수형에 처해졌다. 레닌은 대학 시절 불법 집회를 주동한 혐의로 학교에서 제적당했고, 재입학이 허용되지 않아 고민하던 차에 카를 마르크스Karl Marx와 프리드리히 엥겔스Friedrich Engels가 1848년에 공동으로 집필한《공산당선언》을 접하고 곧바로 매료되었다. 공산주의 사상가들인 마르크스와 엥겔스는 저서에서 자본주의와의 영원한 계급투쟁에 관한 이론을 명쾌히 설명했다. 그들은 자본주의가 근대 세상이 앓고 있는 많은 병폐의 원인이라고 진단했다. 아울러 근본적인 원인인 자본주의에 대한 완벽한 해결책이 공산주의라고 선언했다. 레닌은 공산주의자들을 위한 최초의 강령적 문헌인 그 책자가 러시아인들의 삶에 대한 자신의 관점과 일치한다고 생각했다. 마침내 레닌은 자신과 비슷한 생각을 지닌 공산주의자들과 뜻을 합쳤다. 레닌과 동지들은 1917년 2월 혁명으로 니콜라이 2세Nikolai II가 폐위되고 제정러시아 시대가 막을 내렸을 때 쾌재를 불렀고 이제 자신들의 시간이 되었다고 생각했다. 이내 블라디미르 레닌은 볼셰비키 혁명, 즉 10월혁명으로 탄생한 정권 지도부의 맨 꼭대기로 올라갔다. 그의 동지들은 스탈린을 비롯한 다른 공산주의자들과 손을 잡거나 아니면 그들과의 권력투쟁에서 밀려나는 와중에도 레닌은 그 특유의 의회 운영 방식과 설득력 덕분에 임시정부의 수반이 되었다. 그리고 얼마 지나지 않아 레닌은 임시정부를 새로운 마르크스-레닌주의 정권으로 탈바꿈시켰고, 레닌의 정권은 해방된 농노와 산업 노동자들을 숭배했다.

볼셰비키 혁명에서 소비에트 정권이 승리할 수 있게 만든 숨은 공신들로는 이오시프 스탈린과 레프 트로츠키Leon Trotsky를 들 수 있다. 공산주의 지도자인 레닌을 추종했던 둘은 볼셰비키 혁명에서 기본적이면서도 말썽이 될 수 있는 골치 아픈 일들을 떠안았다. 가령 스탈린은 1902년 4월부터 1913년 3월까지 혁명 활동 혐의로 일곱 번이나 체포되었고 시베리아로 유배되었을 뿐 아니라, 레닌의 공산주의 공동체를 위해 은행 강도, 민중 선동, 선전물 유포, 방첩 활동 등을 저질러 망명자 생활도 했다. 트로츠키도 체포 기록으로는 스탈린과 막상막하였고, 특히 종군기자, 볼셰비키 특사, 군사혁명 위원회 의장 등으로 활동했다. 그리하여 레닌과 스탈린과 트로츠키는 지지자, 조언가, 관리자로서 트로이카, 즉 3두 체제를 형성했다.

블라디미르 레닌은 어찌 보면 이상주의자였다. 만약 올바른 조건만 맞춰진다면, 즉 판을 제대로 깔아 주면 러시아 국민들이 두 팔 걷어붙이고 이상적인 공산주의 사회를 건설할 거라고 믿었다. 레닌은 무릇 공산주의 정부란, 공산주의 혁명을 통해 성공의 조건을 구축하고 그런 다음에는 국내에서 공산주의 체제가 유지되도록 철저히 감시하는 동시에 해외의 공산주의 혁명을 선동하는 데 집중해야 한다고 믿었다. 이런 레닌의 정부론은 훗날 스탈린의 정부

론과 극명한 대조를 이루게 된다. 한편 레닌도 스탈린도 러시아에 산업화가 필요하다는 데는 뜻을 같이했다. 또한 레닌은 정부가 (비상 상황이 아닐 때에는) 일방적이고 독재적인 방식으로 문제를 해결해서는 안 되고 오히려 러시아 국민들에게 맡겨 두면 그들이 최선의 행동 방침을 선택할 거라고 확신했다. 예컨대 1917년 볼셰비키 혁명 중에 레닌은 적군Red Army의 식량난이 심각해지자 잉여 농산물을 무상으로 징발해 병사들의 주린 배를 채워 주었다. 그런데 위기가 안정되고 나자, 잉여 식량의 징발에 불만을 품은 농민들이 시위를 벌였다. 이것은 레닌 정권에 커다란 부담이 되었고 결국 잉여 식량 징발 관행은 중단되었다. 한편 외교 분야에서 레닌은 강경 노선을 주장했다. 말인즉, 다른 나라들의 노동자와 농민들이 공산주의 공동체에 동참하도록 선동하고 강제하기 위해 외부에 강경한 입장을 견지해야 한다는 주의였다. 마지막으로 경제와 관련해서 레닌은 자본주의적 제국주의를 표방하는 서구 지도자들이 종국에는 러시아적 유토피아 앞에 무릎 꿇게 될 거라고 장담했다.

소비에트 정권의 수반이 되었을 때 레닌은 최측근 중 한 명이었던 이오시프 스탈린 안에서 괴물을 보았어야 했다. 볼셰비키 혁명의 많은 초기 동지들은 훗날 스탈린에 대해 혹평을 서슴지 않았다. 자신들은 애초에 스탈린이 조지아의 가난한 소작농 아들로 제대로 된 교육을 받지 못한 시골뜨기 정도로만 생각했다는 것이었다. 그러나 레닌은 스탈린을 아꼈다. 그가 지적 능력이 뛰어나다고 생각한 데에서 나아가, 집필 활동으로 공산주의 혁명을 위해 대중 홍보에 힘쓰라고 독려하기까지 했다. 솔직히 스탈린은 러시아 내전(10월혁명 직후 여러 당파 간에 러시아의 정치적 미래를 결정하기 위해 벌어진 전쟁으로 볼셰비키 정부군인 적군과 반혁명군인 백군이 주축이 되었다. – 옮긴이) 중에 여우같이 교활하고 늑대처럼 포악하며 미꾸라지처럼 기민한 관리자라는 사실을 계속해서 증명해 보였다. 그러나 레닌은 스탈린이 무슨 수법을 쓰든 상관하지 않았다. 그런 수법들이 레닌 본인이 원하던 목표들을 달성해 주었기 때문이다. 그리하여 레닌은 스탈린에 대해 흔들림 없는 신뢰를 갖게 되었다. 요컨대 그가 자신의 가르침을 믿고 그것을 무덤까지 가져갈 거라고 믿어 의심치 않았다. 소비에트의 지도자는 적어도 부분적으로는 옳았다. 스탈린은 레닌의 업적을 무덤까지 갖고 갔다. 자신의 무덤이 아니라 레닌의 무덤이라는 것이 문제였지만 말이다.

1921년 레닌이 그간 새로운 소비에트 국가에 대한 자신의 비전을 실현하기 위해 시도했던 여러 일과 정책들이 연거푸 암초를 만났다. 그리고 1922년 5월에는 레닌에게 개인적인 커다란 시련이 찾아왔다. 레닌은 4년 전인 1918년에 암살범의 저격으로 목에 박힌 총알을 제거하는 수술을 받았다. 그런데 수술 후유증인지 뚜렷한 이유도 없이 부분적인 마비 증세가 찾아왔고 잠깐 동안은 실어증까지 앓았다. 그러다가 다행히 기력을 회복해 얼마간 업무에 복귀했지만, 이번에도 역시 가슴 아픈 소식만 접하게 되었다. 스탈린이 해외무역 정책, 식민지와 공화국들의 독립 등 자신이 추진했던 많은 정책에 함부로 손을 댄 것이다. 그뿐 아니라 레닌은 자신이 병석에 있는 동안 '눈에 보이는 권력overt power'이 소비에트와 레닌의 지지자들에게서 스탈린의 골수 지지자들에게 넘어갔다는 사실을 깨달았다. 1923년 레닌은 그동안 스탈린에게 철저히 속았다는 사실을 깨달았지만 건강이 나빠져 직접 나설 형편이 되지 못했다. 그래서 레프 트로츠키를 앞세워 스탈린을 막으려고 했다. 하지만 이미 때는 너무 늦었다. 최근 스탈린은 자신의 지지자들로 권력

집단을 구축했는데, 그들은 이른바 반트로츠키 공산주의자들이었다. 그들이 스탈린의 행동 대장으로 나섰다. 먼저 트로츠키를 공격해 허수아비로 만들었고, 그런 다음 레닌에게는 기력을 회복할 때까지 휴식을 취하라고 '명령'했다. 사실상 소비에트 수반을 가택 연금한 것이었다. 레닌이 트로츠키에게 스탈린을 공개적으로 공격하라고 종용했지만, 트로츠키는 공개적인 어떤 움직임도 없이 오로지 침묵으로 일관했다. 아마도 치명적인 보복을 두려워했기 때문이지 싶다. 이제 레닌은 어디 하나 기댈 곳 없는 고립무원 신세가 되었다. 자신이 죽은 다음에라도 사람들이 스탈린의 배신에 대해 알고 행동을 취해 주길 바라는 마음뿐이었다. 그래서 자신의 '증언'을 남기기 위해 일종의 정치적 유언장을 작성했다. 그러나 그의 마지막 소망조차 이뤄지지 않았다. 1924년 1월 블라디미르 레닌이 사망했고, 스탈린은 자신이 살아 있는 동안에 레닌의 유언장이 공개되지 못하도록 만들었다. 이후 소비에트 정부는 스탈린의 주도로 피의 숙청을 이어 갔다. 동지와 정적을 가리지 않고 새로운 지도자의 체제에 반기를 들 수 있거나 들 것으로 예상되는 모든 사람을 제거했다.

이오시프 스탈린은 공산주의 철학을 통해 세계를 정복하고자 했던 스승과는 전혀 다른 길을 갔다. 그는 레닌의 사후에 살아 있는 최고의 권력자로서 국민들을 상대로 무소불위의 권력을 휘두르며 숨통을 죄기 시작했다. 그는 수백만 소비에트 국민들의 사유재산을 몰수했고 그보다 더 많은 사람들을 빈곤층으로 몰아넣어 굶주리게 만들었다. 또한 소비에트 공화국들에서 발생하는 저항은 물론이고 러시아 국민들의 저항마저 한 치의 관용도 없이 철저히 궤멸했다. 그뿐 아니라 측근들의 일대기를 조작했고, 많은 사람들을 시베리아로 유배 보냈으며, 중요하지 않은 반대파들까지 닥치는 대로 암살했다. 그것도 오직 암살이 주는 잔인한 즐거움을 맛보기 위해서였다. 그리하여 레닌의 소비에트러시아가 아니라 스탈린의 소비에트러시아 모델이 정립되었고, 오늘날 전체주의 정권들 역시 스탈린의 모델을 추구한다.

어느 모로 보나 스탈린은 오직 자신의 통치 권력을 유지하기 위해 아돌프 히틀러Adolf Hitler보다 자국민을 더 많이 죽인 독재자였다. 그래서 러시아 국민들을 놓고 보면 레닌이 좀 더 살았더라면 어땠을까 하는 생각을 하게 된다. 최소한 스탈린의 통치 아래에서보다는 좀 더 안전했을 것이다. 반면에 레닌의 혁명이 세계 곳곳으로 전파됨에 따라 세상은 고통받았을 수도 있었다. 레닌이 소비에트의 지도자로 장기 집권했더라면, 러시아 소비에트연방 사회주의 공화국, 즉 소련이 세상의 질서를 재편했을지도 모를 일이다. 레프 트로츠키는 스탈린이 사주한 하수인의 손에 암살당하지 않고 좀 더 오래 살아서 공산주의 혁명을 아프리카, 남아메리카, 대영제국 등으로 확산시켰을 수도 있었다. 소비에트의 정보기관들은 조국에서 추방되어 프랑스와 영국에 망명했던 부유한 러시아인들을 국내로 불러들이려는 기획을 성공시켰을 것이다. 한편 제1차 세계대전 이후 미국이 독일을 점령했어도 독일 내부에서 커지던 반공주의자들의 두려움을 완벽히 해소하지 못했을 수도 있다. 그리하여 독일은 소비에트를 더 큰 위협으로 생각해 어쩌면 서구의 지원을 받아서 급속하게 재무장했을지도 모를 일이다. 이제는 노인이 된 레닌이, 비록 제국주의 일본을 동시에 직접 상대해야 하는 일이라 꺼려졌겠지만, 그럼에도 중국과 서남아시아에서 일본에 대항해 일어난 공산주의 봉기를 지원했을 가능성도 크다. 그랬더라면 제2차 세계대전 중에 나치 동맹 대 소비에트러시아 그리고 중국 서부 대 중국 동부와 일본의 대결 구도를 보게 되었을 가능성도 배제할 수 없다. 그처럼 치열한 격전이 벌어지는 세상에는 냉전, 말 그대로 '차가운 전쟁'이 들어설 자리가 한 뼘도 없지 않았을까? 오직 총과 대포 소리와 파괴와 죽음으로 점철된 '뜨거운 전쟁'만이 있었을 것이다.

아무것도 얻지 못한 미국의 러시아 침공 : 1918년

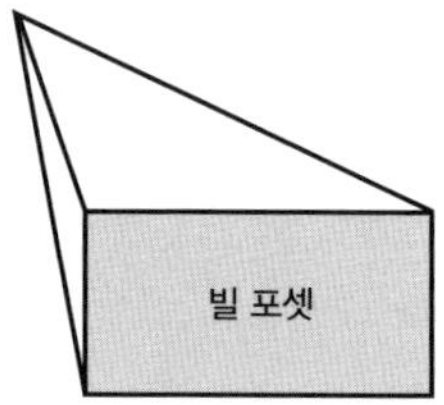

"어쩌면 러시아의 서구 공포증은
단순한 편집증이 아닐 수도 있다"

소련은 역사에 등장하고 사라질 때까지 언제나 서방 세계의 침략에 대비했다. 특히 나치 독일의 경우, 결과적으로 스탈린의 판단이 옳았다. 소련은 수백만 명의 목숨을 희생시키고서야 나치 독일의 국방군 베어마흐트Wehrmacht를 자국 영토에서 몰아냈다. 독소전쟁이 끝난 후 소련과 스탈린은 숨 돌릴 새도 없이 미국을 중심으로 뭉친 연합군의 침략에 열심히 대비했다. 이처럼 전쟁을 조기에 준비한 것이 러시아가 제2차 세계대전이 막바지에 이르렀을 때 유럽의 절반을 점령할 수 있었던 가장 큰 원동력이었다. 스탈린은 완충지대를 원했다. 그래서 소련 군대를 부단히 증강하고 서방 세계의 군대들을 억제하려고 끊임없이 노력한 것이다. 대부분의 사람들이

고등학생 시절 역사책에서 배운 지식을 종합해 보면, 러시아의 서구 공포증은 일종의 편집증처럼 보인다. 어쨌건 미국은 러시아를 한 번도 침공한 적이 없었다. 적어도 단독으로는 아니다. 하지만 현실적으로 보면, 러시아 공산당은 걱정할 만한 충분한 이유가 있었다. 사상이나 편집증이 아니라 역사에 근거한 것이었다. 1918년 미국과 제1차 세계대전의 연합국이 러시아를 실제로 침략했기 때문이다. 그것도 두 번이나 러시아의 국경을 넘었다.

1918년 초반 러시아는 내전이 한창이었다. 제정러시아의 차르에 충성하는, 아니 그저 볼셰비키 정권에 반대하는 사람들이 러시아의 통치권을 차지하기 위해 레닌의 적군과 싸웠다. 레닌과 공산당은 내전에서 상당한 통치권을 장악했고 급기야 러시아를 제1차 세계대전의 연합군 동맹에서 탈퇴시켰다. 바로 이런 역학의 변화 덕분에 빌헬름 2세의 독일제국은 동부 전선에서 대군을 빼내 서부 전선인 프랑스에서 연합군과 싸우게끔 재배치할 수 있었다. 미국과 연합국이 러시아를 침공한 이유는, 연합군에서 이탈한 러시아가 독일과의 전쟁에 다시 참전하도록 공산당을 압박하거나 공산당을 무너뜨리기 위해서였다. 그리하여 미국이 파병한 미시간과 샌프란시스코의 주 방위군 소속 사단들을 포함해 수만의 연합군이 러시아의 북부와 서부에 도착했다.

결론적으로 말해 연합군은 이번 러시아 침공 작전에서 많은 실수를 저질렀고 무의미하고 혼란만 가중했다. 연합군이 '땅 부자' 러시아에서 침공 지점으로 꼭 집어 선택한 곳도 그런 실수 중 하나였다. 수만 명의 연합군이 점령한 러시아의 두 거점은 전장에서는 물론이고 러시아 권력의 중심지로부터도 더는 멀리 떨어질 수 없을 만큼 변방이었다. 연합군이 그 두 곳을 점찍은 이유는 지리적으로 볼 때 러시아가 공격해 올 가능성이 사실상 제로였기 때문이다. 완벽히 안전했다는 말이다. 그런데 이는 동전의 양면이었다. 달리 말하면, 연합군이 러시아의 다른 모든 지역에서 발생하는 사건들에 중요한 영향을 미칠 수 없다는 뜻이었다.

두 거점 중 하나는 북극해에 속한 바렌츠 해에 인접한 두 도시 아르한겔스크와 무르만스크였다. 1918년 당시 아르한겔스크와 무르만스크는 러시아의 다른 지역과 거의 연결되지 않았다. 솔직히 러시아의 두 북부 도시는 러시아 내전에서 전략적이거나 전술적인 요충지가 절대 아니었다. 그곳에 상륙한 수천의 연합군은 오도 가도 못하고 그냥 죽치고 있었다. 사정이 이러니 연합군은 백군 White Army(10월혁명으로 집권한 볼셰비키에 대항하여 러시아 내전에서 싸운 반혁명 세력의 군대로 백색은 왕당파의 상징이다. – 옮긴이)의 지도자들에게 했던 약속을 하나도 지킬 수 없었다. 툰드라의 동토를 샅샅이 정찰했지만 적을 마주치는 일은 가뭄에 콩 나듯 드물었다.

두 번째 침공 지점은 블라디보스토크였다. 이번 군사 활동은 샌프란시스코 인근에 주둔하던 대규모 주 방위군이 가담한 미국과 연합국의 합동 작전으로, 일본군을 포함해 여타 연합군의 병력이 미군보다 많았다. 아르한겔스크와 무르만스크가 고립되고 전략적, 전술적 요충지가 아니었던 것에 비하면 블라디보스토크는 최소한 러시아의 두 수도인 상트페테르부르크와 모스크바에서 불과 수백 킬로미터의 거리였다. 러시아의 극동 지역으로 캄차카 반도의 최상단에 위치한 블라디보스토크는 시베리아 횡단철도의 동쪽 종착지였고 모스크바에서 약 8,000킬로미터 떨어져 있었다. 하지만 블라디보스토크에 상륙한 미연합군 병사들은 수천 킬로미터 떨어진 러시아 내전의 주요 전선들에서 무슨 일이 벌어지는지 소식을 거의 들을 수 없었다.

그리하여 러시아에 상륙한 1만 3,000명의 미군과 4만 명의 연합군은 러시아와의 직접적인 교전 없이 그저 아무 할 일이 없다는 사실에 만족했다. 굳이 블라디보스토크에 상륙한 미군과 연합군의 성과를 들자면, 러시아 각지에 흩어져 있던 5만여 명의 체코인들이 고국으로 무사히 돌아가도록 도와주었다는 것 정도였다. 그 일을 빼고는 사실상 러시아 적군의 소규모 코사크 정찰 군대와 그들보다 숫자가 더 많은 도적떼들과 아주 가끔 산발적인 전투를 벌인 것이 다였다. 비록 비공식적인 주장이긴 했어도 오죽했으면 그들의 주된 적이 지루함과 성병이었다고 할까?

미군과 연합군이 러시아의 두 지점에 상륙하고 몇 달도 지나지 않아 독일이 항복했고, 4년 4개월에 걸친 제1차 세계대전이 막을 내렸다. 이로써 그들이 애초 러시아를 침공한 본래 목적이 사라졌다. 그러나 미군이 러시아에서 완전히 철군한 것은 해를 넘긴 1919년이었다. 두 원정대는 러시아 침공까지는 성공했지만, 더 이상의 성과는 없었다. 물론 뜻한 바는 아니었지만 어쨌든 두 원정대는 전투다운 전투는 고사하고 전투를 벌일 기회도 거의 없었고, 전체 사망자는 겨우 174명이었다. 그나마 대부분의 사인은 병사와 동사였다. 그들이 철군했을 즈음 러시아의 백군이 붕괴되었다. 침략자들이 러시아에 남긴 것은 미국과 미국의 동맹국들이 언제든 핑계만 있으면 러시아를 기꺼이 침공할 거라는 의심과 확신이었다. 그들이 그것을 몸소 증명했다.

미국과 연합군의 러시아 내전 개입과 러시아 침공은 아무것도 이루지 못했다. 전략과 전술 모두에서 명백히 실패한 그 군사작전을 어떻게 정의할 것인가는 우리에게 남겨진 어려운 숙제다. 러시아의 백군은 서구식 민주주의를 세우기 위해 싸웠다. 만약 아르한겔스크와 블라디보스토크를 백군에 무기와 트럭과 탄약을 공급해 주는 교두보로 사용했더라면, 백군은 내전에서 승리했을지도 모른다. 그랬더라면 러시아는 독재자 스탈린이 아니라 선출된 의회나 입법 기관이 통치했을 수도 있었다. 그러나 그 항구들을 침략 지점으로 선택했던 '높으신 양반'들은 그들의 잠재적 동맹이 아무런 지원을 받지 못한 채 혈혈단신으로 투쟁하는 동안 머뭇거리며 시간만 낭비했다. 서방 정부들이 공산화된 러시아가 그들에게 어떤 의미인지를 깨달았을 때는 이미 버스가 떠난 뒤였다. 일각에서는 이것이 일회성 실수가 아니라 서구의 민주주의 국가들이 계속해서 저지른 실수라고 주장한다.

연합군의 러시아 원정과 관련한 진짜 실수는 전혀 불필요한 침략 작전을 벌인 것이라고 해도 무방하다. 연합군은 러시아 원정으로 아무것도 달성하지 못했다. 아니, 그럴 수밖에 없었다. 애초에 러시아를 굳이 침공할 진정한 이유가 없었기 때문이다. 오히려 연합군은 두 원정으로 아까운 전쟁 자원과 병력만 낭비했다. 이번에는 러시아 입장에서 한번 생각해 보자. 연합군이 빈손으로 끝난 침공 작전을 벌이지 않았더라면, 소련의 서구 공포증과 군대 강박증이 훨씬 덜했을 수도 있었다. 물론 그 공식에 스탈린이라는 변수를 넣어 보면 다른 답이 나올 가능성도 충분히 있다. 자라를 보고 놀란 가슴 솥뚜껑 보고 놀란다는 속담도 있지 않은가? 무위로 끝난 연합군의 침략이 없었더라면, 서방 세계에 대한 러시아의 불신과 적대감이 훨씬 옅었을지도 모른다. 오늘날까지도 러시아 국민들은 서방 세계가 그들의 조국을 공격하고 침략할 기회를 호시탐탐 노리는 위협이자 적으로 생각하는 경향이 있다. 미국으로 대표되는 서구에 대한 그들의 불신과 반감이 그토록 깊다는 것은, 러시아 국민들이 미국의 침공으로 중요한 역사적 교훈을 뼈저리게 배웠다는 것을 반증한다.

마피아의 전성시대를 만든 금주법 : 1919년

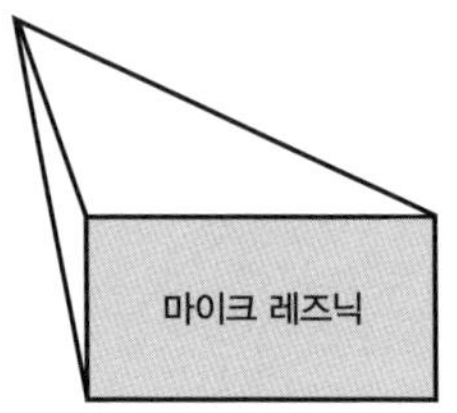

"미국의 폐지된 유일한 수정 헌법"

20세기 초 20년간 미국에는 술 문화가 성행했다. 사람들이 술 좀 마셨기로서니 그게 뭐 대순가. 어쨌든 당시 미국은 산업화 시대에 진입하지 않았는가. 산업화 시대란 말 그대로 대부분의 제품을 대량으로 생산하고 유통한다는 뜻이 아닌가. 물론 위스키, 와인, 맥주 등을 포함해서 말이다.

하지만 당시 그들과 대척점에 있는 사람들도 많았다. '독주demon rum' 반대 운동을 전개하던 사람들이었다. 가령 빌리 선데이Billy Sunday 목사는 농구 선수로서 얻은 유명세를 발판으로 금주운동가로서의 입지를 다졌다. 그뿐 아니라 로비 단체 안티살롱 동맹Anti-Saloon League을 조직한 웨인 휠러Wayne Wheeler, 여성운동가

캐리 네이션Carrie Nation, 강력한 대규모 단체였던 여성 금주 십자군Women's Temperance Crusade 등 수십여 개인 및 단체들이 금주운동을 주도했다.

처음에는 금주운동이 미국 사회에 별다른 영향을 미치지 못했다. 1916년 대통령 선거에서 민주당 후보 우드로 윌슨과 공화당 후보 찰스 에번스 휴스Charles Evans Hughes 모두 그 사안을 무시했을 뿐 아니라 민주당도 공화당도 정당 강령에 그 문제를 포함하지 않았다. 금주의 '금'자도 언급하지 않았다.

그러나 모든 주류를 금지하자는 금주운동은 갈수록 거세지고 있었다. 그들 정치인은 그저 눈을 감고 모른 체했을 뿐이다. 솔직히 말해 1916년 약 23개의 주 정부가 금주법을 통과시켰다. 얼마 지나지 않아 더는 눈 가리고 아웅 전략이 통하지 않게 되었고, 윌슨 대통령도 관심을 기울일 수밖에 없었다. 1919년 연방 의회가 음료용 알코올을 금지하는 수정 헌법 제18조를 통과시킨 것이다. 그러나 그 법을 시행하려면 3분의 2에 해당하는 36개 주의 비준을 얻어야 했다. 그래서 금주법이 과연 시행될지 반신반의하던 사람들도 있었다. 그런데 막상 뚜껑을 열어 보니 코네티컷과 로드아일랜드를 제외한 46개 주가 그 수정 헌법을 비준했다. 그리하여 1920년 1월 17일부로 미국은 공식적인 금주의 나라가 되었다.

잠깐, 과학소설의 작가가 되어 보자. 금주법의 즉각적인 결과는 무엇이었을까?

첫째, 음료용 알코올 소비가 감소하는 것이 아니라 증가했다.(어쨌든 수정 헌법 제18조는 알코올음료를 제조하고 유통하며 판매하는 것을 금지했으나 술을 보관하거나 마시는 행위, 즉 음주 자체를 금지한 것은 아니었다)

둘째, 캐나다의 주류 제조업자들이 생산량을 두 배 이상 늘렸고 당연히 이들의 수익도 두 배 이상 증가했다.

셋째, 이른바 밀조주와 관련해 인명 피해가 다수 발생했다.

넷째, 마피아의 영향력과 힘이 열 배나 증가했다. 이는 비단 마피아 갱단의 본거지 뉴욕에서만 나타난 지역적인 현상이 아니었다. 예컨대 시카고의 뒷골목을 장악한 알 카포네Al Capone만 봐도 해마다 6,000만 달러가 넘는 수입을 올렸고, 벅스 모런Bugs Moran, 머신 건 켈리Machine Gun Kelly, 러키 루치아노Lucky Luciano 같은 악명 높은 갱단들이 명성을 날리며 삼척동자도 아는 이름이 되었다.(또한 동경하는 일부 사람들에게 그들은 '난세의 영웅'들이었다)

그들 갱단에게는 금주 시대가 땅 짚고 헤엄치는 '핏빛' 사업 기회였다. 그러다가 1933년 12월 5일 프랭클린 델러노 루스벨트Franklin Delano Roosevelt 제32대 대통령의 첫 번째 임기 첫해에 의회가 수정 헌법 제21조를 통과시켰다. 이는 미국 역사상 기존의 수정 헌법을 폐지한 유일한 수정 헌법이다.

그럼 수정 헌법 제21조의 즉각적인 결과는 무엇이었냐고? 음료용 알코올의 판매와 소비가 미국인들 삶의 일부가 되었고, 주류 밀매점speakeasy('스피키지 바'라고 불리는 것으로 미국 금주 시대에 경찰의 단속을 피해 간판 없이 몰래 술을 제조하거나 판매하던 술집이다. – 옮긴이)이라는 용어가 미국식 영단어 목록에 추가되었으며, 해외로 빠져나갔던 대형 양조 회사들이 미국으로 영원히 회귀했다.

당연한 말이지만 다른 결과도 있었다. 마피아 갱단들이, 일부는 합법적이고 일부는 합법과 불법의 경계선상에 있으며(매춘과 도박을 포함해) 일부는 명백히 불법이었던 수십여 사업들에 촉수를 뻗어 단물을 빨아먹었다. 또한 금주 시대에 축적했던 힘을 하나도 포기하지 않았다.

또한 그들 모두는 흑백으로 인쇄된 예전 역사책에 당당한 주인공으로 한 페이지를 장식했다. 그뿐 아니라 갱단과 법 집행기관 둘 다를 미화하는 1930년대 할리우드 영화의 단골 등장인물들이 되었다. 심지어 오늘날에도 대부분의 사람들은 엘리엇 네스Eliot Ness보다 알 카포네라는 이름이 더 익숙할 것이다.(시카고의 주류 단속반 수사관이었던 엘리엇 네스가 알 카포네를 체포했다. - 옮긴이)

그런데 만약 빌리 선데이 목사, 캐리 네이션 등의 금주운동가들과 금주 단체들이 주도한 금주운동이 그토록 널리 확산되지 않았더라면, 금주운동이 실패했더라면 어땠을까?

가장 중대한 변화로 마피아가 사라졌을 거라고 생각하는 사람들도 있지 싶다. 하지만 마피아가 근절되기는 힘들었을 것이다. 그래도 그들의 힘이 크게 약화되었을 것은 틀림없다. 미국 사회가 술을 배척하던 시절은 주로 이탈리아 이민자들로 구성된 마피아가 세력을 키우고 규합하던 시기와 일치했다. 주류 사업은 체계적으로 관리되던 마피아 갱단에는 노다지 광산이었다. 그렇다고 유대인, 아일랜드인 등 다른 민족의 갱단들이 없었다는 뜻이 아니다. 갱단 모두는 각자 자신들의 영역을 보호하는 방법을 잘 알았다. 솔직히 말해 미국 사회는 20세기 중반 이후 마약과의 전쟁이 벌어지기 전까지는 금주령 시절 같은 조직화된 폭력을 구경하지 못했다.

갱단 말고도 금주령으로 어부지리를 얻은 사람들도 있었다. 할리우드에서 일부 영화배우들은 폭력배 전문 배우로 입지를 다져 돈방석에 올랐고 호화로운 생활을 영위했다. 그들은 금주 시대가 없었더라면 그런 사치를 누리기 힘들 수도 있었다. 특히 영화 제작사들이 제3 제국Third Reich(히틀러 독재 체제 아래의 독일이다. - 옮긴이)의 가치를 알아본 다음부터는 오스트리아-헝가리 제국 출신으로 베를린에서 연극 활동을 했던 피터 로리Peter Lorre, 베를린 출신의 콘래드 베이트Conrad Veidt 같은 해외 출신 배우들의 몸값이 크게 올랐다. 반면 제임스 캐그니James Cagney와 험프리 보가트Humphrey Bogart처럼 폭력배 역할에 어울리는 미국 토종 배우들은 출연료가 훨씬 낮았다.

금주령이 시행되지 않았더라면 미국의 경제 패러다임에도 변화를 가져왔을 것으로 보인다. 혹시 1929년 검은 화요일로 불리는 주식시장 붕괴를 막을 수 있었겠냐고? 그건 아니지 싶다. 솔직히 그 무엇도 검은 화요일을 막을 수는 없었을 것이다. 하지만 1929년부터 금주령이 폐지되기 전 1933년 사이에 불법적인 알코올 소비가 급증했다는 기록은 눈여겨볼 가치가 있다. 만약 정부가 불법으로 거래된 수억 병의 주류에 합법적인 세금을 부과해 재정 수입을 늘렸더라면, 미국 경제에는 훨씬 도움이 되었을지도 모를 일이다.

수정 헌법 제18조의 폐지는 대중문학에 영향을 주었다고 봐도 무방하다. 유머 감각이 뛰어났던 판타지 작가(어쩌면 초현실적 판타지를 유머 있게 표현한 작가) 손 스미스Thorne Smith(음주, 섹스, 유령 등이 등장하는 판타지 소설을 주로 집필했다. - 옮긴이)는 아홉 권의 베스트셀러를 탄생시켰다. 다른 모든 것은 차치하고 거의 모든 등장인물이 술을 마시지 않은 멀쩡한 정신으로, 독자들이 술 취한 사람들에게서 기대하는 대로 행동하는 손 스미스의 책이 상상되는가?

금주령과 관련해 재미있는 연구 결과가 있다. 1940년 회계사들이 금주법으로 미국 정부가 입은 재정적 손해가 얼마였는지 정확히 계산했다. 오늘날보다 규모도 훨씬 작고 체질도 허약했던 당시 경제에서 미국 정부는 110억 달러의 주류세 수입을 놓쳤을 뿐 아니라 금주 단속에 5억 달러를 썼다.

그렇다면… 115억 달러가 있었더라면… 미국 경제는 훨씬 건강했을 것이다. 동시에 마피아를 비롯해 여타 범죄 집단들이 그렇게 빠르게 성장하지 못했을 수도 있다. 그뿐 아니라 대중문화는 악당들을 영웅화하지 않았을지도 모른다. 마지막으로 하나 더, 100만 개 이상의 일자리가 사라지지 않았을 수도 있었다. 그랬더라면 대공황의 처음 4년, 즉 1929년부터 금주법이 폐지된 1933년까지 미국의 상황이 달라졌을지 누가 알겠는가.

그런데 "일자리라니 무슨 일자리?"라고 반문하는 소리가 귀에 들리는 듯하다. 무엇보다도 맥주, 위스키, 브랜디, 와인 등등 주류 제조 공장의 노동자들이 있었다. 술통 제조업자, 술집 종업원, 트럭 운전사, 트럭 제조회사 등도 잊지 마라. 오늘날의 사회보장제도처럼 하루아침에 일자리를 잃은 그들을 구제해 줄 아무런 사회적 안정장치가 없었다는 사실도 유념하길 바란다. 자, 이제 무슨 일자리인지 이해했을 걸로 믿는다. 그래서 결론은? 금주법 아래의 미국보다 금주령이 없었을 미국의 상황이 더 매력적이지 않은가?

흑역사 047

레닌이 살아 있었다면 스탈린을 막을 수 있었을까? : 1920년

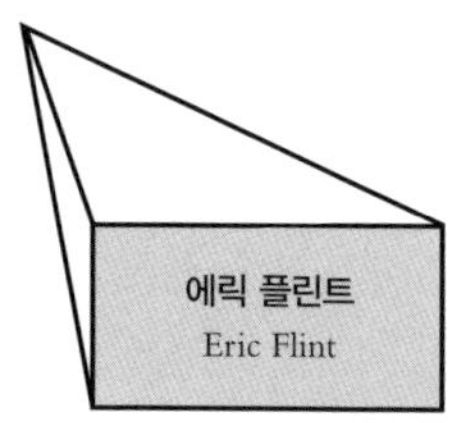

"스탈린이 미국이 아니라
러시아에 태어난 걸 다행으로 생각하자"

스탈린이 러시아의 최고 권력자가 된 것은 많은 요인들이 얽히고 설켜 빚어낸 합작품이었다. 그래도 크게 요인들을 두 종류로 추릴 수 있겠다. 첫째는 1920년대 소비에트연방에서 작동하던 역사적인 역학 관계에 깊이 뿌리를 둔 요인들이었다. 둘째는 개인적인 요인들로, 통치 권력에 대한 본인의 깊은 집념과 정치적 기술에 따른 산물이었다.

그런데 그중에서도 그의 통제력을 완전히 벗어나는 우발적인 사건 두 개가 스탈린이 권좌에 오르는 데 커다란 역할을 했다. 둘 중 하나가 달라졌더라면, 스탈린이 러시아의 최고 권력자가 되지 못했을 것은 확실했다. 이는 다시, 그의 책임 아래 벌어진 재앙들도

피할 수 있었을 거라는 뜻이 된다.

도대체 중요한 그 두 가지가 무엇일까? 첫 번째 요인은 단순하고도 명확하다. 레닌이 뇌졸중으로 '일찍' 사망한 것이다. 사망 당시 그는 53세였다. 그의 수명이 얼마나 짧았는지 세계의 다른 지도자들의 비교해 보자.

스탈린, 74세

케렌스키Alexander Fyodorovich Kerensky, 89세

루스벨트, 63세

처칠Winston Churchill, 90세

푸앵카레Raymond Poincaré, 74세

클레망소Georges Clemenceau, 88세

페탱Philippe Pétain, 95세

장제스蔣介石, 87세

심지어 비극적 최후를 맞이했던 히틀러, 무솔리니, 도조 히데키東條英機조차도 레닌보다 오래 살았다. 히틀러는 54세, 무솔리니는 61세, 도조는 63세에 비운의 종말을 맞았다.

만약 레닌이 하다못해 루스벨트만큼이라도, 10년만 더 살았더라면 어땠을까? 스탈린을 축출할 수 있지 않았을까? 레닌은 그 10년 동안 무슨 일을 하고 무슨 일을 하지 않았을까?

스탈린과 관련해서 가장 먼저 이해해야 할 것은 야코프 스베르들로프Yakov Sverdlov가 사망하기 전에는 볼셰비키당 내부에서 그의 입지가 별로 두드러지지 않았다는 점이다. 스베르들로프에 대해서는 조금 이따 설명할 것이다. 레닌, 트로츠키, 부하린Nikolaj

Bukharin, 지노비예프Grigory Zinoviev 같은 지도자들과는 달리, 스탈린은 이론가로 여겨지지 않았다. 오히려 언제나 사회주의 운동가로 이름을 날렸다. 말인즉 그는 지식인이라기보다 행동파였다. 민족 문제에 관한 스탈린의 저서가 있지 않느냐고? 맞다. 그런 책이 있다. 하지만 그 책의 집필 과정에 레닌이 깊이 관여했을 뿐 아니라 내용도 주로 레닌의 머리에서 나왔음은 아는 사람은 다 아는 '빼박' 진실이다.

트로츠키와는 달리, 스탈린은 1905년 혁명과 1917년 10월혁명에서 대중 앞에 모습을 드러내는 공개적인 역할을 수행하지 않았다. 지노비예프와는 달리, 스탈린은 국제 관계와 외교 문제에 관한 전문가로 인식되지 않았다. 트로츠키와 지노비예프와는 달리, 스탈린은 이름난 연설가가 아니었다. 그렇다면 그의 진정한 '특기'는 무엇이었을까? 볼셰비키 공산당이 민족 문제에 관한 입장을 정하는 데 그는 어느 정도 기여했으며 유능한 조직자였다.

1919년 스베르들로프가 사망하고 나서야 비로소 스탈린이 권력의 사다리를 오르는 여정이 시작되었다.(스베르들로프의 공식적인 사인은 당시 세계적으로 대유행했던 스페인 독감으로 알려져 있다) 스베르들로프는 볼셰비키 정권의 (숨은) 조직자로 인정받았고, 레닌을 포함해 모두가 일을 완수하고 싶을 때 믿고 의지하는 사람이었다. 한편 스베르들로프는 스탈린과 마찬가지로 이론가도 연설가도 아니었다. 오히려 그는 철저한 '내부 실력자'였다. 게다가 조직화에 있어서는 스탈린보다 재능도 기술도 한 수 위였지만, 그에게는 스탈린의 마음에 자리한 과도한 야망 따위가 전혀 없었다.

그런 스베르들로프가 바이러스와의 싸움에 지고 말았다. 불과 33세에 요절했다. 스베르들로프의 갑작스러운 죽음이 스탈린을 권좌에 올려 준 두 번째 우발적 요인이었다. 스탈린의 앞에 당당히 버티고 있던 스베르들로프라는 거대한 산이 없어지자 스탈린이 볼셰비키당의 중앙 조직자로 승승장구할 길이 열렸다.(중앙 조직자의 공식적인 직함은 시간이 흐름에 따라 여러 차례 변경되었다. 스탈린이 그 자리에 올랐을 때는 '서기장general secretary'으로 불렸고, 스베르들로프는 사망 당시 '서기국 주석chairman of the secretariat'으로 재임했다)

스베르들로프가 죽지 않았더라면, 스탈린은 그의 그늘에 가려 빛을 보지 못하고 그저 그런 공산주의 혁명가로 생을 마감했을지도 모른다. 또한 레닌이 1922년(52세 생일을 지낸 직후였다) 발병하기 시작한 일련의 뇌졸중으로 정상적인 생활을 못하다가 급기야 식물인간 상태에 빠져 1924년 1월에 사망하지 않았더라면, 스탈린은 애초 관리 감독직에 불과했던 서기장이라는 직위를 소비에트연방의 살아 있는 최고 권력으로 탈바꿈시키지 못했을 것이다.

만일 스탈린이 최고 권력자가 되지 못했더라면 소비에트연방은, 나아가 사실상 세계는 어떤 모습이었을까? 이 책에서 소개하는 모든 흑역사가 그렇듯, 대안적인 역사와 세상을 정확히 그리는 것은 불가능하다. 그래도 상당히 가능성 높은 몇몇 광범위한 결과는 예상해 볼 수 있다.

첫째, 소비에트연방이 스탈린의 대숙청으로 대변되는 피에 굶주린 광기로 퇴보하는 일은 절대 없었을 것이다. 그렇더라도 소련의 정치 체제가 어느 정도 독재적인 것은 변함없을 테지만 말이다. 이렇게 단정하는 데는 두 가지 이유가 있다. 하나는 개인적인 성향 때문이고, 다른 이유는 제도적 본성이라고 이름 붙여도 좋다.

개인적인 차이는 단순했다. 러시아 내전에서 그리고 이후의 10월혁명에서 분명히 보여 주었듯, 레닌도 상당히 무자비한 면이 있었다. 하지만 그는 오직 무자비해지기 위해 무자비하게 행동하지는 않았다. 게다가 레닌은 독재적인 스타일도 아니었다.

인물에 대한 평가는 주관적이기 때문에 개중에는 레닌을 독재자라고 평가하는 역사가들이 있는 것은 사실이다. 하지만 아무리 그를 부정적으로 생각해도 그에게 독재자라는 딱지를 붙이는 것은 불공평하고 억울한 점이 있다. 독재자라는 단어는 어떤 사람을 설명하는 용어라기보다 저주에 가깝다. 레닌은 권력을 획득한 이후 언제나 공산당 정치국과 중앙위원회에서 다수결로 정해진 결정들을 준수했다. 심지어 개인적으로는 강력하게 반대하는 결정들도 그는 반드시 따랐다. 1918년 브레스트-리토프스크 조약Brest-Litovsk Treaty(제1차 세계대전 당시 독일과 러시아의 단독 강화조약으로 러시아에게 가혹한 조약이었다. - 옮긴이) 문제와 관련된 결정들이 대표적인 예다.

레닌의 기질을 보여 주는 더욱 직접적인 징후는 권좌에 오른 후 그가 썼던 글들에서 잘 드러난다. 어떤 글들은 대중 연설문으로 구성되었고, 또 어떤 글들은 이론적 견해들로 이뤄졌다. 하지만 대다수 글에 공통점이 있다. 논증법이 포함된 것이다. 그는 반대자들만이 아니라 자신의 추종자와 동지들과도 끊임없이 논쟁을 벌였고, 사실 그의 삶은 논쟁에서 시작해 논쟁으로 끝났다고 해도 과언이 아니다.

레닌과는 달리, 독재자들은 자신의 글에 논증을 담지 않는다. 그들은 일방적으로 지령을 내리고 반대자들을 투옥하거나 숙청한다. 그들은 누구와도 논쟁을 벌이지 않는다.

그러나 레닌은 끊임없이 논쟁을 벌였다. 권력의 사다리를 오르는 중에는 물론이고 최고 권력자가 된 다음에도 그랬다. 예를 들어 레닌은 이른바 '노동조합 논쟁trade union debate'이라고 이름 붙여진 사안에 대해 트로츠키와 부하린과 치열한 논쟁을 벌였다. 트로츠키와 부하린은 혁명이 완수되자 이제 러시아가 노동자의 나라가 되었고 정부가 모든 주요 산업을 국유화했으므로, 노동자 계층은 더 이상 독자적인 노동조합이 필요하지 않다고 결론 내렸다. 하지만 레닌은 생각이 달랐고, 트로츠키와 부하린의 논리는 도식화된 이론일 뿐 구체적인 현실을 반영하지 못한다고 반박했다. 레닌은 러시아가 사회, 경제적으로 낙후된데다 제1차 세계대전과 내전을 겪으며 처참히 파괴되었기 때문에 노동자들의 나라인 소비에트가 심각하게 왜곡되어 있다고 주장했다. 요컨대 러시아가 가끔 관료주의적이고 독재적으로 행동하기 때문에 사실상 러시아의 노동자 계층은 여전히 국가로부터 자신들을 보호할 필요가 있고, 그래서 그런 제도적 장치가 필요하다는 것이었다.

이는 레닌과 스탈린의 개인적인 성향이 얼마나 다른지를 뚜렷하게 보여 주는 징후다. 볼셰비키 정권의 핵심 지도자들 중에서 레닌은 인류 역사상 최초의 노동자 국가인 소비에트 정부가 역설적이게도 노동자들을 대상으로 자행하는 학대 행위에 가장 민감하게 반응했고, 그런 행위를 억제하고 감독하기 위해 가장 열정적으로 노력했다. 그가 살아생전 마지막으로 추진했던 주요한 활동 두 개는 약간의 공권력을 행사하는 일반적인 행정 감찰 기구 성격의 '노동자와 농민 감독 기구'를 창설하는 것과 스탈린을 해임하는 것이었다. 특히 레닌이 스탈린 축출에 그토록 열을 올린 이유는 스탈린의 민낯을 알게 되었고, 그리하여 그가 서기장이라는 직위에 맞지 않는 그릇된 기질을 지녔다고 확신했기 때문이다.

그러나 레닌과 스탈린 사이의 개인적인 차이는 제도적 차이

만큼 중요하지 않았다. 스탈린의 흡혈귀 같은 거의 광적인 잔혹함에서 그의 개인적인 기질은 부분적인 역할을 했을 뿐이다. 그가 '인간 백정'으로 불릴 만큼 잔인했던 또 다른 이유는 제도에서 비롯했다. 솔직히 그는 공산당 내부에서 입지가 어중간했고 심지어 서기장이 된 후에도 여전히 권력의 중심에서 약간 밀려나 있었다. 스탈린은 자신의 권력 기반이 약하다는 사실을 잘 알았다. 그가 권력을 쟁취하는 방법은 딱 하나였다. 공산당 내부의 핵심 볼셰비키 당원들을 처단하는 것이었다. 볼셰비키당을 조직하고 창당했을 뿐 아니라 1905년 혁명과 두 차례 1917년 혁명들을 주도했던 혁명 인사들이 레닌의 사후에도 권력과 권위의 자리를 꿰차고 있는 한, 스탈린이 권력의 최고봉에 오르는 길은 완전히 차단되지는 않더라도 가시밭길일 것이요 요원할 터였다.

서기장에 취임한 순간부터 1930년대 중후반 대숙청이 마무리되고 권력을 강화하기 위한 최종적인 담금질이 끝날 때까지, 그가 했던 모든 것은 불가피한 당파적 권력투쟁에서 비롯했다. 그는 하룻밤 새에도 동지들을 갈아치워 어제의 동지가 오늘이 적이 되었을 뿐 아니라, 자신의 정치적 의견을 단순히 바꾸는 것은 물론이고 전혀 다른 주장으로 갈아타기도 했다. 한마디로 그는 당파적 권력투쟁의 각 단계에서 자신의 힘을 키우기 위해 필요한 일이면 무엇이든 가리지 않았다.

1920년대 중반 스탈린은 트로츠키에 대항해 지노비예프와 카메네프Lev Borisovich Kamenev와 손을 잡았다. 그런데 지노비예프와 카메네프가 이후에 벌어진 일련의 사태에 크게 실망하고 트로츠키와 통합 반대파United Opposition를 결성했을 때, 스탈린은 부하린과 연대해 그들에 맞섰다. 한편 스탈린은 레닌의 신新경제정책

(NEP, New Economic Policy), 일명 네프를 확대하자는 부하린의 주장을 받아들였는데, 이는 네프에 대해 어떤 것이든 이론적인 확신이 있어서가 아니라 단순히 당파적 이해관계 때문이었다. 그리고 시간이 흘러 그런 당파적 편의성 때문에 부하린을 공격해야 했을 때, 이번에도 스탈린은 입장을 손바닥 뒤집듯 바꾸었고 대신에 '제3시기Third Period'라고 알려진 극좌파 정책들을 옹호했다.(이 부분에 대해서는 조금 뒤에서 알아보자)

결국 이 모든 것은, 먼저 트로츠키를 소비에트연방에서 쫓아내 멕시코로 망명하게 만들고 그런 다음 몇 년 후 대숙청 기간에 지노비예프와 카메네프 그리고 부하린을 차례대로 처형하는 데서 정점을 이뤘다.

그렇다고 레닌에게 정적들을 잔인하게 탄압하는 성향이 없었다는 말은 아니다. 하지만 핵심은 레닌으로서는 스탈린이 했던 방식으로 그런 잔인성을 드러낼 필요가 없었다는 점이다. 스탈린과는 달리 레닌은 권력의 사다리를 '오를' 필요가 없었기 때문이다. 그는 이미 최고 권력자였다. 그리고 건강 악화로 통치 불능 상태가 되지 않은 한은, 권좌에서 내려올 일이 없었다고 볼 수 있다. 물론 스탈린이 유능한 당파주의자였음은 틀림없다. 그래도 레닌을 당해내지는 못했을 것이다. 최고 권력자로 집권할 당시 수차례 증명했듯, 일단 레닌이 당파적 권력투쟁을 벌이기로 선택하면 레닌에 맞설 적수는 하나도 없었다. 아무리 유능한 당파주의자였더라도 행여 스탈린이 그의 권력에 도전했더라면 레닌은 그를 잘근잘근 밟아 주었을 것이다. 이는 단순한 억측이 아니다. 심지어 일련의 뇌졸중으로 정상적인 생활이 불가능하고 사실상 철저히 고립된 상태였을 때도 레닌은 스탈린을 축출하기 위한 거사를 도모할 수 있었을 정도다. 건강만 허락되었더라면 레닌은 그 일을 손쉽게 성공시켰을 것이다.

스탈린은 일거수일투족까지 모든 것을 오직 자신의 당파적 필요에 근거해 움직였고, 이것이 결국에는 소비에트연방은 물론이고 전 세계에 재앙을 가져왔다.

소비에트연방에서 당파적 논리는 스탈린이 제3시기라고 부르는 개념이었다. 사실 제3시기라는 용어는 자신이 추진하는 극좌파의 당파적 전술에 다소간의 '이론적' 무게감을 부여하려고 억지로 갖다 붙인 유명무실한 명칭이었다. 그것은 1920년대 말부터 소비에트연방이 시작한 강제적 농업 집단화와 무모한 산업화로 귀결되었다.

막심한 인명 피해는 차치하고라도, 스탈린의 정책은 소비에트연방에 장기적인 재앙을 가져다준 원흉이었다. 스탈린은 러시아에 대규모 산업화를 성공적으로 도입했다. 그러나 굳이 제3시기가 아니어도 러시아를 산업화할 다른 방법들이 있었다. 그런데도 스탈린은 부득불 소비에트의 농업을 희생시킴으로써 산업화를 달성했고, 오늘날까지도 러시아는 농업의 초토화로 발생한 피해에서 회복하지 못했다.

안타까운 점은 스탈린의 정책 중에서 필수불가결한 것은 한 개도 없었다는 사실이다. 내전이 끝난 뒤 레닌이 옹호했던 정책, 이른바 신경제정책은 덩샤오핑鄧小平이 집권한 이후 20세기의 마지막 30여 년간 중국 공산당이 추진했던 정책과 비슷하다. 스탈린이 자신의 정책을 실현하기 위해 요구한 모든 것은 대단히 성공적으로 실행되었을 뿐 아니라, 그런 일에 으레 따르기 마련인 정부의 내부적 혼란도 아주 미미했고 추진력도 처음부터 끝까지 거의 그대로 유지되었다.

레닌의 신경제정책은 포괄적인 용어였다. 다시 말해 신경제정책은 실현 가능성 높은 변형된 많은 정책들을 아우르는 커다란 우산 같은 개념이었다. 부하린의 정책들이 좋은 예였다. 엄밀히 말하면 부하린의 정책들은 레닌이 애초에 제안한 것보다 중국이 추진한 정책과 더 비슷하다. 레닌이 주장한 신경제정책의 핵심적인 요소들은 다음과 같다.

첫째, 정치적 권력은 여전히 공산당이 독점한다.(레닌은 과도한 관료주의와 부패를 억제하기 위해 다양한 견제와 균형 노력을 제안했다. 중국 공산당의 지도부도 레닌과 비슷한 목표들을 천명하지만 최소한 지금까지는 그런 목표를 추구하려는 의지가 많이 보이지 않는다)

국가가 레닌이 종종 경제의 '커맨딩 하이츠commanding heights'(한 국가의 경제를 주도하는 기간산업 또는 주도 세력을 말한다. – 옮긴이)라고 불렀던 것에 대한 소유권 그리고/또는 통제권을 보유하는 한편, 농민들이 제 땅에서 계속 농사를 짓고 소득에 대한 세금을 납부할 가능성을 계속 열어 둔다. 그중에서도 국가가 은행과 금융을 통제하는 것이 특히 중요하다. 이는 자본주의가 작동할 수 있는 많은 공간을 허용하는 동시에 자본주의에 대한 경제적·금융적 고삐를 유지하기 위함이다.

외국 기업들의 투자를 허용하되 다소간의 제약을 부여한다. 내국인 투자에도 동일한 규칙이 적용되지만, 중공업과 운송과 무역을 통제하는 것과 관련하여 국내 문제가 있는 경우는 제외된다. 또한 일반적으로 자유기업이라 불리는 경제 체제 측면에서 국민 모두에게 폭넓은 재량권을 허용한다.

레닌의 경제 시스템은 많은 사람들이 생각하는 것과는 달리

'자본주의로의 회귀'가 아니다. 오히려 혼합경제에 해당된다. 맞다, 많은 유럽 국가들의 경제를 혼합적이라고 부를 수 있는 것과 상당히 비슷한 맥락이다.(다시 말해 부분적 자본주의와 부분적 사회주의다) 그러나 서유럽 국가들과는 달리, 러시아의 혼합경제 체제에서는 정치적인 최우선 순위를 자본주의가 아니라 사회주의적인 요소들에 둔다.

그런 체제에서 많은 문제들이 나타나지만, 가장 명백한 문제는 뭐니 뭐니 해도 부패다. 그러나 그 체제의 단점과 부작용이 무엇이든, 스탈린의 정책들에 수반되었던 파괴와 엄청난 잔혹성에 비하면 월등히 나은 것만은 확실하다.

결과적으로 보면 스탈린이 추진한 제3시기의 당파주의는 전 세계에 엄청난 재앙을 몰고 왔다. 솔직히 스탈린의 정책으로 소비에트연방이 경험한 비극보다 전 세계가 맞닥뜨린 후폭풍이 훨씬 끔찍했다. 스탈린이 자신의 극좌파 정책들을 전 세계로 확대했기 때문이다. 목표는 명확했다. 자신의 국내 정적들이 힘을 키울 수 있는 원천을 철저히 파괴하겠다는 굳건한 일념으로 해외 공산당들에까지 자신의 정책들을 강요한 것이었다.(외국의 공산당들은 본래가 스탈린보다 그의 정적들은 훨씬 높이 평가했다. 솔직히 말해 스탈린이 최고 권력자가 되었을 당시 외국의 공산주의자들에게 그는 사실상 '듣보잡' 같은 인물이었다)

특히 독일은 스탈린의 당파주의적 정책에 따른 비극적인 피해자가 되었다. 1920년대 후반부터 1930년대 초반까지 히틀러가 독일의 최고 권력자로 부상하던 결정적인 몇 년간 스탈린은 독일에서 아주 강력하게 전개되던 노동자 계층의 운동을 마비시켰다. 어찌된 일일까? 스탈린은 독일 공산당원들에게 그들의 진정한 적은 이른바 사회주의 파시스트들이라고, 즉 독일사회민주당German Social Democratic Party이라고, 쉽게 말해 사회민주주의자들이라고 강력하게 주장해서 노동자들의 주의를 다른 곳으로 돌린 것이었다. 이렇듯 스탈린이 사회민주주의자들을 끊임없이 공격하느라 파시스트들의 위협을 무시했기 때문에 히틀러가 어부지리를 얻었다. 히틀러가 사실상 아무런 방해도 받지 않은 채 나치의 정치적 입지를 공고히 할 수 있었다는 말이다. 요컨대 스탈린은 남의 나라 독일에서 노동자 계층과 다른 모든 진보 세력들이 단결해 공동 전선을 형성하는 것을 불가능하게 만들었다.

스탈린의 행위는 미식축구 경기를 예로 들어 보면 쉽게 이해가 된다. 어떤 선수가 상대 팀 공격수를 막아야 하는 동료 수비 선수에게 거는 태클과 같다. 그 결과는 불을 보듯 빤하지 않겠는가. 공을 가진 상대 팀 공격수가 거의 아무런 저지도 받지 않은 채 골라인까지 천천히 걸어 들어가 터치다운을 성공시킨다.

히틀러와 나치는 권력을 차지하고 국가 기구를 동원해 모든 반대 세력을 쓸어 버릴 때까지 독일 국민 대다수의 지지를 한 번도 받지 못했다. 히틀러와 나치의 위치가 어느 정도였는지 단적으로 보여 주는 사건이 있다. 스탈린이 수년에 걸쳐 독일 국민들의 필요에 의해서가 아니라 오직 자국의 국내 문제 때문에 당파주의 이념을 확산시킨 후 1932년 11월 독일의 국가 의회 선거, 즉 총선이 치러졌다. 선거 결과 많은 좌파들이 실망스러운 성적표를 받았다. 그렇지만 주요 좌파 정당 두 곳을 합치면 나치보다 많은 표를 얻었다.

물론 나치는 33퍼센트를 득표해서 단일 정당으로는 최대 표를 획득했다. 그러나 좌파 정당들인 사회민주당(20퍼센트)과 공산당(16퍼센트)을 합치면 나치의 득표수를 추월했다. 만약 그들 두 정당이 선거운동의 마지막 순간에서라도 나치에 대항해 공동 전선을 구축했더라면, 미래의 군사 쿠데타를 사전에 저지할 수 있었을지도 모를 일이다.

그러나 결과적으로 보면 독일은 그러지 못했다. 스탈린은 자신의 재앙적인 정책들을 맹렬히 추진했다. 그사이에 히틀러는 별다른 어려움 없이 권력 강화를 완성했을 뿐 아니라 독일 내부에 파시즘이 널리 확산되면서 위협적인 존재로 부상했다. 그러자 스탈린은 제 전매특허인 180도 '안면 바꾸기' 작전을 또다시 시도했다. 그가 이렇게 180도로 방향을 전환한 데는 대숙청으로 소비에트연방에서 그에게 대항할 정적들의 씨가 완전히 마른 것도 부분적인 역할을 했다. 그는 제3시기를 포기했고 '인민 전선Popular Front' 정책을 채택한다고 선언했다. 이는 파시스트에 대항해 진보적인 모든 세력과 정당들이 연합 세력을 구축하는 것이었다.

그의 상황을 정확히 표현하는 영어 속담이 있다. 그는 "하루가 늦었고 1달러가 부족했다A lay late and a dollar short." 쉽게 말해 그는 한발 늦었다. 1941년 6월 소비에트연방은 스탈린이 최고 권력자가 된 것으로 인해 다시 한번 끔찍한 대가를 치르게 된다. 나치 독일의 국방군 베어마흐트가 바르바로사 작전을 시작한 것이다. 이는 제2차 세계대전 당시 동부 전선에서 나치 독일이 소비에트연방을 침공한 사건을 말한다.

만약 레닌이 평균수명까지만 살았더라면…. 만약 스베르들로프가 33세에 스페인 독감으로 요절하지 않았더라면…. 이것들은 역사의 흐름을 크게 바꿔 놓았을 수 있는 '중대한 만약'들이다.

정말 그런 만약이 현실이 되었더라면 무슨 일이 벌어졌을까? 가장 가능성 높은 몇 가지 시나리오가 있다.

먼저 경제적인 측면을 살펴보자. 레닌이 최고 권력자로 계속 통치했더라면, 또는 레닌이 53세에 죽었더라도 스베르들로프가 살아 있었더라면, 십중팔구는 지노비예프, 카메네프, 부하린 등이 포함된 집단적인 성격의 지도 체제가 구축되었을 것이다. 한편 트로츠키와는 각을 세웠겠지만 그래도 그를 쫓아내 망명자로 만들거나 암살하지는 않았을 것으로 보인다. 그리고 집단 지도부는 신경제 정책을 변형한 여러 정책을 시행했을 가능성이 높다. 그리하여 소비에트연방은 덩샤오핑 이후 중국이 그랬던 것과 비슷한 궤적으로 성장하고 발전했을지도 모르겠다.

외교적인 측면에서는 비록 커다란 기류 변화까지는 아니더라도 어느 정도 변화가 있었으리라 보인다. 서유럽과 미국과의 외교 관계는 대체로 긴장이 감돌고 비우호적이었을 가능성이 크다. 그렇더라도 그들 국가 사이의 적대감이 냉전 수준만큼 악화되지 않았을 것은 분명하다.

독일의 역사도 달라졌을 듯하다. 히틀러가 애초에 독일의 최고 권력자가 되지 못했을 수도 있기 때문이다. 그랬더라면 제2차 세계대전이 벌어지지 않았을 가능성이 매우 높다. 아니, 최소한 전면적인 세계대전으로 확전되지는 않았을 거라 봐도 무방하다. 물론 세계 곳곳에서 수많은 소규모의 국지전이 발발했을 것이다. 가령 일본이 중국을 침공했을 것은 거의 확실하다.

마지막으로, 인류는 홀로코스트라는 비극을 피할 수도 있었을 것이다. 어쩌면 유대인 국가 이스라엘이 건국되지 못했을 가능성도 있다. 적어도 1948년에 이스라엘이 건국되지 못했을 것은 틀림없다.

정말이지 현실과는 너무나 다른 역사가 그려지지 않는가? 레닌과 스베르들로프, 둘 중 한 사람만이라도 요절하지 않았더라면 말이다.

흑역사 048

젊은 히틀러가 그림을 팔지 못한 대가 : 1920년

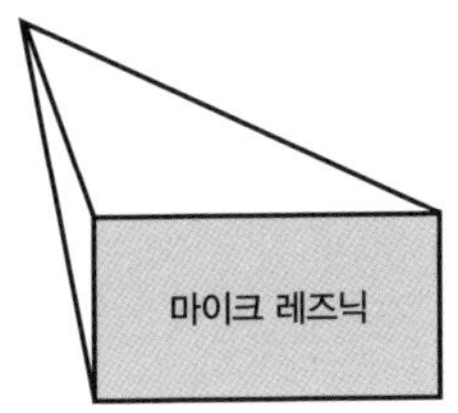

"조금만 더 재능이 있었다면…"

아돌프 히틀러는 오스트리아 브라우나우에서 태어났다. 초등학교 시절 매우 우수한 학생이었고 교우 관계도 원만해 학급 반장에 뽑히기도 했다. 중학교 시절은 초등학교 때보다 약간 힘들었다. 솔직히 말하면 열다섯 살 때 시험에서 낙제해 유급해야 하는 처지가 되었지만, 유급하는 대신에 자퇴를 선택했다.

10대 청소년 시절 히틀러의 최대 관심사는 그림이었다. 1903년 부친이 돌아가신 후 누군가 자신의 재능을 알아봐 주길 바라며 빈으로 갔다. 하지만 그런 일은 없었다. 그래서 히틀러는 빈 미술학교에 진학해서 뛰어난 재능에서 부족한 부분들을 찾아 다듬어야겠다고 마음먹었다. 그러나 그 꿈조차도 좌절되었다. 입학시험에서 낙제하는 바람에 미술학교 문턱도 넘지 못한 것이었다.

그는 세상이 아직 제2의 다빈치나 미켈란젤로를 맞이할 준비가 되지 않았다고 속 편히 생각하며 미술학교에 대한 미련을 버렸다. 그래서 다른 길을 모색했다. 자신의 재능을 발판으로 건축에 도전하기로 마음을 바꾸었다. 그는 빈 건축학교에 지원했고 (다들 짐작하겠지만) 낙방했다.

결과적으로 보면 히틀러는 무언가를 창조하는 것보다 파괴하는 재능이 더 뛰어났다.

이후 이야기는 널리 알려진 그대로다. 그는 반유대주의 노선의 기독사회당Christian Social Party에 흠뻑 빠졌고 당원으로 입당했다. 그러던 중 제1차 세계대전이 터지자 군에 자원입대했고 서부전선에 배치되어 연락병으로 복무하다가 상병까지 진급했다. 또한 연합군의 겨자 가스 공격을 당했지만 용케 살아남았다. 제1차 세계대전이 끝났을 때, 예전에 미술학도를 꿈꾸던 히틀러는 약간 냉소적인 청년으로 변해 있었다.

1919년 히틀러는 독일노동자당German Worker's Party에 입당했고, 이후 베르사유조약을 규탄하는 연설을 수십 차례 하는 동안 군중을 선동하는 법을 자연스럽게 익혔다. 특히 한번은 5만 명 이상 운집한 군중 앞에서 연설하면서 자신과 독일노동자당 동지들이 추구하던 운동에 새로운 이름을 부여했다. 바로 국가사회주의독일노동자당(NSGWP, National Socialist German Workers' Party)이었는데, 세상 사람들이 다 아는 바로 그 나치당이다. 심지어 당시는 입당하고 채 2년도 지나지 않았을 때였다. 그뿐 아니라 1923년 그는 맥주홀 반란Beer Hall Putsch으로 유명한 뮌헨 폭동을 주동했다. 폭동은 성공하지 못했고 그는 투옥되었다.(반역 혐의를 받았던 그는 너무 어이 없게도 그리고 아주 예외적으로 가벼운 형을 선고받았다). 그리고 옥중에서 책을 하나 펴냈다. 출소 이후 자신이 무엇을 할지에 대한 청사진을 담은《나의 투쟁Mein Kampf》이었다. 그러나 세상 사람들은 그의 이야기를 진지하게 받아들이지 않았다.

그다음의 이야기는 역사가 말해 준다. 1933년 독일 총리로 임명되어 정권을 장악했고, 1936년 독일을 재무장시켰으며, 1939년 러시아와 상호 불가침조약을 체결했다.(그러나 1941년 러시아를 침공함으로써 그 조약을 깨뜨렸다) 또한 강제수용소를 세워 사람들을 감금하기 시작했고, 그런 수용소에서 말 그대로 수백만 명을 죽이는 만행을 저질렀으며 유대인들을 말살하려고 광기를 부렸다. 그뿐 아니라 폴란드와 프랑스를 정복했고, 우세한 공군을 집중 투입해 영국에 폭격을 시작했으며 미국에게 선전포고를 했다.

1944년 연합군이 나치 군대를 사면초가의 궁지로 몰아넣었고, 1945년 패배가 기정사실화되자 히틀러는 자살했다.

제2차 세계대전이 종전된 후 집계해 보니 히틀러 한 사람 때문에 1200만 명 이상이 목숨을 잃은 것으로 드러났다.(여기에는 독일군 전사자들도 포함된다. 히틀러는 휘하 장군들이 러시아의 혹독한 겨울 날씨 등등 나치 군대에 불리한 점들을 열거하면서 공격을 말렸을 때 그들의 말에 귀를 기울이지 않았다) 스탈린과 '킬링필드' 대학살의 주범이자 캄보디아 독재자였던 폴 포트Pol Pot를 포함한 모든 악당 중에서 그에게 20세기 최악의 악당이라는 꼬리표가 붙은 것은 틀림없는 사실이다. 아니, 그들 악당을 전부 합쳐도 그의 악행에는 미치지 못한다. 그리고 역사는 언제까지나 히틀러를 천하의 악당으로 기억할 것이다.

따라서 당연한 말이지만 히틀러의 생애를 돌아보면 저절로 떠오르는 질문이 하나 있다. 혹시 그가 다른 삶의 경로를 선택할 수도 있었던 삶의 전환점은 없었을까? 있었다면 어디였을까? 그의 삶에서 언제 무슨 일이 있었더라면, 그의 손에서 희생된 1,200만 명 중에서 대다수의 목숨을 구할 수 있었을까?

그 대답은 명백하다. 히틀러의 평생 취미가 그림이었다는 데서 단서를 찾을 수 있다. 그가 뮌헨 맥주홀을 그린 수채화 한 점은 2014년에 16만 1,000달러에 팔렸다. 이 외에도 꽃을 그린 수채화 한 점이 경매에 나왔는데 최저 입찰가가 3만 달러였다.

그래, 좋다, 솔직히 그의 그림이 그토록 높은 가격에 팔린 것은 그림이 훌륭해서가 아니라 그의 유명세 때문이었다. 그럼에도 그의 그림에서 약간의 기본적인 재능이 보이는 것도 사실이다. 빈 미술학교가 그를 입학시켜 4년간 미술을 공부할 기회를 주었더라면, 그가 화가든 아니면 미술과 관련된 많은 분야의 하나든 악당 중의 악당과는 전혀 다른 경력을 선택했을 가능성이 차고 넘친다.

가령 그가 그림 한 점을 팔았다고 가정해 보자. 물론 오늘날처럼 거금은 아니었을 것이다. 그래도 직업 화가의 경로를 선택하도록 동기를 부여하기에는 충분했을지도 모른다.

그것이 역사에는 어떤 영향을 미쳤을까? 잘은 몰라도, 그가 반유대주의가 아니라 미술 창작에 관한 책들을 공부했다면 최악이라고 해 봐야 독일노동자당의 추종자가 되고 나중에는 나치당의 지지자가 되는 데 그쳤을 가능성이 농후하다. 심지어 나치당에서 좀 더 적극적으로 활동하고 싶었더라도 점점 더 많은 군중 앞에서 연설하고 군중을 선동하는 법을 배울 기회는 없었을지도 모른다.

그렇더라도 독일에 반유대주의가 존재했을까? 당연하다. 반유대주의는 나치가 만든 것이 아니었다. 독일 국민들에게 공동의 적이라고 주입했던 무언가를 이용하여 국민들을 규합했을 뿐이다.(나중에는 실제로 공동의 적들로 가득한 세상을 창조했다) 물론 굳이 히틀러가 없었더라도 유대인들이 독일에서 조금이라도 나은 대접을 받았을 것 같지는 않다. 어쨌건 지금도 유럽은 물론이고 사실상 전 세계에 반유대인 정서가 존재하는 것은 엄연한 현실이다. 하지만 유대인 인종 청소가 없었더라면 1946년을 전후로 유대인 인구가 최소 600만 명은 더 많았을 것이다.(히틀러는 1,000만 명 이상의 유럽인들을 학살했는데 그중 유대인이 약 600만 명이었다. – 옮긴이)

러시아와의 관계는 어떻게 되었을까? 실제로도 그랬지만, 러시아와 상호 불가침조약을 맺을 필요는 있었을 것이다. 대다수 독일인이 보기에 스탈린이나 히틀러나 오십보백보였기 때문이다. 다시 말해 스탈린이 히틀러보다 더 평화를 원한다거나 상호 국경을 더 존중한다고 생각하지 않았기 때문이다. 그러나 기껏해야 최고 계급이 상병이었던 히틀러가 아주 얄팍한 군사 지식에 근거해서 군대를 통솔하겠다는 가당찮은 야심을 품지 않았더라면 달라졌을지도 모를 일이다. 군 통수권자가 누구였든 독일 장군들이 러시아와의 불가침조약을 존중하고 겨울이 끝나기 전에 육로로 러시아를 침공해서는 안 된다고 설득했을 것이기 때문이다.

히틀러의 가장 큰 패착은 뭐니 뭐니 해도 미국에 대한 선전포고였다. 미국은 지구 반대편의 진주만이 공습당한 후에 이미 태평양전쟁이라는 이름으로 일본과 전쟁 중이었다. 그간 루스벨트 행정부는 유럽 국가들 간의 전쟁에 참전하려고 여러 번 시도했지만 당시까지는 번번이 의회의 문턱을 넘지 못했다. 따라서 독일이 미국에 선전포고를 하지 않았더라면, 미국이 관망적 입장을 유지한 채 유럽인들끼리의 전쟁에 끼어들지 않았으리라는 것은 삼척동자도 유추할 수 있다. 게다가 제2차 세계대전의 결과는 미국이 참전하던 그날에 결정된 것이나 진배없었다.

이제 정리해 보자. 젊은 히틀러가 그림 한 점을 팔 수 있었더라면…

- 정치판을 가까이하지 않았을 것이다.
- 《나의 투쟁》은 절대 탄생하지 못했을 거라고 본다. 어쩌면 그 책에서 밝힌 포부를 그림으로 표현했을지는 모른다. 하지만 그림은 글보다 파급력이 약한 법, 그의 그림은 훨씬 적은 사람들에게, 아니 겨우 대여섯 명에게나 영향을 미쳤을지 누가 알겠는가.
- 독일은 유대인들을 말살하려는 시도를 하지 않았을 것이다.
- 강제수용소라는 단어가 독일의 죽음의 수용소라는 단어와 동의어가 되지 않았을 것이다. 절대로.
- 독일은 러시아를 침공하지 않았을 가능성이 크다.
- 미국은 유럽인들의 전쟁에 개입하지 않았을 테고, 그랬더라면 일본을 1년 더 일찍 패배시켰을 수도 있다.

자, 이런데도 독일 총통을 멈춰 세우는 최선의 방법이 그를 암살하는 것이라고 생각하는가?

아서라, 꿈도 꾸지 마라. 어찌 암살을 시도한 사람들이 없었겠는가. 실제로 휘하의 장군들과 독일 국민들이 암살을 시도했었다. 그러나 번번이 실패했다.

당신은 죽음의 폭주 기관차 같은 그를 정말로 멈춰 세우고 싶은가?

100년 조금 뒤로 시간 여행을 가서, 초보 화가 히틀러에게 그림 몇 점을 사라. 손에 피 한 방울 묻힐 필요도 없이 그걸로 족할 것이다.

흑역사 049

스탈린, 군국주의 독일의 부활을 돕다 : 1921년

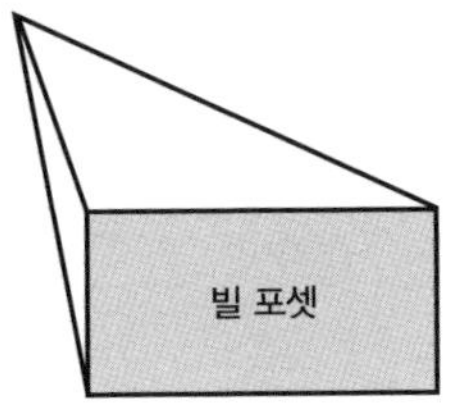

"상호 파괴 조약?"

이오시프 스탈린은 자신의 업적을 선전하고 우상화하는 작업에 열을 올렸다. 하지만 최근 러시아의 일부 역사 수정주의자들은 스탈린이 많은 실수를 저질렀다고 지적한다. 그렇다면 그의 최대 실수는 무엇이었을까? 여러 가지가 떠오를 것이다. 소련의 과학과 농업을 파괴한 리센코 학설Lysenkoism(1920년대 말부터 소비에트연방에서 생물학자 트로핌 리센코Trofim Lysenko를 중심으로 시작된 유전학 반대 운동으로 리센코주의라고도 하며 넓은 의미에서는 정치에 의한 과학 전복을 말한다. - 옮긴이)일까? 아니다. 1941년 히틀러가 러시아를 공격할 거라는 국내 정보기관들의 경고에 귀를 닫고 무시한 것도 아니었다. 또한 나치가 침공했을 때 공황 상태가 되어 숨었던 것도 아니었다. 그

렇다고 독일의 공격에 커다란 충격을 받아 '멘붕'에 빠져 수십만 병사들을 사지로 내몬 것이 실수가 아니었다는 말도 아니다. 명백한 실수였지만 최대 실수는 아니었다는 말이다. 러시아 독재자 이오시프 스탈린의 최대 실수는 독일과 맺은 거래였다. 때는 나치가 정권을 잡기 오래전이었다.

베르사유조약은 제1차 세계대전의 패전국인 독일이 강제적으로 맺은 평화협정이었다. 조약에 명시된 많은 조항들은 독일군의 부활과 재무장을 방지하기 위한 목적이었다. 무엇보다도 종류 여하를 막론하고 전술적 훈련 실시, 새로운 군사 교리 수립, 새로운 무기 체제 연구, 근대적인 항공기와 전차를 이용하는 훈련 등등이 명백히 금지되었다. 아울러 장교들의 숫자는 물론이고 전체 군대 규모도 이웃 국가들보다 훨씬 적어야 한다고 명시되었다. 군사 관련 규정 외에 다른 조항들, 특히 경제적인 제약 조건의 목적은 하나였다. 독일이 전쟁 준비를 못 하도록 돈줄을 죄어 '알거지'로 만드는 것이었다. 당연한 말이지만 베르사유조약에 대한 독일 국민들의 감정은 부글부글 끓었고, 선출된 독일 정부도 가혹한 정전 협정에 적대감이 하늘을 찔렀다.(당시의 독일 정부 탄생에는 제1차 세계대전의 생존 병사들이 커다란 역할을 했다)(1918년 해군이 일으킨 폭동을 발판으로 11월혁명이라고도 불리는 독일혁명이 발발하여 독일제국을 붕괴시키고 의회 민주주의 공화국인 바이마르공화국Weimar Republic을 출범시켰으며, 바이마르공화국은 1933년 나치당이 제1정당으로 집권하기까지 존속했다. – 옮긴이) 이에 독일 정부는 제약 조건들을 우회하기 위해 갖은 노력을 기울였다. 그러다가 그들은 이상한 동맹을 찾았고, 독일 라이히스베어Reichswehr, 즉 국가 방위군(바이마르공화국의 군대로 1935년부터 1945년까지 존재한 베어마흐트 국방군의 전신이다. – 옮긴이)의 부활에 절대적으로 중요한 역할을 하게 된다.

스탈린이 통치하던 소비에트연방에는 골치 아픈 국내 문제들이 있었다. 첫째, 1918년과 1919년 러시아의 일부는 여전히 백군이 점령하고 있었다. 또한 스탈린의 소비에트연방의 군사적 기술은 유럽의 나머지 국가들에 비해 원시적인 수준이었고, 장교들의 전투 경험이라야 일천해서 같은 국민인 백군과 싸워 본 게 전부였다. 적군과 백군 모두 무장이며 훈련 정도가 형편없기로는 난형난제였다. 그리하여 독재자 스탈린은 오래전부터 독일 군대의 높은 군사기술과 과학기술을 부러워해 왔다. 그러던 중 예상치도 못한 곳에서 스탈린의 그런 말 못 할 고민을 단박에 해결해 줄 기회가 찾아왔다. 오스만제국의 육군 장성 엔베르 파샤Enver Pasha가 철저히 중립적인 관찰자 입장에서, 독일과 러시아가 폴란드의 군대와 방어 시설에 관한 정보를 공유하라고 제안한 것이다. 1921년 폴란드를 둘러싼 사안 외에도 양국이 협력할 수 있는 방법을 모색하기 위해 공동 위원회가 조직되었고, 결국 많은 방법을 찾아냈다. 러시아와 독일은 제1차 세계대전의 포로들을 맞교환하는 데 도움을 주는 것이 목적이라고 알려진 기관들을 '얼굴마담'으로 내세운 다음, 뒤에 숨은 채로 다양한 수준에서 협력하기 시작했다. 그리하여 마침내 1922년 양국은 라팔로조약Rapallo Treaty을 체결했고, 이 독소 조약의 핵심 조항은 양국 군대 사이의 협력과 관련이 있었다.

먼저, 독일군은 두 가지가 필요했다. 하나는 베르사유조약이 금지한 군사 장비와 군대를 비밀리에 두고 재건할 장소였다. 또한 독일군은 석유, 철강, 광물, 화학약품 등등 전쟁 수행을 위한 원자재도 필요했다. 한편 소련 군대는 독일의 앞선 과학기술과 무기 설계 그리고 성능이 월등히 뛰어난 독일의 기계 도구들을 원했다. 상호 이해관계가 맞아떨어진 양국 군대는 협력을 통해 즉각적인 이득을 취할 수 있었다. 특히 독일은 자국에 필요한 모든 것을 손에 넣었다. 장교와 일반 병사들을 훈련시키기에 알맞은 군사 기지들, 공군 기지들, 기갑 교리armored doctrine와 전술을 개발할 뿐 아니라 화학무기를 실험할 수 있는 넓은 지역 등을 손에 넣었다. 또한 양국은 각자가 개발한 기법과 아이디어들을 교환하기로 합의했다. 라팔로조약을 통해 라이히스베어는 원했던 목표들을 전부 달성했을 뿐 아니라 그러는 동안 거의 완벽한 비밀을 유지할 수 있었다. 무엇보다 독일은 러시아에서 생산한 기갑 차량, 전투기, 폭격기 등으로 훈련하기 위해 장교와 병사들을 기차로 이동해야 했는데, 이를 위장하기 위해 엄청난 노력을 기울였다. 한편 독일의 일부 과학기술이 러시아로 이전되었지만, 대부분은 보류되었다. 독일은 전차와 전투기와 폭격기부터 성능이 향상된 대포와 기관총까지 러시아에서 모든 전쟁 무기를 개발했다. 그럼에도 양국이 서로를 완벽히 신뢰한 적은 한 번도 없었다. 일례로 소련 장교들은 독일의 기갑 전투 차량, 즉 장갑차들을 보고는 감탄사를 연발했다. 그러나 뒤에서는 독일 장갑차보다 덜 정교한(그렇지만 훨씬 견고한) T-34 전차를 개발하고 심지어 생산하기 시작했으면서도 그 사실에 대해서는 입도 벙긋하지 않았다.

유럽의 누구도 독일과 러시아의 이런 '밀월' 관계에 대해 까마득히 몰랐다. 그러다가 1925년 진보 성향의 독일 정부가 러시아와의 협력 사실을 공표했다. 그러나 독일 정부의 발표에는 세부적인 내용이 부족했고, 그래서 연합국은 독소 간의 제휴를 문제 삼지 않았다. 1926년 독일은 소비에트연방의 자치 공화국 중 하나인 타타르 자치 소비에트 사회주의 공화국의 수도 카잔 인근의 카마에서 독일군의 장갑차 훈련 학교를 운영했고, 2년 전인 1924년에는 리페츠크에 항공기지도 마련했다. 구데리안Heinz Wilhelm Guderian, 모델Otto Moritz Walter Model, 소마Wilhelm Ritter von Thoma 같이 제2차 세계대전에서 크게 활약하게 되는 장교들이 러시아에 있는 기지들에서 근대식 독일 기갑 군대를 지휘하는 훈련을 받았다. 양국의 그런 긴밀한 협력이 1930년대 초반까지 계속되었지만, 아돌프 히틀러가 총리에 오른 뒤 신속하게 줄어들었다.(히틀러는 총리에 임명되고 1년 뒤에 대통령을 겸하는 총리라는 의미에서 총통으로 직함을 바꿨다. – 옮긴이) 독일군이 러시아군보다 상호 협력을 통해 훨씬 큰 이득을 취했다는 것은 의심할 여지가 없다. 설상가상 독일에서 고도의 군사훈련을 받은 러시아의 많은 장교들이 나중에 정치적 충성심을 의심받았고 대부분은 스탈린의 1938년 장교 대숙청에서 처형되었다. 단순히 독일에서 훈련받은 유학파라는 이유 때문이었다.

스탈린은 말 그대로 독일군의 부활과 발전을 가능하게 해 준 장본인이었다. 그는 독일군에게는 '은인'이었으면서도, 정작 러시아의 적군이 독일과의 협력으로 얻은 것들 대부분을 제 손으로 파괴했다. 양국 사이의 신뢰를 의심하던 사람들이 있었고, 실제로 양국은 서로를 절대 신뢰하지 않았다. 하긴 양국이 서로를 믿지 못한 것은 지극히 당연했다. 만약 스탈린이 제1차 세계대전에서 독일군과의 전투를 기억하는 사람들의 우려하는 목소리에 귀를 기울였더라면, 그래서 상호 협력 관계에 동의하지 않거나 라팔로조약을 체결하지 않았더라면 어땠을까? 제2차 세계대전 같은 대규모 전쟁이 발발하지 않았을 가능성이 매우 높다. 여기에는 여러 이유가 있다. 무엇보다도 베르사유조약 때문에 라이히스베어가 독일 땅에서는 기갑 군대를 구축할 길이 완전히 막혔다. 또한 리페츠크의 항공기지에서 독일 공군 수백 명이 훈련받지 못했다면, 독일의 항공기 제조업체 빌리 메서슈미트Willy Messerschmitt가 설계한 새로운 기종의 전투기들을 조종할 조종사들이 없었을 것이고, 이는 루프트바페Luftwaffe(제2차 세계대전 당시 독일 국방군 베어마흐트의 공중전 담당 군대다. – 옮긴이)도 없었을 것이다. 그뿐만 아니라 독일은 전쟁 수행을 위한 원자재 부족에 여전히 시달렸을 것이고, 이는 다시 독일의 군국주의로의 회귀 속도를 한층 느리게 만들었을 것이 분명하다. 스탈린은 오직 러시아의 이득을 위해, 연합국이 베르사유조약을 통해 결사적으로 저지하려던 독일군의 부활을 도와주는 결과를 낳았다. 그리고 소원하던 대로 독일로부터 일부 기술을 전수받았고 러시아 군인들이 독일로 건너가 군사훈련을 받았다. 하지만 스탈린은 독일 유학파라는 이유로 그들 병사를 처형했다. 만약 스탈린이 애초에 베르사유조약을 준수하고 독일의 손을 잡지 않았더라면, 오늘날 우리는 아주 다른 세상에서 살지도 모른다. 특히 전격전電擊戰(블리츠크리그blitzkrieg, 제2차 세계대전 당시 독일군이 전차, 기계화 보병, 항공기, 공수 부대 등으로 기동성을 최대한 끌어올린 전술 교리다. – 옮긴이)도, 런던 대공습London Blitz도, 오스트리아에 대한, 나중에는 체코슬로바키아에 대한 독일군의 위협도 없었을 것이다. 특히 러시아에는 아주 직접적인 차이가 생겼을지도 모른다. 1941년 베어마흐트는 러시아를 침공할 전투력을 갖추지 못했을 가능성이 컸고, 이는 바르바로사 작전이 없었으리라는 뜻이다. 그래서 독소전쟁이 발발하지 않았더라면, 공산주의의 영향력은 산업적으로, 경제적으로 낙후된 러시아의 국경을 넘지 못했을 가능성도 배제할 수 없다. 그랬더라면 러시아가 동유럽에 대한 약탈을 발판으로 세계를 위협하는 세력으로 성장하지 못했을 것이다. 마지막으로 제2차 세계대전도 없었고, 어쩌면 총통 히틀러도 없었으며, 최소한 2000만 명의 목숨을 살릴 수도 있었을지 누가 알겠는가. 결국 이 모든 것은 하나의 가정에서 출발한다. 스탈린이 러시아의 불구대천의 원수인 독일 군대가 자국 땅에서 훈련하도록 도움을 주지 않았더라면….

대통령을 위협하는 권력자 FBI 국장 존 에드거 후버 : 1924년

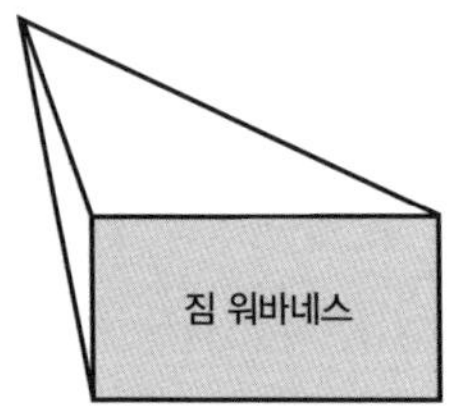

"비밀은 중독성이 있다."

– 존 에드거 후버John Edgar Hoover

존 에드거 후버는 미국 역사상 최장수 비선출 관료이면서 막강한 권력을 휘둘렀다. 아니, 가장 강력한 비선출 관료였을 것이다. 후버는 48년간 공직에 머무르면서 본인은 물론이고 자신의 조직을 위해 힘을 키웠다. 이것은 미국 근대사에서 오랜 시간에 걸쳐서 진행된 최악의 흑역사 중 하나였다. 그리고 이 흑역사의 주범들은 그가 '모셨던' 모든 미국 대통령들이었다. 그들 대통령은 존경과 두려움이 혼합된 다양한 이유로 후버가 계속 살아 있는 권력으로 군림할 수 있게 방조했다고 할 수 있다.

1924년 5월 10일 미국의 제30대 대통령 캘빈 쿨리지Calvin Coolidge가 29세의 피 끓는 청년이던 후버를 수사국Bureau of

Investigation의 국장으로 임명했다. 당시에는 수사국이 법무부 소속으로 별로 알려지지 않은 조직이었다. 그는 1935년까지 수사국 국장을 지냈다. 그러던 중 제32대 프랭클린 D. 루스벨트 대통령이 수사국을 독립시켜 연방수사국(FBI, Federal Bureau of Investigation)으로 승격시키면서 그를 국장에 임명했다. 당시 대통령을 비롯해 거의 아무도 후버가 1972년 5월 2일 사망할 때까지 사실상 FBI의 종신 국장이 되리라고는 예상하지 못했을 것이다.

후버의 목표는 FBI를 가장 근대화된 기술적 기법들을 사용하는 고도로 숙련된 법 집행 전문 기관으로 만드는 것이었다. 게다가 후버는 FBI 요원들이 FBI의 가장 중요한 자산이라고 생각했고, 그들에게 높은 수준의 능력과 행동을 요구했다. 그러나 여기에는 어두운 측면도 있었다. 그가 이상적인 요원이라고 생각하는 인재상은 대학 교육을 받은 백인 남성이었다. 다른 말로, 후버의 FBI에는 여성이나 소수 계층 출신이 들어설 자리가 거의 없었다. 굳이 예외를 두자면, 아마도 여성은 사무직으로, 소수자는 (최소한 흑인의 경우는) 허드렛일을 하는 잡역부로 일할 수는 있었을 것이다. 이 외에도 후버의 이중적인 얼굴은 또 있었다. 다른 기관의 법 집행을 지나치다 싶을 만큼 칭찬하고 그리하여 자기편을 많이 만들었다. 반면에 FBI 요원들에는 독단적이었고 보복성 행위도 서슴지 않았다. 그것도 가끔은 질투심에 사로잡혀 권력을 남용했다.

질투심의 발로에 관한 대표적인 사례는 FBI의 시카고 지부를 이끌던 특수 요원 멜빈 퍼비스Melvin Purvis에 대한 부당한 처사였다. 퍼비스는 1934년 7월 신출귀몰하던 희대의 은행 강도이자 갱이었던 존 딜린저John Dillinger를 소탕하는 작전을 지휘했고, 그 작전에서 딜린저는 사살되었다. 당연한 말이지만 그런 영웅적인 성과를 기두었으니 퍼비스에게 긍정적인 여론이 쏟아졌고, 그는 이상적인 폭력배 저승사자로 단숨에 등극했다. 이에 후버는 위협감을 느꼈다. 그럴 수밖에 없었던 것이, FBI에서 영웅은 단 한 명, 후버 자신이어야만 했기 때문이다. 이듬해 후버는 퍼비스를 FBI에서 쫓아냈다. 이후 퍼비스는 변호사로 활동하다가 1960년 세상을 떠났고, FBI가 조사한 그의 공식적인 사인은 자살이었다.

퍼비스 외에도 솔직히 국장의 변덕으로 고생했던 요원은 한둘이 아니었다. 가령 후버는 새로운 경험의 기회를 제공한다는 허울뿐인 명목으로 요원들을 시쳇말로 '뺑뺑이' 돌리는 경향이 있었다. 하지만 그토록 잦은 이동으로 요원이나 그들의 가족이 겪는 어려움에 대해서는 거의 고려하지 않았다. 아니, 눈곱만큼도 신경 쓰지 않았다.

후버를 그야말로 나쁜 상사로 생각하는 사람이 있어도 할 말이 없다. 확실히 그런 성향이 있었다.

후버의 삶을 살펴보면, 그가 협박이나 최소한 강압의 쉬운 먹잇감이 될 수 있는 여러 측면들이 눈에 띈다. 그중에서 가장 널리 알려진 것은 평생 독신으로 살았던 그가 동성애자라는 소문이었다. 심지어 FBI의 부국장 클라이드 톨슨Clyde Tolson과 오랜 연인 관계라는 소문이 그를 끈질기게 따라다녔고, 지금까지도 그의 동성애 소문이 사라지지 않았다. 당시 미국 사회에서 동성애는 가장 좋게 생각하면 사회적으로 용인될 수 없는 개인적인 취향이고 최악은 범죄 행위로 여겨지던 시절이었다. 그런데 법 집행 기관의 살아 있는 권력이었던 후버에게 동성애자 딱지는 주홍글씨나 다름없었다. 그는 가능하면 가정적인 이미지의 요원들을 채용했지만, 후버는 개인적인 성적 취향이 공개될 경우 도덕성 시비로 평판이 위태로워질 가능성이 높은 것만은 분명했다. 솔직히 유명한 공인에 대한 은밀한 공갈 협박은 뉴욕에서 활동하던 마피아들이 즐겨 사용하던 수법이었다. 미국의 최고 법 집행 관리였던 후버는 틀림없이 공갈 협박범들의 매력적인 목표물이었을 것이다.

실제로 협박을 받았건 말건, 확실한 한 가지는 후버가 국장으로 재임하던 시절 중 상당한 기간 동안 FBI가 범죄 조직과 전쟁을 벌이는 것을 한사코 거부했다는 점이다. 오히려 후버는 델린저 같은 '잔챙이' 범죄자들과 미국공산당American Communist Party 같은 반체제 단체들을 수사하고 소탕하는 것을 더 선호했다. 반면에 그는 라 코사 노스트라La Cosa Nostra, 쉽게 말해 마피아의 존재조차 인정하지 않았고, 행여 도심의 조직 범죄단에 관심을 보이더라도 아주 간헐적이었다.

그러던 중 후버가 더는 마피아의 존재에 대해 모른 체할 수 없는 커다란 사건이 벌어졌다. 1957년 11월 14일이었다. 미국 전역에서 '보스'급 폭력배들이 뉴욕 주 북부의 애팔래친에 모여 회합을 열었는데, 그 현장을 경찰이 급습했다. 폭력배들의 회합에 관한 애초 정보는 최고의 정보기관 FBI가 입수한 것이 아니었다. 기본적인 경찰 업무를 수행하던 '일개' 경찰 한 명이 냄새를 맡았다. 호기심 많고 '촉'이 발달한 경찰 한 명 덕분에 두목급 마피아 60명 이상을 체포하는 개가를 올렸다. 이것은 미국에 조직 폭력단이 존재한다는 명백한 증거였고, 이제 더는 후버도 그들의 존재를 무시할 수 없게 되었다.

애팔래친 사건 이후 후버는 정말이지 기회가 생길 때마다 권력을 남용하게 되었다. FBI는 오랫동안 일련의 불법적인 도청과 수색 활동에 관여했다. 정보와 자료 수집이라는 명분으로 자행된 이런 활동은, 이제 FBI의 새로운 적이 된 조직폭력배만을 대상으로 하는 것은 아니었다. 60년대가 되자 후버의 FBI는 새로운 유형의 국내 적들을 뒤쫓았다. 마틴 루터 킹 주니어Martin Luther King Jr.가 대표적인 표적이었다. 후버는 킹 목사의 전화 통화를 도청해 그의 불륜 사실을 알아냈고, 그것으로 협박해 그의 자살을 유도하려고 했다. 킹 목사에 대한 이번 공작 활동은 FBI 역사상 가장 비열한 권력 남용이라고 불러도 손색이 없지 싶다. 뿐만 아니라 후버는 인지된 적들을 파괴하는 데도 물불을 가리지 않았다. 그리하여 60년대에 코인텔프로COINTELPRO라고 불리는 방첩 공작 프로그램Counterintelligence Program이 탄생했다. 코인텔프로라는 미명 하에 수색 공작과 도감청이 만연했고, 대개는 법의 테두리를 벗어나는 불법 활동이었다. 킹 목사와는 달리, 다른 많은 표적들은 실제로 정부 전복을 꿈꾸던 반체제 인물과 단체였고 국내 테러범들이었다. 급진 좌익 단체로 일명 웨더맨Weatherman으로 불리던 웨더 언더그라운드Weather Underground와 흑인 무장 조직 흑표당Black Panther Party이 가장 유명했다.

후버는 마틴 루터 킹 주니어처럼 자신이 목표물이라고 점찍은 사람들의 사생활과 관련해 먼지 한 톨까지 수집한 걸어 다니는 '카탈로그'였다. 그리고 얼마 지나지 않아 그는 많은 의원들과 정부 각료들에게까지 불법 사찰의 마수를 뻗쳤다. 후버는 정치적이고 대중적인 보호막을 구축하려는 노력의 일환으로 특히 자신과 FBI의 이미지와 평판을 관리하는 데 많은 공을 들였다. 가령 영화와 텔레비전에서 묘사되는 FBI의 이미지에 부단히 신경을 썼고, FBI와 국장인 자신에게 도움이 되거나 반대로 해를 끼칠 수 있는 사람들에 관한 부정적인 정보를 닥치는 대로 수집했다. 비록 그런 정보를 직접적인 협박 무기로 사용했다는 증거는 없다. 그렇지만 후버의 잠재적 피해자들 입장에서는, 사생활 같이 외부에 드러내고 싶지 않은 부정적인 정보가 후버의 손에 들어 있다는 사실만으로도 그와 FBI의 보호막을 자청하지 않았을까 싶다.

후버가 FBI의 종신 국장이 된 것은 그를 수사국 국장에 임명한 제30대 쿨리지부터 제37대 닉슨에 이르기까지 총 8명의 대통령들이 십시일반으로 만들어낸 최악의 실수였다. 어쩌면 말수가 적어 '조용한 캘Silent Cal'이라는 애칭을 얻은 쿨리지와 그의 후임인 허버트 후버는 '공범자' 명단에서 빼줘야 할지도 모른다. 당시까지만 해도 법무부 소속의 수사국 국장이었던 후버가 얼마나 영악하게 사람들을 조종하고 권력에 집착하며 무자비한지 몰랐을 수도 있기 때문이다. 그러나 이후의 대통령들은 후버의 민낯을 꿰뚫어보지 못한 책임을 피할 길이 없어 보인다. 당연히 그들에게도 말못할 사정이 있었을 수는 있었다. 가령 고도로 전문적이고 청렴한 정보기관의 수장이며 미국의 최고 경찰이라는 이미지를 성공적으로 구축한 누군가를 자리에서 몰아내는 것이 생각처럼 쉽지 않았을 것이다. 게다가 들키고 싶지 않은 부끄러운 행동에 관한 증거가 후버의 손에 있다고 믿을 만한 이유가 있었더라면, 더욱 힘들었을 수도 있었다. 예컨대 존 F. 케네디 대통령은 독실한 가톨릭 집안의 성실한 가장이라는 대중적인 이미지와는 달리, 많은 염문을 뿌린 바람둥이였다. 만약 그의 불륜 행각이 만천하에 공개되었더라면 그런 선량한 이미지는 물론이고 영국 아서왕 전설의 본거지에 빗대 '현대판 카멜롯'이라고 불리던 백악관의 이미지까지 손상시켰을 것이다. 또한 케네디의 뒤를 이어 백악관의 주인이 된 린든 존슨Lyndon Baine Johnson도 바람기라면 전임 대통령 못지않았다.

이것이 바로 대통령들이 저지른 실수의 핵심이다. 후버가 대통령보다 더 강력해졌다. 대통령들이야 임기가 끝나면 물러났지만, 비선출직인 존 에드거 후버는 자신의 아성을 굳건히 지키면서 성추문을 비롯해 권력자들의 다양한 비밀들을 서류철에 차곡차곡 쌓았다.

만약 후버가 거의 반세기 동안 FBI 국장으로 재임하다가 임기 중에 사망하는 대신에 징계를 받아 면직되었더라면, 오늘날 미국인들은 사뭇 다른 역사를 갖게 되었을 것이다. 첫째, 최소한 32대 프랭클린 루스벨트부터 37대 리처드 닉슨까지 6명의 대통령은 행정부의 수반으로서 당연히 FBI에게 더 많은 책임을 요구할 수 있었을 것이다. 둘째, 후버가 없는 FBI가 십중팔구는 개인 정보와 인권 및 시민의 자유를 더 많이 존중했을 것으로 보인다. 만약 오늘날처럼 대통령의 임명을 받아 정해진 임기만 채우고 물러났더라면, 누가 FBI 국장이 되었든 후버와 같은 강력한 권력 기반을 구축할 시간도 기회도 없었을 것이다.

FBI의 특수 범죄 수사도 방식과 효과성 면에서 커다란 차이가 있었을 거라고 생각된다. 예를 들어 1940년대와 1950년대에 FBI는 마피아들의 오금을 저리게 만드는 저승사자였을 것이 틀림없다. FBI가 델린저 무리를 일망타진한 후 여세를 몰아 거물급 마피아였던 루치아노Luciano 패밀리와 랜스키Lansky 패밀리 그리고 갬비노Gambino파까지 소탕하지 못했을 하등의 이유가 없다. 1920년대에는 후버가 라 코사 노스트라를 조사하지 않은 것에 대해서는 변명의 여지가 있을 수도 있었다. 당시는 후버의 수사국이 규모나 권한이 상당히 제한적인 법무부 조직이었기 때문이다. 그러나 미국 최고의 법 집행 기관이 된 후에는 그런 변명이 통하지 않을뿐더러 다른 어떤 변명의 여지도 없었다.

마피아가 문어발식 사업을 운영한 것은 누구나 아는 사실이다. 그중에서도 후버가 아닌 다른 국장이었다면 FBI가 철퇴를 가했을 가능성이 높은 사업이 하나 있었다. 노동자 측이 고용한 조직폭력배들의 노동 관련 갈취 행위였다. 금주 시대가 막을 내리자 조직 범죄단은 새로운 수입원으로 노동운동에 눈독을 들였다. 조직폭력배들이 노동조합으로 사악한 촉수를 뻗치는 것을 빤히 보면서도 FBI는 심각할 만큼 무관심으로 일관했다. 다행히도 연방 검찰이 나서서 전미트럭운송노조 팀스터스Teamsters의 노조위원장 지미 호파Jimmy Hoffa, 호파의 후임 위원장 프랭크 피츠시먼스Frank Fitzsimmons, 마피아 간부이자 팀스터스 뉴저지 지부장 앤서니 '토니 프로' 프로벤자노Anthony 'Tony Pro' Provenzano 등등 노동조합 관련자들을 검거했다. 이처럼 미국의 또 다른 법 집행 기관이 마피아와 미국 최대 노동조합들 간의 검은 유착 고리를 끊기 위해 전쟁을 벌이는데도, FBI는 사실상 남의 집 불구경하듯 적극적으로 개입하지 않았다.

뿐만 아니라 FBI의 무능력을 적나라하게 드러낸 사건도 있었다. 1960년대 말부터 1970년대 초반까지 실질적인 국내 테러에 직면했었던 미국은 믿는 도끼에 발등을 찍혔다. FBI가 연방수사국이라는 이름값을 제대로 못한 것이다. 조직폭력배 때와는 달리 이번에는 열정이 과해서였다. FBI는 코인텔프로를 통해 유익한 정보들을 축적했지만, 안타깝게도 실제로 법정에서 증거로 사용할 수 있는 정보가 많지 않았다. 그리하여 미국에 심각한 위협이 될 수 있는 요주의 인물들이 아무런 처벌도 받지 않은 채 마음대로 활보했다. 그중에서 최악의 위험인물들은 극좌 조직으로 무장 반전 운동을 전개한 웨더 언더그라운드의 부부 설립자 빌 에이어스Bill Ayers와 버나딘 도른Bernardine Dohrn일 것이다. 그들은 연쇄 폭파범으로 연방 교도소에서 여생을 보내야 마땅했다. 심지어 자신들의 입으로 범죄 사실을 시인하기도 했다. 그런데 그들이 어떻게 되었는지 아는가? 세상을 비웃듯, 나란히 대학 교수가 되었다. 코인텔프로는 에이어스와 도른을 법의 심판대에 세워 정당한 대가를 치르도록 만들지 못했다. 오히려 코인텔프로가 불법적인 증거 수집으로 그들에 대한 혐의를 희석시키는 바람에 그들을 보호하는 꼴이 되었다.

후버가 FBI 국장으로 딱 10년만 재직하고 해임되었더라면, 지금의 미국이 훨씬 더 좋아졌을 거라고 장담한다. 무엇보다도 FBI는 조직 내부의 다양성에 좀 더 일찍 많은 관심을 기울임으로써 더욱 효율적인 정부 기관이 되었을 것이다. 또한 FBI가 좀 더 일찍 더욱 강력하게 수사를 시작했더라면, 마피아의 세력이 좀 더 일찍 약화되었을 가능성이 매우 높다. 한편 범죄 분자들이 노동운동에 잠입하는 것을 막았더라면, 노동조합은 더 깨끗해지고 노조원들에게 더욱 책임감 있게 행동했을 수도 있다. 또 어쩌면 라스베이거스의 호텔 산업은 팀스터스의 퇴직금을 돈줄로 사용하는 조직폭력배 출신 기업가들의 안방이 되지 못했을 수도 있다.

물론 존 에드거 후버의 업적도 일부 있다. 특히 수사국을 더 강력하고 더 전문적인 새로운 정보 기구로 격상시키고 FBI의 위상을 드높여 법 집행의 대명사로 만들었다. 그러나 고인 물을 오래 두면 썩기 마련인 법, 그는 FBI에 너무 오래 몸을 담았다. 그리고 대통령들은 FBI에 대한 통제력을 상실했다. 아니, 엄밀히 말하면 FBI가 스스로에 대한 통제력을 잃었다고 할 수도 있다. 만약 후버가 자발적으로 국장직을 사임할 수 없었더라면, 임명권자이자 해임권자인 대통령이 그를 해임시켰어야 옳았다. 하지만 안타깝게도 그 정도의 '깡'을 가진 대통령이 하나도 없었다.

101가지 흑역사로 읽는 세계사 : 고대~근대 편

초판 1쇄 발행 2021년 1월 4일
초판 6쇄 발행 2024년 3월 12일

지은이 빌 포셋 외
옮긴이 김정혜
펴낸이 김선식

부사장 김은영
콘텐츠사업본부장 임보윤
책임편집 김상영 **책임마케터** 이고은, 양지환
콘텐츠사업8팀장 전두현 **콘텐츠사업8팀** 김상영, 강대건, 김민경
마케팅본부장 권장규 **마케팅2팀** 이고은, 배한진, 양지환 **채널2팀** 권오권
미디어홍보본부장 정명찬 **브랜드관리팀** 안지혜, 오수미, 김은지, 이소영
뉴미디어팀 김민정, 이지은, 홍수경, 서가을, 문윤정, 이예주
크리에이티브팀 임유나, 박지수, 변승주, 김화정, 장세진, 박장미, 박주현
지식교양팀 이수인, 염아라, 석찬미, 김혜원, 백지은
편집관리팀 조세현, 김호주, 백설희 **저작권팀** 한승빈, 이슬, 윤제희
재무관리팀 하미선, 윤이경, 김재경, 이보람, 임혜정
인사총무팀 강미숙, 지석배, 김혜진, 황종원
제작관리팀 이소현, 김소영, 김진경, 최완규, 이지우, 박예찬
물류관리팀 김형기, 김선민, 주정훈, 김선진, 한유현, 전태연, 양문현, 이민운

펴낸곳 다산북스 **출판등록** 2005년 12월 23일 제313-2005-00277호
주소 경기도 파주시 회동길 490 다산북스 파주사옥
전화 02-704-1724 **팩스** 02-703-2219
이메일 dasanbooks@dasanbooks.com
홈페이지 www.dasan.group **블로그** blog.naver.com/dasan_books
종이 아이피피 **인쇄** 한영문화사 **코팅 및 후가공** 제이오엘엔피 **제본** 한영문화사

ISBN 979-11-306-3389-3 04900
979-11-306-3388-6 (세트)